Z 35815

Paris
1863

oethe, Johann Wolfgang von et Schiller,
Fredrich von

Correspondance

Tome 1

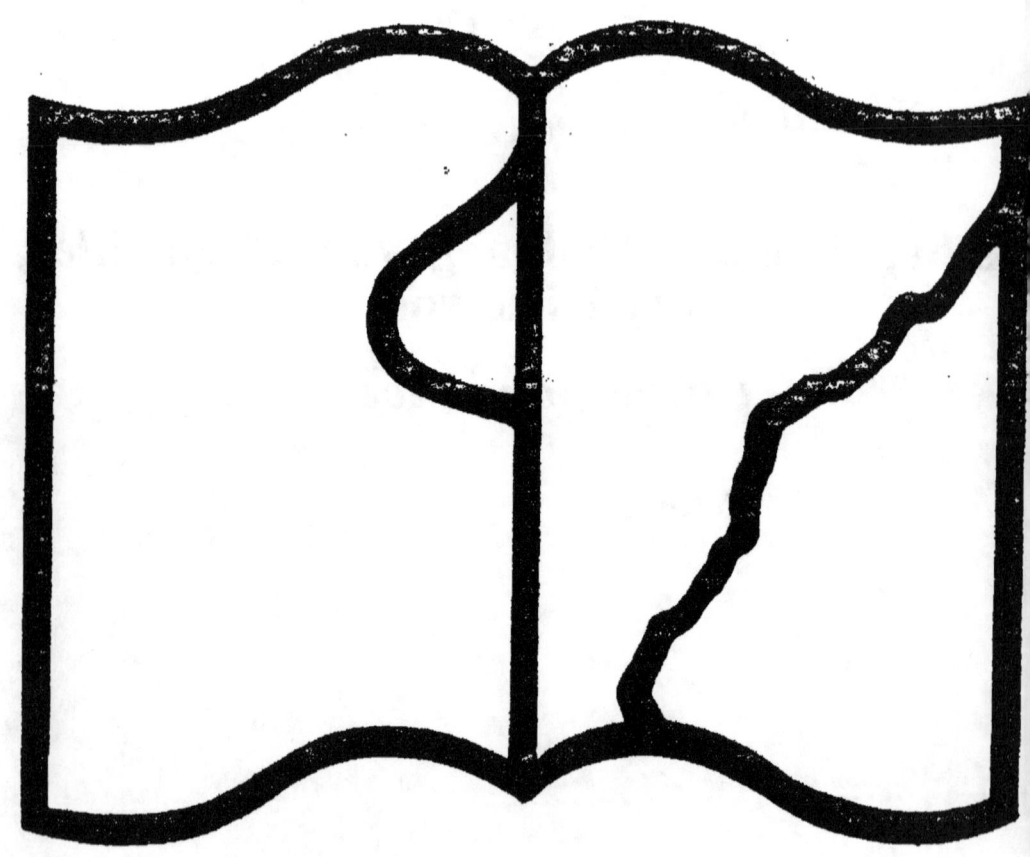

**Symbole applicable
pour tout, ou partie
des documents microfilmés**

Texte détérioré — reliure défectueuse

NF Z 43-120-11

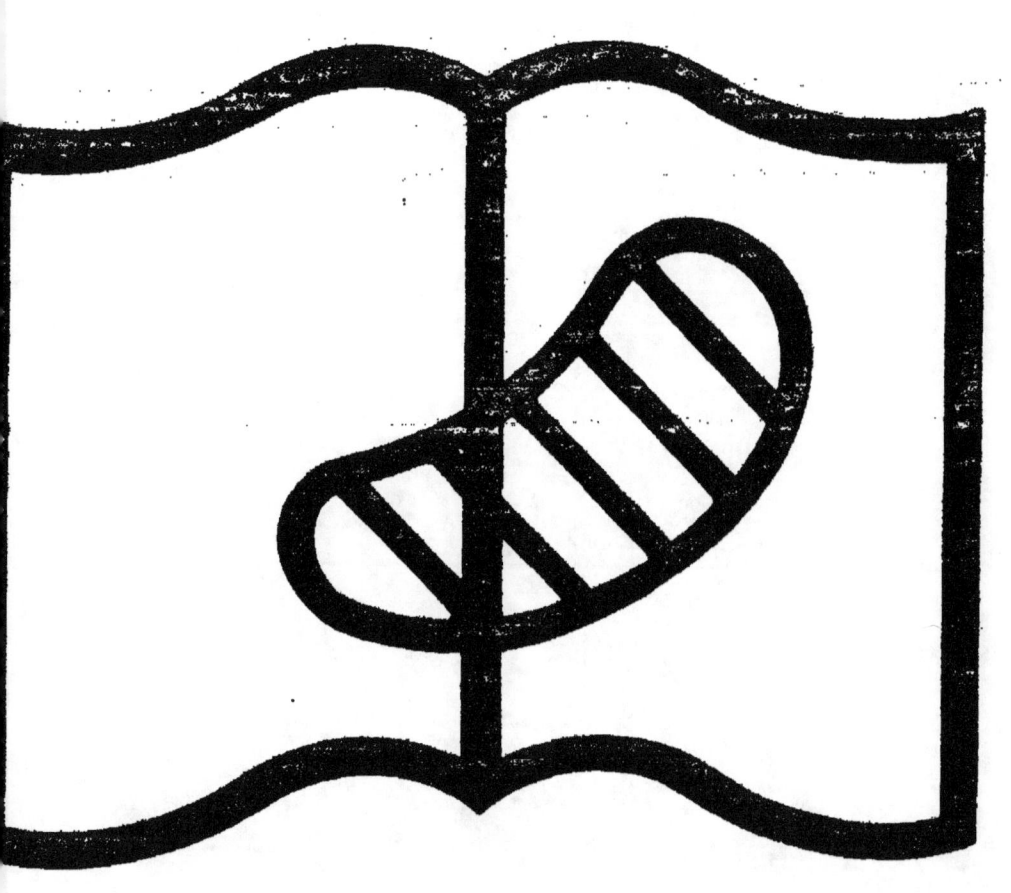

Symbole applicable
pour tout, ou partie
des documents microfilmés

Original illisible

NF Z 43-120-10

c342

CORRESPONDANCE

ENTRE

GŒTHE ET SCHILLER

I

Extrait du Catalogue de la Bibliothèque Charpentier.

OEUVRES DE GOETHE

TRADUITES EN FRANÇAIS

PAR MM. HENRI BLAZE, PIERRE LEROUX, ALBERT STAPFER, X. MARMIER
THÉOPHILE GAUTIER FILS, ÉMILE DÉLEROT
ET MADAME DE CARLOWITZ

ACCOMPAGNÉES D'ÉTUDES ET AUTRES TRAVAUX SUR GOETHE ET SES ÉCRITS
PAR LES TRADUCTEURS

14 VOLUMES A 3 FR. 50 CENT. CHACUN.

Chaque ouvrage se vend séparément.

THÉATRE, traduction d'ALBERT STAPFER, revisée et précédée d'une Étude sur le Théâtre de Gœthe, par THÉOPHILE GAUTIER fils.... 2 vol.

FAUST, SEULE TRADUCTION COMPLÈTE, par HENRI BLAZE, précédée d'une Étude sur GOETHE, accompagnée de Notes et Commentaires, et suivie d'une Étude sur la Mystique du poème, par le traducteur.. 1 vol.

POÉSIES, traduites par HENRI BLAZE, avec une Préface du traducteur. 1 vol.

WERTHER, traduction de PIERRE LEROUX, précédé de Considérations sur la Poésie de notre époque, par le même, suivi d'HERMANN ET DOROTHÉE, traduction de X. MARMIER, avec une Préface de ce dernier. 1 vol.

LES AFFINITÉS ÉLECTIVES, suivies d'un choix de PENSÉES DE GŒTHE, traduction de madame DE CARLOWITZ................ 1 vol.

WILHELM MEISTER, traduction nouvelle par THÉOPHILE GAUTIER fils.. 2 vol.

MÉMOIRES. — *Extraits de ma vie — Poésie et réalité. — Voyages.* — Traduction de madame de CARLOWITZ............... 2 vol.

CORRESPONDANCE ENTRE GŒTHE ET SCHILLER, traduction de madame DE CARLOWITZ, revisée et accompagnée d'Études sur Gœthe et Schiller, par M. SAINT-RENÉ TAILLANDIER, de la Faculté des lettres de Montpellier................................ 2 vol.

CONVERSATIONS DE GOETHE pendant les dernières années de sa vie (1823-1832), recueillies par son secrétaire ECKERMANN, traduites en entier, pour la première fois, par ÉMILE DÉLEROT, et précédées d'une introduction par M. SAINTE-BEUVE, de l'Académie française.... 2 vol.

PARIS. — IMP. SIMON RAÇON ET COMP., RUE D'ERFURTH, 1.

CORRESPONDANCE

ENTRE

GOETHE ET SCHILLER

TRADUCTION DE

Mme LA BARONNE DE CARLOWITZ

REVISÉE, ANNOTÉE, ACCOMPAGNÉE D'ÉTUDES HISTORIQUES
ET LITTÉRAIRES

PAR M. SAINT-RENÉ TAILLANDIER

PROFESSEUR A LA FACULTÉ DES LETTRES DE MONTPELLIER

TOME PREMIER

PARIS

CHARPENTIER, LIBRAIRE-ÉDITEUR

28, QUAI DE L'ÉCOLE, 28

1863

Tous droits réservés

CORRESPONDANCE

ENTRE

GŒTHE ET SCHILLER

INTRODUCTION

I

« Je détestais Schiller, parce que son talent vigoureux, mais sans maturité, avait déchaîné à travers l'Allemagne, comme un torrent impétueux, tous les paradoxes moraux et dramatiques dont je m'étais efforcé de purifier mon intelligence. Le vacarme que ses œuvres avaient fait dans le pays, le succès que ces productions étranges avaient obtenu de tous côtés, chez la dame de cour au goût délicat aussi bien que chez l'étudiant grossier, tout cela m'épouvantait; je craignais de voir tous mes efforts absolument perdus; les sujets auxquels je m'étais préparé me semblaient devenus impossibles; le tour, la façon que j'avais donnés à mon esprit, mon nouvel être, en un mot, était comme frappé de paralysie. Ce qui me causait surtout la douleur la plus vive, c'est que tous mes amis, ceux qui m'étaient attachés par les liens d'une pensée commune, Henri Meyer, Moritz, et les artistes qui se développaient dans le même sens, Tischbein et Bury, me paraissaient exposés à un péril semblable. Ma perplexité était grande. J'aurais volontiers renoncé à l'étude des arts et à la pratique de la poésie, si cela m'eût été possible; comment me promettre, en effet, de surpasser ces œuvres, où des inspirations de génie se déployaient sous une forme sauvage? Qu'on se représente mon état : je cherchais à nourrir en moi, je me disposais à communiquer aux autres les conceptions les plus pures, et soudain je me sentais étranglé entre Ardinghello et Charles Moor[1]... Il était impossible de songer à un accord entre Schiller et moi. Même la douce intervention d'un Dalberg demeura sans résultat; les raisons que j'opposais à tous ceux qui voulaient nous rapprocher l'un de l'autre étaient difficiles à réfuter. Personne ne pouvait nier qu'entre deux antipodes intellectuels la distance est plus grande que le diamètre de la terre... »

Voilà ce que Gœthe pensait de Schiller pendant les

[1] On sait que Charles Moor est le chef de ces brigands que Schiller mit sur la scène (1781), et qui représentent la révolte des générations nouvelles contre la société du dix-huitième siècle. Quant à Ardinghello, c'est le héros d'un roman de Jean-Jacques Heinse, *Ardinghello ou les Îles bienheureuses*, œuvre grossièrement sensuelle où le communisme de la volupté est prêché avec effronterie. *Ardinghello* avait paru en 1787.

sept ou huit années qui suivirent son retour d'Italie (1787—1794). De son côté, Schiller écrivait à son ami Koerner : « Je serais malheureux si je me rencontrais souvent avec Gœthe. Il n'a pas un seul moment d'expansion, même avec ses amis les plus intimes; on n'a prise sur lui d'aucune façon; je crois, en vérité, que c'est un égoïste au suprême degré. Il possède le talent d'enchaîner les hommes : il se les attache par maintes attentions, et les petites lui réussissent aussi bien que les grandes; quant à lui, il sait toujours conserver sa liberté tout entière. Il annonce son existence par des bienfaits, mais à la manière d'un Dieu, sans se donner lui-même. Cette façon d'agir me semble très-conséquente, très-appropriée au plan de sa vie, parfaitement calculée pour les jouissances suprêmes de l'amour-propre. Les hommes ne devraient pas permettre à un tel être d'approcher trop près d'eux. Pour moi, je le déteste... »

C'est au mois de février 1789 que Schiller s'exprimait ainsi sur Gœthe. Transportez-vous seize ans plus tard, entrez dans la chambre de Gœthe le 10 mai 1805; le poëte de *Faust* est malade, et personne n'ose lui annoncer que Schiller vient de mourir. La veille au soir, à la tristesse mal dissimulée des personnes qui l'entourent, à une certaine agitation de ses serviteurs et de ses amis, il a deviné que Schiller était plus mal, et on l'a entendu pleurer pendant la nuit. Au point du jour, sa compagne s'étant approchée de son lit : « N'est-ce pas, dit-il, Schiller était bien malade hier? » L'accent de ses paroles émeut si vivement la pauvre femme qu'elle éclate en sanglots. « Il est mort? » s'écrie Gœthe d'une voix qui commande une réponse. — « Vous l'avez dit. » — « Il est mort! » répète le poète, et il couvre de sa main ses yeux noyés de larmes. Quelque temps après, il écrivait à Zelter : « J'ai perdu la moitié de mon être. » Pour disputer à la mort cette moitié de son être, il va ressusciter au fond de son âme la figure vivante de son ami. Magique puissance du cœur! Schiller est là comme autrefois; l'auteur de *Faust* et l'auteur de *Guillaume Tell* conversent encore ensemble, échangeant leurs pensées, s'élevant d'un même vol aux plus hautes régions de l'art et complétant l'un par l'autre l'éducation de leur génie. Schiller a laissé un drame inachevé; Gœthe veut terminer ce drame et le faire jouer sur tous les théâtres de l'Allemagne.

Dans toutes les œuvres de sa dernière période, le souvenir de Schiller ne le quitte pas un instant. Qu'il revienne à la poésie pure ou qu'il se passionne pour la science, qu'il écrive *le Divan*, les *Ballades*, la seconde partie de *Faust*, ou bien que, dans son éclectisme universel, il embrasse avec un zèle et une clairvoyance incomparables toutes les productions de l'esprit humain, il semble toujours se dire : Schiller serait-il content? Ses recherches les plus spéciales portent manifestement l'empreinte de cette religion de son cœur. Quand il écrit son *Histoire de la théorie des couleurs*, arrivé à la dernière page, il ne peut se séparer de son livre et prendre congé de ses études sans avoir fait hommage à Schiller des résultats qu'il a obtenus. C'est Schiller qui le ranimait sans cesse; c'est Schiller qui, par ses objections et ses conseils, le remettait sur la voie de la vérité. Botanique, physique, anatomie comparée, les choses les plus étrangères à ses travaux, il les comprenait sans effort. Qu'importe qu'il n'y fût pas initié? Le grand instinct de la nature, qui était le fond de son génie[1], lui permettait de diriger en maintes occasions le prédécesseur de Candolle et de Geoffroy Saint-Hilaire. Direction merveilleuse, dont Gœthe recueillait encore les fruits après que la mort lui avait enlevé son guide! Il exprimait simplement la vérité, lorsque, le 10 mai 1815, faisant représenter, sur le théâtre de Weimar, le poëme de *la Cloche* arrangé pour la scène, il s'écriait dans un touchant épilogue : « Il est avec nous, il reste avec nous, celui qui, depuis tant d'années, depuis dix années déjà, s'est éloigné de nous! »

Que s'est-il donc passé entre ces deux époques? De 1794 à 1805, pourquoi un tel changement? Une circonstance fortuite a rapproché Gœthe et Schiller, et ces deux hommes, qui croyaient se haïr, ont reconnu l'étroite fraternité de leurs âmes. La haine, on

---

[1] *Die grosse Natürlichkeit seines Genie's.* — Gœthe, *Geschichte der Farbenlehre*.

l'a dit souvent, est voisine de l'amour. L'antipathie violente de ces deux grands esprits cachait une attraction involontaire. L'effroi mutuel qu'ils s'inspiraient était comme le pressentiment de l'empire qu'ils exerceraient l'un sur l'autre le jour où ils auraient le courage de se réformer eux-mêmes. Schiller, avec sa cordialité si franche, au moment même où il s'écrie : *Je le déteste!* exprime ce pressentiment de la façon la plus vive : « Ce que Gœthe a éveillé en moi, écrit-il à Kœrner [1], c'est un singulier mélange de haine et d'amour, un sentiment assez semblable à celui que Brutus et Cassius doivent avoir éprouvé en face de César. Je serais capable de tuer son esprit, pour l'aimer ensuite de tout mon cœur. » Et plus loin : « Je fais grand cas de l'opinion de Gœthe ; *les Dieux de la Grèce* ont obtenu son approbation ; il a trouvé seulement la pièce trop longue et il est bien possible qu'il n'ait pas tort. Sa tête est mûre, et les jugements qu'il porte sur moi sont animés d'une partialité (pour ne rien dire de plus) hostile plutôt que bienveillante ; or, comme je tiens avant tout à savoir la vérité sur mon compte, Gœthe est précisément, de tous les hommes que je connais, celui qui est le mieux en mesure de me rendre ce service. Je l'entourerai d'espions pour savoir ce qu'il pense de mes œuvres... » Schiller n'eut pas besoin de faire épier longtemps les

---

[1] *Schillers Briefwechsel mit Kœrner, von 1784 bis zum Tode Schillers*, 4 vol. Berlin, 1847, t. II, p. 21, 22.

pensées et les paroles de Gœthe; il devint bientôt le maître de tous les secrets de son esprit. Rapprochés par hasard, ils se comprirent enfin; la défiance qui les avait séparés si longtemps fit place à une sympathie ardente; et pendant onze ans, de 1794 à 1805, ils donnèrent au monde le spectacle le plus noble et le plus touchant, celui de deux esprits supérieurs qui, mettant de côté toutes les préoccupations mesquines, s'oubliant eux-mêmes pour ne songer qu'à la poursuite du beau, se consacrent tout entiers, pleins de foi et d'amour, à la religion de l'idéal.

L'Allemagne possède enfin la correspondance où se trouve retracée cette merveilleuse communauté d'études. Le 30 octobre 1824, Gœthe écrivait à Zelter : « Je rassemble ma correspondance avec Schiller, de 1794 à 1805. Ce sera un précieux présent pour l'Allemagne, bien plus, j'ose le dire, pour l'humanité tout entière. » Ce recueil, que l'auteur d'*Hermann et Dorothée* avait le droit d'annoncer en ces termes, fut publié en 1829, et prit rang aussitôt parmi les monuments de la littérature moderne. Il s'en fallait bien cependant que la publication fût complète; Gœthe n'avait osé reproduire tous les libres épanchements confiés à ces lettres intimes. Les écrivains jugés, commentés et parfois stigmatisés par les deux puissants artistes avec une franchise si résolue, n'avaient pas tous disparu de la scène. Comment jeter au public de familières causeries qui auraient blessé tant d'amours-propres? Bien des lettres furent supprimées, bien des passages adoucis. Quant aux noms, ils étaient remplacés presque tous par des initiales, choisies de façon à dépister les curieux. A ces altérations volontaires se joignaient des erreurs sans motifs. Pourquoi Gœthe, dans cette première édition, avait-il mis de côté des lettres tout à fait inoffensives? Pourquoi l'ordre naturel était-il interverti en maints endroits? Pourquoi même aux dates réelles avait-on çà et là substitué des dates inexactes? On serait fort embarrassé aujourd'hui de répondre à ces questions. Au lieu de chercher le mot de l'énigme, il valait mieux publier une édition fidèle et complète de cette correspondance. Les scrupules pour lesquels Gœthe a cru devoir modifier son texte n'existent plus désormais; les négligences qu'il a pu se permettre seraient inexcusables sous une autre plume. L'éditeur des œuvres de Gœthe, M. le baron Cotta, a compris ainsi son devoir; un écrivain distingué, M. H. Hauff, rédacteur du *Morgenblatt*, a été chargé par lui de rassembler, de publier, suivant l'ordre des dates, sans suppression ni altération aucune, avec tous les noms propres et toutes les vives hardiesses du dialogue, cette série de lettres ou plutôt cette conversation des deux poëtes.

C'est cette édition définitive de la correspondance de Gœthe et de Schiller qu'une plume studieuse et intelligente vient de traduire pour la France. Madame la baronne de Carlowitz, qui a reproduit heureusement dans notre langue quelques-uns des chefs-d'œuvre de la littérature germanique [1], a voulu y ajouter les précieuses confidences des deux grands poëtes allemands. On a pensé que notre concours pourrait servir cette entreprise; fidèle à nos principes littéraires et à la tâche de notre vie, nous nous rendons à l'appel qui nous est fait. Sans doute Gœthe a eu raison de le dire : « Une telle publication ne s'adresse pas seulement à l'Allemagne, elle intéresse le genre humain tout entier. » Il y a pourtant ici bien des détails qui n'ont de valeur que pour les compatriotes des deux illustres maîtres. Ces pages, qui intéressent le genre humain tout entier, il a fallu les dégager de toutes celles qui s'adressent exclusivement aux contrées germaniques. Ce n'est pas tout : pour répondre à la pensée de Gœthe et nous associer à l'œuvre du consciencieux traducteur, nous nous proposons de tracer ici une introduction à cette correspondance; nous essayerons aussi d'y joindre un commentaire. Il est difficile d'apprécier la rencontre, le choc sympathique, l'union sereine et féconde de deux génies aussi opposés que l'auteur de *Faust* et l'auteur de *Guillaume Tell*, à moins de connaître exactement leur point de départ. Voltaire a dit :

De nos cailloux frottés il sort des étincelles.

[1] La *Messiade*, de Klopstock. — L'*Histoire de la guerre de Trente Ans*, de Schiller. — *Wilhelm Meister*, de Gœthe, etc., etc.

Ces cailloux, ici, ce sont des diamants. A l'heure où Gœthe et Schiller se rapprochent, ces diamants sont-ils déjà taillés, façonnés? Le lapidaire les a-t-il dégagés du voile qui les couvrait? Ne faut-il pas encore plus d'un frottement pour qu'ils puissent jeter tout leur feu? Ne négligez pas de répondre à ces questions, si vous voulez savoir tout ce que renferme le long entretien des deux artistes. Et quand ces diamants sont transformés, quand ces nobles âmes s'unissent, se pénètrent l'une l'autre, se communiquent leurs qualités originales, quel est le résultat de ces transmutations merveilleuses? Nouveau problème qu'il est impossible d'éviter. Nous dessinerons donc à grands traits la biographie de Gœthe et la biographie de Schiller, nous arrêtant au jour où leurs destinées, distinctes et opposées jusque-là, commencent à prendre un même essor. Il sera temps alors de laisser la parole aux illustres maîtres; nous suivrons, nous expliquerons les principaux épisodes de leur correspondance, nous ferons le commentaire de leur vie racontée par eux-mêmes, et le jour où cette correspondance s'arrêtera, c'est-à-dire à la mort de Schiller, nous continuerons encore, en retraçant la vieillesse de Gœthe, le tableau de cette noble éducation poétique et morale écrite à chaque page du précieux travail.

II

GOETHE

SA JEUNESSE, SES PREMIÈRES ŒUVRES; PHASES DIVERSES DE SON GÉNIE
JUSQU'A L'ÉPOQUE DE SON AMITIÉ AVEC SCHILLER

Dans une de ces petites pièces de vers qu'il ciselait avec un art si merveilleux, Gœthe a tracé gaiement son portrait au milieu des portraits de ses ancêtres. « J'ai de mon père la stature, la gravité, l'esprit de conduite. Ma mère m'a donné la sérénité joyeuse et le goût des inventions poétiques. Mon grand-père aimait toutes les choses belles; cet amour reparaît chez moi çà et là. Ma grand'mère aimait l'éclat et l'or; cette passion de ma grand'mère, je la sens frémir encore dans les fibres de mon être. Séparez maintenant les éléments du composé qui les renferme, que trouvez-vous d'original en toute cette chétive créature? » Cette originalité que Gœthe, à la fin de sa carrière[1], se refusait avec tant de bonne grâce et de modestie, il en décrit le caractère véritable au moment même où il semble ne pas y croire. Génie d'ordre composite, si je puis ainsi parler, il excelle à s'assimiler toute chose. Son père, sa mère, son grand'père et sa grand'mère, lui ont donné chacun,

[1] Le recueil des *Zahme Zenien*, auquel j'emprunte ces vers, a commencé de paraître en 1827.

dit-il, une qualité différente; ils lui ont donné surtout, par cet assemblage de présents si divers, une prodigieuse souplesse d'imagination. Comprendre et combiner les contraires, telle est la vocation et la joie de son esprit. A la fois grave et passionné, dévoué à la science autant qu'à la poésie, pourvu d'instincts et de facultés qu'aucun lien ne semble unir, il a pour diriger tous ses instruments le plus accompli des chefs d'orchestre. Cet esprit de conduite, dont il parle modestement et qui est la véritable originalité de son génie, c'est la recherche de l'unité, c'est l'amour et la méditation constante de l'harmonie universelle. Personne n'a étudié un fait, un être, une manifestation quelconque de la vie, avec un sentiment plus net de la réalité; personne n'a su les replacer comme lui dans le sein de l'immense nature. Mais c'est lui-même surtout, ce sont ses dispositions, ses instincts, les événements de sa destinée, ses joies et ses douleurs, ses passions et ses idées, c'est tout son être enfin qu'il interrogeait sans cesse, afin de pacifier en lui les luttes intérieures et d'atteindre à la sérénité suprême. Πᾶν μοι συναρμόζει, disait le noble stoïcien, héritier des Césars. Ces paroles de Marc Aurèle semblent la devise de Gœthe: elles expliquent les phases diverses de sa carrière, les transformations de sa pensée, les contrastes sans nombre dont fourmillent ses œuvres, cette passion, si impétueuse d'abord et bientôt si froidement subtile, cette absence complète de fiel et de jalousie au milieu des luttes littéraires les plus vives, cet égoïsme presque superbe au milieu de sympathies ardentes pour ses émules; elles expliquent, en un mot, le magnifique et mystérieux spectacle que la vie de Gœthe va dérouler à nos regards.

Gœthe vint au monde à midi, le 28 août 1749. Son père, citoyen de Francfort-sur-Mein, était un esprit grave, sévère, plus solide que brillant, un jurisconsulte laborieux et intègre, qui, l'année précédente, âgé déjà de trente-sept ans, avait épousé une jeune fille plus jeune que lui de vingt années, la vive et charmante Catherine-Élisabeth Textor. Son grand-père maternel, Jean-Wolfgang Textor, lui donna ses deux prénoms sur les fonts baptismaux. L'enfant était superbe et admirablement constitué; la vigueur du père, la vivacité joyeuse de la mère, s'épanouissaient sur ce visage enfantin,

> Beau, frais, souriant d'aise à cette vie amère [1].

On s'arrêtait pour le voir aux bras de sa nourrice, quand elle le promenait par les rues de Francfort. Quatre ans après, on n'eût pas admiré seulement la beauté de ses traits, la vigueur de sa santé, mais l'ardeur et la précocité de son esprit. Son éducation venait de commencer sous la discipline rigide du chef de la famille, et déjà tout attestait chez l'enfant une in-

[1] Sainte-Beuve. *Poésies de Joseph Delorme.*

telligence du premier ordre. Grave et appliqué avec son père, il était initié par sa mère aux joies naïves de l'imagination. Catherine-Élisabeth Textor était un esprit alerte et joyeux qui, comprimé souvent par la sévérité taciturne de son mari, prenait sa revanche avec ce petit compagnon si vif, si prompt à tout comprendre et qui souriait si volontiers. Quand l'écolier, sa tâche finie auprès de son père, rentrait dans la chambre maternelle, que de causeries sans fin entre la jeune femme et le petit Wolfgang! Elle avait toujours de nouvelles histoires à lui conter; elle dessinait, pour ainsi dire, devant son esprit toute une suite d'images étincelantes, et l'enfant émerveillé concevait déjà ce goût de l'invention, ce goût des fables, des récits, cette joie poétique, cette verve d'artiste pour laquelle il composera un jour ce mot charmant que je ne sais comment traduire, *Lust zu fabuliren*.

Au reste, malgré la rigidité du père de Gœthe, rien de plus libre, et, il faut bien le dire, rien de plus irrégulier que l'éducation qu'il donna ou laissa donner à son fils. Quand on parle d'une éducation sévèrement dirigée, on pense aussitôt aux méthodes de Port-Royal; on se représente les hommes du dix-septième siècle, l'unité qui présidait à leurs études, leur familiarité de tous les jours avec les écrivains antiques. Les exigences du père de Gœthe étaient d'une nature particulière; il voulait que son fils apprît beaucoup de choses, acquît les connaissances les plus variées:

dans quel ordre et de quelle façon? ce point, à ce qu'il semble, l'inquiétait peu. De là une extrême diversité d'études dans l'enfance et la première jeunesse de Gœthe : musique, peinture, langues anciennes, langues orientales, il étudie tout avec une curiosité ardente. On a remarqué avec raison que l'auteur de *Faust* et de *Werther* n'avait jamais pu s'astreindre à un même travail obstinément suivi. Ce n'est pas seulement à titre de lecteur, c'est comme écrivain qu'il pouvait dire :

Les longs ouvrages me font peur.

Il travaillait toujours, mais toujours à des œuvres nouvelles, ayant besoin de changer sans cesse et de *voler à tout sujet*. *Werther*, *Gœtz de Berlichingen*, un grand nombre de ses romans et de ses drames l'occupèrent seulement pendant quelques semaines; il les enlevait d'une touche légère et sûre, avec une rapidité merveilleuse. Quant à ses poëmes, comme *Hermann et Dorothée*, à ses tragédies savantes comme *Iphigénie*, à ses romans compliqués, laborieux, qui ne sont plus seulement le cri de la passion, mais le résultat d'une observation approfondie, comme *Wilhelm Meister*, il n'a jamais pu se résoudre à s'y enfermer courageusement, pour les achever sans distraction. Il en écrivait une partie, puis s'arrêtait, passait à une autre œuvre, sauf à reprendre au bout de quelques années le travail interrompu. Ses écrits les plus importants, travaux de science ou d'imagination, ont été composés ainsi par fragments, à de longs intervalles, avec les intermèdes les plus singulièrement variés. Est-il nécessaire de rappeler le drame de *Faust*, commencé en 1772 et terminé en 1831? Ce n'était pas chez lui dilettantisme, encore moins fatigue et impuissance : esprit sûr de lui-même et amoureux de la variété, il se portait de tous côtés dans l'immense domaine de l'univers, bien persuadé qu'il retrouverait à heure fixe, fût-ce après vingt années, l'inspiration du premier jour. Eh bien! cette variété de travaux, ce désir de tout voir, cette dissémination de l'intelligence, qui aurait pu être funeste à bien d'autres, mais qui était chez lui un signe de force en même temps qu'un exercice salutaire, nous les trouvons déjà dans le naïf essor de sa jeunesse.

Les circonstances favorisaient d'ailleurs cet instinct de son esprit; les études du jeune Wolfgang furent interrompues plus d'une fois par de singuliers épisodes. Il n'était encore qu'un enfant, lorsque la guerre de Sept Ans agita l'Allemagne entière, et bien qu'il fût né dans une ville impériale, bien que sa famille fût attachée par tradition à la cause de l'Autriche, toutes ses sympathies étaient pour le roi de Prusse. Était-ce la Prusse qui l'intéressait? nullement; c'était l'intrépide monarque luttant contre une moitié de l'Europe : Je n'étais pas Prussien, a dit Gœthe, j'étais Frédéricien; *nicht Preussisch*,

Fritzisch gesinnt. Au-dessus des questions générales et des intérêts de patrie, il y avait déjà pour lui quelque chose qui dominait tout, je veux dire le mérite de l'individu, le rôle de la personne; on devine ici l'artiste curieux qui recherchera pendant toute sa vie les beaux exemplaires de l'humanité. En même temps qu'il suivait avec une émotion si vive les campagnes de Frédéric (notez ce trait de caractère et l'étrange impartialité de son esprit), il se sentait aussi attiré vers les Français, bien qu'ils fussent alors les adversaires de son héros. On sait la part que nous avons prise à la guerre de Sept Ans. Le 2 janvier 1759, la ville de Francfort fut occupée militairement; les habitants de la paisible cité ayant été obligés de fournir le logement à nos soldats, un officier, un lieutenant du roi (c'était le titre que lui donnait une mission particulière), M. le comte de Thorane devint l'hôte de la famille de Gœthe. Le comte de Thorane était un gentilhomme provençal, grave et sévère dans sa tenue, très-instruit, grand amateur des arts; frappé tout d'abord d'une collection de paysages exposés dans le salon de son hôte, il s'informe du nom des peintres, et, apprenant que ce sont des artistes de Francfort, il va les voir et leur commande des copies de leurs œuvres. Aussitôt voilà la maison envahie par les artistes, et la chambre de Wolfgang transformée en atelier. A ces distractions, qui devenaient pour lui des études, ajoutez d'autres épisodes non moins cu-

2.

rieux. Francfort ressemblait à une colonie française. Pendant que nos soldats occupaient la ville, une troupe d'acteurs parisiens jouait les comédies de Destouches et de Marivaux. L'occasion était bonne pour apprendre le français. Son grand-père Textor voulant qu'il en profitât, lui avait procuré une carte d'entrée au théâtre. Wolfgang, qui avait alors une dizaine d'années, était donc fort assidu à la comédie, et l'on peut croire qu'il ne perdait pas les heures qu'il y passait. Aussi attentif qu'à une leçon, il tâchait de s'accoutumer peu à peu à ce langage étranger, puis, revenu à la maison maternelle, il prenait dans la bibliothèque de son père une tragédie de Racine, une comédie de Molière, et s'appliquait à en réciter plusieurs pages à haute voix. Ses yeux n'étaient pas moins captivés que ses oreilles; le jeu des acteurs avait pour lui un singulier attrait, et quand on pense à son goût si vif du théâtre, à ce goût qui ne le quitta jamais et qui est, sous maintes formes différentes, un des traits dominants de son esprit, ne peut-on pas en rapporter quelque chose à ces vives impressions de son enfance? Bien plus, un enfant de son âge, le jeune Derones, frère de l'une des comédiennes, l'introduisit bientôt dans les coulisses et lui ouvrit le foyer des acteurs. Rappelez-vous la troupe de comédiens dans *Wilhelm Meister*; souvenez-vous du gracieux poëme intitulé *Euphrosine*; relisez les vers si doux, si touchants, expression d'une si franche camaraderie d'artiste, composés par Gœthe à la mort du machiniste du théâtre de Weimar, l'infatigable Mieding; n'oubliez pas enfin que ce grand poëte, ce savant passionné, a été lui-même, à Weimar, un acteur du premier ordre et un admirable directeur de théâtre. Il est permis de dire, je pense, que le jeune Wolfgang n'a pas absolument perdu son temps, s'il est vrai que ces épisodes aient developpé chez lui le sens merveilleux de l'imagination et laissé dans son intelligence une trace ineffaçable.

Cette éducation un peu vagabonde dura autant que l'occupation de Francfort par les Français. Le père de Gœthe était fort irrité de la présence de nos troupes; il eut plus d'une fois des querelles assez vives avec le comte de Thorane, et son humeur déjà sombre et taciturne avait tourné à la misanthropie. Il renonça, pour ainsi dire, à diriger les études de son fils. C'est pendant ce temps-là que l'enfant, devenu libre, courait les rues avec Derones, assistait aux revues, aux parades, allait à la comédie-française, écoutait au foyer les acteurs et les actrices, revenait auprès du comte de Thorane, voyait travailler les peintres établis dans sa chambre, et souvent aussi assistait à des conflits d'amour-propre qui dégénéraient parfois en disputes. Sa mère, qui s'amusait beaucoup de la vivacité piquante de ses observations, ne voyait pas grand mal à cette vie de bohémien, sachant bien d'ailleurs que cela ne durerait pas toujours. Dès que le comte de Thorane eut quitté la maison (il y était resté environ deux ans), l'éducation de Wolfgang reprit ses allures régulières. Il n'aura plus de distractions si nombreuses; il n'aura plus tant d'occasions d'étudier notre langue et notre théâtre : le voilà revenu aux littératures anciennes et aux mathématiques.

Il faut noter pourtant qu'il n'y eut jamais aucune contrainte dans le développement intellectuel de Goethe. A l'époque même où ses études deviennent plus méthodiques, la liberté dont il jouit peut sembler excessive. Les fantaisies de sa curiosité l'entraînent d'un travail à un autre; curiosité féconde, après tout, et qui préparait d'avance l'activité multiple de son génie. Quand il quitta sa ville natale, à seize ans, pour aller suivre les cours de l'université de Leipzig, il était déjà riche de connaissances acquises et de poétiques projets. Aux langues anciennes il avait joint l'hébreu : initié aux beautés de Sophocle, passionné pour les *Métamorphoses* d'Ovide, dont la riante imagination l'enchantait, il avait eu l'ambition de lire la Bible dans le texte original. Il pratiquait la langue de Shakspeare et celle de Racine. La France, nous venons de le voir, représentée par de brillants gentilshommes, et aussi par une troupe d'acteurs qui jouaient avec les œuvres classiques toutes les nouveautés à la mode, avait exercé maintes séductions sur son intelligence. Lorsqu'il racontera dans sa vieillesse l'histoire de ses premières années, il se souviendra de l'élégante affabilité du maréchal de Broglie, qu'il a vu chez le lieutenant du roi dans la maison de son père. Les années qui suivent étendent et complètent cette instruction déjà si variée ; il lit, non plus en écolier, mais en critique, un grand nombre des tragédies de Corneille, tout Racine, tout Molière, et bien des secrets de l'art lui sont révélés. Un jour, un des amis de sa famille, M. d'Ohleschlager, échevin et sénateur de Francfort, ayant organisé un spectacle d'enfants, on représenta le *Britannicus* du poëte français, et le futur auteur de *Werther* et de *Faust* fut chargé du rôle de Néron. Il eut dès lors un goût particulier pour Racine. Les classiques de la France, ouvrant à sa pensée des perspectives lointaines, lui plaisaient beaucoup plus que les prétendus classiques de son pays ; il semblait que cette jeune imagination fût mal à l'aise dans le monde un peu étroit des Canitz, des Besser, des Hagedorn. Soixante ans plus tard, lorsque M. Varnhagen d'Ense publiera ses excellentes biographies des poëtes allemands du dix-septième siècle, Gœthe s'écriera : « Aujourd'hui encore, en lisant ces biographies, je vois se dresser devant moi ces fantômes du passé, et je sens de quel poids ils pesaient alors sur mon esprit. » Et plus loin : « Combien une telle critique m'eût été salutaire aux heures de ma jeunesse ! » C'est bien là le cri de l'homme qui veut tout comprendre, afin de dominer tout : Wolfgang ne pouvait posséder à quinze ans cette indépendance souveraine, et cependant l'espèce de malaise que lui faisait éprouver une littérature uniforme, l'avidité insatiable de son intelligence, cette mobilité ardente qu'il ne faut pas confondre avec la légèreté du premier âge, tout cela n'atteste-t-il pas qu'il cherchait d'instinct sa liberté intellectuelle et morale dans la variété de ses études? Pour moi, quand je vois cette naïve universalité d'esprit, quand je vois Goethe passer sans embarras de Molière à Klopstock, et des comédies du dix-huitième siècle aux cantiques des prophètes, je pressens dans l'écolier de Francfort l'homme qui voudra fonder un jour une littérature sympathique, cosmopolite, vraiment humaine, une littérature qui accueillera, qui comprendra toutes les œuvres du Midi et du Nord, la littérature du monde entier, disait-il, — *die Weltliteratur*.

« Mon bon ami, je vous conseille d'abord un cours de logique; là on vous dressera l'esprit comme il faut; on vous le chaussera de bottes à l'espagnole, afin qu'il file droit, avec circonspection, sur le chemin de la pensée, et n'aille pas s'égarer à droite et à gauche comme un feu follet dans l'espace... Commencez par vous imposer, pour cette demi-année, une régularité ponctuelle. Vous en avez tous les jours pour cinq heures : soyez là au coup de cloche; ne manquez pas de vous bien préparer d'avance, d'étudier avec soin le paragraphe, afin d'être d'autant plus à même de voir qu'il ne dit rien qui ne soit dans le livre.

Néanmoins, ne laissez pas d'écrire comme si le Saint-Esprit vous dictait[1]. » Ces sarcasmes de Méphistophélès sont un souvenir des années que Gœthe a passées à Leipzig. Logique, ponctualité, ennui, voilà trois mots qui résument assez bien la physionomie de l'université sous le gouvernement de Gottsched. Il ne faut pas, je le sais, répéter sans réserve les condamnations encourues par ce solennel chancelier de la poésie allemande. Gottsched n'est pas toujours pédant; il a eu des ambitions généreuses; on ne peut lui refuser un ardent désir de susciter une littérature qui relevât l'Allemagne aux yeux de l'Europe; l'histoire littéraire, en regrettant que le génie lui ait manqué, en blâmant surtout les lois stériles qu'il prétendait imposer aux intelligences, doit cependant lui tenir compte d'une si généreuse ambition. Mais comment demander à un poëte de seize ans l'impartialité de la critique? Gœthe se sentait étouffer dans cette atmosphère officielle. L'excellent Gellert lui-même, héritier de l'influence de Gottsched, lui enseignait bien l'élégance et la correction du style, sans fournir à sa juvénile ardeur l'aliment dont elle avait besoin. Toute cette période est triste; le feu divin qui animait l'écolier de Francfort semble prêt à s'éteindre. Non, rassurez-vous : l'inquiétude qui l'agite est un bon signe; il écrit, il fait des satires, des pièces lyriques, de petites

---

[1] *Faust*, première partie. J'emprunte l'excellente traduction de M. Henri Blaze de Bury.

comédies, et si toutes ces œuvres paraissent froides et faibles, il en est plus d'une cependant qui révèle une pensée originale. N'est-ce pas un des traits les plus particuliers du génie de Gœthe, que cette disposition à transporter dans la poésie, pour s'en délivrer lui-même, les aventures et les tourments de son cœur? Ce que sera un jour l'auteur de *Werther*, de *Clavijo*, de *Stella*, d'*Egmont*, de *Torquato Tasso*, l'étudiant de Leipzig commence à le faire à sa manière. A Francfort, à Leipzig, il a aimé déjà, il a souffert et cherché à secouer sa souffrance; il a été coupable, et il a voulu se débarrasser de ses remords; ces pensées qui l'obsèdent, il les produit sous la forme de la comédie ou du drame, et son âme retrouve la sérénité. Peu importe que ces comédies, *le Caprice de l'amant*, *les Complices*, soient une imitation maladroite de notre théâtre, si nous savons ce qu'il faut y chercher, et si celui qui dira un jour, à l'occasion de douleurs plus sérieuses : « Poésie, c'est délivrance, » commence à se révéler à nous dans ces naïves ébauches ?

Pour se soustraire à l'action énervante de la littérature officielle, l'étudiant de Leipzig recherchait les occasions de voir le monde. Au sortir des habitudes patriarcales de sa maison de Francfort, il avait besoin de quelques leçons d'élégance, et ce fut la Saxe qui les lui donna. Maintes familles, très-fières aujourd'hui de ce titre d'honneur, l'accueillirent avec bonté; il a consacré leurs noms dans ses Mémoires. Citons seulement une femme d'esprit, madame Bœhme, qui lui enseigna mieux que Gellert les vrais principes de la littérature et de l'art. Elle lui fit comprendre tout ce qu'il y avait d'insipide dans l'abondance de Gottsched, « dans ce déluge de mots qui inondait le sol allemand et menaçait de submerger les montagnes. » Ce fut après un entretien avec madame Bœhme qu'il jeta au feu tout un volume de vers et de prose commencé à Francfort et fini à Leipzig. Il n'en était pas plus dévoué à ces études de droit que lui imposait son père; la société des femmes, les réunions du monde, comme une espèce de préparation à la poésie, l'attiraient chaque jour davantage, et s'il entreprit vers cette époque de traduire *le Menteur* de Corneille, ce fut sans nul doute pour s'appliquer gaiement ces vers de Dorante :

> Mon père a consenti que je suive mon choix
> Et je fais banqueroute à ce fatras de loix.

La banqueroute est complète. Qu'il fasse des vers ou qu'il les brûle, qu'il vive avec les étudiants ou recherche la société des salons, le feu de la poésie couve au fond de son âme. C'est un poëte, à coup sûr, ce jeune homme inquiet, passionné, si prompt à passer de la débauche à la mélancolie [1]; c'est un poëte qui

[1] Voyez le curieux recueil publié par M. Otto Jahn : *Lettres de Gœthe à ses amis de Leipzig*, 1846.

s'ignore, une âme errante qui cherche vainement sa route. Au milieu des ombres qui l'enveloppent, si un rayon de lumière éclate, il en pousse un cri de joie. « Il faut avoir été jeune, disait-il plus tard, pour se représenter l'effet produit sur nous par l'apparition du *Laocoon* de Lessing; du sein de nos idées indécises et de nos méditations pénibles, ce livre nous entraînait dans le libre domaine de la pensée. » N'est-ce pas là le cri de l'artiste aspirant à la lumière? Au moment où il va naître à la poésie, le mot qui jaillit de ses lèvres est celui qu'il prononcera en mourant : *Mehr Licht!* Cet enthousiasme pour Lessing, son culte pour Winckelmann et le chagrin que lui causa sa mort, autant de signaux qui nous permettent de suivre le développement intérieur de Goethe au milieu de l'obscure agitation des trois années de Leipzig. Cette agitation même est une promesse. Isolé, sans direction, malgré tous ses efforts pour en trouver une, abandonné à lui-même, emporté par des passions ardentes, mécontent du culte réformé, regrettant *la merveilleuse unité des symboles catholiques, cette chaîne brillante d'actes sacrés qui font que le berceau et la tombe, à quelque distance que le hasard les place l'un de l'autre, se tiennent par un indissoluble anneau,* seul, enfin, dans le monde de l'âme comme dans le monde de l'esprit, il n'a plus de ressources qu'en lui-même. En nous exposant ainsi l'état de son âme, Goethe ne songe pas à s'approprier orgueilleusement le mot de l'héroïne de Corneille : « Que vous reste-t-il ? — Moi » Il ne songe qu'à expliquer, sans prétention comme sans fausse modestie, les habitudes de son imagination, dont il rapporte l'origine à ses années de Leipzig. « Ainsi se déclara, dit-il, cette disposition dont je n'ai pu me départir pendant toute ma vie, j'entends cette disposition à transformer en image, en poëme, tout ce qui me causait de la joie et du tourment, tout ce qui m'occupait d'une manière ou d'une autre, et à régler là-dessus mes comptes avec moi-même, non moins pour rectifier mes idées sur les objets extérieurs que pour me calmer intérieurement. Ce don m'était nécessaire plus qu'à personne, à moi que mon naturel emportait toujours d'un extrême à l'autre. Toutes les œuvres de moi que le public a lues depuis ce moment ne sont que les fragments d'une grande confession [1]... »

Gœthe avait passé trois années à Leipzig. Le 28 août 1768, le jour même où il accomplissait sa dix-neuvième année, il dit adieu à ses amis et se mit en route pour Francfort. « Ceux dont il venait de prendre congé, dit un de ses biographes, ne soupçonnaient pas qu'un petit nombre d'années plus tard la gloire de son nom remplirait l'Europe entière. Et cependant cette période de Leipzig a contribué sous plus d'un rapport à former le Gœthe futur [2]... » Sans mécon-

[1] Voyez le recueil intitulé : *Vérité et Poésie*, 7ᵉ partie.
[2] *Gœthe's Leben*, von J. W. Schaefer, 1858, t. I, p. 84.

naître le travail intérieur du poëte naissant pendant cette période d'agitation et d'inquiétude, nous réserverions à l'Alsace l'honneur d'avoir formé le véritable Gœthe. La ville de Strasbourg, nous l'avons dit ailleurs, peut être fière de l'influence qu'elle a exercée sur le génie de Gœthe. Revenu à Francfort dès les premiers jours de septembre, le jeune Wolfgang passe dix-huit mois dans sa famille, mais assez mal reçu par son père, le cœur et l'esprit malades, gravement ébranlé par ses débauches de Leipzig[1], il s'était laissé entraîner sans trop de résistance à de bizarres études de mysticisme et d'alchimie. Heureusement cette maladie nouvelle (Gœthe lui-même désigne ainsi l'état de son âme), cette maladie extraordinaire que lui avait inoculée une personne d'une dévotion follement exaltée, mademoiselle de Klettenberg, ne laissa pas de traces dans son intelligence; il arrive à Strasbourg et tous les mauvais rêves se dissipent.

C'est en 1770, aux premiers jours de printemps, que Wolfgang entra dans la capitale de l'Alsace. Il y venait, sur l'ordre de son père, afin de réparer le temps perdu à Leipzig et de gagner les diplômes nécessaires à la carrière de magistrat. Il les gagnera, ces diplômes, il sera docteur en droit de l'université de Strasbourg; mais qu'est-ce que cela, si l'on songe à tout ce que lui réserve son séjour en ces belles con-

---

[1] « Dans ce maudit Leipzig on brûle comme une torche de résine. » *Lettres de Gœthe à ses amis de Leipzig.*

trées? Ce n'est pas un juriste que Strasbourg a formé, c'est un poëte. Il y était venu malade, inquiet, presque dégoûté de lui-même et de la vie; il s'en retournera joyeux, plein de confiance et d'enthousiasme. Que de journées fécondes pour son génie pendant ces dix-huit mois! La cathédrale, la ville, cette riche plaine de l'Alsace, le Rhin qui la traverse d'un bout à l'autre de l'horizon, tout l'enchante. Des compagnons dignes de lui partagent et multiplient ses émotions. Ici, c'est le doux, le pieux Jung Stilling; là c'est le poëte Lenz, et cet excellent Lerse dont il a si bien reproduit la loyale figure dans son *Gœtz de Berlichingen*. Gœthe était à Strasbourg depuis six mois, quand il apprend l'arrivée d'un jeune écrivain, connu déjà par quelques manifestes hardis, Jean-Gottfried Herder. Avec la confiance de la jeunesse, il va frapper à sa porte; il l'interroge, lui confie ses pensées, ses doutes, ses projets, et, sans se laisser rebuter par les allures un peu altières du critique, il s'attache à lui comme le disciple à son maître. Cette rencontre est un événement décisif dans l'histoire de la poésie allemande. L'office que Herder remplit auprès de l'étudiant de Strasbourg est à la fois sévère et bienfaisant. Plus âgé de cinq années, investi déjà d'une certaine autorité dans le monde des lettres, on peut dire qu'il fait l'éducation poétique de Gœthe et dégage son génie des liens qui l'entravaient. Il lui révèle la philosophie de l'histoire littéraire; il lui montre comment les grandes œuvres de la poésie et de l'art sont intimement unies aux destinées sociales de l'homme et représentent la vie des nations. Éclairés de cette lumière, les immenses domaines de la littérature resplendissent tout à coup de trésors qu'on ne soupçonnait pas. Gœthe et ses amis s'y élancent comme sur une terre conquise et y font maintes découvertes. La Bible, Shakspeare, l'art allemand du moyen âge, prennent à leurs yeux une signification inattendue. Ils aiment surtout la nature ; les poésies artificielles n'usurperont plus, dans les ardentes sympathies de Wolfgang, le rang qui appartient aux inspirations vraies. Herder ne travaille pas seulement à exciter l'enthousiasme de son ami, il ne craint pas d'employer le sarcasme pour le guérir de ses erreurs. Génie lumineux et rigide, bienfaisant et bourru, l'auteur des *Fragments* et des *Forêts critiques*[1] corrige le futur auteur de *Faust* avec une rudesse familière ; et rien de plus touchant que l'humilité, la joie, la reconnaissance de ce glorieux disciple. Herder a beau se montrer dédaigneux et acerbe, Wolfgang ne se décourage pas ; il subit volontiers les railleries de son mentor, pourvu qu'il puisse entendre cette voix inspirée expliquer l'épopée d'Homère, les chants des prophètes hébreux et les drames de Shakspeare. En 1811, au faîte de la renommée, Gœthe se souvient encore avec joie de ces

---

[1] *Kritische Waelder*, 1762.

beaux jours où s'épanouissait son génie, et il écrit dans ses Mémoires : « Je n'ai pas passé auprès de Herder une seule heure qui n'ait été pour moi instructive et féconde. » Ces heures si pleines, si riches, le rude maître les rendait pourtant bien amères. « C'était, ajoute Gœthe, un généreux bourru. Je ne me souviens pas d'avoir reçu de lui le moindre conseil ni le moindre encouragement. N'importe! tout ce qui émanait de lui me causait une impression, non pas agréable, assurément, mais profonde. » Gœthe va jusqu'à dire que l'écriture même de Herder, les signes qu'avait tracés sa plume, exerçaient sur lui une influence magique (*eine magische Gewalt*). « Jamais, s'écrie-t-il, je n'ai déchiré une seule de ses lettres, ni même une seule adresse écrite de sa main. » Naïf éblouissement de cette âme novice encore, en face du guide qui l'introduisait dans les régions de la poésie!

Il y a un épisode d'une autre nature qui eut aussi une action décisive sur le développement moral du poëte. Cœur tendre et passionné, Gœthe, dès la première jeunesse, avait connu les extases de l'amour. A Francfort, à peine âgé de quinze ans, il aimait une fille du peuple, la douce, la sensée Marguerite, qui brillait par sa réserve et sa distinction native, au milieu d'une famille fort équivoque. Pendant qu'il assistait aux fêtes de l'élection impériale dans les rues de Francfort ou les salles du Rœmer, l'écolier vagabond jouissait de voir toutes ces splendeurs aristocratiques servir de cadre à son idylle populaire. A Leipzig, deux ans plus tard, il était devenu amoureux de Catherine Schœnkopf, la fille de l'hôtelier chez lequel il prenait ses repas, celle qu'il a baptisée du nom d'Annette dans ses poétiques confidences. C'est cette pauvre Catherine si tendre, si dévouée, qu'il prit plaisir à tourmenter de la façon la plus cruelle, sauf à en éprouver ensuite un repentir amer et à se châtier lui-même dans un petit drame expiatoire intitulé *le Caprice de l'amant*. Marguerite, Catherine, humbles créatures qui les premières avez fait battre le cœur de Gœthe, vous voilà remplacées aujourd'hui par une figure plus digne : quand la fille du pasteur alsacien paraît dans l'histoire du poète, tous les souvenirs antérieurs doivent s'évanouir.

Entre toutes les femmes que Gœthe a aimées (la liste est longue, hélas!), la plus sympathique et la plus pure, c'est Frédérique. Elle s'appelait Frédérique Brion, mais il semble que, par un instinct naïf, l'Allemagne ait voulu l'anoblir : Frédérique Brion, pour l'Allemagne et pour l'histoire, c'est Frédérique de Sesenheim, du nom du petit village où son père exerçait le ministère évangélique. Quelle apparition suave que Frédérique de Sesenheim dans la destinée de Gœthe! Marguerite était plus âgée que Wolfgang, et, malgré cette réserve gracieuse que le poète a si bien décrite, elle a fini par rejeter son

amour avec autant de légèreté qu'elle l'avait d'abord
accueilli. Catherine, blessée par lui, est devenue, fort
innocemment sans doute, la cause de son désespoir
et des distractions qu'il a cherchées dans le mal. Frédérique a été l'amie de Gœthe; elle a été pour lui un
ange de poésie, la messagère d'une révélation idéale,
et le jour où Gœthe, rappelé à Francfort par sa famille, a dû engager Frédérique à ne plus songer à
lui, la douce enfant, sans dépit, sans rancune, est
demeurée obstinément fidèle au souvenir de celui
qui l'avait aimée. Frédérique avait seize ans, Gœthe
en avait vingt et un, quand ils se rencontrèrent au
mois d'octobre 1770. Pourquoi Gœthe n'a-t-il pas
voulu attacher son sort à celui de cette ravissante
fille? Pourquoi ce départ? Pourquoi cette rupture?
Tous ses biographes l'excusent par la nécessité des
circonstances; ils allèguent la sévérité du père, l'ambition de la mère pour son fils, maintes exigences de
famille qu'il eût vainement essayé de combattre; ils
ne craignent même pas d'appeler Frédérique en témoignage, et la candide enfant vient déposer contre
elle-même. « Il était trop grand, — disait-elle plus
tard, quand l'auteur de *Gœtz* et de *Werther* eut rempli l'Allemagne du bruit de son nom, — il était trop
grand et appelé à de trop hautes destinées, je n'avais
pas le droit de m'emparer de lui. » C'est précisément cette résignation qui doit faire regretter avec
larmes la rupture de Frédérique et de Wolfgang. On

a dit : « Pourquoi la plaindre, puisqu'elle ne se plaignait pas elle-même? » Ce n'est pas elle que je plains, c'est le poëte. Où eût-il trouvé une compagne plus digne de lui? Les biographes de Gœthe, toujours si prompts à excuser les fautes de son cœur au nom des droits du génie, devraient se rappeler un peu mieux le dénoûment de cette histoire. Dix-sept ans plus tard, en 1788, Gœthe, l'ami et le compagnon de plaisirs du grand-duc de Weimar, est abordé un jour dans le parc du château par une jeune fille qui le supplie de remettre un placet au souverain. C'était la fille d'un pauvre diable nommé Vulpius, que l'ivrognerie avait réduit à la misère; elle demandait pour son père un petit emploi qui le rattachât au travail et à la vie. La suppliante était jeune, jolie, et la douleur prêtait à sa physionomie une expression qui devait toucher un poëte. Gœthe l'attire chez lui, l'installe dans son ménage, et, après dix-huit ans d'une vie commune, il épouse la fille de l'ivrogne. Christiane Vulpius assurément ne mérite pas tout le mal qu'on a dit d'elle; la pauvre femme, dans sa simplicité, ne manquait pas de sens, et de nobles esprits, Schiller, Kœrner, Humboldt, Caroline de Wolzogen, lui ont rendu témoignage en excellents termes; il est impossible cependant de la comparer à cette fleur des champs et des bois qui s'appelle Frédérique de Sesenheim.

Que devenait-elle cependant, la pauvre Frédérique?

Elle repoussa tous ceux qui prétendirent à sa main, et l'un d'entre eux était le compagnon de Wolfgang, le poëte livonien Jean Reinhold Lenz. « Celle que Gœthe a aimée, disait-elle, ne peut appartenir à un autre homme. » Son père et sa mère étant morts, elle fut recueillie par une de ses parentes qui avait épousé M. de Rosenstiel, secrétaire d'ambassade auprès de la cour de France; c'est ainsi qu'elle vécut à Versailles et à Paris dans les années qui précédèrent et suivirent immédiatement la Révolution. Son poétique roman, dont elle portait le souvenir avec grâce, sans prétention ni embarras, lui avait fait dans la société d'élite une discrète célébrité. Elle quitta la France sous la Terreur, et trouva un asile chez son beau-frère, M. Marx, pasteur à Diessbourg, et plus tard à Meissenheim dans le duché de Bade. Sa sœur, madame Marx, mourut bientôt, lui laissant le soin de diriger l'éducation de sa fille; elle éleva l'enfant, la maria, puis, sa tâche finie, elle mourut le 13 novembre 1819. Gœthe s'efforça en vain de l'oublier; ni les passions, ni l'étude, ni la gloire ne purent effacer de son cœur celle qui lui avait révélé la poésie. L'auteur de *Faust*, il l'a dit lui-même, n'aurait pas connu tout son génie, s'il n'avait eu le bonheur de rencontrer un ami comme Schiller; l'historien littéraire peut se demander si ce génie n'eût pas été plus complet encore avec une compagne telle que Frédérique de Sesenheim.

Après dix-huit mois d'études, de révélations et de ravissements de toute sorte, Gœthe dut quitter Strasbourg et retourner à Francfort. Il avait obéi cette fois aux vœux de son père; une thèse sur les rapports de l'Église et de l'État, soutenue avec beaucoup d'esprit devant la Faculté de droit le 6 août 1771, lui avait valu le titre officiel dont il avait besoin pour entrer dans la magistrature. Mais ce qu'il rapportait de Strasbourg, son père ne tarda pas à le savoir, c'était bien autre chose qu'une thèse; que de projets dans cette tête ardente! il avait ébauché déjà dans son esprit les premières scènes de *Faust*, il préparait *Gœtz de Berlichingen* et rêvait un drame sur César. L'espérance de créer en Allemagne une poésie toute nouvelle le transportait d'enthousiasme. Quelques-uns des hommes éminents de Strasbourg, Oberlin et Koch, disciples et amis de l'illustre Schœpflin, lui avaient offert une chaire à l'Académie; il n'eut pas de peine à la refuser : son antipathie pour la France allait croissant de jour en jour. Ce génie qui brillera plus tard par l'impartialité la plus large, cette intelligence cosmopolite qui sera si heureuse de tout comprendre et de tout embrasser, obéit en ce moment à une inspiration toute contraire. Un artiste, un poëte, dans la jeunesse surtout, est nécessairement exclusif; Gœthe, en quittant Strasbourg, voyait toute la poésie dans Shakspeare. Les historiens littéraires de l'Allemagne ont un terme aujourd'hui consacré pour désigner l'ardente période où l'esprit germanique, s'affranchissant des règles de la France, pénétra violemment dans le domaine de la nature réelle et de l'imagination libre; ils l'appellent *la période de l'assaut et de l'irruption, Sturm und Drangperiode*. Cette période d'assaut et d'irruption commence pour Gœthe en 1771, au moment de son retour à Francfort, et se prolonge jusqu'à l'heure où il est appelé à Weimar, auprès du grand-duc Charles-Auguste. Il y a là quatre années décisives dans sa vie. C'est l'époque où, par de hardis chefs-d'œuvre coup sur coup répétés, il renouvelle à la fois le drame, le roman et la poésie lyrique. Quel éblouissement pour l'Allemagne, quel événement pour l'Europe entière, quand ce poëte de vingt-quatre ans publie à de rapides intervalles *Gœtz de Berlichingen, les Souffrances du jeune Werther*, et tant de merveilleux *lieds* où le sentiment profond, la naïveté pénétrante des vieilles poésies du peuple jaillissent tout à coup en flots purs, comme l'eau qui sort du rocher!

On sait quel est le sujet de *Gœtz de Berlichingen*. Le poëte, dans un vaste et tumultueux tableau, dans une composition à la Shakspeare, a voulu peindre l'Allemagne au moment où le système du moyen âge se dissout. Les vieilles mœurs ne sont plus; au milieu de l'anarchie morale et politique, un homme, un chevalier, le dernier des chevaliers allemands, ose se lever encore pour l'honneur et la justice. Peu lui importe que de nouveaux intérêts soient nés; l'*honneur parle, il suffit.* Partout où un opprimé jette un cri de détresse, Goetz accourt avec ses compagnons. Il prend au sérieux les devoirs de sa caste au moment où chacun ne songe qu'à soi. Seul contre tout un monde, que pourra faire ce don Quichotte sublime? Son exaltation, inspirée par l'honneur, mettra son honneur en péril; il deviendra le chef de ces paysans qui ont souillé de sang une cause juste; le loyal chevalier passera pour un rebelle, il sera calomnié, condamné, flétri. Voilà le tragique intérêt de cette peinture. Goethe a développé ce grand sujet dans une série de scènes et d'épisodes que d'éminents critiques voudraient voir liés d'une façon plus étroite. Est-ce une faute? ne serait-ce pas plutôt un artifice du poëte? Sans absoudre entièrement la composition du drame, on ne peut nier qu'au sein de cette confusion la figure du héros n'apparaisse plus grande. C'est cette figure qui forme l'unité du tableau; on la voit s'élever de scène en scène, et lorsque Goetz, expirant entre sa pieuse Élisabeth et son vaillant frère d'armes, s'écrie d'une voix éteinte: « Reçois mon âme, pauvre femme! Je te laisse dans un monde corrompu; Lerse, ne l'abandonne pas. Fermez vos cœurs avec plus de soin que vos portes; le temps de la perfidie approche... Ils régneront par la ruse, les misérables! le noble cœur sera pris dans leurs filets... » le lecteur ému répond avec les amis qui ferment les yeux du vieux soldat : « Malheur au siècle qui t'a repoussé! malheur à la postérité qui te méconnaîtra ! »

Lorsque Gœthe mettait si vivement en action l'histoire de son chevalier à la main de fer[1], il y cherchait une distraction à des douleurs poignantes. Une année auparavant, au printemps de 1772, il était allé à Wetzlar achever ses études de droit. Wetzlar, où siégeait la chambre impériale, était le rendez-vous naturel des jeunes jurisconsultes qui voulaient étudier dans la pratique la vieille constitution de l'empire d'Allemagne. Parmi les compagnons que Gœthe y avait rencontrés, le secrétaire de la légation hanovrienne, Jean Christian Kestner, son aîné de sept ou huit ans, était devenu un de ses plus intimes amis. Kestner devait épouser une jeune fille de Wetzlar, Charlotte de Buff, dont le père, bailli de l'Ordre allemand, avait rang parmi les notables de la cité. Gœthe la vit et l'aima. Il ignorait alors que Charlotte était fiancée à Kestner. A vrai dire, il n'y avait pas encore de fiançailles; c'était tout simplement un lien secret, une de ces conventions tacites comme les autorisent les mœurs allemandes, et qui équivalent à une promesse officielle. Le jour où Gœthe apprit la liaison

---

[1] Le titre primitif, dans l'intention de Gœthe, était celui-ci : *Histoire dramatique de Gottfried de Berlichingen à la main de fer*. La première édition, publiée sans nom d'auteur au printemps de l'année 1773, est intitulée : *Gœtz de Berlichingen à la main de fer*, drame.

de Kestner et de Charlotte de Buff, son cœur déjà ne s'appartenait plus. Cette belle jeune fille, avec sa grâce, sa sérénité virginale, surveillant et dirigeant ses petites sœurs comme une jeune mère, était trop sûre d'elle-même pour ne pas s'abandonner sans crainte aux charmes d'une telle amitié. « Elle aimait la société; bientôt Gœthe ne put vivre loin d'elle, car elle lui embellissait la vie de tous les jours; les soins d'un ménage considérable l'appelaient soit dans les champs, soit dans le pré, dans le verger ou dans le jardin; ils devinrent bientôt en tous lieux deux compagnons inséparables. Le fiancé était de la partie quand ses affaires le lui permettaient; ils s'étaient tous trois habitués les uns aux autres, sans le vouloir, et ils en étaient venus, sans savoir comment, à ne pouvoir pas vivre séparés. C'est ainsi qu'ils passèrent un été splendide au sein d'une idylle vraiment allemande, à laquelle une terre fertile fournissait la prose, et une tendresse pure, la poésie[1]. » C'est Gœthe lui-même qui parle ainsi; citons les paroles d'un écrivain bien digne de compléter ce tableau : « Pendant toute cette belle saison de 1772, dit M. Sainte-Beuve, Gœthe, accueilli par Kestner, adopté par Charlotte et par toute la famille, mena une vie d'exaltation, de tendresse, d'intelligence passionnée par le sentiment, d'amour naissant et confus, d'amitié encore invio-

[1] *Wahrheit und Dichtung. Zwœlftes Buch.*

lable, une vie d'idylle et de paradis terrestre impossible à prolonger sans péril, mais délicieuse une fois à saisir. Il eut, en un mot, une saison morale toute poétique et divine, quatre mois célestes et fugitifs qui suffisent à illuminer tout un passé... L'orage toutefois était imminent et s'amassait en lui, un orage qui n'éclata point ; l'idylle resta pure. Gœthe, sage et fort jusque dans ses oublis, s'éloigna à temps. Il avait fait la connaissance de Charlotte le 9 juin 1772, et il partit brusquement de Wetzlar le 11 septembre[1]. » Son drame de *Gœtz*, je l'ai dit, fut une diversion puissante à sa douleur ; pour étouffer complétement sa souffrance, il employa le procédé dont il nous a déjà parlé lui-même à l'occasion de ses aventures de Leipzig : il se délivra de ses souvenirs, il en effaça du moins ce qu'ils avaient de cruel et d'amer, en les transportant dans le pur domaine de l'idéal. « La vie est triste, l'art est serein ; » ce fut l'art qui rendit la sérénité à l'amant de Charlotte Buff. Un des collègues de Kestner, Charles Wilhelm Jérusalem, secrétaire de la légation de Brunswick à Wetzlar, s'était trouvé en même temps que Gœthe dans une situation analogue ; amoureux de la femme d'un de ses amis, il tomba dans le désespoir et se brûla la cervelle. Il n'y avait pas deux mois que Gœthe avait quitté Wetzlar quand il apprit le suicide de Jérusa-

[1] Sainte-Beuve, *Causeries du lundi*, t. XI, 244-5.

lem. Cette mort, qui mit en émoi toute la jeunesse allemande, devait le frapper d'une façon particulière; aiguillonné de nouveau par le mariage de Kestner et de Charlotte, qui eut lieu vers l'époque où il venait d'achever *Gœtz de Berlichingen*, il se mit décidément à l'œuvre, et, combinant sa propre histoire avec celle du malheureux Jérusalem, il écrivit les *Souffrances du jeune Werther*.

Le succès fut immense. La publication de *Werther* (1774) est une des grandes dates de la littérature européenne au dix-huitième siècle. L'ardente génération suscitée pas Lessing et Herder se produisait de tous côtés, impatiente du repos, tourmentée de vagues désirs et aspirant de toutes les forces de son être à une existence nouvelle; *Werther* répondait admirablement à cette situation des esprits. M. Sainte-Beuve a fait preuve d'une rare sagacité lorsqu'il caractérise ainsi la première partie du roman : « Ce n'est pas le désespoir, c'est plutôt l'ivresse bouillonnante et la joie qui président à la conception de *Werther* ; c'est le génie de la force et de la jeunesse, l'aspiration, douloureuse sans doute, mais ardente avant tout et conquérante, vers l'inconnu et vers l'infini... » N'oublions pas, en effet, que Gœthe était déjà guéri, ou peu s'en faut (nous le savons par ses lettres), quand il prit la plume pour écrire *Werther*. A demi débarrassé de son mal, il put faire une peinture générale au lieu d'une confidence personnelle.

il put se peindre dans la plénitude de sa force et le désespoir de l'inaction, de manière à représenter dans ce tableau l'état même de son pays et, j'ajouterai, d'une grande partie de l'Europe. En décrivant les souffrances du jeune Werther, Goethe a peint l'Allemagne intellectuelle et morale à la veille des révolutions qui allaient régénérer l'Europe, et la peinture est si vraie, si vivante, dit le sévère historien Gervinus, que, malgré les transformations du modèle, on ne le lira jamais sans être ému.

Cette émotion a-t-elle toujours été salutaire? Ne répétons pas ici d'insipides lieux communs; un poëte ne peut être responsable des sottises de ses imitateurs, et Goethe lui-même, on ne doit pas l'oublier, a raillé plus vivement et plus spirituellement que personne le faux désespoir des faux Werther. « Pourquoi, dit-il en ses Mémoires, pourquoi exige-t-on qu'une œuvre de poésie ait un but didactique? La véritable peinture n'en a pas; elle n'approuve ni ne blâme; elle déroule dans leur enchaînement les sentiments et les actions, et par là elle éclaire et instruit. » Il est certain cependant que le bruit de son roman ne fut pas sans influence sur les transformations ultérieures de sa pensée; en voyant la jeunesse de son temps faire éclater « ses prétentions exagérées, ses passions inassouvies, et ses souffrances imaginaires[1], » il réagit

---

[1] Goethe, *Wahrheit und Dichtung*, Dreizehntes Buch.

peu à peu contre ces maladies de son temps et rechercha toujours davantage, dans sa vie comme dans ses œuvres, la santé de l'âme, la vigueur de l'esprit, une pleine et harmonieuse possession de soi-même. L'agitation, en effet, fut extraordinaire; l'explosion de la mine, c'est Gœthe qui parle, avait été formidable, et l'incendie gagnait de proche en proche. Ardemment discuté en Allemagne, accueilli par les uns avec une admiration mêlée de reproches amers, par les autres avec des transports d'enthousiasme, il est bientôt traduit en français (1776—1777), en anglais (1779), en italien (1781—1782), en suédois (1789), en russe (1788), et en espagnol (1804). On en publie des commentaires et des imitations. Le théâtre, en France, en Allemagne, s'empare de cette douloureuse histoire. Werther a décidément le privilège de passionner la société européenne. Les déclamations de Julie, les malheurs de Clarisse sont oubliés; le candide bourgeois *au frac bleu et à la culotte jaune* vient de proposer aux esprits des questions bien autrement émouvantes. Qu'on le plaigne ou qu'on le maudisse, il est impossible de ne pas s'intéresser à son sort. Pendant son voyage d'Italie, Gœthe est comme obsédé par le souvenir de son héros; à Rome même, ce sont ses expressions, il ne « peut échapper à ses mânes irrités. » Il y a des hommes (Gœthe en fit l'épreuve à Palerme) qui ne savent pas encore le nom du poëte et qui connaissent les aventures de l'amant de Charlotte. Lorsque le général Bonaparte aborde en Égypte, il a dans sa bibliothèque de campagne une traduction française de *Werther*; il lit ces pages ardentes au pied des pyramides, il les lit avec les yeux d'un homme né pour conduire les hommes, et plus tard, à Erfurt, quand il s'entretient avec le poëte, il discute la conduite de son héros, « comme un juge, dit Goethe, examine la vie d'un accusé. » Un des plus singuliers incidents, au milieu de cette agitation des esprits, c'est l'enthousiasme de ceux qui demandent avec instance à l'auteur une nouvelle œuvre du même genre. « Plaise à Dieu, écrit Goethe à Eckermann, et cette réponse est à la fois l'excuse et la critique de son livre; plaise à Dieu que je ne me retrouve jamais dans une situation d'esprit où j'aie besoin de composer une pareille œuvre ! [1] »

Non, les enthousiastes avaient tort ; on n'écrit pas deux fois un roman comme *Werther*. Goethe avait pris goût cependant à ces études passionnées du

[1] Nous n'avons fait que résumer ici la pensée de Goethe; voici ses paroles mêmes d'après l'excellente traduction de M. Émile Délerot : « L'entretien se tourna alors sur *Werther*. — Voilà bien, en effet, un être, dit Goethe, que, comme le Pélican, j'ai nourri avec le sang de mon propre cœur. Il y a là assez de mes émotions intimes, assez de sentiments et de pensées pour suffire à six romans, non en un petit volume, mais en dix. Je n'ai relu qu'une fois ce livre, et je me garderai de le relire. Ce sont des fusées incendiaires ! je me trouverais fort mal de cette lecture, et je ne veux pas retomber dans l'état maladif d'où il est sorti. » *Conversations de Goethe avec Eckermann*, traduction de M. Émile Délerot, 1ᵉʳ vol., p. 81. (*Bibliothèque Charpentier.*)

cœur, à cette subtile et ardente casuistique. Deux drames, composés quelques mois après *Werther*, *Clavijo* (1774) et *Stella* (1775), appartiennent au même ordre d'idées. Un jour qu'il avait lu dans les *Mémoires* de Beaumarchais l'épisode de Clavijo et de Marie, son idylle de Sesenheim, interrompue d'une façon si brusque, se représenta plus vivement à son imagination. Cette Frédérique si gracieusement belle, cette douce messagère de poésie, il l'avait aimée, il lui avait laissé croire qu'il unirait sa vie à la sienne, puis il avait rompu avec elle comme Clavijo avec Marie de Beaumarchais. Tourmenté par ce souvenir, il essaya de se délivrer de son remords au moyen d'une confession poétiquement idéalisée. Sans être une confession aussi directe, *Stella* se rattache aussi à un épisode de son voyage en Alsace. Goethe avait été aimé de deux sœurs, et les scènes douloureuses de cette histoire avaient laissé dans son âme une impression pénible; le Fernando du drame de *Stella*, partagé entre les deux sœurs qui l'aiment et coupable envers toutes les deux, rappelle, en les exagérant, quelques traits de la réalité. Soit que l'amant de Stella et de Cécile s'accommode de la situation et continue de vivre avec les deux femmes (c'était le premier dénoûment de cette triste intrigue), soit que, dans un dénoûment postérieur, il se donne la mort pour échapper à son supplice, on voit quelle était encore l'agitation inquiète de Goethe et le désordre de ses idées. Bigamie ou suicide, il n'y avait pas d'autre conclusion pour son œuvre.

Heureusement les pièces lyriques composées par lui pendant cette période nous le montrent avec toute sa grâce et toute sa vigueur sereine. Ce Werther, qui lisait l'*Odyssée* avec tant d'enthousiasme et qui y retrouvait, au lieu d'un poëme classique, la naïveté de l'imagination primitive, a senti quelque chose d'homérique dans la vieille poésie du peuple allemand. C'est au moment où il lisait Homère, où il en traduisait maintes pages, où il en détachait des fleurs d'or pour les semer dans ses lettres familières[1], c'est à ce moment-là même qu'il écrit tant de *lieds* merveilleux et qu'il s'approprie les accents joyeux ou plaintifs de la poésie d'instinct. La franchise du

---

[1] Il faut se rappeler, entre bien d'autres, la lettre qu'il adresse à Kestner au mois de février 1773 : « Ma sœur vous salue, mes demoiselles vous saluent, mes dieux vous saluent, nommément le beau Pâris à ma droite et la Vénus d'or de l'autre côté, et Mercure le Messager qui se réjouit des courriers rapides, et qui attacha hier à mes pieds ses belles et divines semelles d'or, qui le portent avec le souffle du vent à travers la mer stérile et la terre sans limites. » V. *Gœthe et Werther*, lettres inédites de Gœthe, traduites par L. Poley. Paris, 1855, p. 113. — Gœthe, comme Klopstock, était un patineur hardi et passionné. Ces *semelles d'or* que Mercure attache à ses pieds, c'étaient les patins rapides avec lesquels il volait sur le lit glacé du Mein dans les matinées d'hiver. Il pensait à ces vers de l'*Odyssée* :

Elle dit et attache à ses pieds ces belles et divines semelles d'or qui la portent, au souffle du vent, sur la mer et la terre immense. »

Ὣς εἰποῦσ' ὑπὸ ποσσὶν ἐδήσατο καλὰ πέδιλα
ἀμβρόσια, χρύσεια, τά μιν φέρον ἠμὲν ἐφ' ὑγρὴν,
ἠδ' ἐπ' ἀπείρονα γαῖαν ἅμα πνοιῇς ἀνέμοιο.

ODYSSÉE, I, 96-8.

sentiment n'est égalée ici que par la simplicité de la forme. C'est l'âme qui chante, une âme qui a vécu et souffert, mais chez qui les douleurs sont apaisées. Point de cris, point de déclamations, une musique pénétrante et suave. Quelquefois, en deux ou trois strophes, le poëte dessine des tableaux de la nature qui font penser tour à tour à Albert Cuyp et à Claude Lorrain. Qu'on lise le *Calme de la mer*, l'*Innocence*, le *Sentiment d'automne*, *Sur le lac*, le *Lied nocturne du voyageur*; qu'on lise ces ballades où la naïveté de la légende est associée à la perfection de l'art, le *Roi de Thulé*, le *Chant du comte prisonnier*; et si l'on peut sentir toutes les délicatesses du texte original, on comprendra l'espèce de révolution que Gœthe a faite dans la poésie lyrique. Et pendant qu'il écrivait tous ces petits chefs-d'œuvre, il méditait de grands poëmes où des pensées philosophiques et religieuses devaient se produire sous la forme de l'épopée ou du drame. Mahomet, Prométhée, le Juif errant, attiraient son imagination; il voulait y représenter, dans une série de symboles, les destinées du génie et la mission du genre humain. Les fragments qu'il a laissés de ces œuvres appartiennent à ces quatre années éclatantes (1772-1776) qui, en consacrant déjà sa gloire juvénile, préparent et annoncent tous ses triomphes à venir.

Une période toute différente va commencer. Le cune duc de Saxe-Weimar, Charles-Auguste, qui avait perdu son père dans sa première enfance, venait d'atteindre sa majorité, le 3 septembre 1775. Sa mère, la propre nièce de Frédéric le Grand, avait un goût très-vif pour les choses de l'esprit; nourri des sentiments les plus nobles et passionné pour la gloire, le jeune prince était impatient de déployer ses facultés ardentes. « Je n'ai pas encore vu, disait Frédéric, un jeune homme de cet âge donner de si belles espérances. » Mais que faire, dans le calme apathique de l'Allemagne, à la tête d'un État qui ne pouvait prendre aucune initiative? Il restait à Charles-Auguste le domaine de l'esprit et des arts; il s'y précipita tumultueusement, avec les passions sensuelles de la jeunesse. Cette cour de Weimar, qui devint plus tard le sanctuaire des Muses décentes (*gratiæ decentes*), commença tout d'abord par de poétiques bacchanales. Peu de temps après son mariage avec la duchesse Louise de Hesse-Darmstadt, Charles-Auguste avait rencontré Gœthe à Francfort, et, séduit aussitôt par ce génie ardent que venait de consacrer le triomphe de *Gœtz* et de *Werther*, il s'était empressé de l'attacher à sa personne. L'auteur de *Werther* avait vingt-sept ans lorsqu'il s'établit à Weimar; le prince en avait dix-huit. Précédé d'une réputation immense, jeune, passionné, aussi beau (tous ses contemporains l'ont dit, aussi beau que les jeunes dieux de la Grèce, Gœthe entra comme une apparition idéale au milieu de cette cour de Weimar, ravie et fascinée. Ce fut, on peut le dire, un éblouissement. Ceux-là même que Gœthe allait détrôner l'accueillaient avec acclamation. Le poëte Wieland, qui avait été chargé, en 1772, d'achever l'éducation littéraire du jeune duc; oui, Wieland, déjà renié si amèrement par la génération nouvelle, Wieland pousse des cris d'enthousiasme; « O frère très-chéri ! écrit-il à Jacobi le 10 novembre 1776, que te dirai-je de Gœthe ? Dès le premier instant où je l'ai vu, comme il m'a été au cœur !.... Mon âme est pleine de Gœthe, comme la goutte de rosée est pleine des rayons du soleil qui se lève... Cet homme divin restera, je l'espère, avec nous plus longtemps qu'il ne l'avait projeté d'abord, et s'il est possible de faire ici quelque chose de bon, nous le devrons à sa présence. » Deux mois après il écrivait à Zimmermann : « Je viens de passer neuf semaines avec Gœthe. Nos âmes se sont unies naturellement, insensiblement, sans le moindre effort ; je vis tout en lui. C'est bien, sous tous les rapports et de tous les côtés, la plus grande, la meilleure, la plus splendide nature d'homme que Dieu ait créée[1]. Puissé-je le dire au monde entier ! Puisse le monde entier connaître, pénétrer, aimer, comme je le fais, le plus aimable des hommes ! » Et pour que le monde entier le con-

---

[1] « Er ist in jedem Betracht und von allen Seiten das grösste, beste, herrlichste menschliche Wesen das Gott geschaffen hat... » Wieland.

naisse en effet, il multiplie ses lettres. Écoutez ces belles paroles adressées à Merck : « Connaissez-vous un exemple d'un tel fait : un poëte aimant un autre poëte d'une affection si enthousiaste! Il n'y a plus de vie possible pour moi sans ce merveilleux enfant, que j'aime comme un fils unique [1]; et comme il convient à un vrai père, j'éprouve une joie intime à voir qu'il est si beau, qu'il grandit si bien, qu'il me dépasse de la tête, qu'il est déjà ce que je n'ai pu devenir. » Quelques mois après, dans une pièce de vers adressée, sous le nom de Psyché, à madame de Bechtoldsheim, il complétait ainsi ce portrait : « Soudain un enchanteur a paru au milieu de nous! Mais ne crois pas qu'il soit venu avec un visage funeste, à cheval sur un dragon. C'était un beau nécromant avec des yeux noirs, des yeux qui fascinent, et des regards divins aussi puissants pour donner la mort que pour ravir les âmes... Jamais, dans le monde de Dieu, un tel fils de l'homme ne s'est levé, unissant en lui toute la bonté et toute la puissance de l'humanité. » A côté de ces lignes qui ne font pas moins d'honneur à Wieland qu'à Gœthe lui-même, on pourrait rassembler encore bien d'autres témoignages. Les mots de dieu, de jeune dieu, de jeune Olympien, reviennent sans cesse dans tous ces récits, comme ils seront continuellement sur les lèvres de la mère du poëte

---

[1] « *Für mich ist kein Leben mehr ohne diesen wunderbaren Knaben...* » Wieland an Merck.

et sous la plume de Bettina, lorsque Bettina ira recueillir à Francfort les souvenirs de jeunesse du grand poëte. « Il s'est levé parmi nous comme une étoile, » dit Knebel. — « Je l'ai vu, écrira bien des années plus tard l'illustre médecin Hufeland, je l'ai vu paraître à Weimar dans toute la force et la fleur de la jeunesse et des premiers temps de la virilité. Jamais je n'oublierai l'impression qu'il produisait, lorsque, revêtu du costume grec, il jouait le rôle d'Oreste dans son *Iphigénie*; on croyait voir un Apollon. Non, jamais il n'y a eu, comme chez le Gœthe de ce temps-là, une telle réunion de la parfaite beauté physique et de la parfaite beauté intellectuelle. »

Qu'on se le représente, ce jeune dieu, au milieu d'une cour enivrée. S'il reste fidèle à son génie, au milieu de ces tentations périlleuses, c'est alors qu'il justifiera les paroles enthousiastes que je viens de citer. Une étroite amitié unit bientôt le poëte et le souverain, Wolfgang et Charles-Auguste. On eût dit tour à tour deux amis comme Nisus et Euryale, ou deux compagnons intrépides comme les personnages des anciens poëmes germaniques. Ils se tutoyaient et ne pouvaient vivre l'un sans l'autre. Tantôt chassant, patinant, lançant leurs traîneaux sur la neige, galopant bride abattue à travers les forêts, tantôt préparant les bals, les mascarades, combinant des intermèdes comme ceux des pièces de Molière, faisant servir la poésie aux amusements d'un monde frivole, et la réduisant parfois à égayer l'orgie, ils jetaient aux vents leur folle jeunesse. Un jour, le patriarche de la poésie germanique, le vénérable Klopstock, dans sa retraite de Hambourg, entendit parler des plaisirs effrénés de la cour de Weimar. On racontait des choses étranges; il était grand bruit de débauches, d'impiétés joyeuses, de scandales de toute sorte. Le chaste poëte s'émut. Quoi! l'auteur de *Goetz*, celui qui avait si bien chanté la vieille Allemagne, ce génie si bien doué sur lequel l'Allemagne nouvelle avait les yeux, ne craignait pas de compromettre ainsi sa dignité! Ne savait-il donc pas que la poésie est un sacerdoce? Il lui écrit une lettre d'avertissements et de reproches. La lettre, il faut l'avouer, était pédantesque et peut-être un peu blessante dans la forme, mais Goethe aurait dû sentir l'inspiration paternelle qui l'avait dictée. Il était entraîné alors dans le tourbillon des plaisirs; il avait fondé un théâtre d'amateurs (c'est le titre même qu'il porta plusieurs années), et les plus grandes dames de la cour se disputaient l'honneur d'y jouer avec lui les premiers rôles. Cette mercuriale chagrine impatienta le fier jeune homme; au moment où tout un monde aristocratique saluait en lui un dieu de l'Olympe, d'où sortait cette voix morose et de quel droit parlait-elle si haut? Il répondit avec une froide et hautaine impertinence, à peu près comme le don Juan de Molière répond à son père don Louis, ou plutôt comme un

Lauzun à peine émancipé eût répondu à un mentor importun; il oubliait qu'il était Gœthe et que ce mentor s'appelait Klopstock. Patience! un jour viendra, et ce jour n'est pas loin, où il regrettera ces joies turbulentes et ces paroles coupables. Il aimera la solitude, il recherchera les occasions de quitter la cour; soit qu'il reste à Weimar dans la jolie maison que le duc lui a donnée, soit qu'il parcoure le duché sous prétexte d'affaires et se cache des semaines entières dans quelque village isolé, il rentrera peu à peu en lui-même; ces avertissements de Klopstock, repoussés d'abord avec tant d'amertume, ne lui auront pas été inutiles. Revenu ensuite à la cour après ces heures de méditation et de retraite, il y rapportera la poésie, la gaieté, mais une poésie qui ne se dégradera plus, une gaieté humoristique et charmante que l'art ne désavouera jamais. Son ami, son jeune maître, le duc Charles-Auguste, subira aussi l'influence de ces pensées plus sereines; la cour se transformera comme le poëte, une savante et délicate élégance remplacera bientôt les plaisirs désordonnés. C'est vers cette époque, en 1782, que Gœthe écrivait à Jacobi : « Laisse-moi me servir d'une comparaison. Quand tu vois sur un fourneau de forge une masse de fer incandescent, tu ne penses pas à toutes les scories qui y sont cachées, tu ne soupçonnes pas cet alliage impur qui va se dégager sous les coups du grand marteau. Alors seulement les immondices, que le feu lui-même n'a pu séparer du métal, se dégagent, elles s'écoulent en gouttes brûlantes, elles s'envolent en étincelles, et l'airain sans mélange demeure dans les tenailles du forgeron. Il semble qu'il ait fallu un marteau de cette force-là pour délivrer ma nature de toutes ses scories et purifier mon cœur. Et combien, combien d'immondices s'y cachent encore ! » Confession naïve et touchante chez un tel esprit ; cette vie de cour, cette vie de plaisirs, que bien des envieux lui reprochaient, ce n'était plus pour lui désormais que le grand marteau de la forge. À Strasbourg, à Wetzlar, à Francfort, son cœur avait brûlé comme le fer dans la fournaise ; à Weimar, au sein des dissipations voluptueuses, le grand marteau frappait, et tandis que les scories jaillissaient en étincelles, le pur métal se dégageait d'heure en d'heure.

Il est difficile de résumer en une page une période comme celle-là, période stérile et vide en apparence, très-remplie en réalité, mais d'un travail secret. Les dix années du premier séjour de Gœthe à Weimar (1776-1786) pourraient fournir le sujet d'une étude morale aussi neuve, aussi intéressante, mais à un point de vue opposé, que les souffrances du jeune Werther. Ces milliers d'étincelles dont Gœthe nous parle dans sa lettre à Jacobi, c'étaient ces poésies de cour, ces strophes, ces épigrammes, ces petites comédies légères comme *le Frère et la Sœur*, ces petits opéras-comiques tels que *Lila*, *Jéry et Bately*, œuvres de chambellan poétique, bien peu dignes de l'auteur de *Gœtz* et de *Werther*. Laissez jaillir ces étincelles, l'airain n'en sera que plus pur. Lorsque Gœthe, inquiet, mécontent de lui-même, va se cacher dans quelque village ou dans les montagnes du Harz, il retrouve sa poésie aussi fraîche qu'au premier jour, aussi fraîche et plus pure; car ce regret du temps perdu, ces aspirations vers l'idéal enfui, ce désir de solitude et de recueillement, tous les sentiments qu'ont éveillés en lui les turbulentes années de Weimar lui révèlent peu à peu le secret d'une beauté majestueuse que sa jeunesse ne soupçonnait pas. C'est dans une auberge de village qu'il écrit *le Roi des Aulnes*; c'est à la suite d'une de ces excursions qu'il écrit une autre belle pièce lyrique, *le Voyage du Harz*; des romans, des drames, des poëmes se dessinent dans son imagination; il en trace les premières ébauches; mais, au lieu de s'y jeter avec fougue, au lieu de les enlever vivement, rapidement, en quelques semaines, comme il a fait pour *Werther* et pour *Gœtz*, il les médite à loisir, il vise à une forme pure, sereine, à une sorte de perfection idéale. *Wilhelm Meister, Torquato Tasso, Egmont, Iphigénie, Faust, Hermann et Dorothée*, occupent tour à tour sa pensée. Avec quelle joie il va de l'une à l'autre, les prenant et les quittant tour à tour! Cependant toutes ces belles images n'existent encore qu'à moitié; ce sont des ombres, des fantômes qui demandent à vivre; d'où vient qu'il ne se décide pas à leur donner la forme suprême? Est-ce indifférence ou défiance de ses forces? Pendant ce temps-là, de jeunes poëtes se lèvent; Heinse, Klinger, Schiller reprennent avec fougue, et au point où l'a laissé l'auteur de *Gœtz*, le mouvement *de l'assaut et de l'irruption*. *Sturm und Drang*, c'est le titre d'un drame de Klinger[1]. *Les Brigands* de Schiller (1781), d'un bout de l'Allemagne à l'autre, passionnent toute la jeunesse; Gœthe, naguère encore l'orgueil et l'espérance des générations nouvelles, n'est plus considéré que comme un poëte de cour: on croit que Weimar a épuisé son génie. Encore une fois, pourquoi ne se hâte-t-il pas de donner la forme et la vie à tant d'inspirations, à tant de figures à demi ébauchées qui l'entourent comme une famille invisible? Il ne se rend pas compte lui-même du motif qui l'arrête; il jouit en silence de ces belles formes qu'il médite, sans trop s'inquiéter du moment où il réalisera ses projets. Un jour cependant, en 1786, occupé à faire une édition de ses œuvres, ayant à rassembler autour de *Gœtz* et de *Werther* toutes ses pièces lyriques, toutes ses petites comédies, ses intermèdes, ses opéras, et aussi maints fragments en prose, maintes esquisses de poésie, il est effrayé de voir un si grand nombre de plans qui attendent l'inspiration de l'artiste, et il se demande

[1] Voyez l'article que nous avons consacré à Klinger dans la nouvelle édition de la *Biographie universelle* de Michaud, t. XXII.

le motif de son retard. Des marbres vaguement dégrossis encombrent son atelier; il est bien temps qu'il prenne le ciseau et qu'il tire de tous ces blocs les figures sublimes qu'il entrevoit. Mais non, il ne peut. Pour la beauté qu'il a conçue, une éducation nouvelle est nécessaire. Cette Allemagne, *sans forme, sans contours arrêtés*[1], lui fournissait bien des inspirations et des couleurs quand il écrivait les œuvres ardentes de sa jeunesse; s'il veut réaliser à présent les types de son idéal, il faut qu'il aille au pays de la lumière. Voilà, il le sait aujourd'hui, le secret instinct qui l'empêchait de se mettre à l'œuvre; il ne se sentait pas assez fort tant qu'il n'avait pas vu le ciel de Naples et les horizons de la campagne romaine.

L'Italie! l'Italie! il en rêvait déjà, tout enfant, quand il admirait les paysages napolitains dans la collection de son père; maintenant qu'il sent le besoin d'achever son éducation d'artiste, son parti est pris. Le duc sait ses projets, madame de Stein, la sœur de sa pensée, la directrice de son génie, est aussi dans la confidence. Nul autre n'en sera informé. Il faut qu'il parte et qu'il parte seul. Pendant l'été de 1786, le duc est aux eaux de Carlsbad avec une partie de sa cour : Goethe l'a accompagné, Herder

---

[1] Expression de Goethe. « *Aus Italien dem formreichen war ich in das gestaltlose Deutschland zurückgewiesen....* » Voyez l'ouvrage intitulé: *Morphologie. Geschichte meines botanischen studium's.* 2ᵉ chapitre.

aussi, Herder redevenu, après bien des refroidissements, l'un des amis intimes de Gœthe, et qui lui lit chaque semaine un nouveau chapitre de son grand ouvrage, les *Idées sur la philosophie de l'histoire de l'humanité*. Si Herder apprend que Gœthe se dispose à partir pour l'Italie, il voudra partir avec lui. Non, Gœthe a besoin d'être seul; il veut s'arracher à son passé, et se plonger sans distraction dans l'étude du génie antique et de l'immortelle nature. Le 3 septembre 1786, quelques jours après que ses amis ont fêté avec lui le trente-septième anniversaire de sa naissance, en pleine nuit, à trois heures du matin, il se glisse furtivement dans une chaise de poste et se dirige vers *le pays où fleurissent les citronniers*.

Voilà Gœthe à Venise, à Florence, à Rome, à Naples et à Palerme. Tout ce cortége de poétiques figures ébauchées dans son imagination, *Faust*, *Wilhelm Meister*, *Hermann et Dorothée*, l'accompagnent au milieu des enchantements de Naples et de la Sicile. Il écrit à Florence, sous les ombrages des *Cascines*, les scènes les plus heureuses de *Torquato Tasso*, et c'est à Rome qu'il termine *Iphigénie*. Il y a trente ans, un de nos poëtes visitant aussi l'Italie contemplait le Campo Vaccino et se répandait en plaintes éloquentes sur tant de beaux monuments détruits ou déshonorés. L'image de Gœthe qui venait de mourir lui apparaît au milieu de ces décombres; Rome,

Gœthe, ces deux grands noms s'unissent naturellement dans son chant de douleur :

> Et toi, divin amant de cette chaste Hélène,
> Sculpteur au bras immense, à la puissante haleine,
> Artiste au front paisible avec les mains en feu,
> Rayon tombé du ciel et remonté vers Dieu ;
> O Gœthe, ô grand vieillard, prince de Germanie !
> Penché sur Rome antique et son mâle génie,
> Je ne puis m'empêcher, dans mon chant éploré,
> A ce grand nom croulé d'unir ton nom sacré...

M. Auguste Barbier a raison ; le souvenir de Gœthe est étroitement associé au nom de Rome. Bien que l'auteur de *Torquato Tasso* n'ait guère séjourné que dix-huit mois en Italie, ce voyage est une époque décisive dans sa carrière. L'amant de la forme, l'amant de cette chaste Hélène, comme l'appelle le poëte du *Pianto*, revint de Rome et de Florence avec des richesses nouvelles. Les conceptions poétiques de Weimar avaient enfin revêtu un corps splendide. La beauté, la beauté pure, sereine, inaltérable, la beauté des dieux de l'Olympe et des peuples du Midi, comprise avec le sentiment profond d'un homme du Nord, avait remplacé dans son imagination la puissance désordonnée de Shakspeare et les complications de l'art gothique. Les premières œuvres qu'il publie à son retour, *Iphigénie en Tauride* (1787), *Egmont* (1788), *Torquato Tasso* (1790), attestent la transformation de son génie. Par l'élévation de la pensée, par la simple et solennelle ordonnance de la composition, *Iphigénie* est certainement une des grandes pages de l'art moderne. La France la connaît à peine de nom; l'Allemagne en est fière comme d'une création aussi originale que savante, et la met au premier rang parmi les chefs-d'œuvre du poëte. Gœthe a-t-il voulu donner dans son *Iphigénie* une reproduction de la poésie antique? Non, certes; ce n'est pas là ce qu'il a cherché, ce n'est pas là non plus ce qu'on admire en Allemagne. L'*Iphigénie* de Gœthe est une œuvre moderne et surtout une œuvre germanique. On peut blâmer ce mélange de la philosophie religieuse de l'Allemagne et des souvenirs de la tragédie athénienne; tel fut dès l'origine le sentiment de Schiller, et deux éminents critiques de nos jours, M. Patin, dans ses *Études sur les tragiques grecs*, M. Julien Schmidt, dans son *Histoire de la littérature allemande au dix-neuvième siècle*, ont porté, par des motifs différents, un même jugement sur ce procédé de l'auteur. Mais ce procédé une fois admis, comment ne pas admirer la merveilleuse poésie des détails et surtout cette dialectique morale qui fait oublier l'absence de l'action? Les péripéties du drame se déroulent dans l'âme des personnages. La conclusion est d'une admirable beauté philosophique, et l'impression qui en résulte est aussi élevée que bienfaisante. La liberté triomphant d'une fatalité odieuse, la civilisation triomphant de la barbarie, sont représentées par la sœur d'Oreste avec une grâce incomparable. Une vierge accomplit ces miracles, et quand on la voit, si forte en sa douceur, délivrer le martyr des Euménides, soumettre les barbares instincts du roi des Scythes, en un mot réconcilier l'homme avec lui-même, on ne sait plus en vérité si cette vierge est une prêtresse de Diane ou une madone chrétienne.

Cette union de l'antiquité et du christianisme devait charmer l'esprit contemplatif de l'Allemagne et satisfaire son goût des symboles. La nouveauté des idées, la simplicité extrême de la composition déconcertèrent d'abord les admirateurs du poëte ; accoutumés, nous dit-il, aux ardentes peintures de ses premiers écrits, *ils s'attendaient à une œuvre berlichingienne*[1]. Peu à peu cependant l'inspiration de Gœthe fut comprise, et il n'est pas d'œuvre moderne en Allemagne qui soit étudiée avec plus de ferveur par les esprits d'élite. Schiller, qui en admirait d'ailleurs le caractère moral, y trouvait trop de casuistique ; cette casuistique a été pour d'éminents penseurs un sujet de méditations fécondes. L'*Iphigénie* allemande est commentée aujourd'hui par les philosophes, les historiens littéraires et les artistes, comme *Faust* et la *Divine comédie*.

Le drame d'*Egmont*, dont Gœthe avait ébauché le plan depuis plus de douze années et qu'il acheva en

---

[1] Voyez la partie des Mémoires de Gœthe qu'il a intitulée *Annales*: « *Etwas Berlichingisches erwarteten*. »

Italie pendant l'été de 1787, ne saurait offrir la simple et magnifique unité de composition qui recommande *Iphigénie en Tauride*. Les deux systèmes de l'auteur s'y produisent à la fois. A côté des scènes populaires qui rappellent *Gœtz de Berlichingen*, le poëte a tracé des peintures morales, des développements psychologiques où la réflexion remplace le mouvement et la vie. Madame de Staël a glorifié *Egmont* comme la plus belle tragédie de Gœthe; les critiques allemands les plus autorisés y signalent des disparates de ton qui nuisent à l'harmonie de l'ensemble. Mais que de traits profonds! que de beautés éparses! comme le caractère d'Egmont, (contraire à l'histoire, il faut le reconnaître), est finement conçu et finement représenté! Quelle grâce, quelle légèreté même dans son héroïque ardeur! Avec quel art cette figure de Clara, si douce, si dévouée, est jetée au milieu des émotions du drame! Gœthe excelle dans ces contrastes. Ce personnage de Clara n'est pas seulement une des plus pures créations de la poésie allemande; il nous révèle, dans ses plis les plus secrets, une pensée qui domine toute la vie du poëte. L'auteur d'*Egmont* n'admet pas que les plus grands événements de l'histoire, les intérêts les plus urgents de la chose publique, puissent gêner le libre développement de la vie individuelle. Dans l'épisode d'Egmont et de Clara, Gœthe revendique le droit de l'individu, comme il le revendiquera plus tard pour lui-même, comme il l'exercera, sans se soucier des reproches de l'opinion, au milieu des angoisses ou des malheurs de la patrie. Ici, du moins, tout est concilié : la liberté de la vie intime ne détruit pas le sentiment du devoir public ; l'indifférence égoïste qu'on a si cruellement reprochée à Gœthe ne souille pas un instant l'âme généreuse de l'amant de Clara ; et, au moment de tomber sous la hache, il peut jeter fièrement ces paroles qui présagent l'affranchissement de son pays : « Peuple, défends tes biens ! Pour sauver ce que tu as de plus cher, tombe avec joie, comme je t'en donne ici l'exemple. »

Torquato Tasso est encore une des œuvres conçues par Gœthe à Weimar, et remaniées par lui de fond en comble pendant son voyage d'Italie. Le jour où il s'embarqua pour la Sicile, au mois de février 1787, il emportait le plan complet de son drame et les deux premiers actes, déjà rédigés en prose. S'il l'eût exécuté d'après ce plan et dans le ton qu'il avait choisi d'abord, la pièce eût été une confession volontiers mélancolique des inquiétudes de son esprit à la cour de Weimar. Sous le soleil italien, à la clarté de ce ciel d'azur reflété par les flots d'Homère et de Virgile, les brouillards allemands se dissipèrent. Quand le navire aborda au port de Palerme, toute l'économie du drame était changée, et déjà les personnages se mouvaient dans l'imagination du poëte, parlant non plus en prose, mais dans le langage des dieux. L'année suivante, au printemps de 88, comme il retournait à petites journées en Allemagne, il voulut se faire une occupation poétique pour se distraire des ennuis de la route, pour se consoler surtout de quitter cette terre d'enchantements; il revint à ce *Torquato Tasso* qu'il avait conçu de Naples à Palerme. Composé ainsi en pleine lumière, écrit sous les dernières impressions que lui laissait l'Italie, on ne s'étonnera pas que ce drame soit une transfiguration si parfaite des sentiments qui l'avaient inspiré d'abord. Goethe aimait ces confessions qui étaient pour lui un moyen d'écarter de fâcheux souvenirs ou de se délivrer des soucis de son âme; la confession est dissimulée cette fois avec tant d'art, qu'on en est réduit aux conjectures. Les critiques allemands en sont encore à se demander quel est le véritable sujet de *Torquato Tasso*. Artiste et poëte dans une société d'hommes de cour, Goethe avait-il souffert de ce contraste? en avait-il souffert simplement par réflexion et, si l'on peut ainsi parler, d'une manière idéale? ou bien avait-il connu en réalité les pénibles émotions de son héros? Faut-il croire que l'auteur de *Werther*, comme le Tasse avec Antonio, ait été exposé à l'un de ces conflits où la froide expérience du courtisan triomphera toujours de l'irritable sensibilité du songeur? Que ce conflit ait existé ou non, il suffit que Goethe en ait pressenti l'amertume, et il a composé son drame du *Tasse*. En un mot, comme l'a dit un des plus intéressants biographes de Gœthe, M. Henri Viehoff : « Le sujet de *Torquato Tasso*, c'est la lutte du réalisme et de l'idéalisme sur le terrain où Gœthe se trouvait placé à Weimar, la lutte du poëte et de la vie de cour. » Au moment de reprendre cette existence brillante, flatteuse, où il regrettait si souvent la solitude et la liberté, il avait besoin de régler ses comptes avec lui-même. L'œuvre accomplie, son âme fut soulagée ; la lutte était apaisée au fond de son cœur. Le Tasse, dans la dernière scène, se réconcilie avec Antonio ; il s'attache à l'homme qu'il provoquait la veille, *comme le matelot s'attache au roc contre lequel il devait échouer* ; ainsi chez Gœthe le génie de l'idéal triomphe de ses révoltes intérieures et se soumet à la réalité. Le poëte n'y perdra rien : « La nature, s'écrie le Tasse, m'a donné une voix mélodieuse pour égaler par mes lamentations la profondeur de ma peine. Tandis que chez d'autres la douleur étouffe la voix, un dieu m'accorda de dire combien je souffre. » N'oublions pas ces détails ; rappelons-nous ces transformations et ces complications du drame de Gœthe, si nous voulons le comprendre ; œuvre languissante au point de vue du théâtre, *Torquato Tasso* offre au penseur et au poëte les plus délicates analyses revêtues de tous les prestiges du style.

Une biographie complète de Gœthe exigerait plus d'un volume. Sa pensée a toujours été si active, son cœur a été toujours si occupé; il y a eu dans sa vie des épisodes si nombreux; tant d'hommes diversement remarquables, tant de femmes aussi, à des titres bien différents, ont été mêlés à son existence, que l'histoire du développement du poëte serait le tableau même de son siècle. Dans la période où nous sommes arrivés, j'aurais à signaler ses études d'histoire naturelle, commencées à Weimar, poursuivies en Italie, et dont les premiers résultats furent publiés en 1790; je devrais raconter la rencontre qu'il fit de Christiane Vulpius, ses rapports avec elle, ce demi-mariage qui s'ensuivit, et toutes les conséquences fâcheuses qui en résultèrent pour l'auteur d'*Egmont*, soit vis-à-vis de la société de Weimar, soit vis-à-vis du public et de la nation tout entière; il faudrait parler des modifications profondes, inattendues, que son voyage d'Italie avait opérées dans ses sentiments religieux; de son antipathie contre le christianisme, de sa haine de la croix, haine toute personnelle, sans nul désir de prosélytisme, sans le moindre accès d'intolérance, mais décidée, tenace, assez tenace au moins pour l'empêcher quelques années après d'être le parrain de l'un des enfants de Schiller, et qui, heureusement adoucie à la longue, finit par s'effacer devant une intelligence impartiale du cœur de l'homme et de ses besoins sublimes. Je ne pourrais me dispenser enfin d'expliquer sa rupture avec sa noble amie de Weimar, cette spirituelle

Charlotte de Stein, qui avait été si longtemps la dépositaire de ses plus secrètes pensées; et comment ne pas suivre d'année en année ces autres confidents intimes de sa vie, ces *lieds*, ces strophes, ces épigrammes, tous ces vers tristes ou joyeux qu'il semait sur son chemin à toute occasion et qui faisaient de son existence une poésie continuelle? Il avait publié en 1790 ce petit livre, *la Métamorphose des plantes*, par lequel il préludait aux découvertes de l'illustre botaniste, M. de Candolle[1]; quelques années après, il écrivait sous le même titre une pièce de vers vraiment exquise où il expliquait à Christiane Vulpius le sens moral de son ouvrage. Poésie, pensée, science, tout cela ne fait qu'un avec sa vie; pour tracer l'histoire de ses écrits, il faudrait, comme M. Viehoff ou M. Lewes, le suivre de semaine en semaine et presque

---

[1] Nous avons exposé ces rapports de Goethe et de M. de Candolle dans un discours prononcé à Montpellier le 4 février 1854. C'était l'anniversaire de la naissance de l'illustre savant; l'école botanique du Jardin des Plantes, dont M. de Candolle avait été le directeur, inaugurait son buste au milieu des images de ses devanciers, les Rondelet, les Pellicier, les Richer de Belleval, les Magnol, les Broussonnet, les Gouan, les Draparnaud. Chargé de mettre en lumière ce que la philosophie et les lettres peuvent revendiquer dans les travaux du glorieux disciple de Linné, nous n'avons eu garde de négliger le curieux épisode où il nous apparaît comme l'émule involontaire de Goethe et le continuateur de ses découvertes. C'est surtout à propos de la métamorphose des plantes, et en face du méthodique esprit de M. de Candolle, qu'on peut apprécier l'originalité de Goethe comme naturaliste, et son génie, si sûrement, si profondément intuitif. Voyez: *Inauguration du buste d'A. P. de Candolle dans le jardin des plantes de Montpellier le 4 février 1854.* — in-8. Montpellier, 1854.

de jour en jour. Mais nous avons ici un sujet plus spécial; ce que nous devons rassembler dans cette rapide esquisse, ce sont les traits essentiels de ce grand poëte, les phases principales de sa carrière, afin de faire comprendre au lecteur dans quelle situation d'esprit se trouvait Gœthe lorsque Schiller devint son ami, et quelle espèce de services un tel ami pouvait lui rendre.

A l'époque où nous sommes parvenus, Gœthe déploie encore avec ardeur ses facultés créatrices. Il a renouvelé son inspiration en Italie, et trois chefs-d'œuvre, *Iphigénie*, *Egmont*, *Torquato Tasso*, ont inauguré sa seconde manière. Une période moins heureuse s'approche. La France de 89 vient de se lever, et l'âme de Gœthe, amoureuse désormais de l'ordre et de l'harmonie, est affectée péniblement par ces secousses extraordinaires. A l'heure même où le généreux élan de 89 enthousiasmait les meilleurs esprits de l'Allemagne, où Klopstock, Schiller, George Forster, Guillaume et Alexandre de Humboldt s'associaient si noblement à nos espérances, l'auteur d'*Egmont* et de *Gœtz de Berlichingen* méconnaissait de la façon la plus mesquine les événements de la France. Le tumulte de la Révolution lui en cache la grandeur; il n'y voit qu'une explosion fortuite des passions humaines. Cette méprise porta malheur au poëte; les comédies et les satires dans lesquelles il essaya de ridiculiser le mouvement de

89 sont certainement les plus médiocres de ses œuvres. Déjà très-frappé de l'affaire du collier de la reine, à laquelle il attribuait une importance exagérée, il avait recueilli avidement en Sicile toutes sortes d'informations sur Cagliostro, et de cette enquête était sortie une ennuyeuse comédie, intitulée *le Grand Cophte* (1790). Les comédies qui suivent sont plus faibles encore. *Le Citoyen général* (1793), *les Exaltés* (1793), ne nous offrent qu'une froide parodie des sentiments qui passionnent la France et l'Europe. Les *Entretiens d'émigrés allemands* (1795) attestent déjà une pensée plus impartiale; mais combien l'invention est languissante, si on la compare aux événements qui l'inspirent! Gœthe sera plus heureux quelques années plus tard, lorsque dans *Hermann et Dorothée* il glorifiera en beaux vers les pures émotions de 89 et flétrira les forfaits de la Terreur. Parmi les écrits du poëte qui appartiennent à cette période, il faut mentionner encore *la Campagne de France* et *le Siége de Mayence*; le poëte, qui avait accompagné son souverain à l'armée du duc de Brunswick, nous donne le journal de sa vie pendant les campements et les batailles. Ce sont là du moins des pages intéressantes pour l'histoire de sa pensée; on ne connaît Gœthe qu'à demi, si on ne l'a pas vu s'occuper de ses travaux d'optique et versifier le *Reineke fuchs* au milieu de ces luttes mémorables où fut consacré le drapeau de la France nouvelle.

Que devenait cependant l'esprit public de l'Allemagne? Quelle direction suivaient la poésie et les lettres? J'ai déjà dit qu'une génération nouvelle s'était levée; Schiller en est le chef. Tandis que le génie de Gœthe semble décliner, tandis qu'il s'enferme du moins dans des études toutes personnelles et paraît se soucier assez peu des jugements de la foule, Schiller grandit tous les jours. Il a poursuivi avec fougue la révolution littéraire et morale commencée par l'auteur de *Gœtz* et de *Werther*, de *Stella* et de *Clavijo*; il a écrit *les Brigands*, *Intrigue et Amour*, *la Conjuration de Fiesque*, *don Carlos*; il est allé ensuite demander des inspirations nouvelles à la philosophie, il est devenu le disciple d'Emmanuel Kant; il pense, il cherche, il croit avoir découvert la loi souveraine du beau dans le principe de la liberté morale, d'une liberté active, créatrice, toujours en éveil, qui dégage sans cesse la personne humaine des entraves des sens et de la nature. Or, soit que Schiller passionne la jeunesse au théâtre, soit que par ses théories il agite le monde littéraire, tous ses écrits sont antipathiques à Gœthe. En 1793, Schiller a publié dans un recueil célèbre une dissertation *Sur la grâce et la dignité*[1], et Gœthe a cru y reconnaître une condamnation expresse de ses écrits; l'auteur y parle avec dédain de ces génies qui se con-

---

[1] *Ueber Anmuth und Würde*, dans la *Nouvelle Thalie*, 2ᵉ livraison, 1793.

tentent de jouir, qui produisent sans efforts, sans désir de se façonner, de se perfectionner eux-mêmes, de ces génies chez lesquels la nature seule est en jeu, sans que la liberté morale intervienne. L'application de cette théorie à la personne de Gœthe a beau être excessive et injuste, il est impossible de se méprendre sur l'intention de Schiller; le hardi jeune homme exprimait ici avec une éloquente amertume la pensée de ses contemporains. Et d'où venaient ces cruelles paroles? de l'Université d'Iéna. Iéna, comme on sait, appartient au duché de Saxe-Weimar; Gœthe, devenu l'un des dignitaires de l'État, avait précisément dans ses attributions la surveillance de cette illustre école. Il y faisait de fréquentes visites, il s'intéressait à ses collections, à ses travaux, aux hommes qui en étaient l'honneur; les naturalistes surtout, Loder, Batsch, étaient en relations intimes avec lui. Quant à Schiller, qui y professait la philosophie de l'art depuis le printemps de 1789, il l'évitait avec une sorte de répugnance qui cachait sans doute une généreuse honte bien plutôt qu'une vulgaire antipathie. On eût dit que la présence de Schiller était un reproche pour Gœthe. Que de contrastes, en effet, et que de contrastes chaque jour plus accusés entre ces deux hommes! Gœthe a méconnu la Révolution, Schiller l'a saluée d'un cri d'enthousiasme. Gœthe s'amuse à persifler la Terreur; Schiller veut adresser à la Convention la défense de

Louis XVI. Gœthe est devenu le poëte des princes; Schiller est le poëte de la jeunesse. Gœthe, en philosophie, a pour maître Spinoza; Schiller est le disciple de celui qui aimait à contempler *le ciel étoilé au-dessus de nos têtes et la loi morale au fond de nos cœurs*. Gœthe, après la première explosion de son génie, s'arrête et se renferme en lui-même; Schiller, après ses premiers drames, prend un nouvel élan et veut se faire tout à tous. Gœthe s'est donné pour compagne une femme simple et bonne, mais peu digne de lui, incapable du moins de s'associer à sa pensée, d'entretenir et d'élever son inspiration; Schiller a épousé une créature d'élite, une femme qui épure et affine son intelligence, qui l'aide à se débarrasser chaque jour des grossiers instincts, des penchants déclamatoires du premier âge, qui l'encourage à monter, à gravir les sommets, à s'élancer toujours plus haut vers l'idéal...

Mais il faut reprendre tout cela en détail. Nous savons ce qu'était Gœthe en 1794; plaçons en face de lui la vivante figure de Schiller.

III

SCHILLER

SA VIE ET SES ŒUVRES JUSQU'A L'ÉPOQUE DE SON AMITIÉ AVEC GOETHE

On peut dire que Schiller se révéla au monde, à vingt-deux ans, par une véritable explosion de colère et de génie. Il a résumé lui-même avec une audacieuse franchise l'histoire de sa jeunesse; et la conclusion de cette histoire, c'est le drame des *Brigands*. Écoutez sa confession.

« Une étrange méprise de la nature m'a condamné à être poëte dans mon pays. Le goût de la poésie offensait les lois de l'institut où j'ai été élevé et contrariait les plans de son fondateur. Pendant huit années, mon enthousiasme eut à lutter contre la discipline militaire. Mais la passion de la poésie est ardente et forte comme le premier amour; ce qui devait l'étouffer l'enflamma. Afin d'échapper à une situation qui était pour moi une torture, mon cœur se mit à divaguer dans un monde idéal. Ignorant le monde réel dont j'étais séparé par des barrières de fer; ignorant les hommes, car les quatre cents condisciples qui m'entouraient n'étaient qu'une seule créature, la copie exacte d'un seul et même modèle, et la nature, la grande artiste, n'eût pas reconnu un seul d'entre eux; ignorant les tendances des êtres libres et abandonnés à eux-mêmes, car de toutes les facultés humaines, de toutes les forces de la volonté, une seule était exercée dans le monde où je me trouvais, une seule se tendait d'une façon convulsive, les autres languissaient engourdies : les particularités, les expansions de la nature qui aime à s'épanouir sous mille formes diverses, allaient se perdre toutes indistinctement dans la régularité mécanique de la discipline régnante; ignorant les femmes, car les portes de cet institut ne leur sont ouvertes qu'à l'âge où elles n'ont pas commencé d'être intéressantes et à l'âge où elles ont cessé de l'être ;— enfin, ignorant l'homme et la destinée humaine, mon pinceau nécessairement devait manquer la juste ligne, la ligne intermédiaire entre les anges et les diables; il devait produire un monstre qui par bonheur n'avait pas d'analogue dans l'univers...., je parle des *Brigands*. La pièce a paru, et le monde moral tout entier a cité l'auteur à sa barre comme accusé du crime de lèse-majesté. La justification complète d'une telle œuvre est dans les conditions même de sa naissance. Entre les attaques sans nombre que m'ont attirées mes *Brigands*, une seule a touché juste : je m'étais mis en tête de peindre les hommes, deux années avant d'en avoir rencontré un seul. »

Voilà, en quelques mots, l'histoire de Schiller enfant et le prélude de son œuvre. Le jour où le jeune géant brisa les liens qui l'enchaînaient, le cri qu'il poussa retentit par toute l'Allemagne. Un poëte dramatique était né, et ce poëte, qui s'accuse d'avoir peint les hommes avant de les avoir vus, ce poëte, sans le savoir, venait d'exprimer la situation de son pays et de son siècle.

Jean-Christophe-Frédéric Schiller naquit à Marbach, jolie petite ville du Wurtemberg, au bord de ce doux Neckar que tant de poëtes ont chanté. Il avait failli naître dans un camp; son père, qui était alors lieutenant d'infanterie, se trouvait à quelques lieues de là, occupé avec son régiment aux exercices d'automne; on raconte que la mère, étant allée le voir, ressentit sous la tente les premières douleurs de l'enfantement. Elle put cependant être ramenée à Marbach, et c'est là que, le 10 novembre 1759, elle mit au monde ce fils destiné à une gloire si pure[1].

[1] C'est aussi le 10 novembre que sont nés deux autres personnages chers à l'Allemagne du nord, le grand réformateur du seizième siècle et l'un des héros de la guerre de 1813, Luther et le général Scharnhorst. Ce rapprochement ne serait plus possible si Schiller était né, non pas le 10 novembre, mais le 11, comme l'a prétendu M. Gustave Schwab. Le registre des baptêmes de Marbach, consulté par M. Schwab, fixe, en effet, au 11 novembre 1759 la naissance de l'enfant, et M. Schwab s'était cru autorisé à rectifier d'une manière définitive l'erreur commise jusque-là par tous les historiens littéraires. Le dernier biographe de Schiller, M. Émile Palleske, est heureux de rétablir la date du 10 novembre et le rapprochement qui en résulte. Les arguments de M. Palleske sont péremptoires. Il rappelle d'abord que, du vivant du poëte, c'est toujours le 10 novembre que sa famille a fêté l'anniversaire de sa naissance; mais la preuve décisive, c'est un mémoire manuscrit intitulé *Curriculum vitæ meum*, dans lequel le père du poëte a exposé lui-même les principaux événements de sa carrière. Ce manuscrit, daté de la Solitude, 17 mai

Le père, saisi d'une pieuse émotion, prit le nouveau-né dans ses bras, et l'élevant vers le ciel : « Être des êtres, s'écria-t-il, je te le recommande ; accorde-lui la force de l'esprit, supplée par la grâce à ce que le manque d'éducation m'empêchera de faire pour mon enfant ! »

Ce père du poëte, Jean-Gaspard Schiller, était un homme simple, laborieux, sévère pour lui-même et pour les autres, un vrai type d'honneur et de vertu populaire. « Puissé-je, dira le poëte en apprenant sa mort, puissé-je sortir de ce monde aussi pur qu'il en est sorti ! » A vingt-deux ans, il était entré en qualité de chirurgien-barbier dans un régiment de hussards, et il y avait gagné bientôt des épaulettes de sous-officier. Licencié en 1748, à la paix d'Aix-la-Chapelle, il reprit du service au commencement de la guerre de Sept Ans, fut admis comme enseigne dans le régiment du prince Louis de Wurtemberg et fit vaillamment plusieurs campagnes. Ce fut pendant cette guerre que son fils vint au monde. La guerre finie, Jean-Gaspard Schiller vint tenir garnison à Ludwigsbourg, et pour occuper ses loisirs il se livra à des travaux d'agriculture et de jardinage qui lui attirèrent bientôt les faveurs du souverain. Il avait établi à Ludwigsbourg une pépinière qui prospérait à mer-

---

1789, était resté inconnu à tous les biographes; M. Palleske s'en est servi le premier, et il y a trouvé cette date du 10 novembre 1759 sur laquelle il n'y a plus de doute possible désormais.

7.

veille; le duc Charles de Wurtemberg, informé de ses succès, lui confia la direction de ses jardins et de ses parcs, dans ce beau château de *la Solitude* qu'il avait fait construire au milieu des bois. C'est là que l'ancien chirurgien-barbier, revêtu désormais du titre de capitaine, acheva tranquillement ses jours. Il était fort apprécié de son souverain et jouissait de l'estime universelle. Tout privé qu'il était de culture littéraire, il sentit vivement la gloire de son fils. Chaque fois que Schiller envoyait à la librairie Cotta le manuscrit d'une œuvre nouvelle, il avait soin de le faire communiquer d'abord à son père: et n'était-ce pas un spectacle touchant de voir le vieux jardinier de la Solitude feuilleter avec émotion les pages de *Wallenstein* ou de *Guillaume Tell?* Un des biographes de Schiller, M. Gustave Schwab, à qui nous empruntons ces détails, nous dit que les mains de l'excellent père tremblaient de joie. Je le vois d'ici ému, inquiet, troublé ou charmé tour à tour, comprenant avec son cœur ce que son esprit n'entendait pas, se rappelant peut-être la prière qu'il faisait le 10 novembre 1759, et remerciant Dieu de l'avoir si pleinement exaucée.

La mère du noble poëte était aussi un excellent type des classes populaires en Allemagne, le type gracieux et pur en face du type rustique, la douceur affectueuse à côté de la rudesse honnête. Elle s'appelait Élisabeth-Dorothée Kodweiss. Son grand-père et son aïeul étaient boulangers à Marbach; son père, aubergiste et marchand de bois, avait amassé laborieusement une petite fortune qui fut engloutie presque tout entière dans les inondations du Neckar. Le pauvre homme, à peu près ruiné, obtint comme une aumône une place de gardien de ville (*Thorwart*) avec un misérable logement près des remparts. Élisabeth-Dorothée était mariée déjà quand ce malheur frappa son père; elle ne souffrit pas des rigueurs de l'indigence et reçut même une certaine éducation qui développa heureusement les purs instincts de son âme. Elle aimait la lecture et la musique; elle chantait des mélodies populaires en s'accompagnant sur la harpe; on a conservé d'elle quelques strophes adressées à son mari, accents candides, paroles sans art, murmure confus et harmonieux d'un cœur tendre. C'était bien une fille du peuple souabe : simple, dévouée, pieuse, naïvement sensible au charme de la nature. Dorothée Schiller eut une influence manifeste sur l'esprit et le cœur de son fils. Pendant que le père était à l'armée, elle dirigea seule à Marbach les premiers pas de l'enfant, et grava dans son âme ces impressions que rien n'efface. « Je le vois encore, disait plus tard sa sœur aînée Christophine, quand il épelait la Bible, et que, joignant les mains, il levait ses yeux vers le ciel; avec ses beaux cheveux blonds et bouclés, il avait l'air d'un ange. »

Ce petit ange rustique avait six ans lorsque son père alla s'établir sur la frontière du Wurtemberg, dans le village de Lorch, où le fixaient ses fonctions d'officier recruteur. Il fallut quitter Marbach et la maison du grand-père Kodweiss; on le confia bientôt au pasteur de Lorch, l'excellent Moser, dont le poëte un jour conservera le souvenir et le nom dans une scène célèbre de ses *Brigands*. Ce fut lui qui enseigna les éléments du latin et du grec au futur poëte de *la Fiancée de Messine*; il lui inspira sans doute aussi une ardeur enfantine pour la théologie, et l'ambition d'expliquer aux hommes la parole de Dieu. « Je veux être prédicateur, » disait l'écolier du pasteur Moser quand il rentrait le soir au foyer paternel, et, s'arrangeant une sorte de chaire avec un fauteuil, il prononçait devant sa mère et ses trois sœurs de petits sermons improvisés. « Schiller ne se trompait pas, a dit un de ses biographes[1]; il est devenu, en effet, un prédicateur, mais ce n'est pas dans une chaire, c'est sur la scène qu'il a prêché; ce n'est pas à une communauté de croyants, c'est à la grande famille humaine que s'adressait sa voix puissante. »

Après trois années passées à Lorch, la famille Schiller fut appelée à Ludwigsbourg (1768), et sept ans plus tard, nous l'avons dit, l'humble officier du duc

---

[1] Hoffmeister, *Leben Schillers*, t. I, p. 10.

Charles était nommé directeur des jardins de la Solitude[1]. De 1768 à 1773, Schiller commença ses études à l'école de Ludwigsbourg ; là, sous la discipline assez brutale d'un maître capricieux, sa franche et impétueuse nature se déploya soudainement. Si Gœthe, à vingt-six ans, apparaissait comme un jeune dieu à la cour de Weimar, Schiller, dès la première enfance, apparut à ses camarades comme un jeune fils des Nibelungen. Fier, hardi, prompt à la bataille, toujours prêt à se sacrifier pour ses amis, on ne résistait ni à la vigueur de sa colère ni à la générosité de son cœur. Il était toujours, et de toute manière, à la tête de sa classe. Longtemps encore après, ses condisciples ne parlaient qu'avec admiration de la singulière influence exercée si naturellement par l'écolier de Ludwigsbourg. Ce jeune Siegfried aux cheveux blonds n'avait pas encore renoncé à la théologie ; il apprenait l'hébreu en même temps que le grec et le latin. A treize ans, après qu'il eut reçu la confirmation, ses parents étaient décidés à le faire entrer dans une des quatre écoles théologiques du Wurtemberg, espèces de petits séminaires où l'on avait conservé certaines traditions du catholicisme et dont les élèves portaient la soutane. Mais ce n'était pas la discipline catholique d'un séminaire protestant qui devait ac-

---

[1] Nous suivons ici l'opinion de M. Émile Palleske ; selon MM. Hoffmeister, Gustave Schwab, Édouard Boas, ce serait en 1770 que Jean-Gaspard Schiller aurait été placé au château de la Solitude.

complir chez ce mâle jeune homme les desseins de la Providence; il aurait trouvé là de sublimes extases qui l'eussent dédommagé de la contrainte; son ardent génie, aussi amoureux de l'action que de l'idéal, l'aurait placé peut-être, comme Luther, mais avec d'autres principes, parmi ces novateurs qu'un poëte appelle les chevaliers de l'Esprit-Saint. Dieu lui réservait des destinées différentes. Pour faire jaillir le poétique génie de son cœur et lui imprimer un élan victorieux, il fallait une compression étouffante, un joug sans dédommagement, l'intolérable joug d'un cloître militaire. Suivons Schiller à la *Karls-Schule*.

Ce n'était pas un homme ordinaire que le duc Charles de Wurtemberg. Esprit vif, imagination turbulente, il avait le sentiment des choses élevées, et s'il avait reçu une éducation plus complète, s'il avait pu se soustraire à l'oisiveté ou aux dissipations de sa charge, il aurait sans doute laissé un nom dans l'histoire de son pays. Ces petites souverainetés allemandes du dix-huitième siècle, n'imposant aucun devoir et ne subissant aucun contrôle, étaient des postes périlleux pour les âmes les plus fortes; après avoir follement dépensé sa jeunesse et son âge mûr, le duc Charles voulut honorer la fin de sa vie par un emploi sérieux de ses facultés et de son pouvoir. Il comprenait la valeur de la science, et regrettait amèrement tout ce qui manquait à la culture de son esprit : l'ambition lui vint d'attacher son nom à des établissements utiles, à une série d'écoles modèles destinées à faire des agriculteurs et des soldats. De ces projets, un peu confus d'abord, était sortie en premier lieu une espèce d'académie de musique et de danse, établie au château de la Solitude; la pensée du fondateur se transforma bientôt, l'*École de la Solitude* fut remplacée par une grande institution militaire, connue au dix-huitième siècle sous le nom de *Karls-Schule*, École de Charles. L'*École de la Solitude* avait été fondée en 1770; la première transformation avait eu lieu l'année suivante; en 1775 l'œuvre était complète : l'établissement, pourvu de tous ses professeurs, rempli d'élèves venus de divers points de l'Allemagne, était transporté à Stuttgart avec le titre d'*Académie militaire*. En réalité, c'était un cloître. Séparés du monde entier, les élèves vivaient là comme des moines dans une abbaye. La discipline était aussi impérieuse que les études étaient fortes. On y apprenait les mathématiques et les langues anciennes, l'histoire et la géographie, la religion et les sciences naturelles, le droit et la médecine, la musique et les arts du dessin; on y apprenait surtout à dépouiller toute initiative, à se transformer en chiffre, à obéir comme une machine. Chacun des élèves devait être le règlement en action. Costumes, attitudes, mouvements du corps, tout cela était prévu et déterminé avec une précision impitoyable; on devine de quelle liberté jouissait l'intelligence.

Toute la journée, d'heure en heure, le duc Charles pouvait savoir exactement ce que faisait chaque élève de son académie. Ce pédagogue passionné voulait absolument former des hommes d'élite comme le père de Frédéric le Grand formait des soldats et des caporaux. Un tel régime, on le comprend, pouvait produire à la fois beaucoup de bien et beaucoup de mal, suivant la nature des esprits. L'académie de Charles, élevée bientôt par l'empereur Joseph II au rang des écoles supérieures de l'Empire, attira peu à peu des disciples venus de toutes les contrées de l'Europe; la Suède, la Pologne, la Russie, la France même et l'Angleterre y étaient représentées. Parmi tant d'esprits si différents, il en est sans doute qui puisèrent dans cette rude discipline un sentiment profond de la règle et un ardent amour du travail; on sait que notre grand Cuvier et l'illustre naturaliste allemand Kielmeyer ont été élèves de l'académie de Charles. Combien d'autres, frémissant sous le joug, ne recueillirent là que des inspirations de révolte !

Schiller n'avait que treize ans et deux mois quand le duc Charles le fit entrer, malgré ses parents et malgré lui-même, dans le redoutable cloître (17 janvier 1773). Le duc, occupé à recruter des élèves, se faisait rendre compte chaque année de l'état des écoles primaires du Wurtemberg; le brillant écolier de Ludwigsbourg ne pouvait échapper à ses réquisitions. En vain le père et la mère, qui voulaient faire de leur fils un ministre de l'Évangile, en vain le jeune écolier, bien décidé à être théologien, essayèrent-ils de résister, l'offre du prince devint un ordre; il fallut renoncer à la théologie, endosser l'uniforme, apprendre l'exercice, apprendre à s'asseoir et à se lever, à marcher et à rester immobile, à vivre enfin sur un signe du chef et aux sons du tambour. Tout en achevant ses humanités, il devait commencer l'étude du droit: ainsi l'avait décidé le maître. On comprend qu'un enfant de treize ans n'ait pu concevoir un goût très-vif pour cette étude du droit, si noble, mais si sévère, et qui suppose d'abord la préparation littéraire et morale de l'esprit. Avec un instinct plus sûr que les règlements de ses chefs, il réservait toute son ardeur pour ses humanités. La première année de son séjour à l'académie, il obtint le prix de grec; l'antiquité l'enchantait, et il traduisait les poëtes latins avec amour. Ce ne furent pas cependant ces études littéraires qui éveillèrent chez lui le génie poétique; nous avons un écrit de sa main, composé à cette époque, où il se peint naïvement lui-même et déclare ses prédilections: « Je serais heureux, dit-il encore en 1774, de donner un théologien à mon pays. » Ce qui le fit poëte, ce fut le besoin de protester contre une éducation oppressive. La poésie fut pour lui le refuge de la liberté. Un jour, un de ses camarades ayant résisté à je ne sais quelle injonction du directeur, Schiller lui adressa une ode. Ce camarade, nommé Scharffenstein, qui depuis est devenu général, et à qui l'on doit d'intéressants détails sur la jeunesse de son glorieux ami, avait lui-même des goûts poétiques très-décidés ; ils formèrent bientôt avec deux autres de leurs condisciples, Hoven et Petersen, une espèce de société littéraire, société secrète, bien entendu, dont les séances confidentielles avaient lieu à voix basse, aux heures de récréation et pendant les loisirs du dimanche. Hoven méditait un roman à la *Werther*, Petersen un drame bourgeois, Scharffenstein une pièce chevaleresque, Schiller voulait faire une tragédie, mais une tragédie dont les héros fussent empruntés à la société de son siècle, et il avait choisi pour sujet le suicide d'un étudiant. *L'Étudiant de Nassau*, tel était le titre de son œuvre. On voit quelle était l'influence de Gœthe sur nos impatients prisonniers. Au moment même où l'auteur de *Werther* et de *Gœtz de Berlichingen*, allait s'établir à la cour de Weimar, au moment où *la période d'assaut et d'irruption*, comme disent nos voisins, semblait interrompue, un nouvel assaut, une irruption nouvelle se préparent dans l'ombre de l'académie de Charles, sous l'œil trompé des surveillants, au milieu d'un régiment d'automates !

Schiller, qui décidément avait pris l'étude du droit en dégoût, fut autorisé à suivre le cours de médecine (1775). Cette science de l'homme captiva son esprit philosophique; les écrits de Haller et de Boerhaave provoquaient ses méditations; il fit des progrès rapides, obtint des prix, des récompenses, et, cinq ans après, il couronna ses travaux par une dissertation des plus remarquées sur les rapports du physique et du moral[1]. C'est au mois de décembre 1780 que Schiller, ses épreuves brillamment soutenues, fut nommé médecin militaire et quitta l'académie de Charles. Mais sa grande œuvre, pendant sa dernière année de reclusion, l'œuvre qui allait décider de toute sa vie, ce n'était pas cette dissertation médicale, c'était un drame, un drame sauvage, monstrueux, un drame tout rempli de déclamations forcenées, drame de génie toutefois, et dont les violences mêmes attestaient un poëte de premier ordre. J'ai nommé *les Brigands*.

Où avait-il pris, cet étudiant cloîtré, tous ces types extraordinaires? Où avait-il trouvé l'image de Charles Moor? D'où lui venait l'idée d'armer ainsi la jeunesse, de rassembler les cœurs les plus francs, les plus généreux, d'en former une troupe de bandits, et de les lancer, le fer et le feu à la main, contre la société tout entière? La société, pour lui, c'est l'académie

---

[1] Cette dissertation n'était pas une thèse pour le doctorat, comme l'ont cru plusieurs des biographes de Schiller. Ce fut seulement l'année suivante, en 1781, que l'académie de Charles, élevée par l'empereur d'Allemagne, Joseph II, au rang d'université, eut le droit de délivrer des diplômes. M. Émile Palleske a très-nettement élucidé toutes ces questions de détail.

de Charles; il n'en connaît pas d'autre. La tyrannie qui l'étouffe, devenue chaque jour plus intolérable à mesure que ses facultés grandissent, a fini par lui donner la fièvre chaude. Tout son être se révolte, et ces idées de révolte prenant un corps, il se représente la jeunesse de son temps, obligée, pour vivre, pour déployer ses forces, de déclarer la guerre à toutes les institutions humaines. Charles Moor, c'est lui; c'est sa liberté qu'on étouffe, c'est sa personnalité qui proteste. « Je veux vivre, j'ai le droit de vivre, et la société me refuse ce droit; eh bien, formons-nous une société nouvelle. Toutes les sociétés ont commencé par la violence; les premières tribus humaines ont été des associations armées; créons un monde, et recommençons l'histoire; notre société de bandits sera plus juste que cette vieille société despotique où les plus nobles cœurs sont condamnés d'avance à mourir. »

Ces déclamations furieuses, Schiller les écrivait dans la fièvre. Il composait son drame le soir, la nuit, en cachette, et les précautions qu'il était forcé de prendre redoublaient sa fureur. A ces violences de langage, à ces inventions monstrueuses, comment ne pas reconnaître un écolier en délire, un écrivain qui veut *peindre les hommes avant d'en avoir rencontré un seul?* C'est là qu'est la déclamation; voyez maintenant le génie. Dans cette éruption de feu et de lave, il y a des matières impures qui seront jour des diamants. Ce tableau d'imagination, tout insensé qu'il est, se trouve répondre à la situation générale. Au moment où Schiller écrivait *les Brigands*, il y avait en Allemagne un sentiment de malaise universel. Ce que le jeune poëte éprouvait dans son couvent de Stuttgart, des milliers d'âmes l'avaient ressenti dans les liens de l'ancien régime. Des institutions surannées entravaient partout le libre essor de la vie; les esprits étouffaient. De 1770 à 1780, pendant que Schiller, séparé du monde, étudie le droit et la médecine sous la rude discipline de l'académie de Charles, l'esprit de révolte éclate de tous côtés sous les voiles de la poésie. La littérature des générations nouvelles n'est qu'une protestation ardente et confuse contre le vieux monde. Voltaire, en 1764, dans une lettre au marquis de Chauvelin, annonçait l'imminence d'un bouleversement social, et s'écriait avec envie : « Ce sera un beau tapage. Les jeunes gens sont bien heureux ; ils verront de belles choses. » Et deux ans plus tard, en 1766, écrivant à d'Alembert, il ajoutait: « Ne pourriez-vous point me dire ce que produira dans trente ans la révolution qui se fait dans les esprits depuis Naples jusqu'à Moscou? Je suis trop vieux pour espérer de voir quelque chose ; mais je vous recommande le siècle qui se forme. » Ce siècle était déjà tout formé au delà du Rhin, lorsque Schiller, comme un jeune géant, étouffait dans son cachot. Savaient-ils exactement ce qu'il voulaient, tous ces poëtes, tous ces rêveurs impétueux, un Müller, un Lenz, un Wagner, qui se livraient dans leurs drames à de titaniques fureurs? Non, certes; mais la révolution était commencée : on démolissait les bastilles sous forme allégorique et idéale; presque tous les héros de leurs drames sont de hardis aventuriers qui, au nom du droit naturel, se constituent justiciers suprêmes et réforment une société inique. Aucun scrupule ne les arrête : vols, crimes, et les crimes même les plus vils, tous les moyens leur sont bons. Une année avant l'apparition des *Brigands*, un compatriote de Gœthe, un homme qui était, comme Schiller, l'admirateur passionné de Jean-Jacques Rousseau, Maximilien Klinger, donnait un drame intitulé *les Escrocs*. Un jeune homme, fils d'un riche négociant, est chassé de chez son père par les intrigues et les calomnies d'un aventurier qui veut usurper sa place; devenu aventurier à son tour, il tombe, de chute en chute, dans une compagnie d'escrocs qui exploitent sur les tapis verts la cupidité des joueurs. Il est bientôt le roi des filous et remue les pièces d'or à pleines mains. Devinez-vous ce que le poëte va faire de ce personnage avili? Un demi-dieu réformateur du monde. Le héros de Klinger exerce, les cartes à la main, une sorte de justice sociale; il ne vole que les riches, et si ces riches qu'il dépouille ont eux-mêmes dépouillé leur prochain, comme il triomphe en vidant leur bourse!

Quant aux pauvres, aux malheureux, à ceux qui ne jouent que par désespoir et pour demander au sort la réparation des injustices humaines, notre escroc, s'attribuant le rôle d'une providence terrestre, les renvoie du jeu les mains pleines. N'est-ce pas ainsi que François Moor, dans le drame de Schiller, a chassé son frère de la maison paternelle? N'est-ce pas ainsi que Charles Moor, à la tête de ses bandits, exerce la justice dans les forêts de la Bohême et sur les montagnes du Danube? Schiller ne connaissait pas *les Escrocs* de Klinger; il n'avait pas lu un seul de ces drames où Lenz, Wagner, Frédéric Müller et tant d'autres exprimaient tumultueusement les sourdes colères de l'Allemagne. De toute cette littérature fiévreuse de 1770 à 1780, quelques livres seulement étaient tombés entre ses mains : le *Goetz* et le *Werther* de Goethe, les principaux drames de Lessing, le *Jules de Tarente*, de Leisewitz; je ne parle pas de l'*Ugolin* de Gerstenberg, un peu antérieur à cette période (1768), drame violent, informe, et qui dut son succès à l'imitation de Shakespeare bien plutôt qu'à des inspirations révolutionnaires. Les œuvres de Jean-Jacques, les biographies de Plutarque, voilà surtout les lectures qui enflammaient l'âme de Schiller. Mais n'y a-t-il pas dans le génie une puissance divinatrice? Ces colères qui couvaient dans l'ombre, ces murmures, ces cris étouffés, ces transports de la fièvre, le poëte semble avoir tout entendu au fond de son cloître. On dirait qu'il a recueilli toutes ces plaintes, et que, chargé de les exprimer publiquement, il a jeté, au nom de plusieurs milliers d'hommes, cette clameur formidable.

Le drame de Schiller, malgré tant de scènes impossibles, est si bien en rapport avec la situation générale des esprits, que la critique a pu faire des rapprochements singuliers entre les inventions du poëte et les événements de 89. « La génération à laquelle Schiller adressait son drame, dit M. Gustave Schwab, n'avait pas encore disparu de la scène, qu'on vit se lever dans un pays voisin, et bientôt dans le monde entier, des hommes pareils aux compagnons de Charles Moor, des hommes qui pouvaient dire comme lui : *Mon œuvre, c'est d'exécuter la loi du talion; mon métier, c'est la vengeance.* » On sait les paroles que prononce François Moor lorsqu'il prend possession de la seigneurie de son père : « Un jour, je le jure, j'amènerai les choses à ce point dans mes domaines, que les pommes de terre et la petite bière soient le régal des jours de fête, et malheur à qui se présentera devant moi avec des joues vermeilles! La pâleur de la misère, l'effroi livide de l'esclavage, voilà les couleurs que j'aime; je vous habillerai de cette livrée-là. » Ce cri de haine rappelle à M. Schwab celui que poussa le financier Foulon pendant la famine de 89 : « S'ils ont faim, qu'ils broutent de l'herbe!... Patience! que je sois ministre, je leur ferai manger du foin. Mes chevaux en mangent. » Et se rappelant alors tout ce qui suivit, Foulon, arrêté par le peuple, traîné à pied jusqu'à Paris, avec une botte de foin sur le dos, un bouquet d'orties à la main, un collier de chardons au cou, puis pendu et décapité en place de Grève, il se demande si ce ne sont pas là des emprunts que la réalité a faits à la poésie des *Brigands*. « Douze ans après l'apparition de sa poésie, ajoute le biographe, Schiller fut nommé citoyen français par un décret de la Convention nationale[1]. » Ces rapprochements font bien comprendre tout ce qu'il y avait d'originalité et de puissance dans ce drame désordonné, véritable prédiction du génie, peinture anticipée d'une catastrophe inévitable. Il y en a un autre cependant que M. Schwab a oublié, et qui achève de peindre l'inspiration du poëte : lorsque Charles Moor, à la dernière scène du drame, dépose le commandement, lorsqu'il congédie les exécuteurs de ses vengeances et qu'il s'écrie avec désespoir : « Oh ! malheur à moi, misérable fou, qui ai cru pouvoir perfectionner le monde par le crime et rétablir les lois par l'anarchie ! J'appelais cela vengeance et justice. Je m'arrogeais le droit, ô Providence ! d'aiguiser ton glaive ébréché et de réformer tes sentences partiales. Mais, ô vanité d'enfant ! me voilà au bord

---

[1] M. Gustave Schwab se trompe ; ce décret, on le verra plus loin, n'a pas été voté par la Convention, mais par l'Assemblée législative.

d'un gouffre, au bord d'une vie abominable, et je reconnais aujourd'hui, avec des grincements de dents, avec des hurlements de douleur, que deux hommes tels que moi renverseraient de fond en comble l'édifice du monde moral. Grâce pour l'enfant qui a voulu usurper ton pouvoir! A toi seule appartient la vengeance. Tu n'as pas besoin de la main de l'homme. Sans doute, je ne saurais plus rappeler le passé : ce qui est détruit est détruit; ce que j'ai renversé ne se relèvera plus jamais, non, jamais plus... mais il me reste encore un moyen de réparer l'ordre troublé... » Lorsque Charles Moor, disais-je, s'élève ainsi au-dessus de lui-même, ne croit-on pas entendre le noble Schiller du temps de la Révolution, celui qui jugeait l'Assemblée constituante avec une raison si ferme, celui qui écrivait à Kœrner, le 21 décembre 1792 : « Je ne puis résister à la tentation de me mêler au procès du roi. Cette entreprise me paraît assez importante pour occuper la plume d'un homme raisonnable; un écrivain allemand qui élèverait dans cette affaire une voix éloquente et libre produirait sans doute quelque impression sur ces cerveaux en délire. »

Le drame des *Brigands* était déjà terminé lorsque Schiller quitta l'académie de Charles. Croyez-vous que le poëte soit libre enfin? Non, il est libre dans Stuttgart, libre de courir les tavernes, de s'enivrer avec ses compagnons, de s'abandonner à la fougue des sens pour se dédommager de la contrainte du cloître, ce sont là les résultats ordinaires d'une compression étouffante; mais si, dans cette crise périlleuse[1], ses passions peuvent se déchaîner, sa pensée est encore sous le joug. L'étudiant de la *Karls-Schule*, devenu chirurgien militaire, est toujours soumis à une tyrannique surveillance; écrire, publier, faire représenter une œuvre comme ce drame des *Brigands*, assurément, pour le chirurgien du duc de Wurtemberg, c'est un acte de révolte.

Mais que de joies dans cette révolte! Ses amis, Petersen, Hoven, Scharffenstein, s'associaient à toutes les émotions de la lutte. Une verve belliqueuse les

---

[1] Heureusement la crise ne fut pas longue. Madame Caroline de Wolzogen, qui en parle à mots couverts, nous dit que la liberté morale chez le noble poëte ne tarda pas à triompher des sens. Schiller habitait alors dans la maison d'une certaine dame Vischer, dont la réputation était légèrement équivoque. Il y avait loué une chambre au rez-de-chaussée qu'il occupait en commun avec un de ses camarades, le lieutenant Kapff, bon vivant, joyeux compagnon, mais de mœurs assez grossières. Ces influences auraient pu être funestes s'il n'y en avait eu d'autres pour les combattre. « Le voisinage de sa famille, — c'est madame de Wolzogen qui parle, — le voisinage de sa famille qui demeurait à la Solitude, et à laquelle il était cordialement attaché, le désir de ne pas tromper ses espérances, surtout un avertissement de sa mère prononcé avec l'accent si doux de la plus vive tendresse, ce fut assez pour réprimer ces entraînements juvéniles et rétablir l'équilibre dans l'âme du poëte. » Je dois ajouter que M. Émile Palleske a protesté contre les paroles de madame de Wolzogen et surtout contre les interprétations qui les aggravent. Selon M. Palleske, les débauches reprochées à Schiller seraient simplement des gaietés d'étudiant; sa jeunesse aurait été aussi pure qu'ardente et impétueuse. Peut-être ne faut-il chercher les excès dont on parle que dans les premiers vers du poëte, dans ces fougueuses strophes à Laure, qui, voulant exprimer l'amour, ressemblent par instants aux cris désordonnés de l'instinct.

animait tous. Au moment où Schiller préparait l'impression de son drame, on délibéra sur la vignette qui devait orner la première page ; un des élèves de la section des beaux-arts à la *Karls-Schule* avait offert son burin à l'auteur des *Brigands*. On avait choisi d'abord la scène où Charles Moor apprend les cruautés commises par Franz sur son vieux père, et, appelant tous ses compagnons, les excite à la vengeance; on se décida ensuite à représenter un lion furieux, la crinière hérissée, les yeux jetant des flammes, avec cette légende au-dessous : *In tyrannos*. Les deux vignettes furent gravées, la scène de Charles Moor pour la première édition, et pour la seconde, l'image du lion qui s'élance. Dans la troisième édition, qui suivit de près les deux premières, la vignette fut encore modifiée ; au lieu du lion partant en guerre, c'était le lion victorieux, terrassant et déchirant une bête féroce, laquelle représentait sans doute ces *tyrans* signalés dans l'inscription latine. On voit que Schiller et ses amis prenaient au tragique leur proclamation de la guerre sociale. C'était bien le révolutionnaire de vingt ans, qui, tout plein des souvenirs de Jean-Jacques et lui enviant ses triomphes, avait dit un jour à Scharffenstein : « Je veux écrire un ouvrage qui soit digne d'être brûlé par la main du bourreau. »

La première édition, imprimée aux frais de Schiller, ne portait pas le nom du poète : on y lisait ce simple titre : *les Brigands*, pièce de théâtre, Francfort et Leipzig, 1781. C'était un petit volume in-16, extrêmement rare aujourd'hui, et qu'on paye au poids de l'or. On ne le recherchait pas si avidement en 1781. Le jour où Schiller en reçut les premiers exemplaires, ce fut une véritable ivresse chez les poétiques révoltés de Stuttgart ; mais bientôt, quand d'autres volumes arrivèrent, quand il y en eut de longues colonnes alignées dans sa chambre, on le voyait souvent, ses compagnons nous le disent, contempler avec un dépit tragi-comique ses bataillons immobiles. Ce drame, qui devait bouleverser le monde, allait-il donc rester enfoui dans une mansarde ? Patience ! l'heure de la bataille n'est pas loin. Un libraire de Manheim, M. Schwan, à qui Schiller a envoyé plusieurs exemplaires des *Brigands*, est frappé de cette inspiration audacieuse, et s'empresse de faire lire le drame à l'intendant du théâtre, M. le baron de Dalberg. Une correspondance s'engage entre l'intendant et le jeune poète : Schiller emploie plusieurs mois de l'année 1781 à refaire sa pièce pour le théâtre de Manheim. Il eût mieux aimé, c'est lui-même qui nous le dit, en composer une toute nouvelle, mais il fallait bien se soumettre aux exigences du directeur, pour affronter enfin la grande épreuve : il se soumet, non sans gronder, et cette soumission ne l'empêche pas de maintenir sur bien des points sa conception première. Après bien des luttes, la pièce remaniée par l'auteur est apprise, répétée, mise en scène, prête enfin à paraître devant le public aux premiers jours de l'année 1782.

Le 13 janvier, on lisait à tous les coins de rues de Manheim une affiche de théâtre ainsi conçue : *les Brigands*, tragédie en sept actes, refaite pour le théâtre par l'auteur, M. Schiller. A l'affiche était jointe une proclamation écrite par Schiller et corrigée par Dalberg, dans laquelle le poëte expliquait aux spectateurs l'intention morale de sa pièce. Au moment où il allait frapper un coup si fort sur la société de son époque, l'auteur des *Brigands* évoquait avec une confiance hardie l'idée de la Providence. « Nul ne sortira de ce spectacle, s'écriait-il, sans avoir appris que la main de la Providence sait employer même un coquin à l'accomplissement de ses décrets, et qu'elle peut dénouer d'une façon surprenante les nœuds les plus embrouillés du destin. » Cette affiche, cette proclamation solennelle, tout annonçait un événement. Il y avait déjà quelques semaines que l'attention publique était vivement excitée; on savait que l'élève de la *Karls-Schule* avait écrit un drame d'un genre tout nouveau; on savait que les premiers artistes de l'Allemagne lui prêtaient leur concours, et l'on devinait, dans cette représentation des *Brigands*, le signal d'une révolution littéraire. De toutes les villes voisines une foule immense était accourue. Le spectacle avait été annoncé pour cinq heures précises; dès une heure de l'après-midi, la salle était pleine. Enfin la toile se lève, Franz Moor est en scène et la ténébreuse intrigue se déroule : or, soit que les acteurs fussent un peu émus de cette affluence extraordinaire, soit que les exigences des spectateurs fussent accrues par les bruyantes annonces de la pièce, soit plutôt que le public ait eu besoin de s'accoutumer peu à peu aux inventions violentes du jeune poëte, les trois premiers actes ne produisent pas tout l'effet qu'on avait attendu; mais que dire des quatre autres? Ils dépassèrent tout ce qu'on pouvait espérer. Le public était pris; tous les cœurs battaient à l'unisson de cette poésie véhémente, et les exagérations du dialogue disparaissaient, pour ainsi dire, au sein de l'émotion universelle. Iffland, si célèbre depuis cette date, et qui n'avait alors que vingt-six ans, interpréta d'une façon magistrale le personnage de Franz Moor. Boeck fut admirable dans le rôle de Charles; il était seulement un peu trop petit, au gré de Schiller, pour un chef de brigands. Madame Toscani sut exprimer, selon l'idéal du poëte, la généreuse et touchante figure d'Amélie. Beil et Meyer, qui représentaient les compagnons de Charles Moor, contribuèrent vaillamment au succès. Presque tous étaient sortis de l'école du grand comédien Eckhof, qui, sous l'influence de Lessing, avait fait toute une révolution dans l'art dramatique des Allemands. Eckhof était à la fois un acteur inspiré et un critique d'un ordre supérieur : « Le premier, dit Nicolaï, il se mit à étudier les œuvres dramatiques de tous les peuples d'après les mœurs de ces peuples mêmes, et à les interpréter chacune d'une façon différente; méprisant cette déclamation théâtrale qui s'avance toujours couverte de clinquant et guindée sur des échasses, il cherchait à reproduire l'accent vrai de la nature. Il introduisit dans la tragédie un ton simple, également propre à exprimer la dignité de l'âme et la délicatesse des sentiments, et ce ton, il sut merveilleusement en graduer toutes les nuances, en fixer toutes les notes, depuis la sentence la plus familière jusqu'aux cris les plus ardents de la passion... Ce grand homme réforma de fond en comble tout le théâtre de Hambourg, et y instruisit à son exemple un grand nombre d'excellents comédiens; tous les acteurs, toutes les actrices sur lesquels on peut compter aujourd'hui pour le perfectionnement de l'art, se sont formés à Hambourg ou d'après les comédiens de Hambourg[1]. » Ces détails ne sont pas inutiles; si les acteurs de Manheim avaient appliqué l'ancienne déclamation à l'œuvre révolutionnaire du jeune poëte, ils l'eussent rendue ridicule et burlesque. Ce n'est pas assez de l'inspiration ardente de

---

[1] J'emprunte cette citation à l'excellente *Histoire du théâtre allemand*, de M. Robert Prutz. *Vorlesungen über die Geschichte des deutschen Theaters*, von R. Prutz. 1 vol. Berlin, 1847. Voy. p. 350.

Schiller et de la fiévreuse agitation de l'esprit public pour expliquer le succès extraordinaire des *Brigands*; il faut se rappeler ces disciples de Lessing et d'Eckhof, ces comédiens sincères, amoureux du naturel, habitués à reproduire le mouvement vrai de la vie, et qui, en atténuant les fautes du drame, y mettaient l'empreinte d'une réalité poignante.

Schiller, inconnu à tous, excepté à deux ou trois amis, assistait dans une loge au triomphe de son œuvre. Pour goûter une joie si légitime, il avait été obligé de tromper la surveillance de ses chefs et de violer la discipline. Le duc Charles, mécontent déjà de la publication des *Brigands*, ne lui eût certainement pas permis de partir pour Manheim. Dans le courant de l'année 1781, le bruit s'étant répandu que Schiller négligeait la médecine et songeait à se faire comédien, ses supérieurs, au nom du souverain, lui avaient signifié un avertissement qui contenait une menace. On lui ordonnait de se conformer plus exactement désormais aux exigences de son service et de ne pas s'exposer à des reproches comme par le passé; « sinon, ajoutait l'avertissement ducal, M. Schiller ne pourrait imputer qu'à lui-même les mesures désagréables qu'on serait obligé de prendre contre lui. » Le maître qui parlait de la sorte aurait-il pu autoriser le voyage de Schiller à Manheim? Lui en faire seulement la demande, c'eût été le braver en face. Schiller partit secrètement, et revint quelques jours après, sans que personne eût soupçonné son absence. Il revint, comme on pense, enivré de son triomphe, l'imagination enflammée et toute remplie de projets. Ce premier contact avec la réalité, ses conversations avec les comédiens, cette étude comparée du public et du théâtre, tout cela redoublait son ardeur. Maintes idées, maintes figures vivantes se levaient autour de lui. Un cortége de visions dramatiques accompagnait ses pas. Désormais il avait conscience de son génie, il se sentait poëte et appelé à régner du haut de la scène sur les hommes de son temps. Régner! régner! Hélas! ce roi futur n'est pas libre. Le voilà de retour à Stuttgart, voilà le poëte redevenu chirurgien de régiment, et le duc Charles lui a dit : « Je vous défends de rien publier à l'avenir sans m'avoir soumis votre travail; je vous défends de faire imprimer aucune œuvre poétique. » Schiller voudrait se soustraire à ce joug odieux, déposer l'uniforme, s'enfuir, puisqu'il le faut, et redevenir un homme : le peut-il? Un scrupule arrête cette âme loyale. C'est gratuitement qu'il a été élevé dans l'académie de Charles; n'est-il pas engagé envers le duc, et tenu de consacrer à son service l'instruction qu'il lui doit? Qu'il tâche donc de se soumettre. Mais quoi! le joug est bien dur, la souffrance est de toutes les heures. S'il veut assister à la seconde représentation des *Brigands* (et cette seconde représentation, ajournée depuis plusieurs mois, préparée avec un soin nouveau, attendue par une foule impatiente, va être un bien autre événement encore que la première); s'il veut y assister, il faut qu'il se dérobe à tous les regards, comme s'il méditait un mauvais coup. Précaution inutile. Le duc Charles apprend bientôt que Schiller est allé en cachette à Manheim : il le mande au château, lui renouvelle dans les termes les plus sévères la défense de publier aucune œuvre de poésie, lui interdit tout rapport, toute communication avec l'étranger, (l'étranger! une ville allemande! une cité des bords du Rhin!) puis il lui donne l'ordre de se rendre au corps de garde principal, de rendre son épée, et de garder les arrêts pendant quinze jours. Ce n'est pas tout. Il y avait dans le Wurtemberg une prison d'État, la forteresse d'Hohenasperg, où le duc Charles tenait enfermés des hommes que vénérait Schiller. Un des plus illustres compatriotes de l'auteur des *Brigands*, l'impétueux Schubart, expiait depuis trois ans, dans les cachots d'Hohenasperg, ses hardiesses de poëte et de publiciste. Tandis que Schiller gardait les arrêts, du 1er au 15 juillet 1782, ne devait-il pas se croire déjà condamné à partager le sort de Schubart? A cette pensée, tous ses anciens scrupules s'évanouissent; il quittera ce sol odieux, où il ne lui est pas permis de suivre l'impérieuse vocation de son âme.

Le 22 septembre 1782, par une brillante soirée,

tandis que le duc Charles recevait magnifiquement le grand-duc Paul de Russie, qui venait d'épouser sa nièce, la jeune et belle princesse Marie de Wurtemberg, tandis que les bois de la Solitude retentissaient encore des fanfares du cor, des aboiements des chiens et des cris joyeux de l'hallali, au moment où le château ducal, illuminé jusqu'au faîte, éclairait au loin la forêt, et que, princes et gentilshommes, électeurs, ducs et grands-ducs, se pressaient autour du jeune couple impérial, une modeste cariole sortait de Stuttgart, vers dix heures, par la porte d'Essling. « Qui êtes-vous? demanda un factionnaire. — Le docteur Ritter et le docteur Wolf, répondirent deux voix qu'un observateur soupçonneux aurait trouvées peut-être assez mal assurées. — Passez! » La voiture continua sa route; les deux voyageurs, immobiles, silencieux, la poitrine oppressée, semblaient épier quelque péril dans l'ombre. Vers minuit, quand ils furent arrivés sur les hauteurs qui dominent la vallée, ils se serrèrent la main et échangèrent quelques paroles. Le docteur Ritter, c'était le poëte des *Brigands*; le docteur Wolf, c'était un compatriote de Schiller, un musicien, plus jeune que lui de deux années et qui le vénérait comme un maître. André Streicher, tel était son nom, devait partir au printemps de l'année suivante pour se rendre auprès d'Emmanuel Bach, le second fils de l'illustre Sébastien, qui dirigeait l'orchestre de Hambourg. Indigné du joug qui pesait sur son ami, inquiet du sort que lui réservait le duc Charles, l'ardent musicien avait avancé de six mois son voyage afin de faciliter la fuite du poëte. Au moment où ils allaient dire adieu aux vallées du Wurtemberg, une angoisse inexprimable s'empara du cœur de Schiller. Le château de la Solitude, étincelant de lumières, brillait au milieu des bois. A la clarté de l'illumination, il montra à André Streicher le logement qu'occupait sa famille : « O ma mère ! » s'écria-t-il avec un sanglot étouffé, et il retomba sur son banc. Enfin, après plus d'un jour de marche, dans la matinée du 24 septembre, les deux fugitifs arrivaient à Manheim.

Nous possédons de bien touchants détails sur la vie du poëte après sa fuite de Stuttgart. André Streicher a raconté lui-même les aventures de ce voyage, et celles des mois qui suivirent, dans quelques pages d'une simplicité expressive. Des biographes minutieusement exacts ont suivi de semaine en semaine et presque de jour en jour les destinées errantes des deux amis. Que d'illusions d'abord, et bientôt que de misères ! — « Celui qui jamais n'a mangé son pain trempé de larmes, celui qui jamais, pendant des nuits pleines d'angoisses, ne s'est assis sur son lit en pleurant, celui-là ne vous connait pas, ô puissances célestes ! » — Ces vers, que Gœthe a insérés dans *Wilhelm Meister*[1], semblent avoir été écrits

[1] Wer nie sein Brod mit Thraenen ass,

pour la jeunesse de Schiller; ils pourraient servir d'épigraphe à son histoire. Si je me proposais de la raconter ici, cette histoire héroïque et touchante des illusions, des luttes, des défaillances, des fureurs misanthropiques et finalement des sérieuses et victorieuses inspirations du poëte, je le montrerais avec son petit bagage, pourvu de quelques florins à peine, tantôt en compagnie d'André Streicher, tantôt seul, allant frapper à bien des portes, essayant de se créer une destinée indépendante, puis abandonné par de faux amis, rebuté par le sort, doutant de lui-même, *mangeant un pain trempé de larmes, passant de longues nuits pleines d'angoisses à pleurer sur son lit*, jusqu'au jour où une femme d'élite, une noble et généreuse patronne lui ouvre sa demeure hospitalière; jusqu'au jour plus heureux encore où une jeune fille, digne de lui, devient la compagne de son existence, jours bénis où son génie se relève, où son inspiration pénètre peu à peu en des domaines supérieurs, où, passant de la poésie de sa jeunesse à une philosophie virile et de cette philosophie à une poésie plus haute, il peut s'écrier avec Gœthe : *Je vous connais, ô puissances célestes!*

Voilà, en résumé, l'histoire de Schiller depuis la nuit du 22 septembre 1781 jusqu'à cette année 1794.

Wer nie die kummervollen Naechte
Auf seinem Bette weinend sass,
Der kennt euch nicht, ihr himmlischen Maechte.
(*Wilhelm Meisters Lehrjahre*, liv. II, chap. xiii.)

où commence son amitié avec le grand poëte de Weimar. Pour retracer toutes les péripéties de cette douloureuse et vaillante période, un volume ne suffirait pas; marquons du moins les dates principales, et signalons en quelques traits les transformations décisives.

Lorsque Schiller prit le parti de s'enfuir du Wurtemberg, il avait déjà conçu le plan de deux autres drames qui devaient être, sous une forme bien différente, la continuation de l'œuvre entreprise dans *les Brigands*. Nous avons dit avec quelle passion Schiller lisait les écrits de Jean-Jacques Rousseau; un mot de Jean-Jacques sur la conjuration de Fiesque lui inspira l'idée de mettre cet événement sur la scène. *Les Brigands* étaient un cri de révolte contre la société tout entière; la conjuration de Fiesque, dans la pensée du poëte, devait être un drame républicain. Il avait ébauché ce drame à Stuttgart; il le termina en 1783, dans le petit village d'Oggersheim, où il avait cherché un refuge aux environs de Manheim. Froidement reçu par Dalberg, qui craignait de se brouiller avec le duc Charles, toujours sous le coup d'une menace d'extradition et voyant en perspective l'odieuse forteresse où languissait Schubart, obligé de se cacher sous de faux noms [1], inquiet, irrité, on comprend dans quelle disposition d'esprit

---

[1] Au sortir de Stuttgart, il avait pris le nom du docteur Ritter; à Manheim, à Oggersheim, il se faisait appeler le docteur Schmidt.

Schiller traça les scènes ardentes de *la Conjuration de Fiesque*, et surtout le caractère du républicain Verrina. L'autre drame, ébauché aussi à Stuttgart, et qui portait alors le nom de *Louise Miller*[1], était aussi une œuvre toute frémissante de passions belliqueuses. Si la société politique est prise à partie dans *la Conjuration de Fiesque*, c'est à la société civile que s'attaque l'auteur de *Louise Miller*, et les deux pièces se rattachent manifestement à ce drame des *Brigands*, où toute la société d'avant 89, société politique ou civile, peu importe, est ébranlée avec une titanique fureur. Ces trois drames, conçus et exécutés sous la même inspiration, écrits tous trois en prose, dans cette même prose violente, tumultueuse, sincèrement emphatique, forment une sorte de trilogie révolutionnaire. Des critiques ont indiqué de singuliers rapprochements entre plusieurs scènes des *Brigands* et certains épisodes de la Révolution française; on pourrait faire le même travail sur *Louise Miller* et *la Conjuration de Fiesque*. Ce comte de Fiesque, si acharné au renversement des Doria, et toujours si brillant, si aristocratique, au milieu des emportements de la lutte, n'est-ce pas, si l'on veut, le comte de Mirabeau dans les derniers mois de sa carrière? Ne dirait-on pas même, à de certains moments, quel-

---

[1] *Louise Miller* était le nom primitif du drame, le nom choisi par Schiller. C'est plus tard, au moment de la représentation, que l'acteur Iffland conseilla au poète un autre titre, et que *Louise Miller* devint *Intrigue et Amour*.

qu'un des jacobins de 90, un Duport ou un Barnave? Derrière Mirabeau, derrière les premiers jacobins, il y a les girondins qui s'avancent; c'est Verrina, surveillant le comte de Fiesque. Seulement l'histoire est bien autrement complète que la création du poëte; lorsque le comte de Fiesque accepte la dignité souveraine dans cette république de Gênes, qu'il a délivrée du joug des Doria, Verrina le tue, et son rôle est fini. Sur la scène de la révolution, ce n'est pas ainsi que finissent les hommes auxquels on peut comparer le Verrina de Schiller. Après le 10 août, Verrina eût lutté contre les despotes de la Terreur, et serait mort en 93 sur l'échafaud des girondins. Et que dire de *Louise Miller?* Un historien habile, M. Hillebrand, y voit la préface poétique de la Révolution de 89. Je ne sais si le baron Ferdinand de Walter peut être appelé un Mirabeau bourgeois, comme le veut le même critique, mais ces révoltes contre l'inégalité des conditions, cette véhémente revendication des droits de l'homme, ces outrages aux classes supérieures, cette sincérité de haine avec laquelle il aperçoit partout le crime et l'infamie chez le représentant de la noblesse, partout la vertu chez le plébéien, ne sont-ce pas là les inspirations qui fermentaient en Europe à la veille de 89, et qui allaient éclater sous maintes formes, en ce tragique renouvellement du monde? Plus tard, après 89, quand Schiller se sera élevé à un idéal plus pur; quand il sera entré dans les domaines supérieurs de la pensée, et qu'il jugera avec une raison si ferme les révolutions de 92 et de 93, l'idée lui viendra de remanier ces trois premiers drames de sa jeunesse, il essayera d'atténuer les exagérations du fond, les violences du style; il voudra faire disparaître ce que ses admirateurs eux-mêmes ne craignent pas d'appeler des *caricatures de la société*. Vaine tentative! ces drames sont des dates; les corriger, c'est altérer l'histoire; *sint ut sunt, aut non sint*. Gœthe lui-même, consulté par Schiller, fut d'avis qu'on n'y devait rien changer. « Il faut, disait-il, les livrer à la postérité, tels qu'ils sont sortis d'une inspiration violente. »

La Conjuration de Fiesque avait été terminée dans l'auberge d'Oggersheim, aux mois d'octobre et de novembre 1782. Quelques semaines après, vers le milieu de décembre, Schiller trouvait un asile à Bauerbach, dans la demeure hospitalière de madame de Wolfrogen. Ce joli domaine de Bauerbach est la première des stations heureuses dans cette vie errante du poëte. Jean-Jacques Rousseau, en son pauvre ménage de la rue de la Plâtrière, écrivait un jour ces lignes empreintes d'un regret si doux : « De toutes les habitations où j'ai demeuré (et j'en ai eu de charmantes) aucune ne m'a rendu si véritablement heureux et ne m'a laissé de si tendres regrets que l'île Saint-Pierre, au milieu du lac de Bienne. Cette petite île, qu'on appelle à Neufchâtel l'île de la Motte, est bien peu connue, même en Suisse. Aucun voyageur, que je sache, n'en fait mention. Cependant elle est très-agréable et singulièrement située pour le bonheur d'un homme qui aime à se circonscrire... Les rives du lac de Bienne sont plus sauvages et romantiques que celles du lac de Genève, parce que les rochers et les bois y bordent l'eau de plus près; mais elles ne sont pas moins riantes. S'il y a moins de cultures de champs et de vignes, moins de villes et de maisons, il y a aussi plus de verdure naturelle, plus de prairies, d'asiles ombragés de bocages, des contrastes plus fréquents et des accidents plus rapprochés. Comme il n'y a pas sur ces heureux bords de grandes routes commodes pour les voitures, le pays est peu fréquenté par les voyageurs; mais il est intéressant pour des contemplatifs solitaires qui aiment à s'enivrer des charmes de la nature et à se recueillir dans un silence que ne trouble aucun bruit que le cri des aigles, le ramage entrecoupé de quelques oiseaux, et le roulement des torrents qui tombent de la montagne. » Schiller, empruntant les expressions de ce Jean-Jacques qu'il aimait tant et qu'il a chanté en beaux vers, aurait pu dire à son tour : « De toutes les habitations où j'ai demeuré, et j'en ai eu de charmantes, aucune ne m'a rendu si véritablement heureux, et ne m'a laissé de si tendres regrets que le domaine de Bauerbach. » Bauerbach, Gohlis, Dresde, Loschwitz, Rudolstadt, Iéna, Weimar, vous avez accueilli le généreux poëte à des phases diverses de sa vie, et l'on peut dire qu'à chacun de vos noms est attaché le souvenir de l'une de ses victoires morales; mais le plus doux de ses souvenirs, c'est celui-ci : la plus précieuse de ses victoires, c'est celle qu'il remporta pour la première fois sur lui-même, lorsque, dans cette solitude amie, entouré de soins maternels de sa noble patronne, réconcilié avec le genre humain. Il renonça enfin à son inspiration misanthropique et consacra le nouvel idéal de sa pensée purifiée dans le généreux drame de *Don Carlos*.

Don Carlos est à la fois le couronnement de la première période, dans la carrière dramatique du poëte, et le signal d'une période toute nouvelle. Des critiques allemands ont vu dans le choix de ce sujet le pressentiment et comme l'annonce de cette poésie plus haute que l'auteur de *Wallenstein* et de *Guillaume Tell* devait faire épanouir si vigoureusement sur le sol fécond de l'histoire. La remarque n'est pas juste; on sait aujourd'hui que rien ne fait soupçonner dans ce beau drame l'art supérieur de *Guillaume Tell* et de *Wallenstein*. Le caractère du fils de Philippe II, très-curieusement éclairé par la critique de notre temps[1], est en contradiction absolue avec celui que le poëte allemand lui a prêté. Schiller s'inquiétait fort peu de construire son drame sur le

---

[1] Voyez la savante et ingénieuse étude de M. Prosper Mérimée : *L'Historien Prescott.* — *Philippe II et don Carlos.*

fondement de la réalité; l'union du réel et de l'idéal n'était pas encore un des principes de sa philosophie de l'art; don Carlos était pour lui, au même titre que le marquis de Posa, une figure tout idéale, une personnification abstraite, c'est-à-dire un être sorti de son cerveau, et tel était chez le poëte inspiré le dédain de la vérité exacte, que, confondant l'orthographe espagnole avec celle de la langue portugaise, il estropia longtemps le nom même de son héros[1]. Or, que représentent ces figures idéales, don Carlos et surtout le marquis de Posa? Elles représentent le mouvement d'idées inauguré par Charles Moor, Verrina, et Ferdinand de Walther; seulement, avec quelle noblesse d'âme ils accomplissent leur rôle! Quelle sérénité d'enthousiasme! Quelle patience! Quelle foi dans l'avenir! Charles Moor, Verrina, Ferdinand veulent renouveler par la violence une société perverse; le marquis de Posa dit simplement à Philippe II : « Ce siècle n'est pas mûr pour mon idéal. Je suis citoyen des âges qui viendront[2]. » Charles Moor jette l'injure au vieux monde qui doit périr. Posa salue avec amour le monde régénéré. Le souverain qu'il a voulu former, et qu'il aperçoit

---

[1] « Pendant longtemps, dit M. Gustave Schwab, Schiller écrivit : dom Carlos. » *Schiller's Leben, von Gustav Schwab*, 1 vol. Stuttgart. 1840, p. 159.)

[2]
        Das Jahrhundert
Ist meinem Ideal nicht reif. Ich Lebe,
Ein Bürger derer, welche kommen werden.
        (*Don Carlos*, acte III, sc. x.

déjà en imagination, « sera le roi d'un million de rois. » Quand il va mourir, afin de conserver don Carlos à l'Espagne : « Dites-lui, s'écrie-t-il en s'adressant à la reine, — dites-lui de réaliser notre rêve, cette divine conception de notre amitié, le rêve hardi d'une société nouvelle... Dites-lui de respecter les songes de sa jeunesse, quand il sera devenu homme... Dites-lui que je dépose en son âme le bonheur du genre humain. » Le marquis de Posa est donc un Charles Moor purifié, et si le poëte en si peu de temps a pu accomplir un tel progrès; si, d'une inspiration misanthropique, il s'est élevé sans efforts à cette sérénité bienfaisante, c'est que ces six mois de recueillement auprès de madame de Wolfzogen avaient suffi pour le rendre à lui-même. Les biographes du poëte nous racontent qu'il y avait à Bauerbach un type charmant de la grâce allemande, la fille même de la patronne du lieu, la blonde Charlotte de Wolfzogen, et que Schiller devint amoureux de Charlotte. Si ce premier amour a contribué, pour sa part, à épurer l'imagination de l'auteur des *Brigands*, c'est un souvenir de plus qui doit consacrer dans l'histoire de la poésie le nom de Bauerbach. Les démons que le couvent militaire de Stuttgart avait déchaînés dans le cœur du poëte, c'est l'air libre et pur de Bauerbach qui les a mis en fuite. Quelques-unes des lettres qu'il écrivit à cette époque, celle-là surtout où il parle de son drame de

Don Carlos, respirent la joie de la délivrance. Il semble qu'il dise aux confidents de sa pensée, comme ce marin grec que M. Edgar Quinet entendit un jour, au milieu d'un orage : « Amis, voyez, voyez les démons qui s'envolent ! »

Les mauvais jours cependant n'étaient pas encore passés pour Schiller. Après six mois de retraite à Bauerbach, il retourne à Manheim (juillet 1783) pour y faire jouer ses nouveaux drames. De cruelles déceptions l'attendaient encore pendant ce second séjour à Manheim. Enfin, le 17 janvier 1784, *la Conjuration de Fiesque* fut représentée. La pièce avait été montée avec soin, mais, malgré tous les efforts du directeur et du poëte, malgré le prologue éloquent où Schiller expliquait lui-même son œuvre au public, malgré le talent des comédiens, le succès fut médiocre. C'était Boeck qui jouait le rôle de Fiesque, et Iffland celui de Verrina ; tout l'art qu'ils déployèrent fut inutile, le drame parut froid et abstrait. « Le public n'a pas compris ma *Conjuration de Fiesque*, écrivait Schiller à un ami. Ces mots de liberté républicaine ne rendent ici qu'un vain son, le sang romain ne coule pas dans les veines des habitants du Palatinat. A Berlin, la pièce a été demandée et jouée quatorze fois en trois semaines. A Francfort aussi elle a été bien accueillie... » Ces jugements opposés de Manheim et de Berlin ont encore aujourd'hui des défenseurs dans les rangs de la critique.

Si M. Gervinus voit dans *la Conjuration de Fiesque* une œuvre bien plus importante que *les Brigands*, M. Gustave Schwab ne craint pas de justifier les spectateurs de Manheim : « En restant froids, dit-il, devant ces intrigues politiques, ces monologues sans fin, ces passions de l'esprit où le cœur ne joue qu'un rôle secondaire, ils firent preuve de goût et de sincérité. » Schiller, qui avait hâte de réparer cet échec, fit représenter le 9 mars suivant son drame de *Louise Miller*, ou plutôt d'*Intrigue et Amour*, suivant le nouveau titre que lui avait donné Iffland. Cette fois, le succès fut immense. Dès le milieu du drame, quand la toile tomba sur le second acte, la foule électrisée se leva d'un mouvement unanime, et des applaudissements sans fin éclatèrent de toutes parts. Ce triomphe se renouvela sur maintes scènes; *Intrigue et Amour*, aussi bien que *les Brigands*, fit le tour de l'Allemagne au milieu des bravos.

On voit par ces succès et ces chutes quelles étaient alors les dispositions de l'esprit public : les drames révolutionnaires, mais révolutionnaires d'une façon générale, et qui s'adressaient surtout aux sentiments, étaient préférés aux drames spécialement politiques. On voulait des émotions violentes, exagérées, déclamatoires, et non pas des systèmes. La révolution était dans les cœurs bien plutôt que dans les intelligences. Lorsque *Don Carlos* fut joué à Manheim, quatre ans après (1788), ce beau drame ne fut guère mieux compris que *la Conjuration de Fiesque*. Ne disons donc pas avec M. Gustave Schwab que les spectateurs de Manheim firent preuve de goût le jour où ils accueillirent si froidement et *Fiesque* et *Don Carlos*, après avoir applaudi avec transport *les Brigands* et *Intrigue et Amour*; ne disons pas non plus avec M. Gervinus, que *la Conjuration de Fiesque* est une œuvre bien autrement importante que *les Brigands*, et que le poëte a posé dans cette pièce les fondements de sa grandeur future. Drames bourgeois ou drames politiques, les trois premières œuvres de Schiller forment un ensemble unique, et tous les instincts de son génie y éclatent à la fois : même inspiration, même élan, mêmes colères. Il ne faut pas, Gœthe l'a dit, chercher à corriger de tels ouvrages; il ne faut pas davantage les diviser, les isoler l'un de l'autre, chercher dans celui-ci ce qui ne serait pas dans celui-là. Ils se tiennent par des liens indissolubles; airain pur et scories, le même jet de flamme a tout produit. *Don Carlos* seul, né d'une inspiration plus haute, donne une conclusion à cette trilogie ardente, et ouvre au poëte des horizons nouveaux.

Quelques mois après la représentation de *Fiesque* et d'*Intrigue et Amour*, Schiller entreprend la publication d'un journal consacré à toutes les questions de théâtre. *La Thalie du Rhin* (*Rheinische Thalia*), tel est le titre de ce recueil. La première page est un cri de délivrance : le poëte, si souvent poursuivi jusque-là, par la crainte d'être ramené captif dans les États du duc Charles, se met fièrement sous la protection du public, de ce public enthousiaste qui a salué en lui l'interprète des générations nouvelles. « Tous mes liens sont dénoués! s'écrie-t-il. C'est le public à présent qui est tout pour moi; il est mon étude de chaque jour, il est mon souverain, il est mon confident. C'est à lui, à lui seul que j'appartiens désormais. C'est devant son tribunal, et devant nul autre, que je comparaîtrai ; il n'en est pas d'autre que je craigne et que je révère. » Ce curieux recueil, dont les premiers numéros paraissent au commencement de 1785, publie de belles pages du poëte, tantôt des études de critique, des dissertations sur l'art, tantôt des fragments de ce *Don Carlos*, qui était devenu, comme il l'écrivait à son ami Reinwald, le compagnon intime de sa vie, sa maîtresse, son ami de cœur (*sein Maedchen, sein Busenfreund*). Bientôt cependant des difficultés s'élèvent entre Schiller et l'intendant Dalberg. Fatigué de ces luttes vulgaires, Schiller prend le parti de quitter Manheim et va recommencer une vie nouvelle à Leipzig, où l'appellent deux de ses meilleurs amis, Koerner et Ferdinand Huber. L'étudiant émancipé de l'académie de Charles, le poëte sacré par le succès, veut redevenir étudiant dans une université libre. Puisque la poésie toute seule, dans l'Allemagne du dix-huitième siècle, ne peut lui assurer une existence simple et digne, il reviendra à ses études de médecine et tâchera de se créer une carrière.

Si vous passez par Leipzig, allez visiter les ombrages charmants de la Rosenthal, et surtout, à travers ces prairies, ces bois, ces fraîches eaux, dirigez-vous vers le village de Gohlis, situé sur la droite, à la lisière de ce beau parc; c'est là que Schiller, dans une petite chambre de paysan, a passé l'été et l'automne de l'année 1785, c'est là qu'il a composé plusieurs de ses poésies lyriques, et entre autres ces belles strophes à la Joie :

« La Joie! c'est le ressort puissant de l'éternelle nature. C'est la Joie, la Joie, qui fait mouvoir les rouages de la grande horloge des mondes; c'est elle qui fait sortir les fleurs de leur germe et les soleils du firmament; elle roule des sphères dans les espaces que ne connait pas la lunette de l'astronome.

CHŒUR.

« Joyeux comme ces soleils qui volent à travers la splendide immensité des cieux, frères, suivez votre carrière, joyeux comme le héros qui vole à la victoire.

« Du miroir ardent de la vérité, c'est elle qui sourit au penseur avide; c'est elle qui guide le martyr vers la cime escarpée de la vertu; sur les monts radieux de la foi, on voit flotter ses étendards; à travers les fentes des cercueils brisés, elle assiste aux concerts des anges.

CHŒUR.

« Souffrez avec courage, millions d'êtres ! souffrez pour un monde meilleur ! Là haut, par-dessus la tente étoilée, un Dieu puissant distribuera les récompenses. »

Mais surtout, si vous vous arrêtez à Dresde, n'oubliez pas un autre pèlerinage en l'honneur du noble poëte. Quand vous aurez admiré les merveilles du musée, *le Pharisien* du Titien, *la Madeleine* du Corrége, l'incomparable *Vierge* de Raphaël, faites-vous conduire à Loschwitz, aux bords de l'Elbe, et là, dans une riante vallée, au milieu des vignes qui couvrent les collines, vous verrez sourire de loin l'hospitalière maison où Schiller passa de si heureuses journées auprès de Koerner. Qu'était-ce donc que ce Koerner ? Il y a des hommes éminents et simples qui, dévoués au bien, passionnés pour le beau, traversent le monde sans bruit, et disparaissent sans laisser de traces, n'ayant eu, pour ainsi dire, d'autre tâche que de réjouir les regards de Dieu, en lui offrant un bel exemplaire de l'humanité : Koerner est un de ces hommes. Il a laissé du moins des vestiges de son passage ici-bas, et d'immortels vestiges, puisqu'il a été l'ami de Schiller, et le père de ce vaillant Théodore qui chanta si fièrement les chasseurs de Lützow, et mourut en héros dans la guerre de 1813. Un jour, en 1784, pendant que Schiller, revenu de Bauerbach à Manheim, s'y débattait contre les plus tristes difficultés de la vie, il reçut de Leipzig un paquet envoyé par des mains inconnues. Quatre amis, deux jeunes hommes et deux jeunes filles, lui adressaient leurs portraits avec toutes sortes de témoignages d'admiration et de sympathie ardente. L'un d'entre eux, Koerner était son nom, avait mis en musique quelques-unes des strophes insérées dans *les Brigands*. Les jeunes filles, Minna et Dora Stock, étaient deux sœurs, dont l'une était fiancée à Koerner; le quatrième de ces amis si dévoués, jeune homme à peine âgé de vingt ans, s'appelait Ferdinand Huber : il a épousé plus tard Thérèse Heyne, la fille de l'illustre philologue, et, ainsi que sa femme, il a laissé un nom dans les lettres. On devine la joie de Schiller, le jour où ces cœurs enthousiastes se donnèrent si naïvement à lui : représentez-vous son bonheur, lorsque, l'année suivante, Koerner ayant épousé sa fiancée Minna, le poëte de *Don Carlos* allait achever la figure du marquis de Posa, auprès de tels amis, sous les ombrages de Loschwitz! Ces sentiers de la colline, que de fois il les a parcourus en rêvant à ses poëmes! Que de fois, sur ces bords de l'Elbe, il est monté dans sa barque, heureux de lutter contre les vagues ou de s'abandonner au courant, heureux surtout quand un orage s'approchait, quand le vent agitait les eaux du fleuve, et que, la tête nue, les cheveux flottants, il aspirait le souffle de la libre nature!

C'est auprès de Koerner, c'est à Loschwitz ou à

Dresde qu'il a ébauché vigoureusement ces travaux si divers qui séparent d'une manière tranchée les deux périodes de sa carrière poétique. Pendant ces deux ou trois années, depuis son départ de Manheim, au printemps de 1785, jusqu'au mois de décembre 1787, il y a chez Schiller une activité ardente qui se porte de tous les côtés à la fois. Tantôt c'est l'histoire qui l'attire, et il se propose de raconter les conjurations les plus importantes, soit dans l'antiquité, soit dans les temps modernes. Ce plan singulier où se retrouve l'instinct du poëte dramatique, Schiller ne le réalisera pas ; il racontera seulement, d'après Saint-Réal, la conspiration du marquis de Bedmar contre la république de Venise, et, en reproduisant ainsi une histoire sans critique, il n'y verra qu'une occasion de s'exercer au style du récit[1]. Tantôt il s'essayera dans le genre de la nouvelle et du roman ; il écrira une curieuse narration, dont le titre, assez difficile à traduire, peut être paraphrasé ainsi : *L'homme poussé au crime par la perte de son*

---

[1] M. le comte Daru, dans son *Histoire de Venise*, et surtout M. Léopold Ranke, dans un Mémoire spécialement consacré à ce sujet, ont dévoilé toutes les inventions théâtrales et romanesques par lesquelles Saint-Réal a défiguré cet épisode. Seulement M. Daru, qui avait eu le mérite de signaler les principales erreurs de Saint-Réal, a substitué à ces erreurs un système très-habile, mais rempli aussi d'inexactitudes. C'est M. Ranke qui, fouillant les archives secrètes de Venise, a démêlé enfin la vérité dans cet imbroglio. — Voyez l'ouvrage de M. Léopold Ranke : *Über die Verschwoerung gegen Venedig im Jahre* 1618, Berlin, 1851. Voyez aussi notre étude sur M. Léopold Ranke, dans la *Revue des Deux Mondes* (1er avril 1854).

honneur; ou bien il commencera, dans *le Visionnaire,* un long récit consacré à l'un des plus bizarres épisodes de l'histoire morale du dix-huitième siècle. Le premier de ces deux écrits est l'histoire d'un certain Christian Wolf, fils d'un petit aubergiste de campagne, qui, abandonné de bonne heure à lui-même, va braconner dans les bois, est jeté en prison avec des malfaiteurs, sort de là le désespoir dans l'âme, essaye de prendre un métier, et bientôt, se croyant voué pour toujours au mépris des hommes, finit par devenir un chef de bandits, l'épouvante et le fléau de la contrée. Ce n'est pas tout à fait un récit d'imagination, c'est une histoire vraie, dit l'auteur (*Der Verbrecher aus verlorenen Ehre, eine wahre Geschichte*); et Schiller, en effet, cite plusieurs pages d'une espèce d'autobiographie écrite par le meurtrier lui-même, lorsque, pris et condamné, il se préparait à porter sa tête sur l'échafaud. *Le Visionnaire,* dont nous n'avons que la première partie, est un tableau du mysticisme et des illuminés, à la veille de 89. C'était le moment où Cagliostro étonnait la société européenne; où Nicolaï, dans son célèbre *Voyage en Allemagne et en Suisse,* dévoilait cet incroyable pêle-mêle de rose-croix, de francs-maçons, d'illuminés, de mystiques de toute école et de charlatans de toute nation, au milieu desquels les jésuites du dix-huitième siècle, passant d'un déguisement à l'autre, nouaient et dénouaient mille intrigues. Ce sujet qui éveillait déjà la curiosité de Gœthe, et que l'auteur du *Grand-Cophte* allait traiter à sa manière, Schiller voulut le développer dans un roman. *Le Visionnaire* est une étude sur l'alliance du jésuitisme et des sociétés secrètes, au milieu du siècle de Voltaire. Malheureusement, l'auteur abandonna son projet, au moment même où il avait excité au plus haut point l'intérêt du lecteur. Un travail profond s'accomplissait peu à peu dans son esprit : une conception plus sévère de l'art succédait à la fougue de ces premières œuvres. En voyant les émotions ardentes que soulevait son récit; en voyant avec quelle impatience on attendait la suite des événements publiés par lui dans un recueil périodique, il crut s'être trompé. Vous vous rappelez le mot de Chamfort, un jour qu'on l'applaudissait : « Quelle sottise ai-je dite? » s'écria-t-il. Cette vive ironie est bien loin du cœur de Schiller; il aime le public, il le respecte comme son souverain, mais il n'a pas abdiqué son indépendance, et il se juge lui-même avec la loyauté d'un artiste. C'était un intérêt philosophique, et non une curiosité banale, qu'il avait voulu exciter en écrivant *le Visionnaire*. Il laissa là ce roman, dont le succès l'eût détourné de son propre travail intérieur, et il revint à ses méditations. Les *Lettres philosophiques* publiées par Schiller, en 1786, sont le premier symptôme des viriles transformations de son esprit. Koerner venait de l'initier à cette philosophie nouvelle qui s'élevait à ce moment même avec le génie d'Emmanuel Kant. Il y avait des affinités naturelles entre le mâle esprit du poëte et la sublimité morale du penseur de Kœnisberg; à partir de cette date, Schiller va s'attacher à Kant; il s'assimilera sa doctrine, il l'interprétera librement, et bientôt, nous le verrons, s'il y a une conciliation possible entre le stoïcisme héroïque de Kant et le confiant naturalisme de Gœthe, ce sera Schiller qui aura l'honneur de rapprocher ces deux grands maîtres. Histoire, roman, philosophie, on voit combien d'inspirations vivaces s'épanouissaient dans l'âme du poëte, pendant les belles années qu'il passa auprès de Koerner.

Pouvait-il cependant rester l'hôte éternel de Koerner? Il lui tardait de mettre un terme à sa vie errante et de pouvoir s'écrier enfin, comme fera un jour son Guillaume Tell : *Ich stehe wieder auf dem Meinigen* : « Je suis sur un sol qui m'appartient. » Au mois de juillet 1787, Schiller s'était rendu à Weimar; Gœthe voyageait alors en Italie, mais Herder et Wieland avaient accueilli avec joie le jeune et illustre poëte. Ravi d'enthousiasme, Schiller écrivait à un de ses amis d'enfance, au fils du pasteur Moser : « Me voici enfin dans le séjour que j'ai tant de fois appelé de mes vœux, me voici à Weimar, et il me semble que je me promène dans les vallées de la Grèce. Le duc est un prince accompli, le véritable père des arts et des sciences... Tu connais les hommes dont l'Allemagne peut être fière, un Herder, un Wieland, et tant d'autres; eh bien! me voici dans les murs qu'ils habitent. Oh! que d'excellentes choses à Weimar! Je songe à m'établir ici pour ma vie entière, et à retrouver enfin une patrie. »

L'heure approche, en effet, où la vie du poëte sera bien assise, où il trouvera enfin une patrie, où il trouvera mieux encore, le renouvellement de sa gloire et de son génie au sein des plus douces joies domestiques. Au milieu des enivrements de Weimar, il n'oublie pas les travaux qui lui assureront bientôt une existence régulière, il prépare son *Histoire de l'affranchissement des Pays-Bas*, et bientôt la Providence va mettre sur son chemin la belle et noble jeune fille qui, devenue la compagne de sa vie, l'introduira dans les pures régions de l'idéal. A Rudolstadt, dans une agréable vallée, aux bords de la Saale, vivait une dame noble, madame de Lengefeld, avec ses deux filles, Caroline et Charlotte. L'aînée, Caroline, qui plus tard épousa en secondes noces M. de Wolfzogen, et qui nous a laissé de si intéressants détails sur Schiller, était mariée alors à M. le baron de Beulwitz; la seconde, Charlotte, était dans le premier épanouissement de sa grâce et de sa jeunesse. Un jour, au mois de novembre 1787, madame de Lengefeld et ses filles voient arriver à la porte du domaine deux cavaliers enveloppés de leur manteau. C'était presque un événement. La maison était loin des grandes routes, et on n'y pouvait arriver que par des sentiers de traverse. Quels étaient ces visiteurs sur lesquels on ne comptait pas? L'un d'eux était un ami de la famille, le fils de madame de Wolfzogen, la châtelaine de Bauerbach; l'autre était son camarade Schiller. Schiller passa quelques jours dans la vallée de la Saale, et, quand il revint à Weimar, il emportait au fond de son cœur l'image de Charlotte de Lengefeld.

À dater de ces heures enivrantes, Schiller travaille avec un redoublement d'ardeur. Partagé entre Weimar et Rudolstadt, quand il habite la ville, c'est pour se consacrer tout entier aux labeurs de la composition historique, et chaque fois qu'il retourne aux bords de la Saale, c'est pour cueillir avec Charlotte de Lengefeld les plus belles fleurs de l'imagination des Hellènes. Cette poésie grecque qu'il connaissait si peu, qui semblait si étrangère à son génie intempérant, c'est dans la vallée de Rudolstadt, aux bords de la Saale, à côté de cette jeune fille si noble et si respectueusement aimée, qu'il en sentit tout à coup la grâce et la splendeur. Charlotte de Lengefeld croyait suivre les leçons d'un écrivain célèbre; c'était elle, la simple enfant, qui ouvrait à cette imagination ardente les domaines de l'antique beauté. Sans le savoir, elle était comme une prêtresse du beau, une fille d'Homère ou de Sophocle, initiant le poëte germain aux divins mystères de la Muse. Aussi, quels transports dans l'âme du poëte! Cette transformation de son goût littéraire coïncidait avec un travail secret de sa pensée philosophique; or, ces deux inspirations nouvelles, le sentiment du beau idéal et l'enthousiasme de la dignité humaine, éclatant à la fois au fond de son cœur, il en composa deux pièces immortelles, *les Dieux de la Grèce* et *les Artistes*. Un philosophe justement estimé, M. Kuno Fischer, s'est appliqué à mettre en lumière les doctrines philosophiques de Schiller, dans un écrit où il attache une importance toute particulière à ces deux poëmes[1]. M. Fischer a raison; il appartient au philosophe de dévoiler le sens profond de ces effusions lyriques et d'y retrouver la pensée de Kant, combinée avec une pensée originale. L'historien littéraire a un autre devoir à remplir : il ne doit pas oublier les circonstances qui ont laissé sur ces deux poëmes une si touchante empreinte. Il y a là, qui peut le nier? une singulière beauté abstraite; il y aussi une beauté vivante. Ces méditations sur le beau, sur le rôle de la poésie et des poëtes dans l'éducation du genre humain, ces contemplations religieuses sur la vertu et l'art, sont bien l'œuvre du penseur qui prend son essor sous l'inspiration de Kant; mais ces effusions, cette joie qui déborde, cette fièvre de bonheur

[1] Voyez *Schiller als philosoph*, von Kuno Fischer, 1 vol. in-8. Francfort, 1858. — On trouvera une bonne traduction de cet ouvrage dans la *Revue germanique*, livraisons de février et de juin 1859.

en un sujet si grave, ces élans presque mystiques qui viennent déranger parfois l'enchaînement des idées et font de cette poésie sublime et mystérieuse le désespoir des interprètes, tout cela c'est bien l'œuvre de l'artiste qui s'éveillait à une vie nouvelle auprès de Charlotte de Lengefeld.

C'est aussi en 1788 que Schiller, apprenant le peu de succès que *Don Carlos* venait d'obtenir sur le théâtre de Manheim, eut l'idée de faire le commentaire de son drame. Ses *Lettres sur Don Carlos* sont une explication fière et ingénue des pensées qui lui ont inspiré ce poëme; elles indiquent en même temps le rôle civilisateur qu'il voulait attribuer au théâtre. Cet éloquent manifeste est bien placé dans une période où la pensée de Schiller se renouvelait sur tous les points. On sent qu'il a dit adieu à sa première inspiration, et que, s'il doit revenir un jour à la poésie, ce sera seulement lorsque l'histoire et la morale, la philosophie et l'esthétique, lui auront révélé une inspiration plus haute. La récompense de cet ardent labeur ne se fit pas attendre. Schiller souhaitait une existence moins précaire, afin de retourner librement à la poésie; il la souhaitait surtout depuis que c'était pour lui le seul moyen d'obtenir Charlotte de Lengefeld. Or, un professeur de l'université d'Iéna, le savant Eichhorn, ayant été appelé à l'université de Gœttingue, une chaire d'histoire et d'esthétique se trouva libre dans les États du duc de Weimar, Gœthe, malgré le peu de sympathie qu'il éprouvait alors pour Schiller, et bien qu'il crût même avoir à se plaindre de lui, recommanda le jeune poëte à son royal ami. Le grand-duc, qui aimait Schiller, n'eut pas de peine à se laisser persuader, et, dès le 28 décembre 1788, Schiller pouvait annoncer à Charlotte qu'il serait professeur à Iéna au printemps de l'année suivante.

Il débuta dans les derniers jours de mai 1789, et son succès fut immense. Son discours d'ouverture, qui nous a été conservé, porte ce titre : *Qu'est-ce que l'histoire universelle, et quel est le but de cette étude?* Un souffle généreux anime ces pages éloquentes. Tout ce qu'il y a de meilleur dans l'esprit du dix-huitième siècle, l'amour ardent de l'humanité, la haine de l'oppression sous toutes ses formes, le sentiment d'une solidarité universelle, d'une société cosmopolite réglée par le droit commun, éclatent avec une sorte de joie triomphante dans ce programme enthousiaste. Jean-Jacques Rousseau, en 1749, avait insulté son siècle pour le réveiller de sa torpeur morale; le disciple de Jean-Jacques, quarante ans plus tard, glorifiait cette grande époque pour l'encourager à des progrès nouveaux. Comment dire l'enthousiasme que provoqua sa parole? Schiller apparaissait à ses jeunes auditeurs comme une espèce de marquis de Posa. Il faisait ses leçons deux fois par semaine, le mardi et le mercredi, de six à sept heures du soir. Il exposa d'abord l'histoire de l'antiquité jusqu'à Alexandre le Grand, puis l'histoire des États européens au moyen âge; mais c'était toujours au dix-huitième siècle qu'il ramenait l'esprit de ses auditeurs. « C'est pour enfanter ce siècle si profondément humain, s'écriait-il, que tous les âges passés, sans le savoir et sans y atteindre, ont multiplié leurs efforts. Ils sont à nous, tous les trésors que le zèle et le génie, la raison et l'expérience, ont produits enfin à travers la longue vie de l'humanité. Ces biens dont nous ne jouissons pas avec assez de reconnaissance, habitués que nous sommes à les posséder sans conteste, l'histoire vous apprendra à en apprécier la valeur : biens chers, biens précieux, marqués encore du sang des meilleurs, des plus nobles enfants de la terre, et qui ont dû être conquis par le dur labeur de tant de générations! Et quel est celui d'entre vous ayant un esprit pour comprendre et un cœur pour sentir, quel est celui qui pourrait songer à cette suprême obligation sans éprouver un désir secret d'acquitter envers la race future la dette qu'il ne peut plus payer à ses ancêtres? »

Si l'ouverture du cours de Schiller avait été un événement à Iéna, c'était un événement aussi à Rudolstadt. Les applaudissements de l'Université avaient un écho dans la vallée de la Saale. Schiller cependant n'était pas encore fiancé à Charlotte de Lengefeld; il n'avait même pas osé déclarer son amour. Charlotte et Schiller s'aimaient sans se le dire, et la timidité était si grande de part et d'autre que cette situation aurait pu se prolonger longtemps; il fallut que la sœur aînée intervînt et déliât la langue des deux amants. Pendant les vacances de 89, Schiller était allé retrouver madame de Lengefeld et ses filles aux bains de Lauschstaedt : c'est là que madame de Beulwitz obtint les aveux de sa sœur et les transmit au poëte. Ils étaient fiancés dès lors, mais fiancés secrètement; ni Charlotte ni sa sœur n'en avaient parlé à madame de Lengefeld. On craignait les préjugés de la famille, on craignait aussi les objections bien naturelles d'une mère. Schiller était de race bourgeoise et presque populaire; madame de Lengefeld était fort entichée de la noblesse de son nom. A supposer même que la célébrité de Schiller empêchât la noble dame de voir une mésalliance dans cette union, Schiller était pauvre, et madame de Lengefeld n'avait pas assez de fortune pour subvenir presque seule au ménage de sa fille. Il fallait donc attendre que la position de Schiller fût plus assurée et que sa demande eût chance d'être mieux accueillie. Professeur *extraordinaire*, il n'avait pas encore le titre qui donne droit à un traitement de l'État. Heureusement le grand-duc, informé des embarras du poëte, lui assura bientôt deux cents thalers par an, environ sept cent cinquante francs de notre monnaie. C'était bien peu sans doute pour

triompher des alarmes de madame de Lengefeld ;
mais on vivait modestement dans ces petites villes
d'Allemagne, et d'ailleurs Schiller, dont le talent de
professeur et d'écrivain grandissait de jour en jour,
ne pouvait-il pas compter sur les revenus de sa
plume? De puissants amis lui vinrent en aide; le
chancelier Dalberg, frère du prince électeur de
Mayence, et qui devait lui succéder prochainement,
promettait au poëte une position brillante aussitôt
qu'il serait en possession de sa souveraineté. Tous
ces arguments devaient toucher madame de Lengefeld; on se décida enfin à lui faire connaître la
situation. Schiller lui demanda la main de Charlotte au mois de décembre 1789 ; deux mois après, le
22 février 1790, le pasteur Schmidt unissait Schiller et Charlotte de Lengefeld dans un petit village
des environs d'Iéna.

Le voilà marié; une jeune femme, un cœur d'é-
lite, va l'aider à accomplir sur lui-même ce travail
de rénovation qu'il poursuit depuis plusieurs années
avec une ardeur inquiète. Sa belle-mère, sa belle-
sœur Caroline, lui seront aussi d'aimables auxiliaires.
Schiller a besoin de la société des femmes ; il a besoin de sentir autour de lui des âmes affectueuses et
dévouées. Quand on lit ses lettres à Koerner, on remarque, à partir du mois de mars 1790, un certain
apaisement général, ou plutôt une sorte de sécurité
intellectuelle et morale qui, loin de refroidir sa

verve, lui permet au contraire de se déployer librement. De 90 à 92, l'histoire, la philosophie et la poésie l'occupent à la fois, et dans chacun de ces domaines, chaque pas qu'il fait indique une transformation de ses idées, une conquête de son intelligence. C'est l'époque où il écrit l'*Histoire de la guerre de Trente ans*, où il s'approprie par maintes pensées originales l'esthétique de Kant, et conçoit le premier plan de son drame de *Wallenstein*. En même temps, des projets sans nombre se croisent dans son esprit : un jour il veut composer un *Plutarque allemand*; une autre fois, c'est un poëme qu'il a en tête, un poëme épique où toute la civilisation moderne devra être idéalisée comme la culture hellénique dans les poëmes d'Homère, mais sans fausse imitation de la naïveté primitive : « Il faut, dit-il, que l'élégance, la finesse même, pour peindre la société moderne, soient unies à la grandeur, et que la solennité du sujet se réfléchisse avec grâce dans les octaves du Tasse. » Le héros de ce poëme devait être d'abord Frédéric le Grand ; il l'abandonna bientôt pour Gustave-Adolphe, et finit par comprendre que sa vocation véritable était le drame et non pas l'épopée. L'esthétique surtout l'occupait avec passion. Le 15 octobre 1792, il écrivait à Koerner : « Je suis enfoncé jusqu'aux oreilles dans la *Critique du jugement* de Kant. Je ne me reposerai pas avant que j'aie pénétré la matière de fond en comble et qu'elle soit devenue quelque chose entre mes mains. » Peu de temps après, il ouvrait à l'université d'Iéna un cours sur l'esthétique. Au bout de quelques leçons, tout plein de ses idées, maître d'un système enthousiaste et viril où la liberté illumine de ses rayons tout l'univers moral, il voulait résumer sa théorie dans un dialogue intitulé *Kallias*. Ce dialogue n'existe pas, mais nous avons la philosophie du beau telle que l'a conçue l'auteur de *Wallenstein* : composée par fragments, indiquée dans ses mémoires *sur le sublime, sur la grâce et la dignité, sur la poésie naïve et sentimentale*, développée surtout dans sa correspondance avec Koerner et dans ses admirables *Lettres sur l'éducation esthétique du genre humain*, cette philosophie de l'art est une des plus merveilleuses productions de la période où Schiller est entré en 1790.

Pendant que Schiller était plongé dans cette contemplation de l'idéal, il apprit un matin par les journaux que l'Assemblée législative lui avait décerné le titre de citoyen français. Le 26 août 1792[1], pendant ces jours terribles qui séparent la chute de la royauté de la proclamation de la république, au moment où l'Europe se lève contre la France, où la Commune s'organise avec des transports de fureur, où les massacres de septembre se préparent, le

---

[1] Et non le 6 août, comme le dit M. Émile Palleske.

26 août, l'Assemblée législative admettait solennellement parmi les citoyens de la France un certain nombre d'étrangers qui avaient bien mérité du genre humain. L'un des considérants du décret ne manque pas de grandeur, et révèle même d'une manière expressive les préoccupations de ceux qui l'ont rédigé. « La Convention va se réunir, disaient les girondins vainqueurs au 10 août et déjà menacés à leur tour ; au moment où la France va fixer ses destinées et préparer celles du genre humain, appelons à nous toutes les lumières. Donnons à tous ceux qui ont servi l'humanité le droit de concourir à ce grand acte. » Lisez maintenant la liste de ces hommes à qui les girondins voudraient ouvrir les portes de la Convention. S'il y a des fous comme Anacharsis Clootz[1], il y a surtout de nobles esprits, de véritables représentants de la liberté. Lorsqu'on voit Vergniaud et ses amis, à la veille des luttes de 93, désigner ainsi au choix des électeurs des libéraux anglais tels que William Wilberforce, Jérémie Bentham, James Mackintosh, David Williams ; des écrivains allemands comme Joachim-Henri Campe, Pestalozzi, Klopstock, et surtout ces illustres citoyens de l'Amé-

---

Malheureusement ce furent les fous qui répondirent à l'appel des girondins. Quelques jours après le vote du 26 août 1792, Anacharsis Clootz paraissait à la barre de l'Assemblée et remerciait les législateurs dans un discours emphatique et grotesque, terminé par ces mots : « Mon cœur est français, mon âme est sans-culotte. » Voilà l'homme qu'on avait associé à Klopstock, à Schiller, à Washington[1]

rique, un Madison, un Hamilton, un George Washington, ne semble-t-il pas que les derniers défenseurs de l'ordre social appellent à leur secours tous les libéraux de l'univers contre les despotes du terrorisme[1]? La loi du 26 août 1792 a beau être contre-signée Danton, elle est signée du nom de Clavière, et c'est Roland qui fut chargé d'en adresser copie aux nouveaux citoyens français nommés par l'Assemblée. Or, la liste de ces citoyens avait déjà été dressée et acceptée, lorsqu'un membre demanda qu'on y ajoutât le nom de Schiller. Seulement, au milieu du tumulte, le nom du poëte mal prononcé fut défiguré de telle façon qu'il était impossible de le reconnaître. Quel était donc ce *M. Gille, publiciste allemand*, si étrangement substitué à Schiller, l'auteur des *Brigands* et des *Lettres philosophiques*[2]? Ce fut

[1] Cette proposition fut faite par Guadet, un des principaux orateurs de la Gironde. Quand on lit *le Moniteur* du mardi 28 août 1792, qui renferme la séance du 26, il est difficile de ne pas éprouver le sentiment que nous exprimons ici. Dans cette même séance, le député Jean Debry osa proposer à l'Assemblée l'organisation d'un corps de douze cents hommes qui se dévoueraient à combattre *corps à corps, individuellement*, les rois qui venaient de déclarer la guerre à la France, ainsi que les commandants de leurs armées. En d'autres termes, on demandait à l'Assemblée législative d'organiser une bande de douze cents assassins. Vergniaud, en quelques paroles éloquentes, exprima le dégoût que lui inspirait une telle pensée. Jean Debry trouva cependant des défenseurs, et le capucin Chabot réclama d'avance une place dans sa légion. Le contraste, ce me semble, est assez expressif : ici, les forcenés voulant armer des assassins ; là, Vergniaud, Guadet, appelant au secours de la révolution les Wilberforce et les Washington.

[2] *M. Gille, publiciste allemand*; c'est ainsi que le nom de Schiller est écrit dans l'imprimé de la loi du 26 août, et dans la lettre de Ro-

seulement au bout de cinq ans que Schiller reçut, par l'entremise de Campe, et la lettre de Roland, et son diplôme de citoyen français. Toutes ces pièces sont peu connues ; on nous permettra de les reproduire ici. Voici la lettre de Roland, ministre de la République française, *à M. Gille, publiciste allemand.*

Paris, le 10 octobre 1792, l'an IV de la République française.

J'ai l'honneur de vous adresser ci-joint, monsieur, un imprimé, revêtu du sceau de l'État, de la loi du 26 août dernier, qui confère le titre de citoyen français à plusieurs étrangers. Vous y lirez que la nation vous a placé au nombre des amis de l'humanité et de la société auxquels elle a déféré ce titre.

L'Assemblée nationale, par un décret du 9 septembre, a chargé le pouvoir exécutif de vous adresser cette loi ; j'y obéis en vous priant d'être convaincu de la satisfaction que j'éprouve d'être, dans cette circonstance, le ministre de la nation, et de pouvoir joindre mes

---

land qui accompagne cet imprimé. M. Hoffmeister, qui reproduit ces documents, les a eus entre les mains. (Voy. *Schiller's Leben*; 5ᵉ édit., 1858, t. II, p. 180.) *Le Moniteur* du 28 août, n'écrit pas *Gille*, mais *Gilleers*. On sait avec quelle négligence s'imprimaient ces numéros du *Moniteur*. Il y a plus d'un nom défiguré dans la liste des étrangers illustres à qui l'Assemblée décernait le titre de citoyen français : *Campe* s'appelle *Campre*, *Bentham* est devenu *Benthoon*, et *Mackintosh* s'est transformé en *Makinflosh*. Il est probable que le *Gilleers* du *Moniteur*, estropié de nouveau et rendu plus méconnaissable encore, a perdu ses trois dernières lettres dans l'imprimé de la loi du 26 août. Roland, qui reproduit l'orthographe de cet imprimé, ne savait pas sans doute à qui il adressait sa missive.

sentiments particuliers à ceux que vous témoigne un grand peuple dans l'enthousiasme des premiers jours de sa liberté.

Je vous prie de m'accuser réception de ma lettre, afin que la nation soit assurée que la loi vous est parvenue, et que vous comptez également les Français parmi vos frères.

Le Ministre de l'intérieur de la République française,

ROLAND.

A M. Gille, publiciste allemand.

La lettre du ministre de la République était accompagnée du document que voici; c'est l'imprimé dont parle Roland :

LOI

QUI CONFÈRE LE TITRE DE CITOYEN FRANÇAIS A PLUSIEURS ÉTRANGERS.

Du 26 août 1792, l'an quatrième de la liberté.

L'Assemblée nationale, considérant que les hommes qui, par leurs écrits et par leur courage, ont servi la cause de la liberté et préparé l'affranchissement des peuples, ne peuvent être regardés comme étrangers par une nation que ses lumières et son courage ont rendue libre;

Considérant que, si cinq ans de domicile en France suffisent pour obtenir à un étranger le titre de citoyen français, ce titre est bien plus justement dû à ceux qui, quel que soit le sol qu'ils habitent, ont consacré leurs bras et leurs veilles à défendre la cause des peuples contre le despotisme des rois, à bannir les préjugés de la terre, et à reculer les bornes des connaissances humaines;

Considérant que, s'il n'est pas permis d'espérer que les hommes ne forment un jour devant la loi, comme devant la nature, qu'une seule famille, une seule association, les amis de la liberté, de la fraternité universelle, n'en doivent pas être moins chers à une nation qui a proclamé sa renonciation à toute conquête, et son désir de fraterniser avec tous les peuples;

Considérant enfin qu'au moment où une Convention nationale va fixer les destinées de la France, et préparer peut-être celles du genre humain, il appartient à un peuple généreux et libre d'appeler toutes les lumières et de déférer le droit de concourir à ce grand acte de raison à des hommes qui, par leurs sentiments, leurs écrits et leur courage, s'en sont montrés si éminemment dignes :

Déclare déférer le titre de citoyen français au docteur Joseph Priestley, à Thomas Payne, à Jérémie Bentham, à William Wilberforce, à Thomas Clarkson, à Jacques Mackintosh, à David Williams, à N. Gorani, à Anacharsis Clootz, à Corneille Pauw, à Joachim-Henri Campe, à N. Pestalozzi, à George Washington, à Jean Hamilton, à N. Madison, à Fr. Klopstock, et à Thadée Kosciusko.

DU MÊME JOUR

Un membre demande que le sieur Gille, publiciste allemand, soit compris dans la liste de ceux à qui l'Assemblée vient d'accorder le titre de citoyen français. Cette demande est adoptée¹.

Au nom de la nation, le conseil exécutif provisoire mande et ordonne à tous les corps administratifs et tribunaux que les présentes ils fassent consigner dans leurs registres, lire, publier et afficher dans leurs départements et ressorts respectifs, et exécuter comme loi. En foi de quoi nous avons signé ces présentes, auxquelles nous avons fait apposer le sceau de l'État.

À Paris, le sixième jour du mois de septembre mil sept cent quatre-vingt-douze, an IV de la liberté.

Signé : Clavière. *Contre-signé* : Danton. *Et scellé du sceau de l'État.*
    Certifié conforme à l'original.
      Danton.

L. S.

À Paris, de l'imprimerie nationale exécutive du Louvre, 1792.

Cet hommage rendu à Schiller par l'Assemblée législative est l'origine de certaines erreurs fort accréditées aujourd'hui sur les rapports de Schiller et de la Révolution française. A voir ces curieux documents, ne doit-on pas croire naturellement que l'auteur de *Don Carlos*, comme Pestalozzi et Joachim Campe, avait accueilli avec enthousiasme les promes-

¹ *Le Moniteur* du 28 août 1792 ne mentionne pas cet incident; on voit seulement que le nom de *Gilleers* est le dernier sur la liste. Est-il besoin de rappeler que *le Moniteur* était extrêmement incomplet dans le compte rendu des séances de l'Assemblée?

ses de 89 ; qu'il les avait peut-être glorifiées dans ses vers, à l'exemple de Klopstock? Il n'en est rien. Le poëte révolutionnaire des *Brigands*, de *Fiesque* et de *Louise Miller*, le sublime rêveur qui se proclamait *citoyen du monde* avec le marquis de Posa, l'appréciateur intelligent de Voltaire et de Montesquieu, le disciple passionné de Jean-Jacques Rousseau, avait ressenti dès le premier jour une sorte de défiance vis-à-vis de la Révolution française. Certes, la théorie qui refuse aux races romanes le véritable sentiment de la liberté pour l'attribuer presque exlusivement aux races saxonnes, cette théorie, à laquelle la France ne se résigne pas, nous l'espérons bien, et qu'elle réfutera quelque jour par des arguments sans réplique, cette théorie, dis-je, n'était pas formulée du temps de Schiller comme elle l'a été de nos jours par des écrivains éminents [1]; on dirait cependant que Schiller obéissait d'instinct à des idées analogues. Il a beau répéter qu'il est citoyen du monde, il a surtout les yeux dirigés vers les peuples de sang germanique. A la fin de mai 1789, au moment où la France est ivre d'enthousiasme, à l'heure où l'Europe entière nous admire, où Kant tressaille de joie dans sa solitude de Kœnigsberg, où Klopstock nous envoie une salve de strophes retentissantes, Schiller, dans sa chaire de l'université d'Iéna, glorifie la libérale civilisation du dix-huitième siècle; et savez-vous quels peuples sont

---

[1] Il suffira de citer chez les Allemands M. Gervinus, et parmi nous M. Ernest Renan et M. Émile Montégut.

pour lui les représentants de la liberté? La Hollande, la Suisse et l'Angleterre; « l'Angleterre, dit-il, où chacun ne doit sa liberté qu'à lui-même[1]. » Devinait-il déjà chez le peuple de 89 les emportements démocratiques si favorables à l'établissement de la tyrannie? Apercevait-il, dès ces premiers jours si beaux, la société des jacobins, la Commune et le Comité de salut public? Il est certain que de mois en mois sa défiance ne fait que s'accroître: on en trouve maints témoignages dans sa correspondance avec Koerner. Les deux amis sont d'accord pour plaindre *ces têtes sans direction (richtungslose Kæpfe)*, pour flétrir *ces coquins avides de pouvoir et leurs infâmes agents (verworfene Werkzeuge herrschsuchtiger Bösewichter)*. Ils traitent parfois la Révolution et la France avec une injustice qui nous révolte; parfois aussi ils éprouvent tout à coup pour elles de loyales et douloureuses sympathies. Au mois de décembre 1792, Koerner se réjouit de nos victoires sur les Prussiens, et il écrit à Schiller: « J'espère beaucoup pour les Français de l'heureuse issue de cette guerre. Le sentiment de leur force pourrait bien leur donner un nouvel élan moral; on verrait alors la fin des atrocités qui n'étaient que la suite de la faiblesse et du désespoir. » Au moment où commence la lutte des girondins contre les montagnards, Schiller, électrisé sans doute par quelque

[1] *Der Mensch ist frei an der Themse, und für diese Freiheit sein eigener Schulder.*

discours de Vergniaud, recommande à Koerner la lecture du *Moniteur*: « Il faut que tu lises *le Moniteur*. Si tu ne l'as pas sous la main, je te l'enverrai. Les séances de la Convention y sont reproduites avec tous les détails; tu y verras les Français dans leur force et leur faiblesse. » Enfin, c'est à cette époque (décembre 1792) qu'il conçoit l'idée d'adresser à la Convention la défense de Louis XVI; il a même un instant la pensée de se rendre à Paris pour y accomplir, au péril de sa vie, son devoir de citoyen [1].

Nous aussi, nous avions alors un généreux poëte qui entreprit la défense du roi, dans l'intérêt de la France et de la Révolution de 89. Au moment où Schiller écrivait à Koerner : « Ne pourrais-tu me trouver un traducteur français? Je ne puis résister au désir de composer un mémoire pour le roi; » à ce moment-là même, André Chénier traçait d'admirables pages, qui valent ses plus beaux vers. L'homme qui avait célébré le serment du Jeu de paume et défendu contre Edmond Burke les principes de 89, fidèle jusqu'à la mort à sa foi politique, rédigeait, après le 15 janvier 93, la *Lettre de Louis XVI aux députés de la Convention*, cette belle lettre, corrigée par Malesherbes, où l'appel au peuple est réclamé une dernière fois avec tant de noblesse et d'éloquence. Ce n'est pas tout : après avoir parlé au nom du roi, il parlait en son nom, et son manifeste à

[1] Voyez ses *Lettres à Guillaume de Humboldt*.

tous les citoyens français était répandu dans les campagnes par milliers d'exemplaires. Que de pages il a écrites pour sauver la France, la liberté, la Constitution, pour sauver l'idéal de 89! Ce que Schiller voulait faire, c'est André Chénier qui l'a fait. André Chénier, Frédéric Schiller, soyez à jamais unis dans le souvenir de la France, comme vous l'êtes sans doute, âmes fraternelles, dans les divines régions de l'idéal!

Ces tragiques émotions ne furent pas inutiles au développement intellectuel de Schiller. Il comprit plus vivement que jamais la nécessité de préparer le genre humain au sentiment vrai de la liberté. Ses *Lettres sur l'éducation esthétique de l'homme*, un de ses meilleurs ouvrages, sont manifestement inspirées par le spectacle de la Révolution. Ce n'était pas, disait-il, aux révolutions prématurées, et nécessairement violentes, qu'il appartenait de créer l'homme nouveau. Cet homme nouveau, cet homme libre, libre de la liberté morale, c'est-à-dire sachant se posséder lui-même, qu'une éducation philosophique réussisse enfin à le former, et on verra se déployer sans secousses les révolutions bienfaisantes. Et quel est, selon Schiller, le vrai moyen de former l'homme libre? Le sentiment du beau, l'amour de l'idéal, instinct sublime que le Créateur nous a donné pour être l'instrument de notre délivrance, instinct confus d'abord, mais réel, inné chez tous, et qui, exercé, épuré, perfectionné, finit par nous affranchir de toutes les tyrannies de la nature grossière. Philosophe et artiste, Schiller semble dire à tous ses émules : *Faciamus hominem!* Et, en même temps qu'il veut former l'homme de l'avenir, celui que les révolutions ne précipitent plus sous le joug du despotisme, il donne lui-même l'exemple; il devient de jour en jour cet homme libre dont il parle en termes si magnifiques. Ce n'est plus le Schiller d'autrefois; dégagé de ses anciennes entraves, on sent qu'il s'élève d'un vol facile vers les domaines de l'idéal. L'art, la philosophie, l'amour, l'amitié, épurent à la fois son âme fougueuse. Guillaume de Humboldt, qui a épousé en 1791 mademoiselle Caroline Dacheroden, amie de la famille de Lengefeld, est devenu bientôt l'un des confidents intimes de Schiller. Fichte, le généreux Fichte, est aussi un des frères de son esprit. A mesure qu'il s'élève ainsi, et qu'une sorte d'attraction merveilleuse réunit autour de lui les plus nobles enfants de l'Allemagne, n'y aura-t-il donc pas un rapprochement entre Schiller et Gœthe.

Gœthe, qui connaissait madame de Lengefeld, avait rencontré Schiller à Rudolstadt, mais la rencontre avait été aussi rapide que fortuite : il était clair qu'ils s'évitaient l'un l'autre. Plus tard, ces occasions de se voir se renouvelèrent encore, soit à Weimar, soit à Iéna, et les deux poëtes parurent toujours empressés à se fuir. Nous avons dit avec quelle rapidité Gœthe s'était affranchi lui-même des inquiétudes de Werther, et comme son voyage d'Italie l'avait rendu amoureux de la beauté pure; Schiller, avec son inspiration désordonnée, n'avait-il pas dû lui apparaître, dès le premier jour, comme un mauvais génie? au moment où l'auteur du *Tasse* s'était efforcé de délivrer son pays des fausses imitations de Shakespeare, où il avait voulu calmer la fièvre de l'art et inspirer le goût de l'harmonie, l'auteur des *Brigands* lui avait enlevé son public; un torrent de passions fougueuses et de paradoxes déclamatoires, c'est Gœthe qui parle, roulait de nouveau, comme en 1770, à travers la littérature allemande. Les transformations mêmes de Schiller semblaient creuser un autre abîme entre les deux poëtes. Gœthe, après 89, avait cherché un refuge pour sa pensée dans l'étude des sciences naturelles; la nature devenait sa loi, sa poésie, sa philosophie, sa religion, et c'était précisément alors que Schiller, s'appropriant le système de Kant, ordonnait à l'homme de s'élever au-dessus de la nature pour atteindre l'idéal de son être. Sublime enseignement, à coup sûr, mais bien peu fait pour réconcilier ces deux esprits. Kant et Gœthe, ce sont, on peut le dire, les deux pôles, non pas seulement du génie germanique, mais de la pensée humaine. Quel accord espérer entre le disciple de Kant et le disciple de Spinosa, entre le stoïcisme héroïque et le naturalisme confiant? Aucun accord, aucun lien n'était possible. Gœthe le croyait sincèrement et le répétait sans cesse; Schiller, de son côté, dans ses lettres à Koerner, ne cachait point son antipathie croissante pour ce génie égoïste. Schiller fit plus; cette antipathie, tant de fois exprimée dans ses épanchements intimes, un jour vint où elle éclata publiquement. Dans la belle dissertation esthétique *sur la Grâce et la Dignité*[1], Gœthe est signalé comme le type de ces poëtes qui, devant tout à l'instinct, incapables d'un effort viril, incapables de se régler et de se régénérer eux-mêmes, n'ont qu'une floraison rapide et passagère. « Produits de la nature et non de la volonté libre, ils retournent bien vite à la matière d'où ils sont nés. Ces météores, qui avaient tant promis, ne sont plus alors que des lueurs ordinaires, et, quelquefois, bien moins encore. » Injustes et cruelles paroles! Gœthe, qui avait le sentiment de sa force, les rappelle sans amertume. « Son article *sur la Grâce et la Dignité*, dit-il simplement, n'était pas de nature à nous rapprocher. »

Il fallait pourtant que ce rapprochement eût lieu. Éloignés tous deux de la poésie, celui-ci par l'amour des sciences naturelles, celui-là par une étude acharnée de la philosophie kantienne, ils avaient besoin

---

[1] *Ueber Anmuth und Würde*. Ce travail fut publié en 1793 dans la *Thalie*.

de se connaître, de s'entendre, de se compléter l'un l'autre, pour rentrer dans leur voie et terminer leur œuvre. « Ainsi donc, s'écrie douloureusement M. Gervinus, chez les deux grands artistes qui avaient créé notre nouvelle poésie, l'activité poétique se trouvait tout à coup interrompue! Notre impatience avait été si vive, quelques années auparavant, que nous pouvions à peine, dans notre froide zone, nous résigner à attendre l'épanouissement des bourgeons sur l'arbre de la poésie allemande; maintenant, les feuilles délicates commencent à se déployer, et, avant que le calice de la fleur soit ouvert, une gelée nouvelle vient encore arrêter la sève! » Non, l'heure est venue où les bourgeons vont refleurir, et la seconde floraison sera plus belle que la première. L'antipathie que les deux poëtes semblaient éprouver l'un pour l'autre cachait, nous l'avons dit, une attraction involontaire et secrète. Comment serait-il possible d'en douter, lorsqu'on voit cette haine, dont parle Gœthe, faire place si rapidement à une amitié si profonde et si tendre?

Rien de plus simple que la première entrevue d'amitié entre Gœthe et Schiller. On ne sent chez eux ni embarras ni effort. Ils entrent de plain-pied dans ces relations qui, la veille encore, leur paraissaient impossibles. Les travaux de Gœthe sur les sciences naturelles avaient été comme un obstacle de plus entre le disciple de Spinosa et le disciple de

Kant ; ce sont précisément ces travaux qui furent l'occasion de leur alliance. Écoutez ce que nous dit Gœthe, dans ses curieuses notes sur l'histoire de ses études botaniques : « Les plus beaux monuments de ma vie sont ceux que j'ai consacrés à l'étude de la métamorphose des plantes ; l'idée de leurs transformations graduelles anima mon séjour de Naples et de Sicile. Cette manière d'envisager le règne végétal me séduisait chaque jour davantage, et, dans toutes mes promenades, je m'efforçais d'en trouver de nouveaux exemples. Mais ces agréables occupations ont acquis une valeur inestimable à mes yeux, depuis que je leur dois l'une des plus belles liaisons que mon heureuse étoile m'ait réservées ; elles me valurent l'amitié de Schiller, et firent cesser la mésintelligence qui nous avait longtemps séparés. » Comment les choses se sont-elles passées ? C'est Gœthe encore qui nous le raconte dans ses *Annales*. Un jour, à Iéna, pendant les premiers mois de 1794, au sortir d'une séance à la Société d'histoire naturelle, Gœthe et Schiller se rencontrent à la porte. La conversation s'engage, Schiller se plaint de la méthode fragmentaire adoptée par les naturalistes, méthode ingrate, et qui éloigne les profanes. « Elle répugne même aux initiés, répond Gœthe ; il y a certainement une autre manière d'envisager l'action de la nature créatrice, en procédant du tout à la partie, au lieu de l'examiner par fragments isolés. » Gœthe expose sa méthode; Schiller écoute et demande maintes explications. On arrive, tout en devisant, à la maison de Schiller; on entre, on s'assied; la causerie et la discussion recommencent de plus belle; l'idéalisme kantien de Schiller et le réalisme de Gœthe sont aux prises. Heureuse soirée! Discussion féconde! De cet entretien philosophique sur les transformations des plantes est née cette amitié des deux grands poëtes. D'autres circonstances y contribuèrent encore. Gœthe termine son récit par ces mots : « Le premier pas était fait. Il y avait en Schiller une singulière puissance d'attraction; il saisissait avec force tous ceux qui s'approchaient de lui. Je m'intéressai à ses projets, je promis de lui donner, pour son recueil *les Heures*, bien des choses que je tenais cachées. Sa femme, que j'aimais et appréciais depuis son enfance, contribua pour sa part à consolider notre union. Ainsi fut conclue cette alliance qui n'a jamais été interrompue, et qui a fait tant de bien, à nous deux d'abord, puis à bien d'autres. Pour moi, en particulier, ce fut un printemps nouveau, où toutes les semences germèrent, où toute sève monta, et s'épanouit, et s'élança joyeusement au dehors. Le témoignage le plus direct, le plus pur et le plus complet de notre amitié est déposé dans le recueil de nos lettres. »

Quelques semaines après, Schiller, qui venait de fonder avec Guillaume de Humboldt, Fichte et Woltmann, son recueil littéraire intitulé *les Heures*, adresse une lettre à Gœthe pour lui rappeler ses promesses. La correspondance est commencée; nous n'avons plus qu'à laisser la parole aux deux poëtes.

CORRESPONDANCE
entre
GOETHE ET SCHILLER

I

LES HEURES
— 1794-1795 —

Le 12 juin 1794, Schiller, tout occupé de la publication prochaine de son journal, écrivait à Koerner, avec une confiance enthousiaste : « Ce projet que je porte en moi depuis trois ans a trouvé enfin un libraire entreprenant qui se charge de l'exécution. Humboldt est ravi de mon idée, et nous comptons beaucoup sur toi. Si nous réussissons, comme je l'espère, à grouper dans ce journal un choix des meilleurs écrivains humanistes, nous ne pouvons manquer d'obtenir un grand succès auprès du public. Ici, nous sommes quatre : Fichte, Humboldt, Woltmann et moi. Gœthe, Kant, Garve, Engel, Jacobi, Gotter, Herder, Klopstock, Voss, Maimon, Baggesen, Reinhold, Blankenburg, Thümmel, Lichtenberg, Matthisson, Salis et quelques autres ont déjà reçu ou ne tarderont pas à recevoir un appel de notre part. Nous te réservons une place dans le comité d'examen; cela nous donnera bien quelque peine, mais en revanche nous serons mieux payés de nos travaux. Tout membre du comité d'examen recevra six louis d'or par feuille, et, pour stimuler le zèle des écrivains, chaque septième feuille sera payée double. Je serai rédacteur en chef; à ce titre, l'éditeur m'assure une somme fixe, en dehors de mes droits d'auteur. Notre journal sera une œuvre qui fera époque; quiconque se piquera d'avoir du goût sera bien forcé de nous acheter et de nous lire. Je suis admirablement pourvu de matériaux pour les deux prochaines années. Fichte est un esprit très-fécond, et Woltmann un auxiliaire précieux pour les travaux d'histoire. Quelle tâche nous t'assignerons, c'est un point qui a été déjà débattu pendant de longues heures entre Humboldt et moi; mais nous ne sommes pas d'accord, et nous avons ajourné la décision jusqu'à ton arrivée ici... Humboldt est un tiers excellent dans notre amitié, tu en feras toi-même l'expérience; il te lit, et t'apprécie infiniment. Fichte est une connaissance à faire; il t'intéressera au suprême degré, mais plus par le fond que par la forme. La philosophie a de grandes choses à attendre de lui... »

Après cette lettre naïve, familière, pleine d'épanchements et d'illusions, il faut lire, sans transition, la lettre de Schiller à Gœthe, la première page de la correspondance des deux grands poëtes. Quelle solennités! Que de formules cérémonieuses! Ce n'est plus un ami qui s'épanche dans le cœur d'un ami, ce n'est pas même un confrère s'adressant à un confrère, c'est une requête en style officiel. Quelle que soit l'admiration de Schiller pour Gœthe, il y a ici autre chose que le respect; on voit que le journaliste s'adresse à un personnage de cour. Quand on songe, je ne dis pas à la familiarité qui s'établira un jour entre les deux poëtes (ce mot de familiarité ne saurait convenir à Gœthe), mais à la sérieuse tendresse qu'ils ressentiront l'un pour l'autre, à l'amitié franche et virile dont ils donneront au monde un magnifique exemple, cette première lettre, si formaliste, si froidement compassée, produit une impression singulière. Pour deux âmes qui vont bientôt confondre leurs sentiments et leurs pensées, pour deux génies qui vont se compléter, s'enrichir mutuellement, reprendre d'un même vol un essor nouveau, et s'inspirer tant de chefs-d'œuvre, voici, à coup sûr, un étrange point de départ.

Iéna, 14 juin 1794.

Très-illustre monsieur, très-honoré conseiller intime,

La feuille ci-jointe vous fera connaître le vœu d'une société qui a pour vous une admiration sans bornes; il y est question d'un recueil périodique, et nous venons solliciter l'honneur de votre collaboration, sur le mérite et l'importance de laquelle il n'y a qu'une voix parmi nous. Si vous vous décidez, très-illustre monsieur, à protéger cette entreprise en vous y associant, vous en assurerez le succès d'une manière décisive; et c'est avec le plus grand empressement que nous vous soumettons d'avance à toutes les conditions qu'il vous plaira de nous dicter.

MM. Fichte, Woltmann et de Humboldt se sont déjà associés à moi pour la publication de cette feuille périodique, et nous avons reconnu qu'il sera indispensable de soumettre tous les manuscrits qu'on pourra nous donner à un conseil d'examen spécial. Nous vous serions donc infiniment obligés si vous vouliez, en même temps, consentir à être membre de ce conseil. Plus la participation dont vous voudrez bien honorer notre entreprise sera active, plus elle aura de mérite aux yeux de la partie éclairée du public, dont l'approbation a le plus de prix à nos yeux.

J'ai l'honneur d'être avec respect, très-illustre monsieur, votre très-humble serviteur, et le plus sincère de vos admirateurs,

FRÉDÉRIC SCHILLER.

LES HEURES

Les Heures, tel est le titre sous lequel paraîtra, au commencement de l'année 1795, une feuille mensuelle rédigée par des écrivains bien connus du public. Ce recueil contiendra tout ce qui pourra être traité d'une manière agréable et dans un esprit philosophique, c'est-à-dire des productions philosophiques, poétiques et historiques. Tout ce qui ne pourrait intéresser que les savants ou les lecteurs sans instruction en sera exclu; mais nous nous interdisons surtout, et d'une manière absolue, ce qui se rapporte à la religion et à la politique.

En un mot, le but de ce recueil est de procurer aux gens du monde une lecture aussi agréable qu'instructive, tout en fournissant aux savants le moyen d'échanger librement leurs idées, et de chercher des vérités nouvelles. En s'efforçant d'enrichir la science par la valeur du fond, on espère aussi étendre le cercle des lecteurs par l'attrait de la forme.

Il existe aujourd'hui tant de journaux, qu'il est difficile de se faire lire, et, après un si grand nombre de tentatives malheureuses sur ce terrain, il est plus difficile encore d'inspirer de la confiance. Les moyens que l'on se propose d'employer pour vaincre ces difficultés feront voir si, en effet, *les Heures* peuvent espérer d'obtenir du succès.

Le mérite réel d'une entreprise littéraire peut seul lui assurer la faveur constante du public, et cependant, ce n'est que cette faveur qui peut donner aux fondateurs d'une pareille entreprise le courage et la force de ne pas reculer devant les dépenses matérielles qu'elle exige. Pour rendre possibles ces dépenses indispensables au succès, il faudrait que ce succès fût, jusqu'à un certain point du moins, assuré d'avance. C'est là la difficulté; pour la résoudre, il faut qu'un homme entreprenant ait le courage de hasarder, sur la foi de ce succès problématique, les sommes nécessaires pour en faire une réalité.

Certes, il y a un public nombreux dans notre pays pour les feuilles périodiques comme celle qu'on se propose de fonder, mais trop de journaux épars se partagent ce public. Si on faisait le compte de tous les abonnés de ces journaux, on en trouverait un nombre plus que suffisant pour couvrir des dépenses très-considérables. Ce nombre est à la disposition de la feuille périodique qui réunirait à elle seule tous les avantages que peut offrir chacune des autres, sans que le prix, toutefois, en fût beaucoup plus élevé.

Chaque écrivain de mérite a, dans le monde lisant, son cercle à lui; celui-là même qu'on lit le plus n'en a qu'un seul. La culture intellectuelle des Allemands n'est pas encore assez développée pour que l'ouvrage qui plait à l'élite des lecteurs puisse se trouver entre les mains de tout le monde. Si les auteurs les plus distingués de notre nation forment une association littéraire, ils réuniront, par ce fait, le public qu'ils se partageaient entre eux, et l'ouvrage à la rédaction duquel ils participeront tous sera lu par tout le monde des lecteurs. De cette manière, chaque auteur profitera de tous les avantages que le cercle le plus étendu de lecteurs et d'acheteurs ne procurait auparavant qu'à un seul.

Un éditeur capable, sous tous les rapports, de mener cette affaire à bonne fin, s'est présenté, dans la personne de M. Cotta, libraire à Tubingen, et il commencera la publication des *Heures* dès que nous aurons réuni le nombre voulu de collaborateurs. Chaque auteur qui recevra ce prospectus est, par cela même, invité à faire partie de l'association, et l'on se flatte d'avoir eu soin de ne pas le faire paraître devant le public dans une compagnie indigne de lui. Mais comme la réalisation de l'entreprise dépend d'un nombre suffisant de collaborateurs, on ne peut accorder à aucun écrivain le droit d'ajourner son adhésion jusqu'après la publication du journal, puisqu'on a besoin de savoir d'avance sur qui l'on doit compter. Aussitôt que le personnel de la rédaction sera complet, la liste sera envoyée à tous les collaborateurs.

L'on est convenu qu'il paraîtra, chaque mois, un numéro composé de neuf feuilles, papier vélin, grand in-8. Le prix de la rédaction de chaque feuille est de *** louis en monnaie d'or. Mais l'auteur s'engage à ne pas publier le même écrit ni dans un autre recueil ni séparément, avant l'espace de trois ans, à moins qu'il n'ait fait subir à cet écrit des changements notables.

Quoique l'on ait la conviction que les auteurs priés de concourir à la rédaction des *Heures* ne produiront rien qui ne soit digne d'eux, nous avons décidé, par des motifs faciles à apprécier, qu'aucun manuscrit ne serait livré à l'impression sans avoir été soumis à un conseil d'examen spécial. MM. les collaborateurs pourront d'autant plus facilement se soumettre à cette condition, qu'ils peuvent être assurés d'avance que le conseil ne s'occupera que de l'à-propos relatif de leurs écrits par rapport au plan et à l'esprit du journal. Ce conseil, ainsi que le rédacteur en chef, ne se permettront jamais aucun changement dans les manuscrits; s'il y en avait d'indispensables, on inviterait l'auteur à les faire. Les manuscrits seront insérés suivant l'ordre de réception, autant que cela pourra être compatible avec la variété qu'exige l'intérêt de l'entreprise. Cette exigence nous fait un devoir de ne continuer le même écrit que pendant trois numéros; il est décidé aussi, pour le même motif, que chaque numéro ne pourra contenir que soixante pages du même ouvrage.

Les manuscrits seront envoyés au rédacteur en chef, qui en répondra à MM. les auteurs, et sera toujours prêt à leur en rendre compte.

Il est presque inutile d'ajouter qu'on ne devra donner aucune publicité à ce prospectus.

FRÉDÉRIC SCHILLER,
Conseiller aulique et professeur à Iéna.

Iéna, le 13 juin 1794.

Goethe fut vraiment heureux de ces avances de Schiller. Malgré l'entretien qui les avait rapprochés un instant à Iéna, il ne croyait pas pouvoir compter sur les sympathies de son jeune rival. La perspective d'une collaboration avec un esprit si différent du sien fut un éclair subit dans sa vie. Son intelligence si vive, si prompte, si avide de connaissances nouvelles, si libre de sentiments mesquins et de préoccupations jalouses, comprit immédiatement qu'une période meilleure allait s'ouvrir pour lui. Sa réponse, cordiale et franche, exprime simplement sa joie. Quand il parle de ses facultés engourdies qui se ranimeront au sein d'une atmosphère vivifiante, on sent bien que ce n'est pas là un compliment banal, et que déjà le génie, au premier appel, se réveille et s'élance.

Weimar, le 24 juin 1794.

Très-honoré monsieur,

Vous m'offrez un double plaisir, celui de lire le journal que vous vous proposez de publier et de participer à sa rédaction. Oui, je serai des vôtres et de tout mon cœur.

Si, parmi mes œuvres inédites, il se trouvait quelque chose qui pût vous être utile, je m'empresserais de vous le faire parvenir; ce qui est certain, c'est qu'une intime union avec de pareils hommes va ranimer chez moi bien des choses engourdies.

Ce sera déjà une occupation pleine d'intérêt que de nous mettre d'accord sur les principes d'après lesquels nous jugerons les manuscrits, comme aussi d'en surveiller le fond et la forme, afin de donner à ce recueil un rang à part, et de lui assurer au moins une existence de plusieurs années.

J'espère pouvoir bientôt m'entretenir avec vous, de vive voix, sur tout cela. En attendant, recevez mes compliments affectueux pour vous et pour vos estimables collaborateurs.

GŒTHE.

Gœthe ne tarda pas à réaliser son projet : le 21 juillet, il était à Iéna, auprès de Schiller. Ces premières conférences des deux poëtes sont une date mémorable dans l'histoire des lettres allemandes. Schiller, plongé dans la philosophie de Kant, semblait disposé à s'y emprisonner à jamais ; la recherche des lois de l'esthétique le déshabituait, pour ainsi dire, de la poésie vivante, tandis que Gœthe, au contraire, indifférent aux lois absolues, n'aimait que les choses concrètes, les produits spontanés de la vie universelle, la nature, en un mot, dans l'infinie variété de ses phénomènes. La loi et la nature, la loi morale qui veut dominer la nature pour l'épurer sans cesse, la nature insouciante et féconde qui s'épanouit sous maintes formes sans s'inquiéter de la loi morale, voilà les deux mondes opposés où Schiller et Gœthe semblaient établis pour toujours. Schiller était le disciple de Kant, Gœthe était le disciple de Spinosa. Schiller, concentrant ses méditations sur des pensées abstraites, avait fortifié son âme, son caractère, aux dépens de l'imagination vivante et de l'inspiration créatrice ; Gœthe, poussé par la curiosité de son esprit, étendait ses études en tous sens, et heureux d'assister aux scènes toujours nouvelles que joue le théâtre de l'univers, il ne songeait plus à y remplir son rôle : spectateur intelligent et paisible, il avait perdu le goût de l'action. Schiller, en se concentrant, s'était fortifié et appauvri ; Gœthe, en se déployant, s'était enrichi et affaibli. Les deux poëtes, par des voies bien contraires, étaient arrivés à un résultat semblable : l'inspiration poétique, le désir de créer, d'imaginer : *Lust zu fabuliren*, comme dit Gœthe avec grâce, s'était, non pas éteint, mais voilé chez ces puissants esprits. Ils sentaient bien pourtant ce qui leur manquait à chacun ; dès qu'ils furent en présence l'un de l'autre, il se fit entre eux un merveilleux échange de pensées. Le théoricien de l'esthétique morale reprenait goût à la nature ; le prêtre de la nature s'élevait à l'idée des lois de l'esprit : tous deux se sentaient redevenus poëtes. Écoutons Schiller, lorsque Gœthe, après son séjour à Iéna, est retourné à Weimar ; que cette seconde lettre est différente de la première ! l'union des deux esprits est commencée, et nous n'avons plus maintenant qu'à suivre les incidents divers de cette mutuelle éducation.

SCHILLER A GŒTHE

Iéna, le 23 août 1794.

On m'a appris hier l'heureuse nouvelle de votre retour à Weimar. Nous pouvons donc espérer de vous revoir bientôt parmi nous, et pour ma part, je le souhaite de tout mon cœur. Nos derniers entretiens ont remué la masse entière de mes idées, car ils roulaient sur un sujet qui, depuis plusieurs années, m'occupe vivement. Sur maintes questions que je n'avais pu encore débrouiller, la contemplation de votre esprit (je ne saurais définir autrement l'ensemble de ce que vos idées m'ont fait éprouver) vient de faire jaillir en moi une lumière inattendue. Pour me livrer avec succès à des idées spéculatives, il me manquait l'objet, le corps, vous m'en avez fait découvrir les traces.

Votre regard observateur, qui s'arrête sur les choses avec autant de calme que de pureté, vous met à l'abri des écarts où s'égarent trop souvent et l'esprit spéculatif et l'imagination, cette despotique souveraine qui n'obéit qu'à elle-même. Votre intuition est si juste qu'elle contient largement et parfaitement tout ce que l'analyse a tant de peine à chercher de tous côtés; seulement, comme elle forme en vous un ensemble complet, vous ignorez vos propres richesses, car il est malheureusement vrai qu'on ne connaît que ce qu'on divise. Aussi des esprits comme le vôtre savent-ils rarement quel chemin ils ont déjà fait, et combien il leur est facile de se passer de la philosophie, laquelle, au contraire, ne peut profiter qu'à leur école. Sa puissance se borne à analyser ce qu'on lui donne, et la faculté de donner n'est pas la propriété de l'analyse, mais celle du génie qui, sous l'influence peu éclatante, mais sûre, de la raison pure, unit d'après des lois objectives.

Depuis longtemps déjà j'observe de loin, il est vrai, mais avec une admiration toujours croissante, la marche de votre esprit et la route que vous vous êtes tracée. Vous cherchez le nécessaire de la nature, mais sur une route si difficile, que tout esprit moins fort que le vôtre se garderait bien de s'y aventurer. Pour vous éclairer sur les détails de cette nature, vous embrassez son ensemble, et c'est dans l'universalité de ces phénomènes que vous cherchez l'explication fondamentale de l'individualité. D'un organisme simple, vous remontez à un autre qui l'est moins, afin de pouvoir construire génésiquement, et avec les matières de tout l'édifice de l'univers, l'organisme le plus compliqué de tous, l'homme. En créant ainsi l'homme une seconde fois à l'imitation de la nature, vous cherchez à pénétrer les plus profonds mystères techniques. C'est là une idée grande, héroïque même, et qui prouve suffisamment combien votre esprit maintient dans une belle unité la variété splendide de ses conceptions. Vous ne pouvez jamais avoir eu l'espoir que votre vie suffirait pour arriver au but que vous vous êtes proposé; mais il est plus beau de faire quelques pas seulement vers ce but que d'atteindre tout autre. Semblable à l'Achille de *l'Iliade*, vous avez choisi entre Phthia et l'immortalité. Si vous aviez reçu le jour en Grèce, ou seulement en Italie; si, dès votre berceau, vous eussiez vécu au milieu d'une nature ravissante, et entouré des œuvres de l'art qui idéalisent la vie, votre route se fût trouvée beaucoup plus courte, peut-être même ne vous y fussiez-vous point engagé. Dès la première contemplation des choses, vous eussiez reçu en vous la forme du nécessaire, et, dès votre premier essai, le grand style se serait développé. Mais vous êtes né en Allemagne, et puisque votre antique esprit grec a été jeté au milieu de cette nature septentrionale, il ne vous restait d'autre alternative que de devenir un artiste du Nord, ou de donner à votre imagination, par la puissance de la pensée, ce que la réalité lui a refusé, et d'enfanter, pour ainsi dire, du fond de vous-même et d'une manière rationnelle, tout un monde hellénique. A l'époque de la vie où l'âme se crée un monde intime à l'usage du monde qui l'environne, les objets défectueux dont vous étiez entouré commençaient déjà à vous inoculer la sauvage nature du Nord, lorsque votre génie, supérieur à ce milieu, s'aperçut de cette défectuosité par une révélation intérieure, laquelle se trouva bientôt confirmée extérieurement par votre initiation au monde grec. Alors vous avez été obligé de corriger, d'après un meilleur modèle, que votre esprit était parvenu à se créer, la nature défectueuse qui s'était imposée à votre imagination, et vous n'avez pu le faire qu'à l'aide de perceptions dirigeantes. Mais la direction logique que l'esprit est forcé de suivre quand il réfléchit s'accorde peu avec les tendances esthétiques à l'aide desquelles, seules, il peut créer. C'est ce qui vous a condamné à un double travail, car, dès que vous passez de la contemplation à l'abstraction, il vous faut convertir les perceptions intérieures en intuitions, et les pensées en sentiments, puisque l'intuition et le sentiment sont les agents créateurs du génie.

C'est ainsi que je juge la marche de votre esprit ; vous seul pouvez savoir si je me trompe ; mais, ce que vous ne savez pas, sans doute, car c'est pour lui-même, surtout, que le génie est un mystère impénétrable, c'est la belle concordance de votre instinct philosophique avec les plus purs résultats de la raison spéculative. Au premier abord, on croit que rien ne saurait être plus opposé l'un à l'autre que l'esprit spéculatif qui part de l'unité, et l'esprit intuitif qui a la variété pour base. Si, cependant, le premier cherche l'expérience naïvement et sincèrement, et si le second remonte à la loi avec toute l'indépendance d'une puissance intelligente, tous deux ne peuvent manquer de se rencontrer à moitié chemin. Il est vrai que l'esprit intuitif ne s'occupe que des individus, et l'esprit spéculatif que des espèces. Cependant, si l'esprit intuitif est créateur, et cherche dans l'empirisme le caractère de la nécessité, il ne produira sans doute que des individualités, mais des individualités qui auront le cachet de l'espèce. Si, de son côté, l'esprit spéculatif est créateur, et si, tout en s'élevant au-dessus de l'expérience, il ne la perd point de vue, il ne produira que des espèces; mais ces espèces auront la possibilité de la vie, et des rapports fondés avec des objets réels.

Je m'aperçois qu'au lieu d'une lettre, je fais une dissertation. Pardonnez-moi en faveur du vif intérêt que m'inspire le sujet, et si vous ne vous reconnaissez pas dans ce portrait, du moins, je vous en conjure, n'allez pas en vouloir au peintre.

M. de Humboldt vous prie de lui laisser encore pendant quelques jours le traité de Moritz. Je l'ai lu avec beaucoup d'intérêt, et je lui dois plus d'un enseignement utile. C'est un vrai plaisir que de pouvoir se rendre un compte très-clair d'une manière de procéder purement instinctive, et qui, par cela même, pourrait bien induire en erreur. En le lisant, les sentiments se confirment par des lois, et lorsqu'on poursuit le cours de ses idées, on voit un bel ordre remplacer l'anarchie de notre langue. S'il nous montre tous les défauts et les limites trop bornées de cette langue, il nous fait, en même temps, connaître sa force, et l'on sait enfin comment et à quoi on peut l'employer.

L'ouvrage de Diderot, et particulièrement le premier volume, est fort amusant; et, pour un semblable sujet surtout, il est traité avec une décence édifiante[1]. Je vous demande la permission de le garder également pendant quelques jours.

Il me semble qu'il serait temps de chercher à mettre notre journal en marche. Dans le cas où il vous plairait de paraître dès le premier numéro, je prends la liberté de vous demander si vous ne voudriez pas nous donner le roman dont vous vous occupez en ce moment. Que vous le destiniez ou non à notre journal, vous m'accorderiez une grande faveur si vous vouliez me le communiquer.

Mes amis et ma femme se rappellent à votre gracieux souvenir, et moi je suis, avec le plus profond respect, votre très-obéissant serviteur,

FRÉDÉRIC SCHILLER.

GŒTHE A SCHILLER

Ettersburg, le 27 août 1794.

Il ne pouvait rien m'arriver de plus agréable, pour l'anniversaire de ma naissance, qui aura lieu cette semaine, que votre lettre, dans laquelle vous tracez d'une main amie, le sommaire de mon existence. L'in-

[1] Il s'agit des contes de Diderot. Schiller et Gœthe avaient de vives sympathies pour cette fougueuse nature, *la plus allemande de toutes nos têtes*, a dit M. Sainte-Beuve. Le chaste Schiller allait jusqu'à excuser les productions les plus décriées de Diderot, y voyant toujours *quelque chose de poétique, d'humain et de naïf*. Il condamne

térêt que vous prenez à mes travaux me fera faire de mes forces un usage plus constant et plus vif.

Il n'est point de jouissance pure et utile qui ne soit réciproque; aussi me fais-je une véritable fête de vous exposer prochainement les avantages que votre conversation m'a procurés. Pour moi aussi, les journées que nous avons passées ensemble commencent une époque nouvelle. Et je suis d'autant plus satisfait d'avoir, sans grands encouragements, persisté dans ma route, qu'il paraît qu'après nous y être rencontrés d'une manière si inattendue, nous n'y marcherons plus désormais qu'ensemble. J'ai toujours apprécié la noble et loyale ardeur qui éclate dans tout ce que vous avez écrit et fait, et j'ose espérer que j'apprendrai à connaître par vous-même la marche de votre esprit, surtout pendant les dernières années. Lorsque nous nous serons mutuellement éclairés sur le point où nous sommes arrivés, il nous sera plus facile de travailler constamment en commun.

Je vous communiquerai avec bonheur tout ce qui est en moi. Comme mes projets, je le sens vivement, dépassent la mesure des forces humaines, et celle de leur durée ici-bas, je pourrai bien en déposer en vous une bonne part, non-seulement pour les conserver, mais pour les vivifier.

Vous ne tarderez pas à vous apercevoir des immenses

---

au contraire, et sans réserve, les autres conteurs du dix-huitième siècle, Wieland, Crébillon, Voltaire, Marmontel, Laclos, chez lesquels on ne voit briller que l'esprit, un esprit prosaïque et voluptueux. — Voyez la dissertation de Schiller sur la *Poésie naïve et sentimentale*, publiée d'abord dans *les Heures*.

avantages que me procurera l'intérêt que vous prenez à mes travaux, car des rapports plus fréquents et plus intimes vous feront voir qu'il y a en moi quelque chose de ténébreux et d'indécis, que, malgré la conscience parfaite que j'en ai, je ne puis vaincre toujours. Ces sortes de phénomènes ne sont pas rares dans les natures humaines, et, pourvu qu'ils ne soient pas trop tyranniques, nous aimons à nous laisser gouverner par eux.

J'espère bientôt pouvoir passer encore quelque temps avec vous, et nous traiterons de vive voix maintes questions.

Malheureusement, j'ai donné mon roman à l'éditeur Unger, peu de semaines avant d'avoir reçu votre invitation de m'associer à votre journal; les premières feuilles imprimées sont déjà entre mes mains. J'ai bien souvent pensé, depuis, que cet ouvrage aurait pu convenir aux *Heures*; c'est tout ce que je possède, pour l'instant, d'un peu volumineux, et qui soit, en même temps, une composition problématique telle que les aiment nos bons Allemands.

Je vous enverrai le premier livre dès que les bonnes feuilles seront prêtes. Il y a si longtemps que j'ai écrit cet ouvrage, que, rigoureusement parlant, je n'en suis plus que l'éditeur.

Si quelques-unes de mes idées pouvaient convenir à votre journal, nous nous entendrions facilement sur la forme qu'il faudrait leur donner, et la rédaction ne se ferait pas attendre.

Portez-vous bien, et pensez à moi dans votre cercle d'amis.

GŒTHE.

La joie sérieuse que Schiller et Gœthe éprouvaient plus vivement de jour en jour, les viriles espérances qui se rattachaient pour eux à cette éducation, à ce renouvellement de leur esprit, éclatent d'une façon bien touchante dans les lettres qu'ils adressent chacun à leurs amis particuliers. En écrivant à Meyer, à madame de Kalb, Gœthe emploie souvent ce mot : *La nouvelle époque*, et cette *nouvelle époque*, c'est le réveil de son génie depuis le jour où il a pénétré dans l'âme de Schiller, c'est cette renaissance à la fois poétique et morale qui date du 13 juin, et surtout du 21 juillet 1794. Quant à Schiller, après avoir reçu la lettre qu'on vient de lire, il écrit à Kœrner, le 1er septembre : « ..... Depuis mon retour, j'ai trouvé ici une lettre toute cordiale de Gœthe qui s'ouvre enfin à moi avec confiance. Il y a six semaines, nous avions eu ensemble un long entretien très-développé sur l'art, sur la théorie de l'art, et nous nous étions communiqué les idées principales auxquelles nous étions arrivés par des voies toutes différentes. Il se trouva entre ces idées un accord inattendu, et cet accord était d'autant plus intéressant pour nous que nous étions partis de points de vue absolument contraires. Chacun de nous pouvait compléter par ses dons ce qui manquait à l'autre, et recevoir en échange ce qui lui manquait à lui-même. Depuis lors, toutes ces idées, semées dans nos entretiens, ont pris racine chez Gœthe, et il sent aujourd'hui le besoin de s'attacher à moi, afin de poursuivre en commun la route qu'il a suivie jusqu'ici tout seul, sans qu'une voix amie stimulât son ardeur. Je me réjouis d'un échange d'idées qui sera si fécond pour moi, et tout ce qui pourra en être communiqué dans une lettre te sera fidèlement rapporté. Hier déjà, j'ai reçu de lui un article, où il applique aux natures organiques cette définition du beau : la perfection sans contrainte, la perfection unie à la liberté. C'est grand dommage pour nos *Heures* qu'il ait vendu son roman au libraire Unger avant d'avoir reçu notre invitation. Il le déplore lui-même, et c'est avec joie qu'il nous l'eût donné. Il nous promet toutefois un concours aussi actif que possible. » La correspondance de Schiller avec Kœrner est la confirmation charmante de tout ce qu'il écrit à Gœthe; c'est comme l'écho d'un chant, le son prolongé d'un cri de joie. En même temps qu'il parlait ainsi à son ami de Dresde, voici ce qu'il écrivait à Weimar.

SCHILLER A GŒTHE

Iéna, le 31 août 1794.

A mon retour de Weissenfels, où j'ai eu un rendez-vous avec mon ami Kœrner de Dresde, j'ai reçu votre dernière lettre, dont le contenu m'a été doublement agréable; j'y vois que mon opinion sur vous est d'accord avec vos propres sentiments, et que la franchise avec laquelle j'ai laissé parler mon cœur ne vous a point déplu.

Notre rapprochement tardif, et qui me donne de si belles espérances, est pour moi une preuve nouvelle qu'il vaut mieux souvent laisser faire le hasard, que d'intervenir par une activité intempestive. Bien que j'aie toujours ardemment désiré d'établir avec vous des relations plus intimes que celles qui peuvent exister entre l'esprit d'un auteur et celui du plus attentif de ses lecteurs, je comprends parfaitement aujourd'hui que, suivant des routes si différentes, c'est maintenant et non plus tôt, que nous devions nous rencontrer, afin que cette rencontre nous fût réellement utile. Désormais, j'ose l'espérer, pour tout le reste du chemin que nous avons encore à parcourir, nous ne marcherons plus qu'ensemble, et le profit en sera d'autant plus grand pour nous que les derniers compagnons, pendant un long voyage, sont toujours ceux qui ont le plus de choses à se dire.

Ne vous attendez pas à trouver chez moi une grande richesse d'idées telle qu'elle existe chez vous; mon besoin, ma tendance est de faire beaucoup avec peu. Et lorsque vous connaîtrez à fond ma pauvreté en ce qu'on appelle connaissances acquises, vous trouverez peut-être que j'y ai réussi dans quelques-unes de mes œuvres. Le cercle de mes idées étant plus petit que le vôtre, je le parcours plus vite et plus souvent, ce qui me met à même de mieux utiliser mon petit avoir, et de remplacer la variété du fond par celle de la forme. Vous vous efforcez de simplifier votre immense monde d'idées, moi je cherche la diversité pour mon petit domaine. Vous gouvernez un vaste royaume, moi je ne dirige qu'une famille un peu nombreuse d'idées que je voudrais de tout mon cœur convertir en un petit peuple.

Votre esprit agit toujours intuitivement de la manière la plus extraordinaire, et vos facultés pensantes semblent avoir fait un compromis avec l'imagination qui les représente toutes à la fois. C'est là, au reste, le plus haut degré d'élévation auquel puisse arriver l'homme qui a su généraliser ses contemplations et ériger ses sentiments en loi. Voilà, je pense, le but que vous vous êtes proposé, et combien ne vous en êtes-vous pas approché déjà! Mon esprit, à moi, agit plutôt symboliquement, et je me trouve suspendu comme un être hybride, entre l'intuition et la contemplation, entre la règle et le sentiment, entre la raison technique et le génie. C'est ce qui, dans ma jeunesse surtout, m'a donné un air passablement gauche, dans le champ de la spéculation aussi bien que dans celui de la poésie, car cette poésie venait me surprendre là où j'aurais dû philosopher, et la philosophie s'emparait de moi quand j'aurais dû être poëte. Aujourd'hui encore l'imagination trouble souvent mes abstractions philosophiques, et la froide raison mes poésies. Si je pouvais parvenir à dominer ces deux puissances et à maintenir chacune d'elles dans ses véritables limites, j'aurais devant moi un bel avenir. Mais malheureusement, aujourd'hui où je commence enfin à connaître et à utiliser mes forces intellectuelles, la maladie mine mes forces physiques. Je n'aurai certainement pas le temps de compléter en moi une parfaite révolution intellectuelle, mais je ferai ce que je pourrai, et, lorsque l'édifice s'écroulera, j'aurai peut-être réussi à sauver de la ruine totale quelque chose qui méritait d'être conservé[1].

Vous avez voulu que je vous parlasse de moi, j'ai usé de la permission. Je vous adresse ces aveux avec confiance, et j'espère que vous les recevrez avec un cœur ami.

Je n'entrerai aujourd'hui dans aucun détail sur votre article qui sera un guide fécond pour nos entretiens. Mes propres recherches m'ont conduit par un chemin différent à un résultat à peu près semblable, et peut-être trouverez-vous dans les feuilles que je vous adresse ici des idées analogues aux vôtres. Il y a déjà dix-huit mois que je les ai jetées sur le papier, et comme je les destinais à un ami plein d'indulgence, j'ai le droit de demander grâce pour tout ce que la forme a d'inculte. Depuis cette époque ces idées ont trouvé en moi une base meilleure, une précision plus grande, et se sont bien rapprochées des vôtres.

Je ne saurais assez déplorer la perte de *Wilhelm Meister* pour notre journal. J'ose espérer de votre esprit fécond et de votre amicale sympathie pour notre entreprise un dédommagement de cette perte. Ce sera double profit pour les amis de votre génie.

Vous trouverez dans le numéro de *Thalie*, que je joins également à ce paquet, quelques idées de Kœrner

---

[1] Les tristes pressentiments du poëte n'étaient que trop fondés. Schiller, en 1791, avait été atteint d'une maladie de poitrine dont il se ressentit douloureusement pendant le reste de sa vie, et qui l'enleva dans la force de l'âge, en pleine activité poétique et morale.

sur la déclamation; peut-être ne vous déplairont-elles pas.

Tout le monde ici se rappelle à votre bon souvenir, et je suis avec le plus tendre respect votre

SCHILLER.

GOETHE A SCHILLER

Weimar, le 4 septembre 1794.

J'ai lu avec beaucoup de plaisir vos feuillets en question et votre fragment sur le développement du sublime. C'est pour moi une preuve nouvelle que non-seulement les mêmes sujets nous intéressent, mais que nous sommes d'accord en général sur la façon de les considérer. Je vois maintenant que nous n'avons qu'une même pensée au sujet des principes. Quant à nos divergences sur le point de vue, comme sur la manière d'enchaîner et d'exprimer les choses, elles prouvent la richesse de l'objet et la multiplicité correspondante des sujets. Je vous prierai donc de m'envoyer peu à peu tout ce que vous avez écrit et fait imprimer sur cette matière, afin que je puisse jouir du passé sans aucune perte de temps.

Maintenant, j'aurais une proposition à vous faire. La semaine prochaine, la cour se rendra à Eisenach; je serai donc seul et libre pendant une quinzaine de jours, ce qui ne m'arrivera peut-être plus de sitôt. Ne voudriez-vous pas profiter de l'occasion pour venir me voir, pour venir demeurer chez moi? Rien ne vous empêcherait d'y continuer tranquillement vos travaux. Aux heures qui vous conviendraient nous causerions ensemble, nous verrions des amis dont la pensée nous est sympathique, et certes nous ne nous quitterions pas sans y avoir gagné l'un et l'autre. Venez, vous vivrez absolument à votre guise, vous vous installerez comme chez vous. Ce sera pour moi une occasion de vous montrer ce qu'il y a de plus important dans mes collections, et plus d'un nouveau lien se formera ainsi entre nous.

A partir du 14 de ce mois, vous me trouverez prêt à vous recevoir ; je remets à cette époque tout ce que j'ai à vous dire, et désire de tout mon cœur que vous continuiez à vous bien porter.

Adieu, et rappelez-moi au souvenir des vôtres.

Gœthe.

SCHILLER A GŒTHE

Iéna, le 7 septembre 1794.

J'accepte votre invitation avec beaucoup de joie, en vous priant toutefois, et très-sérieusement, de ne me faire entrer en aucune façon dans vos arrangements d'intérieur, car mes maux de nerfs, qui ne me laissent pas dormir la nuit, m'obligent à consacrer une partie de la matinée au sommeil ; et, dans la journée même, je n'ai jamais le bonheur de pouvoir compter sur une heure fixée d'avance. Vous me permettrez donc de vivre sous votre toit comme un étranger auquel on ne fait aucune attention. En m'isolant ainsi, j'éviterai le grave inconvénient de soumettre vos hôtes aux caprices de ma santé. La régularité, si favorable au reste des hommes, est ma plus cruelle ennemie, car dès que je suis obligé de faire telle chose à telle heure, il est certain que cela me sera impossible.

Pardonnez-moi ces préliminaires, ils étaient indispensables pour l'arrangement de mon existence à Weimar, je ne vous demande que la triste liberté de pouvoir être malade à mon aise auprès de vous.

Au moment où j'ai reçu votre invitation, j'avais le projet de vous prier de venir passer quelque temps avec moi. Ma femme vient de partir pour trois semaines avec notre enfant, afin d'éviter la petite vérole, que M. de Humboldt a fait inoculer à ses enfants. Me voici donc tout seul, et j'aurais pu vous offrir une demeure commode. A l'exception de Humboldt, je ne vois presque personne, et depuis longtemps déjà *la métaphysique*¹ ne passe plus le seuil de ma porte. . . . .

Puisque vous avez lu mon fragment sur le *Sublime*, je joins ici le commencement de ce morceau. Vous y trouverez peut-être quelques idées sur la manière d'exprimer la passion esthétiquement. Mes premiers essais sur des sujets esthétiques ne me satisfont pas assez pour vous les soumettre, mais je vous apporterai les plus récents qui n'ont pas encore été imprimés, ainsi qu'un compte rendu des poésies de Matthisson, qui paraîtra cette semaine dans la *Gazette universelle*.

L'anarchie qui règne encore dans la critique littéraire, et l'absence de toute loi objective du goût, placent le critique dans une situation fort embarrassante, surtout lorsqu'il veut prouver la justesse de ses assertions, puis-

---

¹ *La métaphysique*, ici, c'est le philosophe Fichte qui venait de se brouiller avec Schiller.

qu'il n'existe aucun code sur lequel il pourrait se fonder. S'il veut être loyal, il faut qu'il se taise ou qu'il devienne en même temps législateur et juge ; ce que l'on n'aime pas trop à faire. Dans la critique en question, j'ai cependant pris ce dernier parti. Je serais bien aise de vous entendre dire si j'ai eu raison et si j'ai réussi.

Je viens de recevoir cette critique imprimée ; je l'ajoute à cette lettre.   F. Schiller.

Ce fut le 14 septembre que Schiller se rendit à Weimar, et il y demeura jusqu'au 27. Guillaume de Humboldt l'avait accompagné. Ces deux semaines, on le pense bien, furent toutes consacrées aux épanchements les plus intimes. Schiller demeurait dans la maison même de Gœthe. Pas une minute ne fut perdue. Oh! les belles heures! Que de projets! que d'idées! que de perspectives lumineuses! » Je voulais t'adresser une lettre datée de Weimar, écrit-il à Kœrner, mais ce fut impossible. Chaque moment dont j'ai pu disposer, je l'ai passé avec Gœthe; et ce temps que je passais auprès de lui, je l'employais exclusivement à élargir l'horizon de mon savoir... Je suis enchanté de ce séjour à Weimar, et je crois sentir qu'il a exercé sur moi une influence profonde. C'est ce que le temps nous montrera. » Le même jour où il adressait ce billet à Kœrner (29 septembre), il écrivait à Gœthe : « Me voici de retour ici, mais ma pensée est toujours à Weimar. Il me faudra du temps pour classer les idées que vous avez éveillées en moi;

pas une d'elles, cependant, je l'espère bien, ne sera perdue. Je n'ai voulu consacrer ces quinze jours qu'à recevoir de vous autant que le permettait ma réceptivité ; c'est au temps à prouver si cette semence lèvera chez moi.

Les lettres de Schiller à Gœthe, pendant les mois si laborieux qui suivent ces féconds entretiens, prouvent bien que la semence avait été confiée à un sol généreux. Nous en publions ici la partie la plus intéressante pour les lecteurs français. Gardons-nous de les interrompre par des commentaires inutiles; dans cette multitude d'occupations et de soucis, dans ce pêle-mêle de travaux si divers, au milieu des inquiétudes du directeur de journal et des tourments personnels de l'artiste, on verra se dégager l'inspiration renaissante de Schiller. Il se détourne peu à peu des spéculations abstraites de la philosophie, et reprend goût à la poésie vivante. Deux ouvrages principaux dominent tous ceux dont il est question dans ces confidences, les *Lettres sur l'éducation esthétique* et le *Wilhelm Meister*. Schiller écrit pour le recueil des *Heures* les *Lettres sur l'éducation esthétique*, mais il n'est pas tellement absorbé par son journal qu'il n'ait le temps de lire et de savourer le roman de son ami. Ce roman de *Wilhelm Meister*, qui ne paraîtra pas dans les *Heures*, Schiller l'étudie et le commente avec amour. Il ne peut se séparer de ces personnages qui lui parlent de l'art et de la vie, de l'idéal et de la réalité. Ce tableau de la destinée humaine est pour lui une sorte d'enchantement; à mesure qu'il voit se dérouler les aventures de Wilhelm, il se sent redevenir poëte. Toutes ces figures souriantes ou passionnées lui font signe et l'invitent à quitter les régions abstraites du kantisme pour les domaines de l'imagination. Qu'importe que Schiller ait jugé *Wilhelm Meister* avec une indulgence excessive? ce n'est pas une indulgence banale, c'est l'enthousiasme du poëte qui retrouve son paradis perdu. Schiller se peint ici lui-même plutôt qu'il ne juge l'œuvre de Goethe; il peint le réveil de son inspiration créatrice, et, quand nous voyons le disciple de Kant glorifier *Wilhelm Meister* avec une cordialité si candide, nous pressentons déjà les chefs-d'œuvre si différents que lui réserve l'avenir. Au milieu de ces ravissements intérieurs, il est accablé de travaux, de soucis, de préoccupations de toute sorte. Il écrivait à Kœrner, le 12 juin, en lui parlant de la publication des *Heures* : « J'ai des matériaux devant moi pour deux années. » Or, tous ces matériaux lui manquent. Il est obligé de se multiplier; il s'adresse à ses amis, il demande à Goethe quelques pages de *Faust*, mais Goethe n'ose toucher au paquet soigneusement fermé où repose l'ébauche de son grand poëme. S'il l'ouvrait, ce paquet mystérieux, le démon du poëme en sortirait, se jetterait sur le magicien et ne le lâcherait plus. Il faut être complétement prêt avant d'évoquer de tels fantômes; Gœthe n'est pas prêt, et Schiller devra se contenter de quelques modestes pages. Bref, s'il y a ici deux hommes dans Schiller, le poëte et le journaliste, le poëte est heureux, le journaliste est accablé d'ennuis. Écoutons ses confidences. A vrai dire, ce qui nous intéresse dans cette crise laborieuse, ce n'est pas le succès du journal *les Heures*, c'est l'éducation mutuelle des deux poëtes, l'influence si vive et si féconde qu'ils exercent l'un sur l'autre.

SCHILLER A GŒTHE

Iéna, le 20 octobre 1794.

Voici *les Heures* qui vont commencer leur ronde, et je vous envoie la partie de mes lettres au prince [1], qui doit paraître dans le premier numéro. Vos articles et les miens le rempliront à peu de chose près. Ne pourrions-nous pas avoir quelque chose de Herder pour ce premier numéro? cela me serait bien agréable. En tout cas, s'il ne s'y trouve pas une grande variété d'auteurs, la matière, du moins, sera très-variée, ainsi que vous ne manquerez pas de le remarquer.

Le morceau par lequel je débute dans *les Heures* n'est certainement pas une *captatio benevolentiæ* auprès du public. Je ne pouvais toutefois traiter ce sujet avec plus de ménagements, et je suis persuadé que, sous

---

[1] Ces *lettres au prince* sont les *Lettres sur l'éducation esthétique de l'homme* adressées au duc Chrétien-Frédéric de Holstein-Augustenbourg.

ce rapport, vous serez de mon avis. Puissiez-vous l'être sous tous les autres à l'égard de ces lettres, car c'est ma véritable et sincère opinion que j'y exprime. Jamais encore les calamités politiques ne m'avaient fait prendre la plume, et, si j'en parle cette fois, c'est pour ne plus jamais y revenir; je crois, au reste, que cette profession de foi n'était pas tout à fait inutile. Quoique les outils avec lesquels nous travaillons le monde moral, et les armes offensives et défensives dont nous nous servons soient fort différents, nous tendons vers le même but. Vous trouverez votre portrait dans ces lettres, et j'aurais eu plaisir à vous nommer, s'il ne me répugnait de faire violence à la pensée du lecteur. Tous ceux dont l'opinion peut avoir quelque prix à vos yeux vous reconnaîtront, car je sais que je l'ai bien saisi, et que le dessin en est ressemblant

Vous me feriez grand plaisir si vous pouviez lire le manuscrit de ces lettres immédiatement, et l'envoyer ensuite à Herder, que je préviendrai; car, d'après nos statuts, il faut qu'il passe encore en plusieurs mains avant de pouvoir être livré à l'impression, et nous voudrions faire paraître *les Heures* le plus tôt possible.

Je viens de prendre des arrangements définitifs avec un libraire pour l'*Almanach des Muses*, dont je vous ai parlé pendant mon dernier séjour à Weimar. Il paraîtra à la prochaine foire de la Saint-Michel. Je compte sur votre bonté pour la continuation de ce journal; vous ne me laisserez pas dans l'embarras. Sans beaucoup augmenter le fardeau des affaires qui déjà pèsent sur moi, cette nouvelle entreprise sera favorable à mes arrangements financiers, parce que, si vacillante que soit ma santé, je pourrai suffire au travail de cet almanach, et conserver ainsi mon indépendance.

J'attends avec impatience les manuscrits que me promet votre lettre.

Nous nous rappelons tous à votre bon souvenir.

SCHILLER.

GŒTHE A SCHILLER

Weimar, le 26 octobre 1794.

J'ai lu votre manuscrit avec joie, je l'ai avalé d'un seul trait. Comme une boisson exquise analogue à notre nature, dès qu'elle glisse sur la langue, fait déjà sentir ses résultats bienfaisants sur tout le système nerveux, ainsi vos *Lettres* ont produit sur moi une agréable et salutaire impression; et comment n'en eût-il pas été ainsi, puisque j'y ai vu noblement exposé et réuni tout ce que depuis longtemps j'ai trouvé juste et bon, et que j'aurais voulu proclamer comme tel?

Louis Meyer[1], aussi, a été charmé de ces lettres, et son jugement droit et loyal a confirmé ce que j'éprouvais. C'est dans cette agréable disposition d'esprit que m'a trouvé le billet de Herder; je vous l'envoie. On

---

[1] Louis Meyer était un peintre suisse que Gœthe avait rencontré à Rome en 1786; l'étroite amitié qui les unit bientôt ne se démentit jamais. Lorsque Meyer quitta l'Italie pour s'établir en Allemagne, il devint le commensal de Gœthe. C'était un véritable artiste; l'auteur de *Faust*, chargé de diriger le théâtre de Weimar et de donner aux beaux-arts une impulsion féconde, n'eut pas d'auxiliaire plus utile, de collaborateur plus dévoué que Louis Meyer.

dirait qu'il tend à nous accuser de partialité. Qu'importe? dans l'empire des apparitions intellectuelles, il ne faut pas y regarder de si près; et comme il est impossible de ne pas se tromper, il est consolant de le faire en compagnie d'hommes de mérite éprouvés, et plutôt à l'avantage qu'au détriment de soi-même et de ses contemporains. Continuons donc toujours notre manière d'être et d'agir; que notre volonté et notre pensée ne forment qu'un seul tout, et nous compléterons nos fragments autant que faire se peut. Je garde les *Lettres* quelques jours encore pour les savourer de nouveau avec Meyer.

Voici les *Élégies;* je désirerais qu'au lieu de les envoyer à ceux qui, après vous, doivent encore juger de leur admissibilité, vous leur en fissiez la lecture. Vous me les renverrez ensuite, car je veux les retoucher. Si vous avez des observations à faire, mettez-les à la marge.

Je fais copier l'épître; vous ne tarderez pas à la recevoir avec d'autres petits morceaux. Ensuite je serai obligé de faire une pause, car le troisième livre de *Wilhelm Meister* réclame toute mon attention. Je n'ai pas encore reçu les bonnes feuilles du premier livre; je vous les enverrai dès qu'elles seront arrivées.

Quant à votre *Almanach des Muses*, il me semble qu'on ferait bien d'y insérer un choix de ma collection d'épigrammes. Séparément, elles ne signifient rien; mais, parmi plusieurs centaines de ces épigrammes, nous en trouverons bien un certain nombre qui se rapportent les unes aux autres, et forment ainsi un tout complet. La première fois que je vous verrai, je vous montrerai toute cette espiègle couvée rassemblée dans son nid.

Portez-vous bien ; et que, par la pensée du moins, je sois toujours présent au milieu des vôtres.

GOETHE.

Écrivez-moi ce qu'il faut que je vous envoie encore pour *les Heures*, et quand vous en aurez besoin. Pour terminer la seconde épître, je n'attends que l'heure de l'inspiration.

SCHILLER A GOETHE

Iéna, le 28 octobre 1794.

C'est pour moi un grand encouragement, que de vous savoir content de mes idées et de la manière dont je les ai énoncées. Il est vrai que tout ce qui appartient au domaine exclusif de la raison devrait s'appuyer sur des bases objectives, et porter en soi le *criterium* de la vérité. Mais cette philosophie-là n'existe pas encore, et la mienne en est bien éloignée. Au reste, le point important repose toujours sur le témoignage du sentiment, et aura, par conséquent, besoin d'une sanction subjective que l'approbation des cœurs naïfs pourra seule lui donner. Je fais beaucoup de cas de l'opinion de Meyer, et je me console de la critique de Herder, qui, à ce qu'il paraît, ne peut me pardonner ma foi au kantisme. En tout cas, je ne m'attends pas à trouver chez les adversaires de la philosophie nouvelle la tolérance qu'on doit à tout système qu'on a profondément étudié, car cette philosophie elle-même, sur les points principaux du moins, n'est point tolérante, et a un tel cachet de rigorisme, que tout accommodement avec elle devient impossible. Selon moi, ce rigorisme lui fait honneur, puisqu'il prouve que l'arbitraire lui est insupportable. Aussi n'a-t-on pas raison d'une telle philosophie avec quelques hochements de tête. C'est dans le champ ouvert et bien éclairé de l'examen qu'elle érige son système; jamais elle ne cherche l'ombre et ne fait aucune concession aux sentiments privés, mais elle veut être traitée comme elle traite les autres; il faut donc lui pardonner, si elle n'admet d'autres arguments que des preuves. Je ne suis nullement effrayé en songeant que les lois de la mutabilité, devant lesquelles aucune œuvre humaine, pas même les œuvres divines, ne sauraient trouver grâce, changeront la forme de cette philosophie, comme elles changent tout dans l'univers. Cette idée, dis-je, ne m'effraye point, parce que je sais que le fond restera; car depuis que l'espèce humaine existe, depuis qu'elle se laisse guider par la raison, elle a reconnu tacitement le fond de cette philosophie, et agi en conséquence.

Il n'en est pas de même de la philosophie de notre ami Fichte. Déjà de puissants adversaires s'élèvent contre lui dans son propre parti, et bientôt ils diront hautement que tout le système de Fichte n'est qu'un spinosisme subjectif. Fichte a fait venir ici un certain Weisshuhn, son ancien camarade à l'université, probablement dans l'espoir d'étendre par lui son propre empire. Or, ce Weisshuhn, excellente tête philosophique, à ce que j'entends dire, a déjà trouvé une brèche dans le système de son ami, et se propose de l'attaquer. D'après les assertions verbales de Fichte, car il n'en est pas encore question dans son livre, le *moi* est créateur, même par ses représentations, et toutes les réalités possibles sont dans ce *moi*. Pour lui le monde n'est qu'un volant que le *moi* a jeté dans l'espace, et que, par la réflexion, ce même *moi* reçoit sur sa raquette! C'est ainsi, et nous nous y attendions, qu'il aurait défini sa divinité.

Nous vous remercions tous de vos belles Élégies. Il y règne une chaleur, une délicatesse, une vigueur poétique, qui fait d'autant plus de bien, qu'on la cherche en vain parmi les créations de la poésie de nos jours. J'ai regretté quelques petits traits que vous avez omis, mais je comprends qu'il a fallu en faire le sacrifice. En vous renvoyant le manuscrit, je marquerai certains passages sur lesquels je suis resté en doute.

Puisque vous m'engagez à vous dire ce que nous désirons pour *les Heures*, je vous rappelle le projet dont vous m'avez parlé, de faire passer dans notre langue *l'Honnête procureur* de Boccace. Je préfère naturellement la mise en action à l'examen; et lors même que je n'aurais pas cette tendance, il me semblerait encore que dans les trois premiers numéros des *Heures* on philosophe beaucoup trop, et qu'il y a disette de compositions poétiques...

Votre offre concernant les *Épigrammes* est tout ce qu'il peut y avoir de plus avantageux pour mon *Almanach des Muses*. Nous nous entendrons sur ce sujet prochainement et de vive voix.

Je suis heureux d'apprendre que le professeur Meyer

est revenu à Weimar, et je vous prie de nous mettre en relations au plus tôt. S'il voulait faire une petite excursion à Iéna, elle ne lui serait pas inutile sous le rapport artistique. Pour ma part, j'ai à lui montrer le buste d'un sculpteur allemand qui, à ce qu'on assure, ne craint pas le regard d'un grand artiste. Peut-être pourrai-je décider M. Meyer à nous fournir quelques articles pour *les Heures*.

Je m'occuperai certainement des *Chevaliers de Malte* dès que j'aurai fait entrer dans mes *Lettres esthétiques*, que vous venez de lire, un petit traité sur le *Naïf*. Je ne puis donc m'engager à fournir mes *Chevaliers de Malte* pour l'anniversaire de la duchesse, mais j'espère les terminer à la fin de l'hiver. Je parle là comme un homme robuste et sain, qui peut disposer de son temps Pendant l'exécution de cet ouvrage, le *non-moi* me rappellera plus d'une fois à l'ordre.

Maintenez-moi dans votre souvenir, vous vivrez toujours dans le nôtre. Schiller.

GOETHE A SCHILLER

Weimar, le 27 novembre 1794.

Voici le manuscrit de l'introduction des *Entretiens d'émigrés*. Je désire beaucoup y avoir pris le mouvement et le ton convenables. Renvoyez-le-moi le plus tôt possible, car j'ai encore quelques coups de pinceau à donner, afin de mettre certains passages dans leur véritable jour. Je tâcherai de fournir le premier de ces contes ou entretiens pour le numéro prochain des *Heures*. Ce travail me reposera agréablement d'un fardeau aussi lourd que ce *pseudo-epos* de *Wilhelm Meister*.

Mon éditeur Unger commence à devenir un peu brouillon; il m'envoie la fin du premier livre de cet ouvrage, et en oublie le milieu. Dès que j'aurai les six feuilles qui manquent, je vous ferai parvenir l'ensemble de cette espèce de prologue.

M. de Humboldt est venu assister dernièrement à une de nos séances esthétiques et critiques. Je ne sais s'il en a été content.

J'ai fort envie de savoir où vous en êtes avec vos travaux, et surtout d'en lire quelque chose de terminé.

Portez-vous bien. J'ai encore une foule de choses dans la tête sur lesquelles je voudrais m'entretenir avec vous.

GŒTHE.

SCHILLER A GŒTHE

Iéna, le 29 novembre 1794.

Le prompt envoi d'un de vos *Entretiens* a été pour moi une très-agréable surprise, et je vous en suis deux fois reconnaissant. Le tout, à mon avis, forme une introduction excellente, et les points contestables sont très-heureusement justifiés. Je regrette seulement que le morceau soit trop court pour que le lecteur puisse apprécier les rapports de ce fragment avec ce qui doit suivre. Il serait donc bien à désirer qu'une première narration pût être jointe à ce prologue. Je ne voudrais pourtant pas être indiscret et vous faire un fardeau de votre bienveillante collaboration. Ce n'est donc qu'un vœu que j'exprime, en vous assurant que, si vous pouviez le réaliser sans vous gêner, vous me feriez un bien grand cadeau... Au besoin, j'achèverai de compléter le premier numéro par un morceau de mon *Histoire de la guerre des Pays-Bas*, le siége d'Anvers sous Philippe II, par exemple, car il forme un tout complet, sans ce qui précède et ce qui suit. Cela me donnerait peu de peine, et aurait, en outre, l'avantage d'ouvrir dans notre journal, dès son début, le champ historique...

Il va sans dire que je n'aurai recours à cet expédient que dans le cas où vous ne pourriez rien ajouter à vos *Entretiens d'émigrés allemands*.

Puisque mon annonce des *Heures* donne au public l'assurance de notre chasteté politique, les paroles que vous mettez dans la bouche du conseiller intime ne choqueront-elles pas une partie du public, et précisément la partie la plus nombreuse? Quoique ce ne soit pas l'auteur, mais un interlocuteur qui parle, on ne manquera pas de s'en prendre à lui, et, dans notre position, il faut éviter les apparences du mal, beaucoup plus que le mal lui-même. C'est là l'opinion du rédacteur en chef des *Heures*. En qualité de lecteur, je voudrais voir le conseiller aulique ramené dans la société par Charles, dès que cet ardent jeune homme aurait reconnu ses torts, et je prendrais le parti du vieil ecclésiastique contre l'impitoyable espièglerie de la fille de la baronne. Quelques passages m'ont suggéré l'idée que vous vouliez faire présumer au lecteur qu'il s'agit d'un fait réellement arrivé. Je sais, au reste, que dans le courant de vos récits vous jouerez souvent avec la manie des interprétations ; vous ne ferez donc pas mal de commencer le badinage dès le début, et de donner ainsi à ce ressort quelque chose de problématique. Pardonnez-moi de m'être livré aussi à la manie des interprétations.

La bévue d'Unger m'a vivement contrarié, car j'attends votre *Wilhelm Meister* avec la plus vive impatience. Je crois cependant que je lirai avec plus de bonheur encore vos morceaux inédits de *Faust*. J'avoue que ce que vous avez déjà fait imprimer de cette pièce me semble le torse d'Hercule. Dans chaque scène, on reconnaît toute la plénitude, toute la force du génie d'un grand maître, et je voudrais suivre aussi loin que possible la nature grandiose et hardie qui respire dans cet ouvrage.

M. de Humboldt est encore tout pénétré de l'effet que votre manière de lire et de commenter Homère a produit sur lui[1], et il nous a inspiré un si vif désir de vous entendre, que lorsque vous viendrez passer quelques jours ici, nous ne vous laisserons pas tranquille avant que vous ne nous ayez donné une semblable séance.

Mes *Lettres esthétiques* avancent lentement, la nature du style le veut ainsi. Au reste, si je ne puis achever l'édifice, je veux au moins que les fondements en soient solides...

---

[1] Tous les vendredis, pendant cet hiver de 1794, des amis se réunissaient chez Gœthe, qui leur lisait l'*Iliade* dans la traduction de Voss. Il lisait admirablement, dit M. Henri Düntzer, et s'appliquait surtout à diminuer par la mélodie de sa voix, la rudesse de la version allemande. — *Schiller und Gœthe*, von Heinrich Düntzer. 1 vol. Stuttgart, 1859; p. 17.

Tout le monde ici se rappelle à votre bon souvenir.
SCHILLER.

GŒTHE A SCHILLER

Weimar, le 2 décembre 1794.

Je suis enchanté que vous ne soyez pas mécontent de l'ensemble et des points principaux de mon prologue, mais je ne puis vous fournir que cela pour le premier numéro. En repassant le manuscrit, je mettrai des sourdines au conseiller intime, et un *rinforzando* à Charles; par là j'espère que le tout s'harmonisera.

Votre fragment de la *Guerre des Pays-Bas* donnera une grande valeur au premier numéro des *Heures*. Pour le second numéro, je compte vous fournir la première narration; en tout cas, je me propose de procéder à la façon de la conteuse des *Mille et une Nuits*. Je me fais un vrai plaisir d'utiliser immédiatement vos excellentes observations, ce qui répandra une nouvelle vie sur cette composition. J'attends de vous le même bienfait pour *Wilhelm Meister*. Surtout, ne nous faites pas attendre trop longtemps la suite de vos *Lettres esthétiques*.

Pour l'instant je ne pourrai rien vous communiquer de *Faust*, car je n'ose délier le paquet qui le tient captif. Je ne pourrais copier sans corriger et finir, ce dont je ne me sens pas encore le courage. Si quelque chose peut me le communiquer un jour, c'est à coup sûr l'intérêt que vous prenez à ce travail.

Ce n'est pas sans inquiétude que je me suis décidé à faire assister Humboldt à nos séances homériques; je suis tranquille aujourd'hui, puisque vous m'avez dit qu'il en a été satisfait. C'est un si grand bonheur que de goûter un plaisir en commun! Malheureusement ce bonheur est trop souvent troublé par la diversité des goûts et des opinions des personnes appelées à le partager. Jusqu'à présent un bon génie a veillé sur nos séances; cela durera-t-il ainsi? Il me serait bien doux de goûter de la même façon quelques bons livres avec vous.

Portez-vous bien et ne m'éloignez jamais de votre pensée ni de celle des vôtres.

GŒTHE.

GŒTHE A SCHILLER

Weimar, le 6 décembre 1794.

Voici enfin le premier livre de *Wilhelm Schüler* qui a pris, je ne sais comment, le nom de *Meister*[1]. Malheureusement vous ne pourrez voir les deux premiers livres que lorsque la presse leur aura donné une forme stable. Que cela ne vous empêche pas de me dire franchement votre opinion, et de m'apprendre ce qu'on désire trouver dans cet ouvrage et ce que l'on en attend. Les livres suivants vous seront livrés dans toute la souplesse du manuscrit, et j'espère que vous ne me refuserez pas vos conseils.

Je continuerai tout doucement à travailler aux *Entretiens*, et, surtout, à terminer la seconde *Épître*. J'ai

---

[1] *Schüler*, élève; *Meister*, maître. On sait que le sujet du roman de Gœthe est la longue éducation de Wilhelm; le poète joue ici sur le contraste que présentent le nom et la destinée de son héros.

la conviction que *les Heures* iront facilement et bien, le tout est de les mettre en train.

Cotta a raison de demander des noms ; il connaît son public, qui juge les productions littéraires beaucoup plus sur le sceau dont elles sont marquées que sur leur contenu. Que chacun de vos collaborateurs juge cette demande suivant sa manière de voir ; quant à moi, je suis forcé de vous prier de conserver, à tous mes articles, le plus strict anonyme. A cette condition seulement, je pourrai, en dépit de mes diverses relations, conserver assez de liberté et de verve pour participer utilement à la rédaction de votre journal.

Ayez la bonté de marquer au crayon les fautes d'impression et les passages de mon roman sur lesquels vous aurez des observations à me faire.

J'espère pouvoir aller passer quelques jours à Iéna dès le commencement de l'année prochaine, et je m'en réjouis d'avance.

Meyer vous dit bien des choses amicales ; moi je me recommande à votre bon souvenir.

GŒTHE.

SCHILLER A GŒTHE

Iéna, le 9 décembre 1794.

J'ai lu, ou plutôt j'ai dévoré le premier livre de *Wilhelm Meister*. Cette lecture m'a causé un bonheur que j'éprouve rarement, et que vous seul pouviez me procurer. La défiance avec laquelle vous parlez de cette excellente production de votre génie me mettrait de mauvaise humeur, si je pouvais l'attribuer à une autre cause qu'à l'immensité des obligations que votre esprit est obligé de s'imposer à lui-même. Je ne trouve rien dans votre œuvre qui ne soit en harmonie parfaite avec l'ensemble le plus charmant. Ne vous attendez pas aujourd'hui à un jugement motivé, la prochaine publication des *Heures* m'absorbe tout entier. Si je puis garder vos bonnes feuilles encore quelque temps, je verrai s'il me sera possible de deviner la marche de l'action et le développement des caractères. M. de Humboldt a été charmé de votre roman, et il trouve, comme moi, que votre génie s'y manifeste avec toute la vigueur d'une mâle jeunesse, et la force calme de la puissance créatrice, ce sera sans nul doute l'effet qu'il produira sur tous les lecteurs. Tout y est simple, beau, concentré, et il s'y fait tant de choses avec si peu de ressorts! J'avoue que le grand nombre d'années qui séparent le premier jet de cette œuvre d'avec son exécution définitive m'avait fait craindre d'y trouver quelques inégalités, ne fût-ce que celles de l'âge; mais il n'y en a aucune. Les audacieux passages poétiques qui, semblables à des éclairs, brillent au-dessus de la marche paisible de l'action, produisent les plus heureux effets. Je ne veux parler aujourd'hui ni de la perfection des caractères, ni de la réalité vivante et presque palpable des descriptions; au reste, ce sont là des mérites que l'on retrouve dans toutes vos œuvres. Quant au tableau des amours et de la vie intérieure des artistes dramatiques, je ne suis malheureusement que trop compétent pour en juger la fidélité, car je connais ces amours et cette vie beaucoup plus que je n'aurais lieu de le désirer. Votre apologie du commerce est magnifique et largement pensée. C'est une bien grande victoire de la forme sur la matière que d'avoir pu, en dépit de cette juste apologie, soutenir glorieusement les penchants opposés du héros. Mais j'ai tort de parler ainsi du fond de votre roman, puisqu'en ce moment il m'est impossible d'en continuer l'examen.

Je viens de mettre arrêt chez Cotta sur nos noms et sur le vôtre en particulier. Votre promesse de venir passer quelques jours après Noël est une douce consolation pour moi, et me fait plus gaiement envisager le triste hiver, qui n'a jamais été mon ami...

Tout le monde se rappelle à votre souvenir et se réjouit d'avance de votre prochaine arrivée.

SCHILLER.

GOETHE A SCHILLER

Weimar, le 10 décembre 1794.

Votre opinion sur le premier livre de *Wilhelm Meister* m'a fait le plus grand bien. Cette production a eu, sous tous les rapports, une si singulière destinée, que j'ai fini par ne plus savoir à quoi m'en tenir. Aussi ai-je pris le parti de ne plus suivre que mes propres idées et je m'estimerais heureux si elles pouvaient me tirer de ce labyrinthe.

Gardez le premier livre tant que vous voudrez, je vous enverrai bientôt le second, puis vous lirez le troisième en manuscrit. De cette manière, il vous sera plus facile de trouver un point d'appui pour vos jugements. Puissent les livres suivants, au lieu de diminuer le plaisir que vous a causé le premier, l'augmenter encore! Fort de votre approbation et de celle de Humboldt, je travaillerai désormais avec une ardeur nouvelle et un nouveau courage...

Portez-vous bien. J'espère que j'aurai le bonheur de commencer la nouvelle année avec vous.

GOETHE.

SCHILLER A GOETHE

Iéna, le 2 janvier 1795.

Recevez mes vœux les plus sincères pour cette nouvelle année, et permettez-moi de vous remercier du bonheur que vous avez répandu sur celle qui vient de s'écouler; votre amitié l'a rendue la plus mémorable et la plus précieuse de ma vie passée.

Je viens de la clore, cette année, par un travail plein d'ardeur, désirant avoir quelque chose de fini quand vous viendrez nous voir; j'ai atteint ce but et je vous attends avec une grande impatience...

J'espère que vous nous apporterez la continuation de *Wilhelm Meister*. Je suis plus que jamais disposé à l'apprécier, car je soupire après une œuvre où soit représentée la destinée individuelle de l'homme. Ne pourriez-vous pas aussi nous faire la lecture de quelques pages de *Faust*? Il n'est rien, dans tout le monde poétique, qui puisse me faire plus de plaisir. Madame de Kalb, qui connaît quelque chose de cet ouvrage, m'en a parlé de manière à exciter ma curiosité au plus haut degré, et je ne sais rien dans tout l'univers poétique qui puisse me causer une joie plus vive.

D'ici à quelques jours, j'espère vous voir ou recevoir du moins l'annonce de votre arrivée.

Nous vous saluons tous du fond du cœur.
         Schiller.

GOETHE A SCHILLER

        Weimar, le 3 janvier 1795.

Beaucoup de joie et de bonheur pour la nouvelle année. Passons-la comme nous avons terminé l'ancienne, c'est-à-dire en nous intéressant réciproquement et de cœur à tout ce que nous faisons, à tout ce que nous aimons. Si les hommes aux pensées sympathiques ne s'unissent pas étroitement, que deviendra la société, que deviendra la sociabilité? J'aime à espérer que notre confiance mutuelle, et l'influence que nous exerçons l'un sur l'autre, iront toujours grandissant.

Voici le premier volume de mon roman, le second exemplaire est pour Humboldt. Puisse le second livre vous plaire autant que le premier! J'apporterai le troisième en manuscrit.

Vous pouvez compter sur l'histoire du revenant pour le second numéro des *Heures*.

J'ai le plus vif désir de voir le travail dont vous m'avez parlé. Meyer vous salue. Nous viendrons probablement dimanche 11 du courant. D'ici là, vous entendrez encore parler de moi. Portez-vous bien.
         Goethe.

GOETHE A SCHILLER

Weimar, le 7 janvier 1795.

Voici le troisième livre de *Wilhelm Meister*, je lui souhaite un bon accueil.

Samedi vous aurez le commencement des *Entretiens d'Émigrés* pour *les Heures*. Puissé-je ne pas être resté trop au-dessous du but que je me suis proposé; et qui consiste à donner une juste idée des pressentiments et des visions auxquels les personnes les plus remarquables sont très-souvent exposées!

J'espère toujours vous voir dimanche dans l'après-midi. La soirée sera consacrée au Club, où j'ai rendez-vous avec le conseiller aulique Loder.

Meyer viendra avec moi; en attendant il vous dit les choses les plus amicales. Je me fais une fête de voir votre nouveau travail, et je cherche à deviner la route que vous pouvez avoir prise; mais aurai-je bien deviné?

Bonne santé. Mes compliments à tous les vôtres.

GOETHE.

SCHILLER A GOETHE

Iéna, le 7 janvier 1795.

Mes chaleureux remercîments pour l'exemplaire de *Wilhelm Meister* que vous m'avez envoyé. Le sentiment que me cause la lecture de cette œuvre augmente à mesure que cette lecture se prolonge, et je ne puis le définir qu'en le comparant au bien-être ineffable que nous éprouvons lorsque nous nous sentons parfaitement sains de corps et d'esprit. Cet effet, j'en suis convaincu, il le produira sur tous les lecteurs.

Quant à moi, je m'explique cette action bienfaisante par la clarté, la tranquillité, le poli, la transparence qui règnent dans chaque page, et qui font que chacune d'elles satisfait complétement, sans jamais pousser le mouvement au delà de tout ce qui est nécessaire, pour allumer et entretenir dans tous les cœurs une vie joyeuse. Je ne parlerai des détails que lorsque j'aurai reçu le troisième livre, que j'attends avec une ardeur impatiente.

Je ne saurais vous exprimer combien il m'est pénible de passer d'une production de ce genre aux matières philosophiques. Dans votre roman, tout est serein, vivant, harmoniquement fondu et humainement vrai ; dans la philosophie, tout est sévère, rigide, abstrait et contre nature, car dans la nature tout est synthèse, tandis que toutes les philosophies ne sont que des antithèses. Je puis, il est vrai, me rendre le témoignage que, dans mes spéculations philosophiques, je suis resté aussi fidèle à la nature que le comportent les idées d'analyse ; peut-être y suis-je resté plus fidèle que nos kantistes ne le croient possible et permis. Je n'en sens pas moins vivement la distance infinie qui sépare la vie du raisonnement, et je ne puis m'empêcher de voir, en certains moments de mélancolie, une défectuosité de ma nature dans ce qui, pendant des heures plus sereines, ne me semble qu'une propriété naturelle et adhérente à la chose elle-même. Ce qu'il y a de certain, c'est que le poëte seul est *homme* dans la véritable acception du mot, et que, comparé à lui, le meilleur philosophe n'est que la caricature de cet homme.

Il est sans doute inutile de vous dire que j'ai hâte de savoir ce que vous pensez de ma métaphysique du Beau. De même que le Beau exprime la nature humaine tout entière, mon analyse du Beau exprime ma nature humaine personnelle ; et il m'importe infiniment de savoir jusqu'à quel point cette nature s'accorde avec la vôtre.

Votre présence ici fera jaillir une nouvelle source de vie pour mon cœur et pour mon esprit. J'ai toujours le plus grand désir de goûter avec vous certaines œuvres poétiques.

Vous m'avez promis dernièrement de me lire vos *Épigrammes* à la première occasion. Vous seriez bien aimable si vous pouviez me procurer ce plaisir, car qui sait quand je pourrai me rendre à Weimar?

Mes compliments affectueux à Meyer. Tout le monde ici se fait une fête de votre prochaine arrivée à vous deux, mais personne ne s'en réjouit si ardemment que votre sincère admirateur et ami,

SCHILLER.

Au moment de fermer cette lettre, je reçois la continuation tant désirée de *Wilhlem Meister*. Mille fois merci !

GŒTHE A SCHILLER

Weimar, le 11 février 1795.

Je désire ardemment que le quatrième livre de *Wilhelm Meister*, dont je joins ici le manuscrit, puisse vous trouver en bonnes dispositions de corps et d'esprit, et vous fasse passer quelques heures agréables. Ayez la bonté de souligner ce que vous croirez devoir être revu. Je recommande mon héros et sa compagnie à M. de Humboldt et à ces dames.

Si je ne viens pas samedi prochain, ainsi que j'en ai l'espoir, je vous écrirai. Meyer vous salue.

GŒTHE.

GŒTHE A SCHILLER

Weimar, le 18 février 1795.

Pendant mon séjour à Iéna, vous m'avez dit que vous aviez le projet de venir bientôt à Weimar, si le mauvais temps ne vous empêche pas de réaliser ce projet, je vous propose de descendre chez moi. Si votre chère femme préférait s'installer ailleurs, je compte du moins sur vous. En tout cas, arrangez-vous à votre guise; il est inutile de vous dire que vous serez tous deux les bienvenus.

Encouragé par notre dernier entretien, je viens de terminer l'esquisse des cinquième et sixième livres de mon roman. Combien n'est-il pas plus avantageux de se mirer dans les autres que dans soi-même!

Avez-vous lu les observations de Kant, sur le sentiment du beau et du sublime, publiées en 1771? Ce serait un écrit charmant si les mots *beau*, *sublime*, ne se trouvaient pas du tout sur le titre et un peu moins souvent dans texte. Il est rempli d'observations exquises sur les hommes, et l'on y voit déjà germer les principes futurs du philosophe. Je suis sûr que vous connaissez cet ouvrage.

N'a-t-on reçu aucune nouvelle de MM. de Humboldt, surtout de celui qui est en voyage en ce moment?

Mes compliments à tout votre monde. Continuez à m'animer et à m'encourager par votre affection et votre confiance.

GŒTHE.

SCHILLER A GŒTHE

Iéna, le 19 février 1795.

L'affreux temps dont nous sommes affligés en ce moment vient encore de m'enlever tout mon courage, et le seuil de ma porte est devenu la limite de mes vœux et de mes pérégrinations. Dès que ma santé me le permettra, je profiterai de votre invitation. J'ai besoin de vous voir, ne fût-ce que pour quelques heures. Au reste, ma femme, qui se fait une fête de venir vous voir, ne me laissera de repos que lorsque je me serai décidé à ce petit voyage.

Je vous ai dépeint dernièrement l'effet que *Wilhelm Meister* a produit sur moi; c'est donc à votre propre feu que vous vous êtes réchauffé. Kœrner vient de m'écrire pour me dire combien il est content de votre roman, et l'on peut avoir confiance en son jugement. Je n'ai jamais connu de critique qui se laisse moins que lui détourner par les accessoires du but principal d'une composition poétique. Il retrouve dans *Wilhelm Meister* toute la chaleur et la puissance de *Werther*, mais dominées par un esprit mâle, par un esprit arrivé à la grâce et au charme tranquille qui caractérise les œuvres d'art accomplies.

Ce que vous venez de me dire du petit livre de Kant

me rappelle tout ce que j'ai éprouvé en le lisant. L'exécution n'est qu'une anthropologie, et l'on n'y apprend rien sur les principes suprêmes du beau. Mais comme histoire naturelle et physique du sublime et du beau, cet ouvrage contient beaucoup de matières qui peuvent être heureusement fécondées. Il est vrai que, pour un sujet aussi grave, le style m'a paru trop badin, trop farci de fioritures. Singulier défaut chez un homme tel que Kant, et pourtant facile à concevoir.

Herder vient de nous faire présent d'une très-heureuse composition. Elle est aussi bien choisie que bien exécutée, et traite un sujet qui intéresse tout le monde, la *Destinée individuelle*. De semblables matières nous conviennent parfaitement, parce que, tout en ayant quelque chose de mystique, elles se rattachent par l'exécution à une vérité générale quelconque.

Puisqu'il s'agit de destinée, je dois vous dire que ces jours-ci j'ai pris un parti décisif au sujet de la mienne. Mes compatriotes m'ont fait l'honneur de m'appeler à l'université de Tubingen, à laquelle il est question de faire subir de grandes réformes. Mais l'état de ma santé me rendant incapable en ce moment de tenir souvent des cours publics, j'aime mieux être oisif à Iéna, où je me plais, et où je veux vivre et mourir, que dans toute autre ville. Aussi ai-je refusé positivement, et je ne m'en fais pas un mérite. Ce refus était tellement conforme à mes penchants, que je n'ai même pas été obligé de me rappeler la reconnaissance que je dois à notre excellent duc, et les obligations que j'aime mieux avoir contractées envers lui qu'envers qui que ce soit. Au reste, tant qu'il me sera possible de tenir une plume, je pourrai toujours me procurer des moyens d'existence; je m'en remets donc au ciel qui ne m'a jamais abandonné.

M. de Humboldt est toujours à Bareith, et il ne nous a encore rien écrit de positif sur son arrivée dans notre ville. Voici la brochure de Weisshuhn, dont je vous ai parlé. Renvoyez-la moi au plus tôt[1].

Nous nous recommandons tous à votre bon souvenir.
Schiller.

GOETHE A SCHILLER

Weimar, le 21 février 1795.

Combien je suis heureux que votre patrie n'ait pu vous attirer de nouveau, et que vous ayez pris le parti de rester à Iéna! J'espère que nous ferons et terminerons bien des choses ensemble.

Je vous prie de me renvoyer le quatrième livre de mon roman. Vous aurez les *Synonymes* dans quelques jours; il paraît que la ronde des *Heures* devient toujours plus animée.

Adieu. A bientôt une plus longue lettre.
Goethe.

SCHILLER A GOETHE

Iéna, le 22 février 1795.

Voici le quatrième livre de votre roman. Partout où j'ai trouvé un sujet d'observation, j'ai fait un signe à la

---

[1] Il s'agit de la critique du système de Fichte par son ami Weisshuhn.

marge. Vous en devinerez sans peine le sens ; si vous ne le devinez pas, vous ne perdrez pas grand'chose.

Il est un point cependant sur lequel je veux attirer votre attention. La comtesse fait remettre à Wilhelm une bourse pleine d'or par les mains du baron. Il me semble, et Humboldt est de mon avis, que, d'après les relations si chastement tendres qui se sont établies entre Wilhelm et la comtesse, cette dame ne doit pas lui faire offrir un pareil présent, et qu'il ne doit pas l'accepter. J'ai cherché dans la situation un moyen de l'adoucir, ce qui serait facile, si ce présent était offert et accepté comme remboursement des frais que lui ont occasionnés son voyage et son séjour au château. Voyez vous-même si ce moyen est convenable; mais la position ne peut rester telle qu'elle est; elle choque le lecteur et le fait douter de la délicatesse du héros.

Une seconde lecture de cette œuvre m'a de nouveau fait sentir la profonde vérité des tableaux, et les dissertations sur *Hamlet* m'ont enchanté. Je désirerais cependant, par rapport à l'enchaînement de l'ensemble et à la variété si bien observée partout ailleurs, que ces dissertations ne se succédassent pas immédiatement. Ne pourriez-vous pas les entrecouper par quelques incidents fortuits? Dès la première entrevue avec Serlo, ce sujet est brusquement abordé, et presque aussitôt repris dans la chambre d'Aurélie. En tout cas, ce sont là des riens que le lecteur ne remarquerait même pas, si tout ce qui précède ne l'avait pas autorisé à s'attendre à une grande variété de matières.

Kœrner, qui m'a écrit hier, me charge expressément de vous remercier du plaisir que lui a causé la lecture de *Wilhelm Meister*. Il n'a pu résister à la tentation de mettre en musique quelques-unes de vos strophes, et il me charge de vous présenter ses compositions en son nom : l'une est pour la mandoline, l'autre pour le piano.

Je suis forcé de vous prier de penser sérieusement aux *Heures*. Cotta insiste pour avoir des manuscrits, il faudrait les lui envoyer le 5 du mois prochain, au plus tard. Croyez-vous que d'ici là vous puissiez finir le *Procureur*? Il ne faut cependant pas que ma prière devienne une charge pour vous. Si vous ne pouvez le fournir pour le premier numéro, ce sera pour le suivant.

Nous vous saluons tous de cœur. Mes compliments à Meyer.   SCHILLER.

GŒTHE A SCHILLER

Weimar, le 25 février 1795.

Cette critique si amicale, cette bienveillante sollicitude pour mon roman, m'a donné l'envie et le courage de repasser le quatrième livre. J'ai parfaitement deviné le sens de vos signes sur la marge des pages, et j'en ai fait mon profit. J'espère donner aussi satisfaction à vos autres *Desideria*, et trouver ainsi l'occasion d'améliorer l'ensemble. Forcé aujourd'hui de me mettre immédiatement à l'œuvre, je vous prie de m'excuser pour le prochain numéro des *Heures*; mais comptez sur moi pour le suivant, le *Procureur* y paraîtra dans toute sa gentillesse...

J'espère vous voir bientôt, ne fût-ce que pour quelques heures ; en attendant, que la pensée nous rapproche. Dites à Kœrner que je me réjouis fort de son bienveillant intérêt ; je compte entendre incessamment sa romance sur notre théâtre.

Portez-vous bien.   Gœthe.

GŒTHE A SCHILLER

Weimar, le 18 mars 1795.

La semaine dernière, je me suis trouvé dans une disposition d'esprit qui dure encore, et qui m'a poussé à revoir le livre religieux de mon roman. Comme tout y repose sur des illusions et de délicates erreurs, par lesquelles on confond sans cesse le subjectif avec l'objectif, il faut, pour terminer ce livre, plus de recueillement que pour tous les autres ; et je n'aurais jamais pu traiter à fond une pareille matière, si je n'avais pas fait antérieurement, à ce sujet, des études d'après nature. Ce livre, que je veux finir avant tout, a beaucoup avancé mon travail, car, conduisant tantôt en arrière et tantôt en avant, il limite et guide en même temps.

Le *Procureur* est copié, il n'a plus besoin que d'être revu ; vous l'aurez à temps.

J'espère que je pourrai venir à Pâques passer quelques semaines avec vous, et alors nous nous dédommagerons amplement de notre longue séparation.

Les Heures font beaucoup de bruit à Weimar, mais je ne sais encore rien de décisif. On court après elles, on se les arrache des mains, et pour l'instant nous n'en demandons pas davantage.

M. de Humboldt sans doute a beaucoup travaillé; nous causerons anatomie ensemble. Saluez-le de ma part, ainsi que les dames.

Le *Procureur* ne tardera pas à frapper à votre porte.

Portez-vous bien et aimez-moi toujours comme je vous aime.
GOETHE.

SCHILLER A GOETHE

Iéna, le 19 mars 1795.

Le travail auquel vous vous livrez en ce moment excite ma curiosité au plus haut degré. Vous n'y avez pas été poussé par vos penchants naturels, car ils touchent une corde qui, et ce n'est pas pour votre malheur, ne vibre que rarement chez vous. Aussi je suis impatient de voir comment vous avez pu identifier votre être à des matières aussi hétérogènes. Les rêveries religieuses ne peuvent surgir que dans des esprits oisivement contemplatifs et abîmés, pour ainsi dire, en eux-mêmes; et le vôtre, certes, n'est pas en ce cas. Je suis convaincu, cependant, que tout ce que vous direz à ce sujet sera juste et vrai; mais vous ne serez arrivé là que par la toute-puissance de votre génie, et non par les instincts de votre nature individuelle.

J'ai été forcé de quitter mes travaux philosophiques, afin de pouvoir fournir aux *Heures* le siège d'Anvers; quand vous arriverez, la ville sera prise. Ce travail me fait vivement sentir combien celui qui l'a précédé était fatigant. Il me semble que j'écris pour m'amuser, et sans la foule de pitoyables écrits que je suis forcé de feuilleter, je ne croirais jamais que je travaille. Il est vrai que le plaisir est fort médiocre aussi; mais j'espère me trouver dans la position des cuisiniers qui, tout en manquant eux-mêmes d'appétit, parviennent à l'exciter chez les autres.

Vous me rendriez un grand service si je pouvais avoir le *Procureur* lundi prochain. Alors je ne serais pas forcé de faire imprimer mon morceau d'histoire avant d'en avoir terminé la fin.

Je me réjouis de tout mon cœur de ce que vous voulez bien passer les fêtes de Pâques avec nous. J'ai plus que jamais besoin d'être ranimé par une main amie.

Tout le monde vous attend ici avec impatience.

SCHILLER.

SCHILLER A GŒTHE

Iéna, le 4 mai 1795.

Je viens de recevoir vos *Élégies* avec votre amical billet. Depuis votre départ, mes soirées me paraissent bien tristes; on s'accoutume si vite au bonheur! Ma santé s'améliore tout doucement; d'ici à quelques jours, j'espère être remis.

Hubert m'écrit qu'il a envie de traduire *Wilhelm Meister* en français. Faut-il l'encourager ou le détourner de ce projet?

Ne craignez pas que je néglige de venir au secours de votre mémoire; je ne vous ferai grâce d'aucune de vos promesses. Selon la chronologie des *Heures*, vous serez bientôt obligé de penser à vos *Entretiens*. J'espère pouvoir vous renvoyer vos *Élégies* vendredi prochain.

Ma femme se recommande à votre amical souvenir. Saluez Meyer de ma part. SCHILLER.

GŒTHE A SCHILLER

Weimar, le 12 mai 1795.

Les *Élégies* que vous venez de me renvoyer m'ont trouvé dans un état tout à fait élégiaque, selon l'acception vulgaire du mot, c'est-à-dire lamentable. Après l'heureuse vie que je viens de mener à Iéna, où, tout en goûtant les plus belles jouissances intellectuelles, je respirais un air libre et doux, j'ai été accueilli ici par un temps froid et désagréable. Un courant d'air que j'ai été obligé de braver pendant quelques heures m'a donné une fièvre catarrhale. Par suite de cette fièvre, le côté droit de ma tête était devenu très-douloureux, et le côté gauche n'était plus bon à rien. Maintenant, je ne souffre plus, et, quoique toujours enfermé dans ma chambre, je puis du moins m'occuper des travaux que j'ai été forcé de laisser en arrière...

Le deuxième volume de mon roman se trouve arrêté quelque part; je devrais déjà l'avoir, et je voudrais pouvoir vous l'envoyer. Je m'occupe maintenant du cinquième livre, et j'espère le terminer avant la Pentecôte.

GŒTHE.

SCHILLER A GŒTHE

Iéna, le 15 mai 1795.

Je viens d'apprendre que vous avez été indisposé, et je vous plains de tout mon cœur. Quand on est aussi peu que vous accoutumé à être malade, cela doit être bien plus insupportable encore. La mauvaise influence de ce temps froid sur ma santé est si naturelle que je ne veux pas même en parler...

Cotta m'écrit que plusieurs lecteurs des *Heures* demandent une plus grande variété dans les articles. Les uns se plaignent de ce que les matières sont trop abstraites, les autres murmurent contre vos *Entretiens*, parce qu'ils ne savent pas où cela les conduira. Vous le voyez, nos bons Allemands ne se démentent point; on a beau leur servir des mets excellents, pour les manger avec appétit ils veulent en connaître le nom.

Dans un de mes derniers entretiens avec Humboldt, nous avons reconnu mutuellement que, dans notre Allemagne d'aujourd'hui il est impossible qu'un écrit, si excellent ou si détestable qu'il puisse être, soit généralement loué ou blâmé. Notre public n'a plus l'unité du goût des enfants, et n'a pas encore celle d'une éducation accomplie, aussi nage-t-il entre ces deux extrémités. Cette disposition, très-favorable aux mauvais écrivains, est bien triste pour ceux qui aspirent à quelque chose de mieux qu'à gagner de l'argent.

Je suis curieux d'apprendre ce que l'on dira de *Wilhelm Meister*, c'est-à-dire ce qu'en diront les journalistes; l'opinion du public sera partagée, cela va sans dire.

Il ne s'est rien passé ici de neuf ou de curieux; le départ de Fichte a fait tarir chez nous la plus riche source d'absurdités amusantes.

L'ami Woltmann vient encore de mettre au jour une création d'autant plus malheureuse qu'elle s'annonce d'un ton très-suffisant. Cette création est le plan d'un cours d'histoire, véritable carte de traiteur, capable de faire fuir au loin les hôtes les plus affamés.

Reichardt vient de nous faire offrir sa collaboration par l'intervention de Hufeland.

Avez-vous déjà lu la *Louise* de Voss, qui vient de paraitre ? Je pourrais vous l'envoyer.

Tout le monde vous salue de cœur.   SCHILLER.

GŒTHE A SCHILLER

Weimar, le 16 mai 1795.

Continuons à suivre la route que nous nous sommes tracée. Nous savons ce que nous pouvons donner et à quel monde nous avons affaire. Depuis plus de vingt ans, je sais par cœur toutes les farces et tout le tripotage de la vie d'auteur. C'est un jeu qu'il faut continuer à jouer ainsi; c'est tout ce qu'on peut en dire.

Il est impossible de renvoyer Reichardt; mais, surtout, tenez son importunité en bride.

Je n'ai pas encore lu *Louise*, vous me ferez plaisir de me l'envoyer.

Vous trouverez ci-joint un volume de la *Terpsichore* de Herder, que vous lirez avec plaisir, j'en suis persuadé. Renvoyez-le-moi le plus tôt possible.

Mon malaise est passé, et j'avais déjà pris mes mesures pour venir vous voir; mais il faut que je remette ce petit voyage jusqu'à la Trinité, car les répétitions de ma *Claudine* me retiendront pendant une quinzaine au moins.

Portez-vous bien; mes compliments à nos amis.

Le *Moniteur français* dit que l'Allemagne est surtout

célèbre à cause de sa philosophie, et qu'un M. Kant et
son élève M. Fichte viennent d'allumer des chandelles
pour éclairer les Allemands.   GŒTHE.

SCHILLER A GŒTHE

Iéna, le 15 juin 1795.

J'ai lu le cinquième livre de **Wilhelm Meister** avec
une véritable ivresse et sous le coup d'une seule et indivisible impression. Il n'y a rien, pas même en ce roman, qui m'ait aussi vivement frappé, qui m'ait entraîné
aussi impérieusement dans son tourbillon; c'est seulement à la fin que j'ai commencé à me reconnaître,
à redevenir maître de moi. Et lorsqu'on songe à la
simplicité des moyens par lesquels vous excitez un intérêt si entraînant, on ne peut revenir de sa surprise.
Pour le détail aussi, j'ai trouvé des passages excellents.
La manière dont *Wilhelm* se justifie près de Werner de
s'être engagé comédien, cet engagement même, Serlo,
le souffleur, Philine, la folle nuit sur le théâtre, tout cela
est traité avec un merveilleux bonheur. Je ne saurais
vous dire combien j'admire le parti que vous avez tiré
du fantôme anonyme. C'est une des plus heureuses idées
que je connaisse, et vous avez épuisé jusqu'à la dernière goutte l'intérêt qu'elle pouvait offrir. Il est vrai
qu'on s'attend à voir paraître ce fantôme au repas des
comédiens, mais comme vous faites vous-même cette
observation, on devine sans peine que vous avez de
bonnes raisons pour ne pas répondre à l'attente générale. Autant il y a dans le roman de personnages pouvant

jouer le rôle du fantôme, autant il y aura d'hypothèses imaginées par les lecteurs.

Ici, la majorité croit que le fantôme n'est autre que Marianne, ou que Marianne du moins est en rapport avec lui. On suppose, en même temps, que le farfadet femelle, celui que Wilhem saisit dans ses bras lorsqu'il rentre dans sa chambre, est le fantôme lui-même. Quant à moi, j'ai plutôt songé à Mignon, qui, pendant cette nuit, semble avoir reçu de grandes révélations sur son sexe. Cet échantillon herméneutique vous prouvera que vous avez bien su garder votre secret.

La seule observation que je pourrais faire, c'est que vous avez donné à ce tableau de la vie des comédiens plus de place que n'en comporte la libre et large idée de l'ensemble. On dirait, parfois, qu'au lieu d'écrire *sur* les acteurs, vous écrivez *pour* eux. Le soin que vous apportez aux détails de ce genre, votre sollicitude pour certains progrès minutieux de l'art dramatique, toutes choses fort intéressantes pour les acteurs et les directeurs, mais indifférentes au public, donnent à cette partie du roman l'apparence d'une destination spéciale, et ceux qui ne vous attribueront pas cette pensée vous accuseront de vous être laissé dominer par une prédilection particulière pour ce sujet. Je crois donc que, si vous pouviez resserrer cette partie, l'ensemble de l'ouvrage y gagnerait.

Un mot encore sur vos lettres d'un collaborateur au rédacteur en chef. J'ai déjà pensé plus d'une fois que nous ferions bien d'ouvrir dans *les Heures* une arène à la critique. Ces sortes d'écrits donnent immédiatement de la vie à un recueil et intéressent toujours la foule ; mais il ne faut pas nous dessaisir de la direction du journal, et c'est ce qui arriverait, si, par une invitation en forme, nous donnions au public et aux auteurs le droit d'insérer leurs opinions dans notre recueil. De la part du public, nous n'aurions à attendre que des jugements pitoyables, et les auteurs ne manqueraient pas de se rendre importuns, ainsi que cela arrive trop souvent. Je crois donc que nous devons nous-mêmes commencer l'attaque ; les auteurs qui voudront se défendre dans *les Heures* seront obligés de se soumettre aux conditions que nous leur imposerons. Il me semble aussi qu'il faudrait débuter dans notre journal, non par l'annonce de cette initiative, mais par l'initiative elle-même. On nous accusera, sans doute, d'être intraitables et impolis, mais cela ne fera pas de mal.

Si je vous écrivais au nom d'un M. X, pour me plaindre de ce que l'auteur de *Wilhelm Meister* évite, dans son roman, la bonne société, pour se tenir toujours au milieu d'une troupe de comédiens? Qu'en pensez-vous? Il est certain que c'est là le reproche que vous adressera le *beau monde*, et il ne serait pas mauvais de rectifier d'avance les idées à ce sujet. Si vous voulez répondre à une lettre de ce genre, je la fabriquerai immédiatement.

J'espère que votre santé s'améliore. Puisse le ciel protéger vos travaux, et vous réserver encore beaucoup de belles heures d'inspiration, semblables à celles où vous avez écrit *Wilhelm Meister!*

J'attends avec impatience ce que vous m'avez promis

pour l'*Almanach des Muses*, et la suite des *Entretiens* pour *les Heures*.

Tout le monde chez moi va bien, et se rappelle à votre souvenir.
SCHILLER.

GŒTHE A SCHILLER.

Weimar, le 18 juin 1795.

Le plaisir que vous a causé le cinquième livre de mon roman m'a comblé de joie, et j'y puise une nouvelle ardeur pour le travail qui me reste à faire. Ainsi, la partie mystérieuse et fantasque produit son effet, et, la situation étant donnée, je l'ai exécutée avec bonheur. Ce témoignage m'enchante. J'ai utilisé avec empressement toutes vos observations à l'égard du bavardage théorico-pratique sur l'art dramatique, et en plus d'un endroit j'ai fait agir les ciseaux. Il est bien difficile de se débarrasser entièrement des fautes commises dans une première composition qu'on revoit très-longtemps après. J'ai pourtant abrégé mon manuscrit de près d'un tiers.

Quant aux *Lettres au rédacteur des Heures*, nous verrons, à notre première entrevue, ce qu'il y aura à faire à ce sujet. Je serai chez vous vers la fin de la semaine prochaine, et, si je le puis, j'apporterai la suite des *Entretiens d'émigrés allemands*.

Samedi prochain, je vous enverrai l'article de Meyer sur Jean Bellin. C'est un beau morceau, malheureusement trop court. Renvoyez-nous l'introduction que vous avez déjà entre les mains, il y a encore des changements à faire. Si Meyer pouvait terminer à temps son travail sur Mantegna, cela vous aiderait à compléter votre septième numéro.

J'ai appris avec plaisir que le nouveau Tragélaphe [1] ne vous est pas tout à fait antipathique. Cet homme paraît vivre très-isolé, et c'est dommage, car, quoiqu'il y ait du bon en lui, il ne peut arriver à purifier son goût; c'est qu'il est, sans doute, le meilleur membre de la société au milieu de laquelle il vit. Je vous ferai passer encore deux volumes de ce singulier ouvrage.

Je destine les quatre semaines que je vais passer à Carlsbad à revoir mes travaux sur l'histoire naturelle. Je tâcherai de trouver un schéma, non-seulement pour ce que j'ai déjà fait, mais pour ce qu'il faudra que je fasse encore, afin d'avoir une charpente toute prête où viendront se coordonner mes nombreuses expériences et observations restées éparses jusqu'ici.

Que direz-vous d'un ouvrage dont j'ai fait copier quelques feuillets, que vous trouverez ci-joints?

Portez-vous bien, vous et les vôtres. Mes compliments à la famille de Humboldt. GŒTHE.

GŒTHE A SCHILLER.

Weimar, le 17 août 1795.

Le messager vous apportera une collection d'épigrammes. Je vous prie de lui remettre le manuscrit de mon roman, dont je ne puis plus longtemps retarder l'impression.

---

[1] Le tragélaphe est une espèce d'antilope aux formes bizarres, aux allures élégantes et sauvages. C'est le grand humoriste Jean-Paul que Gœthe désigne par ce sobriquet.

Je prévois qu'au commencement de septembre, je serai obligé de me rendre à Ilmenau, où je resterai au moins quinze jours. D'ici là, j'ai encore bien des choses à faire; dites-moi ce qu'il vous faudra pour les *Heures*. Voici, à première vue, ce que je pourrais vous fournir — Août : *Entretiens d'émigrés*, fin de la dernière histoire. L'*Hymne* que vous avez déjà (renvoyez-la-moi pour que je la retouche). — Septembre : drame et roman, un conte fantastique. Ce conte terminerait les *Entretiens*; il ne serait pas mal, en effet, que le dialogue allât se perdre dans l'infini avec une œuvre d'imagination. — Octobre : suite et fin du conte fantastique. Notes pour les *Élégies* et les *Épigrammes*. — Novembre : introduction aux *Mémoires de Cellini*. — Décembre : quelques scènes de *Faust*, — s'il est possible. Cette dernière composition fait pour moi l'effet d'une poudre qui, après s'être dissoute dans l'eau, se dépose de nouveau. Tant que vous la remuez, le mélange semble se refaire, et, dès qu'on la laisse tranquille, le dépôt se reforme.

Écrivez-moi, avant tout, comment vous vous portez, et où vous en êtes de vos travaux.   GŒTHE.

SCHILLER A GŒTHE.

Iéna, le 17 août 1795.

Si j'ai gardé aussi longtemps votre *Wilhelm Meister*, c'est que je comptais vous voir au premier jour, et que j'aurais voulu encore vous parler de vive voix du cinquième livre, car dans une lettre on oublie toujours quelque chose. Il me semble qu'il eût été impossible de mieux saisir et de mieux traiter les rapports silencieux de votre héroïne avec la Divinité. Ces rapports sont tendres et délicats, et la marche que vous leur faites suivre parfaitement conforme à la nature.

Le passage de la religion en général au christianisme, passage qui s'opère par l'expérience du péché, est un trait de maître, et toutes les idées qui guident et dirigent l'ensemble sont parfaites; je crains seulement que vous ne les ayez trop légèrement indiquées. D'un autre côté, certains lecteurs trouveront, sans doute, que ce livre arrête l'action principale. Aussi eussiez-vous bien fait, peut-être, de resserrer et de raccourcir certains détails, et de donner un peu plus de développement à la pensée dominante. L'intention de purifier et d'élever votre sujet, en évitant les termes routiniers de la dévotion, ne m'a point échappé; j'ai cru pourtant devoir souligner quelques passages qui pourraient vous faire accuser de légèreté par les âmes pieuses.

Voilà ma pensée sur ce que vous avez dit et indiqué; mais, en des sujets comme ceux-là, non-seulement ce qu'on dit, mais aussi ce qu'on a négligé de dire, devient matière à discussion. Il est vrai que, l'ouvrage n'étant pas terminé, j'ignore ce qui suivra; il me semble cependant que, par l'arrivée de l'oncle, cette personnification de la saine raison, vous préparez une crise dans les opinions de la noble amie, que vous appelez une belle âme. S'il en est ainsi, la question me paraît brusquement tranchée, car vous avez trop peu parlé des qualités particulières, et, surtout, de l'exaltation religieuse du christianisme. Il reste également beaucoup de choses à dire encore sur ce qu'une pareille religion peut être pour une belle âme, ou plutôt sur ce qu'une belle âme peut en faire. Quant à moi, je trouve dans le christianisme de merveilleuses puissances, j'y vois le germe de ce qu'il y a de plus élevé, de plus noble, et les formes diverses sous lesquelles il se montre dans la vie commune ne me paraissent si absurdes, si rebutantes, que parce qu'elles sont l'expression défigurée de cet idéal. Si l'on cherche le caractère essentiel du christianisme, ce caractère qui le distingue de toutes les autres religions monothéistes, on reconnaît que c'est l'anéantissement de la loi de l'*impératif* de Kant auquel le christianisme prétend avoir substitué le libre mouvement des âmes. Le christianisme, dans sa forme pure, n'est donc que la manifestation de la beauté morale, l'incarnation du saint, du sacré dans la nature humaine, c'est-à-dire la seule religion vraiment esthétique. Je m'explique ainsi l'immense fortune qu'il a faite auprès des femmes, et pourquoi, chez les femmes seules, on le trouve encore, parfois, sous une forme supportable.

Je ne veux pas, dans une lettre, en dire davantage sur une matière si chatouilleuse. Je me borne donc à vous répéter que j'aurais voulu entendre vibrer cette corde dans votre livre.

Je vous remercie des morceaux que vous m'avez promis pour *les Heures*. Quel plaisir vous me feriez si vous pouviez, en effet, me donner quelque chose de *Faust*, quand ce ne serait qu'une scène de deux ou trois pages! Le conte fantastique me fera le plus grand plaisir et terminera bien les *Entretiens*.

Quoique je ne me sois pas très-bien porté cette semaine, j'ai terminé quelques poésies qui grossiront mon recueil.

Ma femme vous demande si les épingles que vous avez emballées dans les *Aveux d'une belle âme* sont un symbole des aiguillons de la conscience.

Portez-vous bien. J'ai le plus grand désir de vous voir bientôt, ainsi que l'ami Meyer.

Schiller.

SCHILLER A GŒTHE.

Vendredi soir, 22 août 1795.

Je me souviens qu'il y a sept ans environ, je me trouvais à Weimar tout à fait sans argent, sauf quelque menue monnaie, et, ce qu'il y avait de pire, c'est que je ne savais pas d'où il pourrait m'en venir. Figurez-vous mon heureuse surprise, lorsque, dans cette extrémité, je reçus, le même jour, le montant d'un article que j'avais fourni à la *Gazette littéraire*; on me le devait depuis longtemps, et je l'avais entièrement oublié. C'était bien là le doigt de Dieu. Il en est de même de votre envoi de ce matin. C'est une véritable messagère du ciel qui me l'a apporté, car je ne savais plus que donner à Cotta pour le neuvième numéro des *Heures*...

J'attends votre conte fantastique avec impatience, car il me paraît naître sous d'heureux auspices. Le travail de Herder aussi sera le bienvenu.

J'aurai beaucoup de choses curieuses à vous raconter au sujet des *Heures* et de *Wilhelm Meister*, quand vous viendrez ici; faites que ce soit bientôt, je vous en prie.

Schiller.

GŒTHE A SCHILLER.

Weimar, le 7 septembre 1795.

Votre lettre et *les Heures* m'ont agréablement accueilli à mon retour d'Ilmenau, et je commence par vous saluer de cœur...

L'ouvrage de Jacobi est fort singulier. En ma qualité de profane, je n'ai rien compris à son *Louis*, à son *Lear*, à son *Œdipe*, mais dans le second morceau, j'ai trouvé beaucoup de bonnes choses, et lorsque, de son explication de la manière d'exécuter un sujet, on déduit sa propre manière de procéder, on se la traduit facilement. Le bon accueil que vous avez fait à mon conte fantastique me réjouit et m'encourage beaucoup. Si un seul des cent farfadets du vieillard de Ferney pouvait faire sentir sa présence dans mon conte, ce serait déjà trop d'honneur pour moi. Lorsque ce conte sera terminé, je serai bien aise d'avoir votre opinion sur la pensée comme sur l'exécution.

Pourquoi faut-il que votre retour à la poésie, après une aussi longue pause, vous ait été si funeste? Ne pourriez-vous donc vous donner un peu de repos?

Faites mes compliments à votre chère femme, et continuez à m'aimer.   GŒTHE.

SCHILLER A GŒTHE.

Iéna, le 9 septembre 1795.

Nous vous félicitons de votre retour à Weimar. Que ne puis-je partager avec vous ces petits voyages, si favorables au corps et à l'âme!...

Lorsque le sixième livre de *Wilhelm Meister* sera terminé, vous aurez sans doute la bonté de penser aux *Heures*. Il faut que je tende toutes nos voiles, car je sais, non-seulement par Cotta, mais encore d'autre part, que nous ne sommes pas sûrs de conserver tous nos abonnés de la première année.

J'ai fait tout ce que j'ai pu pour ce neuvième numéro. J'ai donné aux *Heures* toutes les grandes et petites poésies que je puis détourner de l'*Almanach des Muses*, sans compter mes compositions en prose...

Pendant votre absence, j'ai partagé mon temps entre la poésie et la prose. Un traité sur le *Naïf* commence à réussir; la matière se développe, et je me sens en bon chemin.

J'espère vous voir bientôt; ma femme vous salue.

Schiller.

SCHILLER A GŒTHE.

Iéna, le 13 septembre 1795.

Un petit signe de vie seulement. Je ne puis m'accoutumer à être huit jours sans rien vous dire et sans vous entendre parler.

Pour moi, je vais, comme toujours, à la fois bien et mal. Je ne puis encore quitter ma chambre, mais les travaux suivent leur train. Je m'imagine que vous êtes en ce moment occupé du prochain départ de Meyer; je vous prie de le saluer de ma part.

Je voudrais savoir si c'est bien à Vicence que se trouve le beau pont composé d'une seule arche, jeté sur l'Adige, à ce que je crois. Répondez-moi un mot à ce sujet, j'ai besoin de ce pont dans un hexamètre.

Tâchez donc de vous résoudre encore à me faire l'aumône d'une douzaine de vos épigrammes ou autres pièces semblables pour les trois derniers numéros des *Heures*. J'en demanderai autant à Herder, et moi-même je chercherai quelque sujet de ce genre. Ces petites pièces font nombre, elles réjouissent le lecteur, et produisent à la table des matières un aussi bel effet que des œuvres plus importantes. C'est à l'aide d'une pareille ruse que je suis arrivé, dans le neuvième, au chiffre de dix-sept...

Il y a, dans un des plus récents numéros des *Archives du temps*, une réponse à votre article, *le Sans-Culotisme littéraire*. Je ne l'ai pas encore lue; j'en ai vu seulement l'annonce dans la *Gazette de Hambourg*. Si on l'a déjà à Weimar, je vous prie de me l'envoyer.

Ma femme vous salue de cœur. Ne vous laissez pas absorber par le travail, et surtout ne soyez pas longtemps sans venir à Iéna.   SCHILLER.

Gœthe, de son côté, était impatient de voir Schiller. Le 5 octobre (1795) il monta à cheval et se rendit à Iéna. Il y passa seulement quelques heures, mais ce fut assez pour un nouvel échange d'idées et de projets. Schiller lut à son ami plusieurs de ses poésies nouvelles, entre autres la belle pièce appelée d'abord de ce simple nom, *Élégie*, et intitulée plus tard *la Promenade*. Gœthe promit de traduire pour les *Heures* un ouvrage de madame de Staël, qui venait de paraître tout récemment, l'*Essai sur les fictions*. Il devait y mettre une introduction, et il était convenu que Schiller y ajouterait ses commentaires. Quinze jours après, Schiller reçut le travail de Gœthe. On remarquera dans les lettres qui vont suivre l'opinion, fort inattendue pour nous, de l'auteur de *Faust* sur le caractère *vague* de la langue française. Gœthe parlait-il simplement de l'ouvrage de madame de Staël, où la théorie de l'imagination n'est pas exposée, en effet, avec la précision de l'enseignement *ex cathedra*? S'il parlait de la langue française en général, il ne faut pas oublier que, malgré son goût pour Voltaire et notre dix-huitième siècle, il n'a jamais pu se rendre complétement maître de notre idiome, *sich bemæchtigen*, disait-il. Une langue que l'on ne sait pas bien est toujours un peu vague. Quant à *la difficulté qu'un Français éprouve à se mettre d'accord avec soi-même, lorsqu'il aime son pays et qu'il veut rester honnête*, c'est là une cruelle parole qui est de nature à faire réfléchir. Est-il donc si difficile pourtant d'aimer sa patrie et d'en blâmer les mauvais instincts? Il y aurait beaucoup à dire sur cette sentence de Gœthe. Mais rendons-lui la parole; c'est l'éducation réciproque de deux poëtes qui nous occupe ici; nous ne prétendons pas commenter ou réfuter toutes les opinions qui leur échappent.

GŒTHE A SCHILLER.

Au lieu de vous quitter hier si brusquement, j'aurais bien mieux aimé rester près de vous; le malaise d'un désir mal satisfait m'a poursuivi tout le long du chemin. Pendant le peu de temps que nous avons passé ensemble, on peut agiter une foule de thèmes, mais il est impossible d'en mûrir un seul.

J'ai particulièrement songé à vos poésies; elles ont une rare valeur et sont aujourd'hui, j'ose le dire, ce que j'attendais de vous autrefois. Le singulier mélange de contemplation et d'observation, qui vous a toujours caractérisé, est maintenant arrivé chez vous à un équilibre parfait, et toutes vos vertus poétiques se montrent dans le plus bel ordre. C'est avec plaisir que je retrouverai vos poésies imprimées, que je les savourerai de nouveau, et que je ferai partager cette jouissance autour de moi.

Dès mon arrivée ici, je me suis occupé de l'ouvrage de madame de Staël, qui me donnera plus de travail que je ne croyais. Je le traduirai pourtant, car après tout ce n'est pas bien long. Cela fera environ cinquante-cinq pages de mon écriture. Vous recevrez bientôt la première partie, qui est de vingt et une pages. Je m'expliquerai, dans une petite préface, sur les procédés auxquels j'ai eu recours. Pour vous épargner des corrections, j'ai mis les expressions de l'original en rapport avec nos idées, et j'ai cherché à donner quelque chose de plus déterminé au vague de la langue française. Vous trouverez beaucoup de bonnes choses dans ce

livre; mais comme l'auteur est partial, sans cesser
d'être raisonnable et honnête, il a beaucoup de peine
à se mettre d'accord avec lui-même. Je suis persuadé
que ma traduction vous sera très-utile pour remplacer
le texte. Je voudrais toutefois que, dans le compte
rendu de ce texte, vous fussiez aussi clair et aussi ga-
lant que possible, afin que, plus tard, on pût l'envoyer
à madame de Staël, et prolonger ainsi la ronde des
Heures jusque dans la France régénérée.   GŒTHE.

GŒTHE A SCHILLER.

Weimar, le 10 octobre 1795.

La feuille ci-jointe a été dictée pour vous il y a quelques jours, mais je ne l'ai pas fait partir. Aujourd'hui
je vous fais mes adieux, car je me mets en route demain. Vous aurez incessamment l'œuvre de madame de
Staël. Comme la bonne dame est tantôt d'accord et
tantôt en contradiction avec elle-même!

Je vous écrirai de Francfort; d'ici là portez-vous bien
ainsi que les vôtres.   GŒTHE.

GŒTHE A SCHILLER.

Eisenach, le 16 octobre 1795.

Je vous reverrai bientôt, car mon voyage à Francfort
n'a pas eu lieu...

Toutes mes facultés intellectuelles et morales sont
fixées maintenant sur *Wilhelm Meister*, et je ne le
quitterai qu'après l'avoir terminé.

Portez-vous bien, pensez à moi et saluez votre chère
femme.   GŒTHE.

SCHILLER A GŒTHE.

Iéna, le 16 octobre 1795.

Si j'avais pu prévoir que vous resteriez si longtemps à Eisenach, je n'aurais pas tant tardé à vous écrire. Je suis vraiment content de vous savoir loin du tumulte du Mein, l'ombre du géant aurait pu vous saisir d'une manière peu agréable[1]. Cela me fait souvent une singulière impression de vous savoir errant à travers le monde, — tandis que je reste immobile devant mes carreaux de vitres, n'ayant jamais que des papiers devant moi, — et de penser que, malgré cette différence de nos destinées, nous nous sentons si près l'un de l'autre, nous nous entendons si parfaitement bien.

Votre lettre du 6 m'a fait beaucoup de plaisir. Pour une heure de courage et de confiance en mes forces, j'en compte bien dix où je suis sans ardeur et ne sais plus ce que je dois penser de moi-même. Alors, c'est vraiment une consolation que de pouvoir me considérer dans l'opinion d'autrui comme dans un miroir. Herder aussi vient de m'écrire au sujet de mes poésies une lettre fort encourageante.

L'expérience m'a prouvé enfin qu'on ne parvient à créer des productions faciles que par une rigoureuse précision de la pensée, tandis qu'autrefois je croyais que cette précision rendait le style dur et roide. Je suis donc très-satisfait aujourd'hui d'avoir eu le courage de

---

[1] Allusion à la guerre de la république française contre les coalisés. Jourdan et Pichegru, après avoir traversé le Rhin, venaient d'opérer leur jonction dans la vallée du Mein (septembre 1795).

suivre la route qui me paraissait d'abord tout à fait contraire à l'inspiration poétique. Il est vrai que cette route est pénible, fatigante, car si le philosophe peut laisser reposer son imagination, et le poëte ses facultés abstractives, ma manière de composer me contraint à employer à la fois ces deux éléments hétérogènes, et d'en opérer la fusion par de perpétuels efforts intérieurs.

J'attends l'ouvrage de madame de Staël avec beaucoup d'impatience. Je tâcherai de mettre votre traduction tout entière dans le même numéro; la livraison suivante contiendra mes observations; et comme le lecteur aura déjà fait les siennes, il m'écoutera avec plus d'intérêt... Herder m'a envoyé un essai sur les *Grâces*, dans lequel il rend tous leurs anciens droits à ces divinités dont on a tant mésusé. J'espère terminer bientôt mon traité sur le *Naïf*; je l'ai écrit de manière à le rendre populaire. Vous trouverez, ci-joint, quelques boutades poétiques de ma part. Quant au *Partage de la terre*, vous auriez pu le voir de votre fenêtre dans la grand'rue de Francfort, car c'est là le véritable terrain pour l'action de ce petit poëme. Si cela vous paraît convenable, vous pourriez en faire la lecture au duc. Dans les autres morceaux, je me suis égayé aux dépens de la philosophie, qui paraît toujours ridicule lorsqu'elle prétend étendre le savoir de l'homme et donner des lois au monde par ses propres moyens, sans avouer que ces moyens ne sont rien, tant que l'expérience ne les a pas confirmés.

J'apprends avec plaisir que vous allez bientôt terminer *Wilhelm Meister*. Je m'occuperai alors de l'ensemble, d'après une critique nouvelle fondée sur une méthode *génésiaque*, si toutefois cette méthode est possible, c'est ce que je ne sais pas encore.

Ma femme et ma belle-mère, qui est auprès de nous, vous font leurs compliments. On m'a beaucoup demandé où vous étiez en ce moment, je n'ai pas jugé à propos de le dire. Si vous recevez des nouvelles de notre voyageur en Italie[1], je vous prie de les communiquer. Portez-vous bien.   Schiller.

SCHILLER A GOETHE.

Iéna, le 23 novembre 1795.

. . . .
Je partage votre mauvaise humeur contre Stolberg et consorts, et je serais enchanté si vous pouviez leur donner sur les doigts. Au reste, c'est l'*histoire du jour*[2]. Il n'en a jamais été autrement, et jamais autrement il n'en sera. Soyez persuadé que, lorsqu'on a écrit un roman ou une comédie, il faut faire éternellement des romans ou des comédies; on ne vous croit pas capable de faire autre chose. Si Newton avait débuté par une comédie, on aurait pendant bien longtemps protesté contre ses hautes connaissances en optique et en astronomie. Si vous vous étiez amusé à publier vos découvertes optiques, sous le nom de quelque héros de la chaire académique, vous eussiez vu merveilles. Tous ces philistins

---

[1] Le peintre Meyer dont il est question plus haut.
[2] Ces mots sont en français dans le texte allemand.

se déchaînent encore moins contre une innovation que contre la personne dont elle émane.

J'ai le plus grand désir de voir de mes yeux le *delictum* Stolberg ; ne pourriez-vous pas me le procurer ? Cet homme réunit en lui un si haut degré de vanité et d'impuissance, qu'il ne mérite aucune pitié. L'extravagant Ienisch, de Berlin, qui se croit obligé de se mêler de tout, vient de lire la critique des *Heures*, et, dans le premier feu de la colère, il a composé une apologie de ma personne et de mon caractère d'écrivain, en réponse aux attaques dont je suis l'objet. Heureusement qu'un de mes amis a empêché l'insertion de cet écrit dans le journal pour lequel il était destiné, mais je ne sais s'il ne le fera pas imprimer ailleurs. Quelle singulière destinée que la mienne ! Je suis réduit à craindre la maladresse d'un ami, plus encore que les diatribes de mes nombreux ennemis ; et dès qu'une voix s'élève en ma faveur, il faut que je m'empresse de la réduire au silence...

Herder vous communiquera ma dissertation sur les poëtes sentimentaux, dont vous ne connaissez encore qu'une très-petite partie. Je vous prie de la lire en entier, j'espère que vous en serez content. C'est le jugement dernier de la plupart des poëtes allemands ; il terminera dignement l'année de nos *Heures*, et donnera à penser à nos critiques. J'ai été franc et ferme, mais sans manquer d'égards à personne. Il est vrai que, chemin faisant, j'ai effleuré tout le monde, et il est peu de poëtes qui soient sortis de cette bataille sans blessures.

Je n'ai pas non plus oublié le naturalisme et ses

prétendus droits, ce qui a valu à Wieland un petit coup en passant; mais ce n'est pas ma faute. Personne, et Wieland pas plus que les autres, ne s'est jamais gêné de dire son opinion sur mes défauts; on me l'a même fait entendre souvent d'une manière fort dure; et puisque le hasard met enfin tous les avantages de mon côté, je ne vois pas pourquoi je ne dirais pas aussi mon opinion.

Portez-vous bien. Je me réjouis d'avance du temps que vous vous proposez de passer avec nous après le jour de l'an. Schiller.

GOETHE A SCHILLER.

Weimar, le 29 novembre 1795.

Je vous renvoie votre dissertation avec beaucoup de remerciments. Puisque cette théorie me traite si bien, il est naturel que les principes aient mon approbation et que les conséquences me paraissent justes. Je me défierais pourtant de ces principes si je ne m'étais d'abord trouvé dans des dispositions hostiles à leur égard; vous n'ignorez pas qu'une trop grande prédilection pour les anciens poëtes m'a souvent rendu injuste envers les modernes. Vos doctrines m'ont enfin mis d'accord avec moi-même, car je ne suis plus forcé de blâmer ce qu'un penchant irrésistible me force à produire moi-même, sous certaines conditions du moins, et c'est toujours un grand plaisir que de n'être pas trop mécontent de soi et de ses contemporains.

Ces jours-ci, je me suis remis à mon roman, et j'ai de bonnes raisons pour m'y tenir. La matière et la forme du premier volume ont autorisé le lecteur à élever des prétentions immenses, il faut que le dernier les satisfasse. On ne sait jamais le chiffre de sa dette que lorsqu'on règle ses comptes et qu'on se dispose à payer. Je ne perds pourtant pas courage, tout dépend du bon emploi du temps et de l'inspiration.

Portez-vous bien. GŒTHE.

GŒTHE A SCHILLER.

Weimar, le 15 décembre 1795.

. . . . . . Le petit poëme du *Partage de la terre* a beaucoup plu ici, et l'on est fort curieux de savoir quel en est l'auteur. — Je profiterai des observations qu'on a faites sur les *Élégies*, autant que mes loisirs me le permettront; mais avec une langue aussi singulière que la langue allemande, il est impossible qu'il ne me reste pas toujours quelque chose à désirer. Je ne m'occupe plus que du dernier volume de mon roman. Pour qu'il pût être fini, il a fallu qu'il se combinât de lui-même. Maintenant, c'est l'exécution qui m'obsède, car le bûcher, depuis si longtemps entassé, vient de prendre feu... Je m'apprête à venir vous voir pour le jour de l'an. J'ai le plus grand désir de repasser avec vous tout le cercle de vos travaux théoriques, et de me fortifier ainsi pour mes propres travaux. J'aime d'autant plus vos principes et leurs conséquences, qu'ils assurent la durée de nos relations avec une harmonie toujours croissante. Malheureusement, ce qui divise les hommes, ce sont beaucoup plus souvent les opinions sur les choses que les choses elles-mêmes, ainsi que nous en voyons tous les jours à Weimar les plus déplorables exemples.

Portez-vous bien; mes compliments affectueux à votre chère femme. GŒTHE.

SCHILLER A GŒTHE.
Iéna, le 17 décembre 1795.

Je vous envie les dispositions poétiques qui vous permettent de ne vivre en ce moment que pour votre *Wilhelm Meister*. Quant à moi, il y a longtemps que je ne me suis senti aussi prosaïque que ces jours-ci; je sens qu'il est grand temps de fermer la boutique philosophique. Il faut au cœur un objet palpable...

GŒTHE A SCHILLER.
Weimar, le 23 décembre 1795.

J'attends le nouvel an avec impatience, et je cherche à me débarrasser de toutes mes petites affaires, afin de pouvoir passer tranquillement quelques jours avec vous. Puissé-je vous trouver bien portant et en pleine activité poétique! C'est là l'état le plus heureux que Dieu ait voulu accorder à l'homme.

Ces dernières lettres de Schiller à Gœthe, et celles qu'il adresse en même temps à Koerner, révèlent une certaine tristesse, parfois même des mouvements de colère. Tandis que Gœthe, tout heureux de terminer son roman, souhaite à son ami, pour l'année qui s'approche, les joies de l'activité poétique, Schiller est triste et irrité. C'est que Schiller, l'éditeur du journal *les Heures*, est plus sensible que Gœthe à toutes les attaques, légitimes ou non, qui pleuvent de toutes part sur son œuvre. On a vu avec quelle confiance Schiller annonçait à son ami de Dresde la prochaine publication des *Heures*. Assuré du concours de Gœthe, il croyait ouvrir une ère nouvelle à la littérature allemande. Ces belles heures poétiques, ces muses de la philosophie et de l'art allaient commencer leur ronde harmonieuse! Aux tristes heures de la réalité les deux poëtes opposaient les heures célestes où l'homme poursuit le beau et le vrai! Pendant que la France remuait le monde, l'Allemagne aurait préparé les âmes à jouir dignement et virilement des bienfaits de la liberté! C'était là le dessein de Schiller quand il écrivait pour les *Heures* ses *Lettres sur l'éducation esthétique du genre humain*. Qu'étaient devenus tous ces beaux rêves? Nous voici à la fin de l'année 1795; douze numéros des *Heures* ont paru; Schiller a-t-il accompli sa tâche? a-t-il ouvert à l'Allemagne ce merveilleux domaine où les esprits devaient se transformer? a-t-il préparé l'unité intellectuelle et morale de la patrie? Hélas! non, il faut bien le dire : Schiller s'était fait d'étranges illusions. Il attribuait naïvement à tous ses collaborateurs l'ardeur qui le dévorait lui-même; excepté Gœthe et l'excellent Kœrner, aucun des hommes sur lesquels il comptait ne s'associa de cœur à son entreprise. Mais suffisait-il de s'y associer de cœur? Gœthe passe l'année entière à terminer son *Wilhelm Meister*, et le *Wilhelm Meister* ne peut paraître dans les *Heures*; pour dédommager son ami, il lui envoie un de ses plus faibles ouvrages : les *Entretiens d'émigrés allemands*, et quelques bagatelles en prose ou en vers. « Herder veut attendre que plusieurs livraisons soient publiées, écrit Schiller à Kœrner; Fichte est accablé de leçons à faire, Garve est malade, Engel s'endort. Seigneur, viens à mon aide, ou je succombe! » Si les travaux sérieux n'arrivaient pas, les rapsodies, comme toujours, affluaient de toutes parts. Pauvre poëte transformé en directeur de revue! il avait beau rejeter impitoyablement les platitudes de tel ou tel, il avait beau refuser même un article de Fichte (24 juin 1795), article confus et rédigé à la hâte, il était bien forcé, malgré ses légitimes exigences, d'admettre souvent des pages vulgaires. Mettez à part les *Lettres sur l'éducation esthétique*, exceptez encore quelques poésies de Schiller, surtout le *Partage de la terre* et l'*Élégie*, que reste-t-il dans les quatre volumes des *Heures?* Des romans insignifiants, des mémoires didactiques, point de lien, point d'unité, rien enfin qui pût justifier les espérances enthousiastes de l'éditeur. A côté des plus ardentes paroles de Schiller sur l'éducation esthétique du genre humain, vous trouverez un roman bourgeois écrit avec une plume de philistin par le bonhomme Engel. A côté de l'*Élégie* de Schiller, à côté des beaux vers où il s'écrie : « Le soleil d'Homère nous sourit encore! » Herder donne un travail sur le poëte de l'*Iliade*, et, oubliant que la question homérique vient d'être renouvelée par la critique audacieuse de Wolf, il attire sur *les Heures* et sur lui-même la censure redoutable du grand philologue.

C'est ainsi que les adversaires les plus différents se réunissaient contre la publication de Schiller. Ici, c'étaient les esprits vulgaires, les défenseurs intéressés de la routine; là, c'était la haute littérature des universités. Si Wolf avait désarçonné Herder, Kant lui-même, dans une lettre à Schiller, avait blâmé le plan de son journal. Quant au public, étonné, indécis, au milieu de productions si dissemblables, il ne savait que penser et gardait un silence profond. Guillaume de Humboldt, qui était parti pour Berlin au mois de juin 1795, écrivait à Schiller l'impression produite par ses *Lettres esthétiques* dans la capitale de la Prusse, et il la résumait en deux mots : *Altum silentium*. Ailleurs, il est vrai, on ne se taisait pas; Gœthe et Schiller étaient attaqués avec violence par les plumes les plus misérables. Grossières attaques ou silence dédaigneux, le résultat était le même; les *Heures* semblaient décidément condamnées par l'opinion.

Schiller a-t-il donc perdu son temps et sa peine pendant ces dix-huit mois? Non, certes; il a gagné l'amitié de Goethe, et il a conçu l'idée d'une féconde communauté de travaux dont profiterait l'Allemagne entière. Il s'est fait illusion sans doute quand il a espéré réaliser son rêve dans un journal; son instinct cependant ne le trompait pas. La suite des choses l'a bien prouvé; ce qu'il n'a pu faire comme rédacteur en chef des *Heures*, il va le faire librement dans son association avec Goethe. Cette cité de l'art que les deux poëtes vont construire, élève déjà son architecture idéale dans l'imagination de Schiller. En même temps qu'il admire *Wilhelm Meister* avec une joie enthousiaste, il revient à la poésie, il chante le partage de la terre, il songe à une épopée, il essaye de combiner des drames; les grandes figures de Gustave-Adolphe et de Wallenstein se dégagent à ses yeux des liens de l'histoire pour revêtir les formes de l'immortelle poésie. Il jouit de son génie retrouvé; il jouit aussi des inspirations de Goethe, car l'œuvre de Goethe désormais ne se séparera plus de la sienne. Aussi, quand les vulgaires écrivains du temps, quand les philistins de la littérature courante accablent *les Heures* de misérables quolibets, ce n'est pas, croyez-le bien, pour défendre *les Heures* que sa colère s'émeut. C'est la poésie qu'il défend, c'est la cité du beau et du vrai. Et il n'est plus seul à la défendre; Goethe, fort indifférent d'abord au vacarme de la critique, écrit gaiement à Schiller, le 28 octobre 1795 : « Vous devriez réunir de tous côtés ce qui a été dit contre *les Heures*, et en faire un *auto-da-fé* à la fin de l'année. Lorsqu'on réunit de pareilles choses en fagot, elles brûlent mieux. » Un mois après, Schiller répondait sur le même ton : « J'ai envie d'organiser une chasse aux lièvres dans le domaine de notre littérature, afin de régaler quelques-uns de nos bons amis, tels que Nicolaï et consorts, » etc. Cette chasse aux lièvres, ce fagot à brûler, tout cela faisait pressentir d'éclatantes représailles. Goethe et Schiller, inspirés, enthousiastes, veulent construire pour leur pays ce que j'ai appelé la cité idéale, cette cité du beau, nécessaire à tous les peuples civilisés, et que l'Allemagne ne possède pas encore en 1795. Ils croient le moment venu, ils sentent l'inspiration qui les presse, et tous les soldats de la routine osent leur disputer la place. Malheur aux philistins! voilà les poëtes qui s'arment.

II

LES DIOSCURES

— 1796 —

Un écrivain anglais, M. G. H. Lewes, auteur d'une excellente biographie de Gœthe, a consacré plusieurs chapitres de son livre à l'amitié de Gœthe et de Schiller, et le premier de ces chapitres est intitulé fièrement *les Dioscures*. L'un des plus récents biographes de Schiller, M. Émile Palleske, se sert du même nom en maintes circonstances; je demande la permission de le répéter à mon tour, et de l'appliquer particulièrement aux batailles littéraires de l'année 1796. Nul autre terme ne peindrait aussi bien la colère des deux poëtes, la fierté de leur attitude, la terrible exécution de leurs vengeances. Irrités des railleries et des insultes, les demi-dieux, avant de construire la cité de l'art, veulent disperser les soldats de la routine et déblayer le terrain. Ils saisissent l'arc d'Apollon, et des centaines de victimes tombent percées de flèches d'or.

Est-ce à Gœthe ou à Schiller qu'appartient la première idée de cette poétique fureur? Tous les historiens de la littérature allemande, tous les biographes de l'auteur de *Faust* et de l'auteur de *Don Carlos*, M. Gervinus et M. Julien Schmidt, M. Viehoff et M. Lewes, M. Gustave Schwab et M. Louis Schœfer, M. Hoffmeister et M. Adolphe Régnier, M. Henri Düntzer et M. Jean Scherr, tous enfin attribuent à Goethe la pensée de ces distiques étincelants et rapides destinés à porter la déroute dans le camp ennemi. Goethe écrivait à Schiller, le 23 décembre 1795 : « Il faut que nous exécutions l'année prochaine, dans l'*Almanach des Muses*, l'idée de faire sur chaque recueil périodique une épigramme renfermée en un seul distique, à la manière des *Xénies* de Martial que j'ai lues ces jours-ci. » On sait que le treizième livre des épigrammes de Martial est composé de distiques, et que l'auteur les appelle *Xénies*, d'après un mot grec qui signifie *présents*, les présents de l'hospitalité, les dons offerts par l'hôte à l'étranger qu'il héberge. « Toute la foule des *Xénies* réunies dans ce petit livre te coûtera quatre écus, dit Martial à son lecteur; tu pourras envoyer à tes hôtes ces distiques en guise de cadeaux, si ta bourse n'est pas mieux garnie que la mienne. »

> Omnis in hoc gracili Xeniorum turba libello
> Constabit nummis quatuor empta tibi.
> Hæc licet hospitibus pro munere disticha mittas,
> Si tibi tam rarus, quam mihi, nummus erit.

Ces cadeaux de Martial ne sont autre chose que de

brèves définitions gastronomiques; tous les mets servis sur la table des Romains, poissons, gibiers, fruits du sol ou des arbres, sans oublier les vins de Gaule et d'Espagne, sont passés gaiement en revue, et deviennent l'occasion d'un distique; pur exercice de style pour le versificateur qui s'amuse, simple occasion de se faire la main et d'aiguiser son arme ; quand l'artiste en épigrammes recommencera sa folle guerre, la flèche acérée ne lui fera pas défaut. Les *Xénies*, dans l'intention de Gœthe, ne seront pas tout à fait si pacifiques. Ce qu'il emprunte à Martial, c'est la forme rapide de ses vers, l'art d'enchâsser une pensée moqueuse en quelques mots; mais il faut que cette pensée ait un but, il faut qu'elle aille frapper d'un trait sûr la vanité ou la sottise. Et pourquoi, n'empruntant au poëte latin que la forme et non pas le fond des *Xénies*, je veux dire son distique léger, rapide, étincelant, et non sa pensée inoffensive, pourquoi conserve-t-il ce titre de *Xénies* que Martial réservait spécialement à un petit recueil de cadeaux poétiques? C'est que Gœthe, moins irrité que Schiller, veut écarter toute idée de vengeance et de cruauté. Ces épigrammes sont des présents qu'il envoie aux philistins avec une bienveillante ironie. Il les compare encore aux *moccoli* du carnaval romain. *Xénies* ou *moccoli*, voilà les cadeaux de mardi gras que Gœthe va jeter au visage de ses ennemis littéraires. Il semble donc bien que l'auteur de *Faust* a eu la première idée de cette expédition de carnaval, et tous les historiens de la poésie allemande, je le répète, sont d'accord pour la lui attribuer. Le plus récent biographe de Schiller, M. Émile Palleske, est d'un avis différent; il revendique pour le poète de *Don Carlos*, pour l'auteur des *Lettres sur l'éducation esthétique du genre humain*, l'initiative des *Xénies*. On voit, en effet, dans la correspondance de Schiller avec Guillaume de Humboldt (et nul n'avait remarqué ce détail avant M. Palleske), qu'au mois de novembre 1795 Schiller s'occupait beaucoup des poëtes satiriques latins, et que Martial, en particulier, avait attiré son attention. La lettre de Goethe, que nous citions tout à l'heure, ne serait-elle pas une réponse à un billet de Schiller aujourd'hui perdu? Schiller recommande à Goethe la lecture des *Xénies* de Martial, et lui propose d'employer cette forme du distique pour cribler d'épigrammes Nicolaï et consorts; oui, répond Goethe, et il faut le faire tout de suite. Telle est la conjecture fort plausible de M. Émile Palleske.

Quoi qu'il en soit, l'idée des *Xénies*, une fois mise en avant, fut accueillie par les deux poëtes avec une ardeur égale. Goethe, le premier, envoie une douzaine d'épigrammes à son ami. « Avec une centaine de *Xénies* comme celles-là, écrit-il gaiement à Schiller, on pourrait se recommander fort agréablement au seigneur Public et à messieurs ses collègues. » — « L'idée est superbe, répond Schiller, il faut l'exécuter... Mais, si nous voulons compléter la centaine, il faudra nous attaquer non pas seulement à des journaux, mais à des ouvrages particuliers, et quelle riche matière nous y trouverons! » Le 3 janvier 1796, Gœthe arrive à Iéna auprès de Schiller, et jamais il n'a été plus joyeux. Il compose des *Xénies* tout en causant avec son ami; Schiller lui répond, et sa réponse est un distique à fine pointe qui ira frapper en pleine poitrine les ennemis de l'idéal. On rit, on cause, on s'exalte, et les *Xénies* naissent par dizaines. A qui appartient celle-ci ? à qui celle-là ? bien habile qui pourrait le dire! Schiller et Gœthe n'en savent rien. Un jour la pensée est de Schiller et les vers sont l'œuvre de Gœthe; une autre fois, Gœthe donne l'idée, et le distique s'envole tout armé des lèvres de Schiller. Souvent l'un des deux amis a fait le premier vers, l'autre compose le second. Jamais collaboration ne fut plus entière, jamais fraternité plus intime et plus indissoluble. Il paraît bien qu'il y avait plus d'âpreté dans les *Xénies* de Schiller, plus de calme et d'ironie dans celles de Gœthe; mais, en somme, si l'on excepte les épigrammes relatives aux questions de sciences physiques et naturelles qui sont bien manifestement personnelles à Gœthe, il est impossible de faire la part de l'un et de l'autre. « Nous sommes convenus, disait Gœthe, que nos *Xénies*, si elles doivent porter notre nom, paraîtront tout entières dans les œuvres complètes de Schiller, et tout entière aussi dans les miennes. »

Ainsi commence pour les deux poëtes l'année 1796. Lorsque Gœthe retourne chez lui, il emporte environ soixante *Xénies* pour y mettre la dernière main. La forge où se fabriquent les armes des Dioscures est plus active que jamais. Iéna et Weimar, Weimar et Iéna font de merveilleux échanges. De l'un à l'autre c'est un va-et-vient perpétuel. Les épigrammes se croisent et s'aiguisent encore en se croisant. On achève à Weimar ce qu'on a commencé à Iéna. Et quelle joie des deux côtés ! « Gœthe et moi, écrivait Schiller à Kœrner le 18 janvier 1796, nous travaillons depuis quelques semaines à un ouvrage en commun pour le prochain *Almanach des Muses*; ce sera une vraie diablerie poétique, une diablerie sans exemple. »

Au milieu de ces poétiques diableries, Gœthe et Schiller continuaient leurs travaux. Schiller dirigeait *les Heures*, préparait l'*Almanach des Muses*, composait quelques-uns de ses poëmes, mettait fin à ses œuvres d'esthétique, et méditait son *Wallenstein*; Gœthe achevait son *Wilhelm Meister*, écrivait plusieurs de ses plus belles poésies, *Alexis et Dora, la Fiancée de Corinthe, le Dieu et la Bayadère*, et combinait les admirables scènes de cette œuvre si pure, si neuve, si grande, de cette épopée familière intitulée *Hermann et Dorothée*. Mais la grande affaire de l'année 1796, dans la correspondance des deux poëtes, ce sont les *Xénies* d'abord, puis bientôt l'apparition complète de *Wilhelm Meister* et la critique définitive de Schiller sur l'œuvre de son ami.

Voyons se dérouler dans leurs confidences mutuelles cette année décisive qui les ramène tous deux de la critique à l'invention, de l'esthétique à la poésie, et qui s'ouvre par une si audacieuse révolte contre la vulgarité du public. Nous sommes en janvier 1796; c'est l'heure où s'agite la diablerie poétique dont parle Schiller; c'est le moment où s'envole sur maintes pages légères tout le bataillon des *Xénies* dont parle le satirique latin,

> Omnis in hoc gracili Xeniorum turba libello.

GŒTHE A SCHILLER.

Weimar, le 20 janvier 1796.

Les épigrammes ne sont pas encore copiées, et je crains que vous ne me devanciez tellement sur cette route que je ne puisse plus vous y rejoindre. La quinzaine prochaine est comme non avenue pour moi, le nouvel opéra me donne bien de l'ouvrage, mais aussi ce sera quelque chose de joyeux et d'édifiant. Mille fois merci du plaisir que vous m'avez procuré à Iéna, je reviendrai le plus tôt possible.   GŒTHE.

SCHILLER A GŒTHE.

Le 22 janvier 1796.

J'ai été agréablement surpris de la provision de *Xénies* que vous m'avez envoyée. Le contenu de celles qui concernent Newton trahira leur auteur; mais dans une discussion savante, qui ne concerne pas même les vivants, cela n'a pas d'importance...

Songez donc à régaler notre soi-disant ami Reichardt de quelques *Xénies*. Il vient de donner, dans le journal *l'Allemagne*, une critique des *Heures*, dans laquelle il s'émancipe horriblement contre vos *Entretiens* et autres articles, tandis qu'il cite longuement ceux de Fichte, de Woltmann, et les signale comme des modèles... Puisque cet homme nous attaque sans raison et sans ménagement, il faut le poursuivre à outrance dans *les Heures*.

Voici encore quelques flèches qui, je l'espère, sauront bien atteindre messieurs nos collègues, et leur entreront tout droit dans la chair. Choisissez dans le nombre celles qui vous conviennent.

Adieu; ma femme vous salue cordialement.

SCHILLER.

SCHILLER A GOETHE.

Voici une petite livraison d'épigrammes. Ne faites point copier celles qui ne vous plairont pas. Ces sortes de plaisanteries ne vont pas aussi vite qu'on serait tenté de le croire; on n'y peut utiliser aucun enchaînement de pensées ou de sentiments comme dans une œuvre de longue haleine; elles ne veulent pas se laisser enlever leur droit originaire d'heureuse saillie. Ne craignez donc pas que je vous devance, car il faudra que je m'occupe de travaux plus étendus en attendant le moment propice aux épigrammes; chaque courrier cependant vous en apportera quelques-unes, et dans quatre ou cinq mois nous serons riches.

Vos épigrammes à vous font fortune dans l'*Almanach des Muses*, et auprès de personnes dont le jugement n'est point à dédaigner.

Me permettez-vous de vous charger d'une petite commission ? Je désire avoir soixante-trois aunes de papier à tapisserie, d'une belle nuance verte, et soixante-deux aunes de bordure, dont j'abandonne le choix à votre bon goût et à votre *théorie des couleurs*. Il me faudrait ces objets d'ici à sept ou huit jours.

Ma femme se rappelle à votre souvenir. Portez-vous bien.
SCHILLER.

GOETHE A SCHILLER.

Weimar, le 23 janvier 1796.

Me voici sur le point de mener une vie bien dissipée. Les princes et princesses de Darmstadt arrivent aujourd'hui. Demain il y aura grande réception à la cour, puis dîner, concert, souper et bal masqué. Lundi la représentation de *Don Juan*. La semaine prochaine sera absorbée par les répétitions, car le 30 nous donnerons *les Avocats* d'Iffland, et le 2 du mois prochain, le nouvel opéra. Je ferai mon possible pour suffire à toute cette besogne.

Le huitième livre de *Wilhelm Meister* m'apparait sans cesse au milieu de tous ces objets étrangers, et j'espère le terminer à la première occasion.

Vos dernières épigrammes sont étincelantes d'*humour*, aussi les ai-je fait toutes copier; celles qui ne pourront pas rester dans la compagnie s'en détacheront d'elles-mêmes comme des corps étrangers...

Profitez du beau temps qu'il fait en ce moment pour vous porter bien. GOETHE.

SCHILLER A GOETHE.

Iéna, le 24 janvier 1796.

Pour un auteur occupé de la catastrophe d'un roman, d'un millier d'épigrammes et de deux longues narrations, dont l'une se passe en Italie et l'autre en Chine, vous me paraissez passablement entouré de distractions. Mais ce que le temps vous prend d'un côté il vous le rend de l'autre sous le rapport des matériaux; et finalement vous êtes toujours mieux partagé que moi, qui suis obligé de chercher mes sujets en me suçant le bout des ongles...

Woltmann a passé hier trois heures avec moi, et j'ai été assez heureux pour le mettre dans l'impossibilité de me dire un mot sur sa tragédie et son opéra. Au reste, il a été fort poli et prodigue d'éloges à votre égard et au mien, sans toutefois éveiller chez moi une seule étincelle de charité pour ses compositions dramatiques.

Portez-vous bien. Voici encore quelques *Xénies*, pour obéir à la consigne. SCHILLER.

GOETHE A SCHILLER.

Weimar, le 27 janvier 1796.

Je ne suis pas encore en mesure de rassembler toutes nos petites poésies; en attendant, voici mon contingent de la semaine. Pour atteindre le nombre projeté, nous aurons besoin de faire entrer dans notre cadre quelques-uns des événements littéraires qui nous touchent de plus près. Quand le cœur est plein, la bouche déborde; en tout cas, ce sera une excellente occasion de traduire nos adversaires devant le tribunal du véritable public; plus d'un esprit alors y prendra feu, tandis que nos épigrammes passeraient inaperçues, si elles restaient enfermées dans les cabinets d'étude et le monde de la critique...

Mes compliments à votre chère femme.

GŒTHE.

SCHILLER A GŒTHE.

Voici quatre Almanachs et soixante-six *Xénies*. Avant que celles-là soient arrivées à Weimar, il y en aura bien quatre-vingts encore qui prendront leur vol, y compris les vôtres. Bon voyage; nos vœux vous accompagnent.

SCHILLER.

SCHILLER A GŒTHE.

Weimar, le 30 janvier 1796.

Le premier acte de nos fêtes s'est très-bien passé. Une entrée de masques que j'ai organisée pour le bal, a produit un bel effet, bien que la salle fût beaucoup trop pleine. Comme nous ne parlons plus qu'en distiques, j'en ai mis dans la bouche du Grand Turc chargé de complimenter la duchesse. Cette entrée a été suivie d'un cortège de masques mêlés, parmi lesquels on a remarqué des feux follets dont on a été ravi. Ils étaient réellement fort jolis, et à chaque mouvement, à chaque pirouette, ils répandaient autour d'eux de petites feuilles d'or et des poésies.

Les distiques augmentent de jour en jour; en voilà près de deux cents. Je joins ici le numéro du journal de modes où il est question des *Xénies*. L'auteur de cet article ne se doute pas qu'au premier jour il en aura une pour son compte. Que ces gens sont pauvres et foncièrement maladroits! Ne citer que deux *Xénies* de Martial pour les opposer aux nôtres, et encore les traduire si mal!

On vient de m'envoyer de Gœttingen le traité de Benvenuto Cellini sur l'orfévrerie, la ciselure et la sculpture. Comme je suis obligé de le lire au plus tôt et d'en faire immédiatement des extraits, cela me forcera d'accélérer la petite biographie que je prépare. Adieu, mes compliments à votre chère femme.

J'oubliais ce que j'avais de mieux à vous dire. Meyer m'a écrit une belle et bonne lettre, où se reflète fidèlement l'état de son esprit. Son irrésistible penchant à s'appuyer toujours et en tout sur des bases solides, son ardent désir de produire quelque chose de fini, se trouvent sans cesse contrariés par la multitude d'objets qu'il voit et juge, et par le charme de plusieurs autres qu'il voudrait reproduire. Il me demande des conseils, je le renverrai à son bon génie.

Une de ses lettres à la duchesse mère contient un passage fort drôle sur les artistes qui reproduisent aujourd'hui les idées de Kant par des tableaux allégoriques. Si ce n'est pas là de sa part un simple persiflage, ces tableaux seront la chose la plus extravagante qui aura paru avant le dernier jugement de l'art.

Je vois par votre lettre que Reichardt rédige en même temps l'écrit périodique appelé *la France*, et celui qui a pour titre *l'Allemagne*. Si c'est en effet lui qui s'est émancipé de la sorte, nous couvrirons sa veste de buffle de tant de dragées en plâtre, à la façon du carnaval de Rome, qu'on le prendra pour un perruquier. Je connais depuis longtemps ce faux ami, et si j'ai été indulgent envers ses impolitesses en général, c'est parce que individuellement il a toujours payé son tribut avec beaucoup de régularité; mais puisqu'il fait mine de vouloir le refuser, hâtons-nous de lui envoyer un pacha à trois queues de renard enflammé. Je viens déjà de lui consacrer une douzaine de distiques; si Dieu le permet, vous les aurez mercredi prochain.

Encore une fois adieu. GOETHE.

SCHILLER A GOETHE.

Iéna, le 31 janvier 1796.

Je vous fais mon compliment sur vos fêtes, qui ont dû produire un très-bel effet; les feux follets, surtout, m'ont beaucoup réjoui.

Lorsque vous viendrez ici, faites-moi le plaisir d'apporter la lettre de Meyer; je suis curieux de voir comment ses idées parviendront à se classer. Puisque c'est seulement dans sa lettre à la duchesse qu'il parle des représentations allégoriques du système de Kant, il n'y a là sans doute qu'une plaisanterie; si une aussi curieuse nouvelle eût été vraie, il vous en eût parlé d'une manière plus précise.

Vous pouvez être certain que Reichardt est le rédacteur en chef de l'*Allemagne*, et qu'il a dit beaucoup de mal de vos *Entretiens*, quoique, dans le même article, il vous loue à pleine bouche, lui ou l'auteur de cet article, ce qui est la même chose pour nous. J'ajouterai que, même au point de vue littéraire, cette critique est une production misérable...

J'ai de nouvelles idées pour les *Xénies*, mais elles ne sont pas encore mûres; j'espère cependant que, si vous pouvez venir à la fin de cette semaine, vous en trouverez une centaine de terminées. Il faut pourchasser nos bons amis dans les formes. Au reste, l'intérêt poétique nous fait un devoir de nous renfermer dans les lois sévères du monodistique.

Je viens de découvrir, dans le sort qu'Homère fait subir aux prétendants de Pénélope, une source précieuse de parodies pour tourmenter non-seulement les auteurs morts, mais encore les vivants... Je pense que pour clore dignement notre idée, nous donnerons une comédie en épigrammes. Qu'en dites-vous?

Ma femme se rappelle à votre souvenir; venez le plus tôt possible. SCHILLER.

GŒTHE A SCHILLER.

Weimar, le 4 février 1796.

Je vous envoie les *Xénies* recopiées, car je ne pourrai pas venir vous voir avant une quinzaine de jours. L'ensemble a tout à fait joyeuse mine, mais il est temps qu'une veine poétique y circule de nouveau. Mes dernières *Xénies*, ainsi que vous le verrez, sont très-prosaïques ; la nature des sujets le voulait ainsi.

Peut-être vous enverrai-je bientôt le septième livre de mon roman, je le revois maintenant qu'il est sorti de la fonte de la dictée. Lorsque le huitième livre sera arrivé au même point, et que nous aurons causé sur l'ensemble, je verrai ce qui me restera à faire.

J'ai lu ces jours-ci le traité de Cellini sur le mécanisme de certains arts ; il est très-bien écrit, et la préface, aussi bien que l'ouvrage, jette une vive clarté sur cet homme extraordinaire. Aussi me suis-je aussitôt remis à sa biographie, mais la difficulté de traiter ce sujet reste la même. Je commencerai par traduire les passages les plus intéressants de sa biographie écrite par lui-même, puis j'attendrai des inspirations nouvelles. Dans une biographie, selon mes idées de réaliste, il n'y a de vraiment intéressant que les détails, surtout lorsqu'il s'agit d'un simple particulier, chez lequel on ne peut s'attendre à des résultats imposants par leur importance, ou d'un artiste dont les œuvres, effets permanents de son existence, ne sont pas devant nos yeux. Peut-être avant d'aller vous voir, aurai-je achevé une assez grande partie de la tâche que je me suis imposée, pour nous entendre sur la manière de la mener à bonne fin...

Le nouvel opéra a obtenu le suffrage de la foule [1]... Si la musique n'est pas savante, elle est du moins fort

---

[1] *Les nouveaux Arcadiens*, opéra héroï-comique, paroles de Vulpius, musique de Franz Süssmayer.

agréable, et les costumes et les décorations ont produit un très-bon effet. Je vous enverrai un de ces jours le livret, afin que vous puissiez vous convaincre vous-même de la marche singulière et archi-allemande que suit le théâtre allemand.

J'espère bientôt trouver un refuge près de vous contre le genre de vie que je mène en ce moment, et qui fatiguerait le réaliste le plus déterminé.   Gœthe.

GŒTHE A SCHILLER.

Weimar, le 14 juin 1796.

Voici, cher ami, un fameux envoi! Le morceau sur Cellini s'est trouvé raccourci d'une vingtaine de pages que j'ai envie de supprimer tout à fait. Elles contiennent son voyage en France, ses vains efforts pour y trouver de l'ouvrage et son retour à Rome. En me bornant à raconter succinctement ce long voyage, je pourrais arriver, dans le prochain article, à son emprisonnement au fort Saint-Ange, récit que je me propose également de raccourcir beaucoup... Quant au petit poëme de Cellini sur son emprisonnement, je vous prie, vous et Schlegel, de voir s'il vaut la peine d'être traduit. Je vous ai envoyé le sonnet; revoyez tout cela la plume à la main, car je ne l'ai relu qu'une seule fois...

J'ai lu, avec beaucoup d'intérêt, les deux nouveaux volumes de Herder[1]. Le septième me paraît bien vu, bien pensé et bien écrit; le huitième, malgré les excel-

---

[1] C'est l'ouvrage intitulé *Lettres sur l'humanité*.

lentes choses qu'il contient, ne vous met pas du tout à votre aise, et je crois que l'auteur ne l'était pas davantage quand il l'a composé. Une certaine retenue prudente qui se tourne et se retourne, une parcimonie craintive dans la louange comme dans le blâme, donnent une extrême maigreur à tout ce qu'il dit sur la littérature allemande. Cela dépend peut-être de mes dispositions actuelles, mais il me semble que lorsqu'on ne parle pas des écrits et des actions avec un vif intérêt plein d'amour, avec un certain enthousiasme partial, il reste si peu de ce qu'on a dit, que cela ne vaut pas la peine d'avoir parlé. Le plaisir, la joie, l'intérêt qu'on prend aux choses, est la seule réalité qui fasse surgir d'autres réalités; le reste est néant et ne produit que néant. GOETHE.

SCHILLER A GOETHE.

Iéna, le 18 juin 1796.

Voss n'est pas encore arrivé, du moins je n'ai de lui aucune nouvelle. Comme je doute fort que vous veniez, je fais partir cette lettre, pour laquelle il se présente une bonne occasion.

A la seconde lecture d'*Alexis et Dora*, j'ai été encore plus ému qu'à la première. Cette élégie est une des plus belles choses que vous ayez faites. Quelle simplicité naïve avec une incommensurable profondeur de sentiments! L'activité inquiète de l'équipage qui n'attend que le héros pour mettre à la voile, resserre tellement le lieu de la scène pour les deux amants et rend leur situation si grave et si pleine d'angoisses, que l'instant de leur entretien a plus d'importance que toute une longue vie. On citerait difficilement une autre scène, où la fleur de la poésie d'un sujet ait été cueillie avec autant de pureté et de bonheur. Je ne puis cependant m'expliquer, d'après ma manière de sentir, pourquoi vous placez la jalousie si près de l'amour, et pourquoi vous permettez ainsi à la crainte de l'avenir de dévorer le bonheur du présent. Je n'ai, il est vrai, aucune objection décisive à formuler ; mais je sens que je voudrais pouvoir rendre plus confiante, plus durable, l'heureuse ivresse d'Alexis au moment où il quitte la jeune fille et s'embarque.

Le livre de Herder produit à peu près le même effet sur moi que sur vous. En général, ses écrits me font toujours perdre une partie de ce que je croyais posséder, sans jamais me faire gagner quelque chose de nouveau. Son action sur moi est destructive, sans doute parce qu'il tend sans cesse à unir, et qu'il rapproche tout ce que les autres séparent. La haine qu'il a vouée à la rime me paraît outrée, car ses accusations contre elle manquent d'importance et de solidité. L'origine de la rime, dit-il, est vulgaire et n'a rien de poétique : soit, mais je m'en tiens à l'effet qu'elle produit, et il n'est point de raisonnement qui puisse empêcher cet effet d'exister.

Dans ses confessions sur la littérature allemande, il m'irrite moins encore par sa froideur pour le beau, que par sa singulière tolérance pour des choses pitoyablement mauvaises. Il ne lui en coûte pas plus de parler avec estime d'un Nicolaï, d'un Eschenburg, etc., que de l'écrivain le plus éminent; et quel singulier potpourri ne fait-il pas des Stolberg et de moi, des Kosegarten et de tant d'autres! Sa vénération pour Kleist, Gerstenberg et Gessner, enfin pour tout ce qui est mort et moisi, marche du même pas avec sa dédaigneuse indifférence pour tout ce qui est vivant.

Humboldt vous écrira un de ces jours; il est enchanté de votre élégie, et *Cellini* lui plaît infiniment.

Je vous renverrai les *Xénies* lundi prochain; il nous en faudra encore un certain nombre, pour relier les différentes matières qu'elles traitent; je compte sur votre bon génie... Je voudrais bien terminer notre collection par des *Xénies* aimables; il faut un ciel pur après l'orage. J'en ai fait quelques-unes de ce genre, et si chacun de nous peut en ajouter une douzaine, la collection se terminera de la manière la plus bienveillante.

Adieu. Ma femme se rappelle à votre souvenir, sa santé est toujours dans le même état.   SCHILLER.

GŒTHE A SCHILLER.

Weimar, le 21 juin 1796.

Je viens de recevoir vos deux chères lettres, ainsi que les biscuits dont je vous remercie beaucoup. Comme je ne fais plus rien à *Wilhelm Meister*, je vais dicter ce feuillet pour vous, afin qu'il puisse partir demain.

Le huitième livre continue à s'avancer sans interruption, et quand je songe au concours de circonstances par lequel ce qui était impossible s'est accompli de la manière la plus naturelle, je me sens disposé à devenir superstitieux. Ce qu'il y a de certain, c'est que ma longue habitude d'utiliser instantanément les hasards favorables ou défavorables, et les dispositions d'esprit qui en résultent, m'ont toujours été très-avantageuses.

Votre poëme des *Lamentations de Cérès* m'a rappelé plusieurs expériences que je me suis proposé de faire pour approfondir l'idée que vous avez si gracieusement accueillie, et que vous venez de traiter avec tant de bonheur. Quelques-unes de ces expériences m'ont déjà réussi au delà de mes espérances; et comme je suis presque certain de passer tout l'été chez moi, j'ai déjà pris mes mesures pour élever un certain nombre de plantes dans l'obscurité. Par ce moyen, je pourrai comparer mes découvertes nouvelles avec celles qui sont déjà connues.

Le manque de parole de Voss me déplaît d'autant plus que, d'après ce que j'ai vu dans votre dernière lettre, vous ne vous connaissiez pas encore personnellement. Ce sont là des inattentions et des négligences que l'on ne commet que trop souvent dans la première jeunesse, mais dont il faut savoir se garder lorsqu'on a appris à apprécier les hommes pour ce qu'ils valent en effet. Je crois que c'est Reichardt qui l'a retenu, car, dans la fausse position qu'il s'est faite, il ne pouvait se trouver à son aise avec vous.

Zelter est averti; maintenant vous pouvez lui écrire vous-même. J'ai une chanson de Mignon dont je parle dans le roman sans l'y avoir insérée; je vous la donnerai avec plaisir pour l'*Almanach des Muses*...

Voilà encore quelques douzaines de *Xénies*, mais non pas, malheureusement, de l'espèce la plus nécessaire.

Je suis très-content que mon élégie se soit trouvée à l'épreuve d'un mûr examen. Pour ce qui est de la jalousie qui trouble la fin, elle est basée sur deux motifs : 1° Tout bonheur d'amour qui nous arrive sans que nous nous y soyons attendu, et sans que nous l'ayons mérité, est toujours suivi de près par la crainte de le perdre; 2° La marche de l'élégie étant essentiellement pathétique, il était indispensable de conduire l'impétuosité des mouvements de l'âme toujours en croissant jusqu'à la fin. Au reste, les derniers vers du poëme tendent à rétablir la sérénité dans l'esprit du lecteur. Voilà comment je puis justifier le mystérieux instinct qui enfante de pareilles compositions.

Richter est un être si compliqué que je n'ai pas le temps aujourd'hui de vous dire ce que j'en pense. Il faut que vous le voyiez, et vous le verrez bientôt; alors nous causerons de lui très-volontiers. Il paraît avoir ici le même sort que ses écrits : on l'estime tour à tour trop haut ou trop bas, et personne ne peut ni le saisir ni le comprendre entièrement.

Je continue à être content de mon travail sur *Benvenuto Cellini*. Forgeons donc le fer pendant qu'il est chaud. Pour quelle époque en désirez-vous la suite?

GOETHE.

SCHILLER A GOETHE.

Iéna, le 28 juin 1796.

Ne vous attendez pas encore à quelque chose de positif sur l'effet que le huitième livre a produit sur moi. Je me sens à la fois inquiet et satisfait, et j'éprouve un singulier mélange de désir et de calme. Au milieu de la masse des sensations que j'ai éprouvées, l'image de Mignon est pour l'instant la plus vive. Je ne saurais cependant vous dire encore si le vif intérêt excité par cette image ne demande pas, pour être complétement satisfait, quelque chose de plus que ce que vous lui avez donné. Peut-être aussi ce doute est-il l'effet du hasard qui, dès que j'ai ouvert le manuscrit, m'a fait tomber sur la chanson de cette enfant, chanson qui m'a ému au point que je n'ai pu en bannir le souvenir.

En cherchant à définir l'impression de l'ensemble, j'ai reconnu que la gravité et la douleur qui passent comme des ombres sont constamment dominées par la sérénité spirituelle et piquante qui caractérisent le tout. J'attribue cet effet, d'abord à la délicatesse et à la facilité de l'exécution, puis à la manière dramatique dont les situations et les incidents sont amenés. Les parties pathétiques rappellent le roman, tout le reste appartient à la vie réelle. Quoiqu'on ressente vivement des émotions très-douloureuses, elles se dissipent presque aussitôt, parce qu'elles ont été amenées par le merveilleux, ou du moins par l'extraordinaire qui, plus que tout autre ressort, rappelle l'intervention de l'art.

Quoi qu'il en soit, il est certain que, dans votre roman, ce qui paraît grave et sérieux, n'est qu'une raillerie, tandis que ce qui paraît raillerie est seul véritablement grave et sérieux; la douleur n'y est que de l'apparence, et le calme l'unique réalité.

Ce jeune Frédéric, qui, si sagement ménagé pour la fin, fait par sa turbulence tomber le fruit mûr et pousse l'un vers l'autre ce qui doit être uni, fait dans cette catastrophe l'effet d'un étourdi qui, par un bruyant éclat de rire, nous réveille d'un rêve pénible. Le rêve s'enfuit vers les autres ombres, mais son souvenir reste, afin de jeter au milieu du calme et de la sérénité du présent un génie majestueux et une immense profondeur poétique. C'est cette profondeur sous une surface calme qui caractérise particulièrement toutes vos œuvres, et surtout ce roman.

Je ne veux pas vous en dire davantage aujourd'hui, quoique j'en aie bonne envie, mais il me serait impossible de vous offrir un jugement mûri...

Je vois déjà très-clairement que le huitième livre se rattache à merveille au sixième, dont les anticipations sont du plus heureux effet. Il serait impossible de désirer à l'action une autre marche que celle que vous lui avez donnée. On connaît déjà cette famille avant de la voir agir; aussi se croit-on près d'elle dans une relation qui n'a pas eu de commencement. Ce tour de force d'optique produit un effet admirable.

Vous avez aussi fait un très-bel usage de la collection artistique du grand-père: cette collection est, pour ainsi dire, un des personnages agissants, et semble respirer et vivre.

Assez pour aujourd'hui, j'espère pouvoir vous en dire davantage samedi prochain...

Mille compliments affectueux de la part de ma femme, qui est tout absorbée dans votre roman.

Je ne vous ai rien écrit encore au sujet d'*Hespérus*[1], je l'ai trouvé à peu près tel que je me l'étais figuré, c'est-à-dire étranger à tout comme quelqu'un qui vient de tomber de la lune, rempli de bonne volonté et très-disposé à voir les objets autour de lui, seulement avec d'autres organes que ceux de la vue. Mais je ne lui ai encore parlé qu'une seule fois, je n'ai donc que peu de chose à en dire. SCHILLER.

GOETHE A SCHILLER.

Weimar, le 29 juin 1796.

Que je suis heureux d'entendre enfin vos premières paroles sur le huitième livre! Vous m'assurez qu'en produisant ce qui est conforme à ma nature, je suis resté en harmonie avec celle de cette composition, et ce témoignage est pour moi d'un prix infini...

Les affaires extérieures vont m'occuper pendant plus d'une semaine, intermède très-salutaire, car à force de composer des contes, on finirait par n'être plus qu'une fable. Puis les *Xénies*, *Cellini*, *Wilhelm Meister* se partageront le reste du mois de juillet. Pour l'instant j'ai presque adopté votre genre de vie, car je ne sors plus de la maison.

Vos dernières *Xénies* dans le genre digne, grave et délicat, sont parfaitement réussies. De mon côté, j'ai,

---

[1] Sobriquet donné par Schiller et Gœthe à Jean-Paul Richter, d'après le titre d'un de ses romans.

pour compléter la collection, plusieurs idées nouvelles, pourvu que l'inspiration arrive à point.

Je suis bien aise que vous ayez vu Richter. Son amour de la vérité et son désir de recevoir en lui tout ce qui peut contribuer au perfectionnement de l'espèce humaine m'ont disposé en sa faveur, mais l'homme social est une espèce d'être théorique; et lorsque j'y réfléchis, je doute que Richter puisse jamais s'approcher de nous dans la pratique, quoiqu'en théorie il paraisse y avoir beaucoup de rapport entre ses manières de voir et les nôtres.

Écrivons-nous souvent, car ce que nous nous sommes proposé de faire demande des encouragements mutuels.
GOETHE.

GOETHE A SCHILLER.

Weimar, le 1er juillet 1796.

Je serai tellement accablé d'affaires demain, que je ne sais si j'aurai le temps de vous écrire un mot, voilà pourquoi je vous envoie aujourd'hui la lettre que je viens de recevoir de Humboldt. Tout le bien qu'il dit de mon roman, ainsi que les petites observations qu'il me fait sur cet ouvrage, m'imposent le devoir de marcher avec plus de précaution que jamais sur le sentier étroit où je me suis engagé. Je m'attends à un semblable bienfait de votre part, lorsque vous me parlerez de mon huitième livre.

A bientôt une plus longue lettre.

SCHILLER A GŒTHE.

Iéna, le 2 juillet 1796.

Je viens de relire sans interruption, quoiqu'un peu vite, les huit livres de votre *Wilhelm Meister*; l'ouvrage est si considérable qu'il m'a fallu deux jours pour cette lecture. Je ne devrais pas vous en parler aujourd'hui, car vous y avez caché (c'est le mot) une si prodigieuse variété de matières, que j'en suis encore tout étourdi. J'avoue que jusqu'à présent j'ai bien reconnu l'immutabilité des tendances, mais je n'ai pas encore pu en saisir l'unité ; je crois cependant que sur ce point aussi je ne tarderai pas à être éclairé d'une façon complète, à moins que pour des productions de ce genre l'immutabilité ne soit déjà une espèce d'unité.

Dans une pareille disposition d'esprit, il me serait impossible de vous donner un jugement motivé ; puisque vous désirez cependant que je vous parle de votre ouvrage, contentez-vous, pour l'instant, de quelques observations partielles ; elles ne sont pas tout à fait sans importance, étant le résultat immédiat d'une impression première. Je vous promets en revanche de ne pas laisser tarir nos entretiens sur votre roman. Une appréciation vraiment esthétique d'une pareille œuvre d'art est une entreprise importante ; j'y consacrerai avec bonheur les quatre prochains mois. Je regarde, au reste, comme l'événement le plus heureux de mon existence que vous ayez pu achever cette production, non-seulement pendant que je vis encore, mais à une époque de ma carrière où il me reste assez de force pour puiser à une source aussi pure. Les douces relations qui se sont établies entre nous m'imposent le devoir religieux de confondre votre cause avec la mienne. C'est en faisant de tout ce qu'il y a de réel en moi le miroir fidèle du génie qui vit sous l'enveloppe de ce roman, que j'espère mériter, dans le sens le plus élevé, le titre de votre ami. Cette production m'a enfin convaincu irrévocablement que le beau est une puissance qui ne peut agir qu'en cette qualité sur les esprits les plus égoïstes, et qu'en face de ce beau parfait, il n'y a pas d'autre liberté que celle de l'aimer et de l'admirer.

Je ne saurais vous dire combien je me sens ranimé par la vérité si belle, si vivante, et l'abondance naïve de cet ouvrage. Mon émotion est encore plus inquiète qu'elle ne le sera lorsque je m'en serai rendu parfaitement le maître, ce qui sera pour mon esprit une crise importante. Cette émotion étant l'effet du beau, l'inquiétude qui s'y mêle ne vient que de ce que la raison a été devancée par l'émotion, et ne peut encore marcher du même pas avec elle. Je vous comprends maintenant, lorsque vous me disiez que le véritable beau était le seul qui pût émouvoir jusqu'aux larmes. Votre ouvrage est calme et profond, clair et inconcevable pourtant comme la nature; comme elle aussi il agit sur moi, et tout, jusqu'au plus petit accessoire, atteste la belle sérénité de l'âme d'où est sortie une telle œuvre.

Ne pouvant encore exprimer nettement ces diverses impressions de l'ensemble, je me bornerai à vous parler du huitième livre. Avec quel art heureux n'y avez-vous pas resserré le lien de l'action et le cercle d'abord si vaste des personnages et des événements? Semblable à un beau système planétaire, tout y est à sa place, et ne saurait être dérangé. Les figures italiennes seulement sont là comme autant de comètes fantastiques, et rattachent ce système à un autre plus grand et plus éloigné. Parfois aussi quelques-uns des personnages, par exemple ceux de Marianne et d'Aurélie, se détachent de ce système, comme autant d'essences qui lui sont étrangères, et qui n'y ont paru un moment que pour lui donner une impulsion poétique.

C'est une belle idée que d'avoir fait découler le pathétique terrible des destinées de Mignon et du harpiste des monstruosités de la théorie et des avortements de l'esprit humain; par ce moyen, il devient impossible d'en accuser la nature. C'est du sein d'une stupide superstition que sortent les affreuses calamités dont Mignon et le harpiste sont poursuivis. Aurélie elle-même n'est que la victime d'une surexcitation contraire à la nature; elle est punie de ne pas être assez femme. Envers Marianne seule je serais tenté de vous accuser d'un grand égoïsme poétique: on dirait que vous l'avez sacrifiée à l'intérêt du roman, tandis que, d'après la marche naturelle des faits, elle devait être sauvée, aussi fera-t-elle couler des larmes amères; pour les trois autres, au contraire, on se détachera facilement de leurs personnes et l'on ne verra que la pensée de l'ensemble.

L'erreur qui pousse Wilhelm vers Thérèse est très-bien imaginée, très-bien motivée, très-bien traitée, et le parti que vous en tirez est encore plus digne d'éloges. Elle effrayera cependant plus d'un lecteur, car je promets peu de partisans à Thérèse. L'art avec lequel vous le délivrez de son angoisse n'en est que plus remarquable. Il était impossible de délier des liens aussi faux d'une manière plus délicate et plus noble que vous ne l'avez fait. Avec quelle complaisance les Richardson et autres n'auraient-ils pas fait de tout ceci une scène dans laquelle le pompeux étalage de sentiments délicats serait devenu une véritable indélicatesse! Il me reste cependant un petit scrupule à ce sujet. Que Thérèse, en dépit de l'espoir renaissant de posséder Lothaire, s'oppose avec une opiniâtreté courageuse à tout ce qui pourrait lui enlever son fiancé, cela est juste et naturel; que Wilhelm s'indigne contre les hommes et la destinée qui paraît se jouer de lui, rien de mieux; mais il me semble qu'il ne peut plus regretter un bonheur qui déjà n'en est plus un pour lui. Selon moi, il devrait se sentir heureux de retrouver sa liberté. Je comprends les exigences d'une situation aussi compliquée; mais n'est-ce pas méconnaître le mérite de Nathalie que de regretter à ses côtés une Thérèse?

Une des choses que j'admire le plus dans l'enchaînement des péripéties, c'est l'art avec lequel vous utilisez les relations ambiguës de Wilhelm et de Thérèse pour atteindre plus vite le vrai but, le but désiré, l'union de Nathalie et de Wilhelm. Il était impossible d'arriver à ce but d'une manière plus gracieuse et plus naturelle que par la route qui d'abord semble en détourner pour toujours. Ce sont là des beautés de premier ordre, car elles réunissent tout ce qu'on peut désirer, et ce qui semblait même inconciliable ; elles compliquent le nœud de l'action et contiennent déjà le dénoûment ; elles inquiétent l'esprit du lecteur et préparent en même temps ce qui doit le rassurer ; elles vous conduisent au but au moment où elles paraissent vous en arracher avec violence.

La mort de Mignon, bien que préparée d'avance, produit une impression forte et profonde, si profonde que plus d'un lecteur vous reprochera de vous en détourner trop vite. J'ai éprouvé cela moi-même, et très-vivement, à la première lecture ; à la seconde, la surprise n'existant plus pour moi, l'impression que je signale a été moins marquée ; je crois cependant que vous avez dépassé le but, ne fût-ce que de l'épaisseur d'un cheveu, c'est précisément avant cette catastrophe que l'âpreté de Mignon fait place à la douceur féminine, et qu'elle commence à intéresser par elle-même. Sa dernière chanson, surtout, dispose aux émotions les plus tendres. Et lorsque immédiatement après la scène émouvante de sa mort, le médecin spécule sur son cadavre et oublie si promptement l'être vivant pour ne plus y voir que le sujet d'une expérience scientifique, on ne peut s'empêcher d'en vouloir à ce médecin. On en veut aussi à Wilhelm, lui qui est la cause principale de cette mort, et qui le sait bien, d'avoir des yeux pour la trousse de chirurgien, et de se laisser aller au souvenir du passé quand la douleur du présent devrait l'absorber tout entier.

Lors même qu'en cette occasion aussi vous seriez également dans le vrai, les exigences *sentimentales* des lecteurs se sentiront blessées. Je crois donc devoir vous conseiller, afin que rien ne trouble une scène aussi bien préparée qu'exécutée, de ne pas dédaigner entièrement mes observations.

A l'exception de ce seul cas, je trouve admirable tout ce que vous faites de Mignon vivante et de Mignon morte; son poétique enterrement s'accorde avec sa belle et poétique nature. L'isolement de cette enfant, le mystère qui l'entoure, son innocence et sa pureté la rendent une noble personnification du degré de l'âge où elle se trouve arrêtée, et sa disparition cause la douleur la plus pure, la plus humaine, parce que tout appartient chez elle à la plus pure humanité; aussi, ce qui chez tout autre individu eût été blâmable, révoltant même, devient ici noble et élevé.

J'aurais voulu que l'arrivée du marquis italien dans cette famille fût autrement motivée que par l'amour des arts. Il est tellement nécessaire au dénoûment, qu'on s'aperçoit beaucoup plus de cette nécessité que de celle qui l'a amené. La perfection de cet ouvrage a accoutumé le lecteur à être beaucoup plus difficile qu'il n'a l'habitude de l'être avec des romans ordinaires. Ne pourriez-vous pas faire de ce marquis une ancienne connaissance de Lothaire ou de l'oncle, ce qui justifierait son voyage en Allemagne?

La catastrophe, et, en général, toute l'histoire du harpiste est du plus haut intérêt. J'ai déjà dit que c'était une idée admirable d'avoir rattaché cette destinée monstrueuse à une pieuse extravagance. L'idée du confesseur qui, pour faire expier à sa pénitente un grand crime sur lequel il a l'humanité de ne pas l'éclairer, lui fait envisager une faute légère comme une énormité, doit en effet lui paraître une inspiration divine, et caractérise dignement toute cette manière de voir et de sentir. Peut-être raccourcirez-vous un peu l'histoire de Spérata, parce qu'elle se trouve bien près de la fin, et qu'on est impatient d'arriver au but.

En évitant de dire positivement que le harpiste est le père de Mignon, vous tirez de cette circonstance un très-grand effet. On fait cette remarque soi-même; on se souvient des rapports singuliers qui ont existé entre ces deux natures mystérieuses, et l'on jette ainsi, malgré soi, un regard rapide dans les abîmes sans fond du destin.

Mais assez pour aujourd'hui. Vous trouverez ci-jointe une lettre de ma femme, qui cherche à vous peindre l'effet que le huitième livre a produit sur elle.

Ami bien-aimé et vénéré! combien je suis ému en songeant que je trouve en vous et si près de moi ce que naguère je croyais à peine pouvoir découvrir dans le lointain des temps antiques! Ne vous étonnez donc plus qu'il y ait si peu de personnes capables et dignes de vous apprécier. Le naturel, la vérité, la facilité admirable de vos peintures, dérobent au commun des lecteurs les difficultés contre lesquelles vous avez eu à lutter, et la perfection de l'art qui les a vaincues. Quant à ceux qui comprennent vos moyens d'action, la force du génie qui les fait mouvoir humilie tellement leur pauvre individualité, qu'ils voudraient nier cette force; mais au fond de leur cœur ils lui rendent un éclatant hommage, bien que ce soit de mauvaise grâce.

Schiller.

SCHILLER A GŒTHE.

Iéna, le 5 juillet 1796.

J'ai de nouveau pesé la conduite de Wilhelm à l'occasion de la rupture de son mariage avec Thérèse, et je renonce à tous mes scrupules sur ce sujet. La situation doit être telle qu'elle est, et vous l'avez peinte avec la plus exquise délicatesse, sans blesser en rien la vérité des sentiments.

On ne saurait assez admirer les nuances vraies et fines qui distinguent les unes des autres, la chanoinesse, Nathalie et Thérèse. La première n'est qu'une sainte; la seconde tient à la fois de la sainte et de la femme, ce qui lui donne toutes les apparences d'un ange; la troisième est aussi parfaite que peut l'être une créature toute terrestre. Les deux dernières sont, il est vrai, aussi réalistes l'une que l'autre; mais chez Thérèse le réalisme se montre avec ses limites étroites : chez Nathalie, on n'en aperçoit que la valeur intrinsèque. Il est à regretter que la chanoinesse lui ait enlevé l'épithète de belle âme, car cette Nathalie seule est une vraie et pure nature esthétique. Je trouve aussi très-beau qu'elle ne connaisse pas l'amour en qualité d'affection exclusive et individuelle, car l'amour est l'essence, l'état permanent de son âme. Il est vrai que la chanoinesse aussi ne connaît pas l'amour proprement dit, mais c'est par des motifs infiniment différents.

Si je vous ai bien compris, ce n'est pas sans intention que Nathalie conduit Wilhelm dans la *Salle du passé* immédiatement après l'entretien qu'elle a eu avec lui sur l'amour, entretien par lequel on vient d'apprendre qu'elle ne connaît point cette passion, et qu'elle ne peut pas même la comprendre. L'impression que produit la vue de cette salle élève au-dessus de toutes les passions, le calme du beau s'empare de l'âme, et ce calme explique mieux que ne pourraient le faire toutes les dissertations pourquoi la nature si aimante de Nathalie ne connaît pas l'amour individuel.

Cette *Salle du passé* confond le monde esthétique et l'empire des ombres avec la vie et ses réalités de la manière la plus noblement idéale. Au reste, vous faites partout des œuvres d'art un usage d'autant plus heureux, que vous les rattachez à l'ensemble. Par ce moyen, le lecteur franchit les étroites limites du présent pour y revenir aussitôt d'une manière non moins agréable que facile. Le passage du sarcophage du centre à celui de Mignon, et à l'action qui fait le sujet du roman, est du plus bel effet; et l'inscription : *Apprends à vivre*, impressionne d'autant plus agréablement, qu'elle ne rappelle ce maudit *Memento mori*, que pour en triompher avec éclat.

L'oncle est fort intéressant... il possède toute l'individualité absolue et toute la force de conception indispensable pour être devenu ce qu'il est. Ses observations sur la musique qui, selon lui, ne doit parler qu'à l'oreille, sont d'une grande vérité. Il est facile de voir que c'est ce caractère que vous avez le plus richement doté de votre propre nature.

Entre toutes les figures principales, celle de Lothaire se détache le moins de l'ensemble, mais pour des raisons tout objectives. Un pareil caractère ne pouvait se montrer en entier dans le milieu où vous avez placé votre action. Rien, au reste, ne saurait le peindre tel qu'il est; pour l'apprécier, il faut l'entendre, il faut vivre avec lui. Il suffit donc de voir que tous ceux qui vivent en effet avec lui lui accordent unanimement une confiance sans bornes, et une estime qui tient de la vénération; que toutes les femmes, qui jugent toujours d'après l'impression de l'ensemble, l'adorent, et que vous ayez indiqué les sources où il a puisé ses éminentes qualités. C'est à bon droit qu'à l'égard de Lothaire vous avez laissé le champ libre à l'imagination, car ce caractère est esthétique. C'est donc au lecteur à le compléter, non selon sa fantaisie, mais d'après les lois que vous lui avez très-précisément indiquées; et si cette précision n'a jamais rien de tranchant, c'est parce que votre Lothaire tient de l'idéal.

Jarno reste le même jusqu'à la fin, et le choix qu'il fait de Lydie pour sa compagne couronne dignement ce personnage. Il faut convenir que vous avez joliment casé vos femmes. Des êtres tels que Wilhelm et Lothaire ne sauraient trouver le bonheur que dans leur union avec des êtres sympathiques, tandis qu'un Jarno a besoin de contrastes, afin qu'il puisse toujours avoir quelque chose à faire, à penser, à discerner.

Quand vous réglez vos comptes poétiques, la pauvre comtesse n'est pas la mieux partagée; mais pour elle aussi vous êtes resté complétement vrai. Un caractère tel que le sien ne peut jamais s'appuyer sur lui-même; aussi eût-il été impossible de lui trouver un dénoûment qui pût lui assurer un bonheur durable. Destinés à être toujours le jouet des circonstances, de semblables êtres ne peuvent aspirer qu'à un bonheur négatif. Cela est triste, mais cela est, et dans cette circonstance, comme dans toutes les autres, vous n'avez été que l'interprète de la nature. A propos de la comtesse, son arrivée dans le huitième livre ne me paraît pas assez motivée; elle arrive pour le dénoûment, mais elle n'y participe pas.

Le comte aussi est très-bien soutenu, et c'est une grande adresse de votre part que de lui avoir fait causer la perte du harpiste, par les sages dispositions qu'il croit avoir prises pour loger convenablement les nombreux hôtes réunis momentanément dans le château de sa belle-sœur. Chez de pareils pédants, l'amour de l'ordre ne saurait enfanter que le désordre.

Les mauvaises habitudes du petit Félix, sa manie de boire dans les bouteilles, détail qui amène des résultats si importants, est une idée heureuse de votre plan, où l'insignifiant et le grave, la nécessité et le hasard sont unis et confondus de la manière la plus simple et la plus naturelle.

La triste métamorphose de Werner m'a beaucoup amusé. La jeunesse et la société de Wilhelm pouvaient pendant quelque temps soutenir ce cuistre à une certaine hauteur; mais dès que ces anges se sont éloignés de lui, il devait nécessairement devenir la propriété exclusive de la matière, et finir par s'étonner lui-même d'être si inférieur à son ami. Cette figure était nécessaire d'ailleurs à l'effet de l'ensemble, car elle explique et ennoblit le réalisme auquel vous ramenez votre héros. Tel que vous montrez Wilhelm à la fin, il se trouve dans le plus beau milieu possible, aussi loin du *fantaisisme* que du *philistinisme*; et tout en le ramenant de la première extrémité vers laquelle il penchait, vous avez su montrer tous les inconvénients de la seconde.

Werner me rappelle une grave erreur chronologique de votre roman. Ce n'était sans doute pas votre intention que Mignon, lorsqu'elle meurt, eût déjà vingt et un ans, que Félix en ait dix ou onze, et que le blond Frédéric, lors de sa dernière apparition, soit déjà fort avancé dans la vingtaine, etc., etc. Et cependant il en est ainsi, car depuis l'engagement de Wilhelm chez Serlo jusqu'à son retour au château de Lothaire, il se passe au moins cinq ou six ans. D'un autre côté, Werner qui, au cinquième livre, n'était pas encore marié, a déjà au commencement du huitième plusieurs garçons qui écrivent, calculent et font du commerce; or, comme il ne peut s'être fait donner la bénédiction nuptiale le lendemain de la mort de son père, et que les enfants n'arrivent pas le jour de la noce et tous à la fois, il doit nécessairement s'être passé un certain nombre d'années entre le cinquième et le huitième livre...

Voici une bien longue épître; puissiez-vous avoir autant de plaisir à la lire que j'en ai eu à l'écrire!

SCHILLER.

SCHILLER A GŒTHE.

Iéna, le 5 juillet 1796.

Maintenant que l'ensemble de votre roman est bien présent à ma pensée, je ne saurais vous dire combien le caractère de votre héros me semble parfaitement choisi, si toutefois de telles beautés peuvent être le résultat d'un choix. Aucun autre n'eût si bien convenu au rôle de *porteur des événements*, aucun autre n'eût si bien représenté l'ensemble, sans compter que le problème qui fait le sujet du roman ne pouvait être posé et résolu qu'à l'aide d'un caractère comme celui-là, et ce n'est pas seulement le sujet qui demandait un héros de cette nature, le lecteur aussi en avait besoin.

Par son penchant à la méditation, Wilhelm arrête les lecteurs au milieu de la marche rapide de l'action; il les force à regarder en arrière et en avant, et à réfléchir sur ce qui se passe. Il recueille pour ainsi dire l'âme et l'esprit des événements qui s'accomplissent autour de lui, convertit chaque vague sensation en une pensée précise, énonce les faits particuliers par des formules générales, donne l'explication de tout, et atteint le but de l'ensemble en se conformant aux exigences de son propre caractère.

La classe à laquelle il appartient achève de le rendre propre à ce rôle. Un certain monde lui est tout à fait nouveau, il en est vivement frappé; et tandis qu'il cherche à s'assimiler ce monde, il nous y introduit et nous montre ce qu'il peut contenir de réel pour l'homme. C'est en comparant toutes les manifestations extérieures de la nature humaine à l'image pure et morale de cette nature qu'il porte en lui, qu'il cherche à les apprécier; et tandis que l'expérience donne plus de solidité à ses vagues sensations intérieures, ces mêmes sensations rectifient les leçons de l'expérience. Aussi ce caractère vous sert-il merveilleusement à extraire des événements ce qu'ils ont de réellement humain. L'âme de votre héros est un miroir fidèle et non simplement passif du monde. Bien que l'imagination ait de l'influence sur sa manière de voir, cette manière est idéaliste et non pas fantasque, poétique et non pas exaltée; le principe de son être, en un mot, n'est pas le bon plaisir de la fantaisie, mais une noble liberté morale.

Son mécontentement de lui-même, lorsqu'il raconte à Thérèse l'histoire de ses amours, le peint à merveille. Sa valeur est dans son âme et non dans ses actions, dans les tendances de cette âme et non dans leurs résultats. Aussi sa vie ne pouvait-elle manquer de lui paraître vide dès qu'il a été obligé d'en rendre compte; tandis que des êtres tels que Thérèse peuvent produire leur mérite en monnaie sonnante et l'appuyer sur des faits. Il est très-beau que cette même Thérèse rende justice à la nature plus élevée de Wilhelm, car son âme limpide doit refléter même ce qui n'y est pas. Par ce seul trait vous l'élevez tout à coup au-dessus des natures bornées qui, même en imagination, ne peuvent sortir de leur misérable moi. Quand on la voit accepter une manière de sentir si opposée à la sienne, quand on la voit estimer, aimer même le cœur qui sent ainsi, on admire la réalité objective de ce personnage, et il n'est pas de lecteur que ce passage ne réjouisse.

Je me suis senti soulagé d'un grand poids, lorsque, dans le huitième livre, Wilhelm commence enfin à résister en homme à des autorités aussi imposantes que celles de Jarno et de l'abbé; c'est une preuve qu'il touche au terme de ses années d'apprentissage. Et lorsque Jarno lui dit : « Vous avez de l'humeur, c'est fort bien; fâchez-vous tout rouge, j'en serai charmé, » ces paroles semblent sortir de mon âme. J'avoue que sans cette preuve du sentiment qu'il a de sa dignité, j'aurais été très-inquiet pour lui, lorsque plus tard, par son mariage avec Nathalie, il se trouve uni de si près à cette classe élevée de la société. Il sent si vivement les avantages de la noblesse, il manifeste si souvent sa loyale défiance de lui-même et de la position sociale où le hasard l'a fait naître, qu'on ne peut s'empêcher de craindre qu'il ne lui soit impossible de conserver sa pleine indépendance dans ce monde si nouveau pour lui. Au moment même où il vient de se montrer plus courageux et plus digne, on n'est pas encore délivré d'inquiétude, on se dit : Pourra-t-il jamais oublier sa roture? et ne faut-il pas qu'il l'oublie pour que sa destinée s'accomplisse? non, je le crains, il ne l'oubliera pas; il a trop raisonné sa situation, il ne pourra jamais s'identifier complétement avec une classe de la société qu'il a vue si positivement au-dessus de la sienne. Les airs de grand seigneur de Lothaire, la double noblesse de Nathalie, noblesse de naissance et noblesse de cœur, le condamneront à une infériorité perpétuelle. Je tremble surtout pour notre héros, lorsque je me le figure devenu le beau-frère de ce comte, qui loin d'adoucir les prétentions de son rang par quelque chose d'esthétique, en est, au contraire, si pédantesquement entiché.

Il est très-beau, du reste, que, tout en respectant les formes extérieures et consacrées, vous rejetiez, dès qu'il s'agit d'un intérêt purement humain, vous rejetiez, dis-je, la naissance et le rang dans leur nullité absolue, sans même daigner vous justifier à cet égard. Mais ce qui est pour moi une beauté incontestable ne le sera pas pour tout le monde. Plus d'un lecteur s'étonnera qu'un roman, qui non-seulement n'a pas la plus légère teinte de sans-culottisme, mais où plus d'un passage semble plaider la cause de l'aristocratie, puisse finir par trois mariages, dont chacun est une véritable mésalliance. Je ne veux, certes, aucun autre dénoûment que celui qui existe, mais je désire écarter toute interprétation qui fausserait l'esprit de votre œuvre, et c'est pourquoi je viens vous demander si vous ne pourriez pas justifier ces mésalliances par quelques mots placés dans la bouche de Lothaire. Je dis de Lothaire, parce que c'est le caractère le plus aristocratique du roman, et, par conséquent, le mieux posé pour persuader les lecteurs de sa classe; aussi est-ce sa mésalliance à lui qui choque le plus. S'il la justifiait, cela vous fournirait l'occasion si rare de montrer ce personnage sous tous ses aspects. Je ne crois pas, toutefois, qu'il faille le faire parler dans le moment même; il vaudrait mieux que ce fût dans des circonstances indépendantes de son mariage, afin que ses paroles, loin de sembler une règle applicable à un fait isolé, soit une thèse générale, et l'expression presque involontaire de ses opinions les plus arrêtées.

Il est vrai, qu'à l'égard de Lothaire, on pourrait objecter que la naissance illégitime et roturière de Thérèse est un secret de famille; mais on répondra que Lothaire n'en est que plus coupable, puisque ce n'est qu'en trompant le monde qu'il pourra assurer à ses enfants les avantages de son rang. Vous êtes, au reste, le meilleur juge des misérables observations qu'on peut vous faire et que je voudrais prévenir.

Je ne vous en dirai pas davantage aujourd'hui; je vous ai communiqué mes observations pêle-mêle, et je prévois que je vous en communiquerai bien d'autres encore. Puissent quelques-unes d'entre elles, du moins, vous être bonnes à quelque chose!

Adieu, portez-vous bien et gaiement.

SCHILLER.

Si la semaine prochaine vous pouviez vous passer de *Vieilleville*[1], ma femme vous prie de le lui envoyer; moi aussi je voudrais en prendre lecture...

GOETHE A SCHILLER.

Weimar, le 5 juillet 1796.

J'allais répondre à votre première lettre, lorsque les deux autres sont venues me surprendre; ce sont des voix du ciel, mais au milieu de mes occupations terrestres je dois me borner à les écouter. Continuez à

---

[1] Il s'agit des *Mémoires de Vieilleville*. Schiller en a donné une traduction pour *les Heures*.

me charmer et à m'encourager ainsi. Vos scrupules m'inspireront pour la fin du huitième livre dès que je pourrai me remettre à l'œuvre. J'ai déjà trouvé moyen d'utiliser vos observations.

Ne vous lassez pas de me communiquer vos sentiments sur le huitième livre, que vous pouvez garder encore huit jours.

Je travaille à la continuation de *Benvenuto Cellini* pour *les Heures*... Vos lettres sont maintenant mon seul plaisir. Vos conseils me font d'un seul pas franchir bien des difficultés; vous sentez, j'en suis persuadé, combien je vous en suis reconnaissant.

Mes compliments à votre chère femme.

GŒTHE.

SCHILLER A GŒTHE.

Iéna, le 8 juillet 1796.

Puisque vous pouvez encore me laisser le huitième livre, je bornerai mes observations à ce livre; lorsque le tout sera lancé dans le monde, nous causerons de la forme de l'ensemble, et vous me rendrez le service de rectifier mes jugements.

Avant que vous terminiez entièrement cet ouvrage, je voudrais attirer votre attention sur deux points principaux.

Votre roman, tel qu'il est, tient de l'épopée sous plusieurs rapports, et surtout parce que vous y faites jouer des ressorts qui représentent les dieux ou plutôt leur maître, le Destin. Le sujet le voulait ainsi. Les *Années d'apprentissage de Wilhelm Meister* ne sont pas un aveugle effet du hasard, mais une espèce d'expérimentation. Une haute raison (les puissances de la Tour), agissant toujours, bien que toujours cachée, accompagne le héros, le surveille, et, sans troubler en lui le libre développement de la nature, le dirige vers un but dont il n'a et ne peut avoir lui-même aucune idée. Quoique cette direction, extérieurement du moins, soit à peine perceptible, elle existe et la pensée poétique la rend indispensable. Les mots : *années d'apprentissage*, éveillent des idées de progression, et demandent leur complément, la *maîtrise*, qui explique et consolide l'apprentissage. Mais l'idée de cette maîtrise, fruit de longues expériences, ne pouvait guider le héros, il ne pouvait pas l'avoir devant lui comme un but vers lequel il marchait; cette idée devait donc le guider à son insu en marchant derrière lui. De cette manière, le tout a un noble but, tandis que le héros n'en a pas; aussi la raison du lecteur trouve-t-elle l'œuvre accomplie, et son imagination conserve une pleine et entière liberté.

En écartant de la mystérieuse direction que Jarno et l'abbé donnent à la conduite de Wilhelm tout ce qu'elle pouvait avoir de lourd et de rude, en motivant cette direction plutôt par une fantaisie de l'amour de l'humanité que par un principe moral, vous avez fort heureusement détourné la pensée du lecteur de l'emploi des machines, pour ne l'arrêter que sur les résultats, et ces résultats, par leur forme du moins, ne sortent jamais de la sphère du possible, du vraisemblable même. Ce sont là des beautés qui n'appartiennent qu'à vous.

J'aurais voulu cependant vous voir expliquer un peu plus clairement l'importance de ces machines, leur liaison nécessaire avec la pensée intime de l'œuvre. Cette pensée doit se refléter dans toute l'économie du roman, alors même que les machines doivent rester cachées aux acteurs. Beaucoup de lecteurs, je le crains, ne verront dans l'influence mystérieuse qui dirige le héros qu'un jeu théâtral, qu'un artifice pour augmenter la complication de l'intrigue, surexciter l'intérêt et causer de la surprise. Je conviens que le huitième livre donne l'explication matérielle de la plupart des événements amenés par ce que j'appelle des machines; mais la nécessité esthétique et poétique de ces machines ne me paraît pas assez indiquée. Moi-même je n'ai pu la saisir qu'à la troisième lecture.

Si j'avais une observation générale à faire sur l'ensemble, ce serait la suivante : « A côté de la noble et profonde gravité qui règne dans les détails, l'imagination semble se jouer trop librement de l'ensemble. » Selon moi, la gracieuse facilité des mouvements a été plus loin que ne le comporte la gravité poétique, et votre juste horreur du lourd, du méthodique, du guindé, vous a poussé dans l'extrême contraire. J'ai cru m'apercevoir que, par condescendance pour les faiblesses publiques, vous employez plus de moyens dramatiques, et vous poursuivez un but plus théâtral que ne l'exigent la marche et le but d'un roman.

Si jamais un récit poétique a pu se passer du secours du merveilleux et du surprenant, c'est à coup sûr le vôtre, et dans une pareille production, tout ce qui ne lui est pas utile peut lui devenir nuisible. Il pourrait advenir que le lecteur, au lieu de concentrer son attention sur l'esprit de l'ouvrage, la dispersât sur les événements fortuits, et ne cherchât qu'à deviner des énigmes. Je dis que cela pourrait arriver, et ne savons-nous pas tous deux que plus d'une fois déjà il en a été ainsi?

Ce défaut, si toutefois c'en est un, serait facile à corriger dans le huitième livre. Mon objection d'ailleurs, ne s'adresse qu'à l'exécution de l'idée, car l'idée elle-même est irréprochable. Il ne s'agirait donc que de faire comprendre au lecteur l'importance des incidents dramatiques, qu'il regardait comme un jeu frivole de l'imagination, et leurs rapports intimes avec la gravité de l'ouvrage. L'abbé serait plus propre que tout autre à s'acquitter de cette tâche, qui lui fournirait en outre l'occasion de mieux se définir lui-même. Peut-être ne serait-il pas inutile de mentionner dans le huitième livre les motifs qui ont décidé l'abbé à faire de Wilhelm un des sujets de ses expériences pédagogiques. Par là l'individualité de Wilhelm gagnerait beaucoup en importance aux yeux des hauts personnages au milieu desquels il finit par se trouver jeté.

Quelques éclairs répandus dans le huitième livre peuvent faire deviner à peu près ce que vous entendez par *années d'apprentissage* et par *maîtrise*. Mais un public comme le nôtre s'attache surtout aux idées que renferme une composition, et c'est souvent la seule chose qu'il en retient. Il est donc très-important qu'à ce sujet vous soyez parfaitement compris. Les éclairs dont je viens de parler sont très-brillants, je ne crois pourtant pas qu'ils suffisent. Vous n'aimez pas, je le sais, à instruire le lecteur directement, et vous préférez lui laisser trouver par lui-même les enseignements que contiennent vos ouvrages; mais c'est précisément parce que vous en avez dit quelque chose dans *Wilhelm Meister* qu'on croira que c'est là tout; et il se trouvera ainsi que vous aurez bien plus rapetissé votre idée qu'en laissant à la sagacité du lecteur le soin de la deviner tout entière.

Si j'étais chargé de résumer en une formule sèche et aride le but que le héros finit par atteindre après une longue suite d'égarements, je dirais : « Il sort d'un idéal vide et indéterminé pour entrer dans une vie réelle et active, mais sans perdre la force qui idéalise. » Les deux routes de traverse qui éloignent de cet état heureux sont indiquées dans votre roman par toutes les nuances possibles. Depuis l'expédition malheureuse où le héros encore enfant veut jouer une pièce de théâtre sans avoir réfléchi à ce que doit contenir cette pièce jusqu'au moment où il songe à épouser Thérèse, il a parcouru le cercle des erreurs humaines, et les deux extrêmes que je viens de citer sont les plus fortes antithèses dont un caractère tel que le sien pût être susceptible. Puis, lorsque la nature, par l'intervention de Félix, le fait passer de l'idéal au réel, de la tendance à l'action, sans perdre ce qu'il y avait de réel dans ces tendances; lorsqu'il apprend à se limiter, et que la forme lui fait trouver dans cette limitation un passage à l'infini, c'est ce que j'appelle la crise la plus importante de sa vie, le terme de son apprentissage; et toutes les parties de votre œuvre convergent admirablement vers ce point. Ses belles relations avec son enfant, son union avec la noble nature féminine de Nathalie lui garantissent désormais une vigoureuse santé morale, et le lecteur le quitte sur une route qui ne peut manquer de le conduire au plus haut degré de perfection.

La manière dont vous expliquez l'*apprentissage* et la *maîtrise* semble resserrer les limites de l'un et de l'autre. Vous entendez par apprentissage les erreurs que l'on commet en cherchant à l'extérieur ce que l'homme doit trouver en soi et produire de lui-même. Quant à la maîtrise, vous la faites consister dans la conviction intime de la nécessité de chercher tout en soi-même et de produire d'après ce qu'on a trouvé; mais la vie de Wilhelm, telle que votre roman la donne, peut-elle se comprendre complétement par ces deux seules idées, et peut-on regarder son apprentissage comme terminé, uniquement parce que le cœur de père se déclare enfin chez lui, ainsi que cela arrive à la fin du septième livre? Je voudrais donc que l'idée philosophique de votre roman et les rapports de chaque personnage avec cette idée fussent plus clairement déterminés. Je me résume : La fable est vraie, la morale de la fable l'est également, mais les rapports de cette fable avec sa morale ne se font pas assez vivement sentir.

Je ne sais si j'ai pu me rendre intelligible; la question concerne l'ensemble; il est donc fort difficile de la rendre claire, en ne l'appliquant qu'aux détails. Au reste, en ce cas, une simple et vague indication suffit.

Avant de m'envoyer l'exemplaire des *Xénies*, ayez la bonté de biffer ce que vous désirez voir disparaître, et de souligner ce qui est à corriger...

Puissiez-vous trouver le temps d'achever les charmantes petites poésies que vous destinez à mon *Almanach des Muses !* C'est sur vous seul maintenant que repose l'éclat de ce recueil, car je ne vis que dans la critique, tout occupé à comprendre *Wilhelm Meister*... Puis l'époque de l'accouchement de ma femme approche, et de semblables événements ne disposent guères aux créations poétiques. J'espère pouvoir bientôt vous parler de nouveau de votre roman. SCHILLER.

GŒTHE A SCHILLER

Weimar, le 9 juillet 1796.

Vous trouverez sur une feuille détachée les passages que, d'après vos remarques, je me propose de changer ou de modifier. Je vous remercie vivement de vos lettres, et surtout de la dernière, car elle attire mon attention sur le perfectionnement de mon ouvrage. Ne cessez donc pas, je vous en supplie, de me chasser, pour ainsi dire, hors de mes propres limites. Le défaut que vous avez si justement remarqué tient à l'essence la plus intime de ma nature, à un certain *tic* de réaliste, qui me fait trouver du plaisir à dérober aux yeux du monde mon existence, mes actions et mes écrits. C'est ainsi que j'aime à voyager incognito, que je choisis toujours les vêtements les moins voyants, que dans mes conversations avec des étrangers ou des demi-connaissances je m'attache aux sujets les moins importants et me sers des expressions les plus insignifiantes ; que dans ma conduite je mets plus d'étourderie et de légèreté que je n'en ai en effet ; que je voudrais enfin me placer entre mon moi intérieur et ma personne extérieure. Vous savez fort bien comment cela est et comment cela s'enchaîne.

Après cette confession générale, je passerai volontiers à la particulière : sans vos observations et vos conseils, je me serais, et avec connaissance de cause, livré à ce même *tic* dans mon roman, ce qui eût été vraiment impardonnable, vu l'immense travail que je lui ai consacré et la facilité avec laquelle j'aurais pu voir ce qui lui manque et le refaire.

En expliquant antérieurement l'intérêt que l'abbé prend à Wilhelm, un jour nouveau doit nécessairement se répandre sur le tout, et cependant je ne l'ai pas fait, à peine ai-je pu me décider à faire dire quelques mots à Werner en faveur de l'extérieur de son ami.

J'ai interrompu le brevet d'*apprentissage* dans le septième livre, parce que, jusqu'à présent, on n'aime pas encore à lire des sentences sur le sentiment des arts. La seconde partie devait contenir des paroles bien importantes sur la vie et sa signification, ce qui m'aurait fourni une très-belle occasion de faire faire à l'abbé un commentaire sur les événements en général et, surtout, sur ceux qui ont été amenés par les *puissances de la Tour*. Par là, les machines n'auraient pu être prises pour un vulgaire procédé de roman, je leur aurais donné une valeur esthétique, ou plutôt j'aurais mis cette valeur en pleine lumière. Vous le voyez, je suis parfaitement d'accord avec vos observations.

Il est hors de doute que les résultats visibles et que j'ai clairement énoncés sont beaucoup plus bornés que ne l'est le véritable contenu de mon ouvrage, et je me fais l'effet d'un calculateur qui, après avoir posé un très-grand nombre de chiffres les uns sous les autres, commet malicieusement des fautes d'addition afin d'amoindrir la somme totale, par Dieu sait quel caprice.

Je vous remercie de nouveau de m'avoir fait remarquer à temps, et d'une manière si décisive, la manie perverse à laquelle je me suis abandonné, et j'y remédierai autant que faire se pourra. Je n'aurai qu'à placer çà et là et à propos les divers passages de vos lettres, et le mal sera réparé. Mais comme les travers de la nature humaine sont des obstacles insurmontables, il pourra bien arriver que les dernières paroles décisives ne puissent me sortir de ma poitrine. Alors je vous prierai d'ajouter, par quelques hardis coups de pinceau, ce qu'une bizarre fatalité de ma nature, m'aura empêché de dire moi-même. Continuez pendant toute cette semaine à me faire remarquer mes fautes et à m'encourager; je travaillerai à *Benvenuto Cellini* pour *les Heures* et à de petits poëmes pour l'*Almanach*.

GŒTHE.

GŒTHE A SCHILLER

Weimar, le 9 juillet 1796.

Je vous renvoie les *Xénies*, avec mon approbation.

Les bienveillantes sont si charmantes, qu'on envie aux maroufles, attaqués par les autres *Xénies*, l'avantage d'avoir fait parler d'eux en si bonne compagnie.

Je ne sais comment faire à l'égard du portrait : il n'y a personne ici capable de faire une bonne copie, et il serait dangereux de livrer l'original. Au reste, Bolt est un artiste beaucoup plus aimable que sérieux. Je crois que vous feriez bien de remettre votre amicale intention jusqu'au retour de Meyer, nous pourrions au moins avoir quelque chose de bon.

Mes compliments à votre chère femme. Ne voudriez-vous pas, quand votre famille sera augmentée, nous envoyer Charles pour quelque temps ? Auguste en serait enchanté, et, comme il vient toujours beaucoup d'enfants dans ma maison et dans mon jardin, je crois qu'il s'y trouvera fort bien. GŒTHE.

SCHILLER A GŒTHE

Iéna, le 9 juillet 1796.

Je suis charmé de voir que j'ai réussi à vous expliquer clairement mes idées au sujet de ces deux points, et que vous voulez bien en tenir compte. N'allez pas pour cela renoncer à ce que vous appelez votre *tic* de réaliste ; c'est une partie de votre individualité poétique ; il faut rester dans les limites de votre nature, il faut surtout que les beautés de cet ouvrage soient bien vos beautés à vous. Il s'agit seulement de faire tourner une singularité subjective au profit objectif de votre ouvrage, et cela vous sera très-facile dès que vous le voudrez. Au point de vue du fond, le roman doit contenir *tout ce qui est nécessaire à son intelligence*; au point de vue de la forme, il doit le contenir *nécessairement, organiquement*, c'est-à-dire que ces explications doivent résulter du développement même du récit; quant à savoir si les liens qui unissent l'ensemble doivent être serrés avec plus ou moins de force, c'est à vous seul de le décider. Le lecteur trouverait sans doute plus commode que vous prissiez la peine de lui indiquer vous-même les moments les plus décisifs, afin de n'avoir plus qu'à y porter son attention; d'un autre côté, s'il est obligé de les chercher lui-même, le livre l'attachera plus fortement, et il y reviendra plus souvent. Ne lui épargnez donc pas la peine de les chercher, dès que vous aurez assez fait pour qu'il soit sûr de les trouver, s'il y met de la bonne volonté. Le résultat d'une pareille œuvre doit être la production libre (ceci ne veut pas dire arbitraire) de l'intelligence du lecteur; il faut qu'il soit une sorte de récompense réservée aux esprits d'élite, et qui se refuse aux esprits bornés.

Je vais vous signaler encore pour ne pas les oublier quelques observations sur les machines secrètes, et je vous prie de ne pas les négliger :

1° On voudrait savoir pour quel but l'abbé ou son auxiliaire a joué le rôle du fantôme du vieux Hamlet.

2° Puisque vous faites deux fois mention du voile avec le billet, *fuis, fuis*, etc., on s'attend à voir cette invention amener des événements importants. Pourquoi, vous demandera-t-on, pousse-t-on d'un côté Wilhelm à quitter le théâtre, tandis que de l'autre on favorise son début et l'exécution de sa pièce de prédilection? Cette question demande une réponse plus positive que les vagues explications de Jarno.

3° On désirerait savoir si, avant l'arrivée de Werner au château, l'abbé et ses amis savaient que, dans l'acquisition du domaine, ils auront affaire à un ami si intime et à un aussi proche parent de Wilhelm. Leur conduite pourrait le faire croire, et alors on s'étonne du secret qu'ils en font à Wilhelm.

4° Il serait à désirer que l'on connût les sources où l'abbé a puisé les renseignements sur l'origine de Thérèse, car il paraît singulier qu'une circonstance aussi importante ait pu rester un secret pour les personnes intéressées à le connaître, et toujours si bien renseignées sous tous les autres rapports. Cela paraît d'autant plus choquant, que ce secret ne se dévoile qu'au moment où le poëte avait besoin qu'il le fût.

C'est par hasard, sans doute, si la seconde moitié du *Brevet d'apprentissage* n'a pas été placée dans le septième livre ; mais dans l'art, ainsi que dans la vie réelle, l'habile emploi du hasard produit souvent les plus heureux effets. Il me semble que cette seconde moitié trouverait facilement dans le huitième livre une place beaucoup plus favorable. Les événements ont marché, le caractère de Wilhelm s'est développé, et Wilhelm et le lecteur ont été préparés à ces résultats pratiques de la vie et de l'usage de la vie. D'un autre côté, la *Salle du passé* et une connaissance plus exacte du caractère de Nathalie ont pu faire surgir les dispositions nécessaires pour apprécier cette seconde partie du *Brevet d'apprentissage*. Je vous conseille donc très-fort de ne pas la supprimer, et d'y déposer, au contraire, autant qu'il vous sera possible, sous forme visible ou cachée peu importe, toutes les idées philosophiques de votre œuvre. Avec le public allemand, on ne saurait jamais trop faire pour justifier les intentions d'un livre et même son titre, surtout quand il est de la nature de celui que vous avez mis en tête de votre roman.

C'est à ma grande satisfaction que j'ai trouvé dans le huitième livre quelques lignes qui font face à la métaphysique, et se rapportent aux besoins spéculatifs de la nature humaine; seulement l'aumône que vous offrez à la pauvre déesse est bien modeste et je ne sais pas si, pour un don aussi mince, elle pourra vous croire quitte envers elle. Vous savez à quel passage je fais allusion, car je suis sûr, à y regarder de près, que vous ne l'avez pas mis là sans y avoir bien réfléchi.

Pour une époque aussi spéculative que la nôtre, c'était, je l'avoue, une entreprise bien hardie que d'écrire un roman de cette importance et de ce volume, où il n'est que vaguement question de *la seule chose indispensable*. Et ce qui est pis encore, ce Wilhelm, ce caractère sentimental, vous lui faites achever ses années d'apprentissage, sans le secours de la métaphysique; cela ne donne vraiment pas une haute idée de l'importance de cette digne matrone.

Parlons sérieusement : comment se peut-il que vous ayez pu faire et terminer l'éducation de ce jeune homme sans rencontrer des besoins que la métaphysique seule peut satisfaire? Je suis persuadé que cette particularité tient à la direction esthétique que vous avez donnée à votre roman. En effet, lorsque les dispositions de l'esprit sont purement esthétiques, le besoin des consolations qu'on ne peut puiser que dans des spéculations philosophiques ne se fait point sentir, car l'esthétique contient en elle la substantialité et l'infinité; ce n'est que lorsque la partie sensuelle et la partie morale se combattent en lui, qu'il est forcé de recourir à la raison pure. La belle et saine nature humaine, ainsi que vous le dites si bien, n'a besoin ni de morale, ni de droit naturel, ni de métaphysique politique; vous auriez pu ajouter qu'elles n'ont pas même besoin de s'appuyer sur la divinité ni sur l'immortalité. La morale, le droit naturel et la métaphysique, ces trois points autour desquels tournent toutes les spéculations, fournissent il est vrai à l'âme sensitivement perfectionnée le sujet d'un noble jeu poétique, mais ils ne seront jamais pour elle une affaire sérieuse et encore moins un besoin.

On pourrait cependant vous objecter que notre ami Wilhelm ne possède pas encore cette indépendance esthétique à un assez haut degré pour ne jamais éprouver de ces embarras qui rendent le secours des spéculations indispensable. On voit chez lui une certaine tendance philosophique, qui est le propre des natures sentimentales. Aussi, s'il s'avisait jamais d'entrer dans les régions de la pensée spéculative, il ne pourrait manquer de s'y égarer, car les bases philosophiques lui manquent totalement, et ce n'est qu'avec le secours de la philosophie qu'on peut philosopher. Privé de ce secours, on tombe infailliblement dans le mysticisme, ainsi que vous le prouvez vous-même par l'exemple de votre chanoinesse. L'imperfection de ses sentiments esthétiques l'a poussée dans les spéculations d'où elle s'est égarée jusqu'aux frères moraves, car la philosophie n'est point venue à son secours. Si elle eût été un homme, il est presque certain qu'elle se fût perdue longtemps dans le labyrinthe de la métaphysique.

Maintenant on vous demandera de poser votre élève devant nous avec toute la substantialité, la sécurité, la liberté, je dirais même avec la solidité architectonique, qui nous permet de supposer qu'il pourra éternellement se tenir ainsi sans avoir besoin d'aucun appui extérieur. On veut même le voir, par sa maturité esthétique, au-dessus du besoin d'une instruction philosophique, qu'il ne s'est pas donnée. Puis on se demandera : est-il assez réaliste pour n'être jamais forcé de recourir à la raison pure? Et s'il ne l'est pas, n'eût-il pas fallu s'occuper un peu plus des besoins de l'idéaliste?

Vous supposerez peut-être que je prends un détour habile pour vous pousser dans le domaine de la philosophie; non, certes; ce qui manque encore à votre ouvrage peut se faire admirablement dans la forme qui vous est propre. Mon seul désir est qu'au lieu de tourner autour de la question, vous en donniez à votre manière une solution complète. Ce qui remplace chez vous tout le savoir spéculatif et vous en rend le besoin impossible, suffira également chez Wilhelm. Déjà vous avez mis dans la bouche de l'oncle d'excellentes choses sur ce sujet, et Wilhelm le touche plusieurs fois avec beaucoup de bonheur; il ne vous reste donc que bien peu à faire. Si je pouvais revêtir de vos conceptions ce que j'ai dit à ma manière dans l'*Empire des Ombres* et dans les *Lettres esthétiques*, nous serions bientôt d'accord.

Ce que vous faites dire à Werner sur l'extérieur de Wilhelm est d'un bon effet pour l'ensemble. J'ai eu l'idée que le comte, qui paraît à la fin du huitième livre, pouvait être utilisé pour faire ressortir notre héros d'une manière plus éclatante encore. Si le comte, ce véritable maître des cérémonies du roman, le traitait par un moyen que je n'ai pas besoin de vous indiquer, avec des égards et une distinction au-dessus de tout ce que sa position lui permet d'espérer, et lui donnait par là l'espèce de noblesse qui lui manque encore? Qu'en pensez-vous? Il me semble que par là l'œuvre de l'anoblissement de notre héros serait un fait accompli.

J'ai encore un mot à dire sur la conduite de Wilhelm, lorsqu'il entre pour la première fois avec Nathalie dans la *Salle du passé*. En cette circonstance, je ne reconnais guère le petit Wilhelm qui dans la maison de son grand-père, aimait tant à s'arrêter devant le tableau d'un fils de roi malade, et que l'étranger du premier livre a trouvé sur une si fausse route artistique. Dans cette *Salle du passé* aussi, il ne s'occupe que du sujet des œuvres d'art et poétise trop avec ces sujets. Il me semble que l'instant était venu de montrer chez lui le commencement d'une crise heureuse, qui aurait pu le poser, non en connaisseur, cela était impossible, mais du moins en amateur objectif, tel qu'un ami du genre de notre Meyer eût pu fonder quelque espérance sur son compte.

Au septième livre, vous avez très-heureusement utilisé le personnage de Jarno, pour exprimer à sa manière sèche et dure une vérité qui fait faire tout à coup un très-grand pas au héros et au lecteur : je veux parler du passage où il déclare nettement à Wilhelm qu'il n'a aucun talent comme acteur. Je pense qu'il pourrait lui rendre un aussi grand service à l'égard de Thérèse et de Nathalie. Ce Jarno me paraît l'homme fait exprès pour dire à Wilhelm que Thérèse ne saurait le rendre heureux, et lui indiquer en même temps quel est le caractère de femme qui lui convient. De semblables paroles isolées et dures, mais prononcées à propos, débarrassent le lecteur d'un grand poids, et produisent l'effet d'un éclair qui illumine toute la scène. SCHILLER.

SCHILLER A GŒTHE

Iéna, le 11 au matin.

Une visite m'a empêché hier de faire partir ma lettre. Aujourd'hui je ne puis rien y ajouter, car tout est chez moi dans une grande agitation ; ma femme est sur le point d'accoucher, Starke attend pour aujourd'hui même sa délivrance. Je vous remercie beaucoup de votre offre amicale à l'égard de Charles, il ne nous gêne nullement, car nous avons pris à notre service quelques personnes de plus, et arrangé nos chambres de manière qu'il ne puisse nous troubler. J'ai reçu *Vieilleville* et *Muratori* et je vous en remercie. J'espère pouvoir bientôt vous donner des nouvelles avec un cœur moins oppressé et un esprit plus tranquille.

SCHILLER.

Les lettres de Schiller et de Gœthe, pendant la seconde moitié de juillet, ainsi qu'au mois d'août et de septembre 1796, ne contiennent presque rien sur leurs travaux poétiques. On y trouve cependant bien des détails charmants sur leur intimité. C'est une vraie jouissance pour le cœur de voir ces grands esprits s'entretenir si familièrement de tout ce qui intéresse leurs foyers. Le 11 juillet, la femme de Schiller lui donne un second enfant, et deux heures après l'accouchement, à cinq heures du soir, le père, tout tremblant, tout ému, écrit à son ami : « Vous vous imaginez sans peine combien je me sens le cœur allégé ; je n'attendais pas cet événement sans inquiétude. Maintenant je puis compter ma petite famille, et j'éprouve un singulier sentiment : le passage d'un à deux est plus grave que je ne le croyais. » Pendant ce temps-là, les armées françaises viennent de pénétrer en Allemagne ; Jourdan et Moreau s'avancent contre l'archiduc Charles d'Autriche. L'occupation de plusieurs contrées allemandes par les troupes du Directoire trouble nécessairement les poétiques méditations des deux artistes. Il est remarquable néanmoins que tous les deux, et Schiller autant que Gœthe, détournent aisément les yeux de ce spectacle. La poésie les console. La mère de Gœthe, qui habite toujours sa maison de Francfort, et qui vient de voir entrer dans sa ville natale les Français de la république, raconte à son fils les événements qui se passent sous ses yeux; Gœthe lit en artiste cette lettre de sa mère, et il la communique à Schiller qui lui répond : « Nous vous remercions beaucoup de nous avoir envoyé la lettre de votre mère; elle nous a vivement intéressés, non-seulement par ce qu'elle contient d'historique, mais par la naïveté du récit et le caractère original du style. »

On se figurerait volontiers que Schiller a été plus ému que Gœthe de l'invasion de l'Allemagne par les Français. C'est le contraire qui est vrai. Gœthe paraît plus soucieux, plus inquiet; il donne des nouvelles, il en demande, il se préoccupe de l'Allemagne et des dangers qui la menacent, ce qui ne l'empêche pas, je le sais bien, de corriger *Wilhelm Meister* et de songer à ses poëmes. Schiller, occupé à construire son idéale cité, s'intéresse à peine aux misères de la cité terrestre. Il écrit à Gœthe le 31 juillet : « Il serait bon de laisser les habitants d'Iéna se remettre un peu de la peur que leur causent les Français, avant de leur parler de théâtre; il y a ici des gens d'une conscience tout à fait timorée, qui croiraient inconvenant de s'amuser au milieu de si grandes calamités publiques. » Les amusements de la poésie, pour Schiller, ce sont des distractions viriles; et tout occupé de fonder l'Allemagne de l'avenir, il s'inquiète peu de l'Allemagne du présent. Il y a pourtant ici des symptômes pénibles qu'il ne faut pas dissimuler. On voudrait voir plus de patriotisme chez celui qui chantera Guillaume Tell. Le génie cosmopolite de l'auteur du marquis de Posa apparaît ici sous un jour fâcheux. On a besoin de se rappeler qu'à l'époque où Schiller se montrait si indifférent aux destinées de l'Allemagne, l'Allemagne n'était qu'un corps sans âme, et que plus tard, lorsque la patrie, c'est-à-dire le sentiment national, animée au souffle des grands poëtes, se trouva exposée à de bien plus graves périls, un filleul de Schiller, un enfant élevé par lui et nourri de ses inspirations, Théodore Kœrner, mourut en poëte et en soldat, sur le champ de bataille de Dresde. L'auteur de *la Lyre et l'Épée*, le chantre des *Chasseurs de Lützow*, tombant l'épée à la main dans les luttes de 1813, c'est un fils de Schiller rachetant la faute et consacrant la gloire de son père.

Le 15 juillet, Gœthe était allé à Iéna, où il avait passé six jours avec Schiller; il y retourne le 18 août et n'y demeure pas moins de six semaines. Vingt ans après, la femme de Schiller se rappelait encore la transformation soudaine de Gœthe quand il arrivait à Iéna. Cet homme, si grave à Weimar, si soigneux de l'étiquette, s'épanouissait tout à coup dès qu'il entrait sous le toit de son ami. Ce qu'il avait éprouvé en 1786, lorsque, rompant ses attaches officielles, il était parti en secret pour l'Italie, avide de lumière et de liberté, il le ressentait au foyer de Schiller. Il avait précisément projeté un nouveau voyage au delà des Alpes pour l'été et l'automne de cette année ; la guerre l'ayant obligé d'y renoncer, les six semaines qu'il passa sous le toit de son ami furent sa consolation. « Si je n'avais vu Goethe qu'à Weimar, écrivait Charlotte Schiller, je ne le connaîtrais qu'à demi : son image ne serait pas devant moi lumineuse et complète. » Et quand elle parlait ainsi, elle songeait surtout à ce Goethe qu'elle avait vu si gai, si confiant, si familièrement heureux, pendant les vacances de 1796. C'est au milieu de ces doux loisirs qu'il composa les cinq premiers chants d'*Hermann et Dorothée*. Dans les régions de l'amitié, comme sous le soleil de Venise, son inspiration se ranimait ; que de fleurs ! que de fruits d'or ! Les vers coulaient de source ; il en écrivait parfois jusqu'à cent cinquante par jour, et les figures d'Hermann, de Dorothée, de l'aubergiste et du pasteur, étaient déjà vivantes sur sa toile. Il n'avait plus besoin de dire comme la Mignon de *Wilhelm Meister*, les regards tournés vers Naples et la Sicile : *Connais-tu le pays où les citronniers fleurissent?* Il avait trouvé ce pays dans la maison de Schiller.

Pendant ce temps-là, on imprime les *Xénies*, et les *renards incendiaires*, comme Goethe les appelle, sont lancés dès les premiers jours d'octobre au milieu des Philistins épouvantés. Goethe vient de retourner à Weimar :

GŒTHE A SCHILLER.

Weimar, le 8 octobre 1796.

De la vie heureuse et tranquille que j'ai passée près de vous, j'ai été jeté tout à coup sur un théâtre bien différent... ce matin, de bonne heure, il y a eu un incendie dans le faubourg Saint-Jacques. Nos renards incendiaires commencent aussi à produire leur effet. La surprise et la curiosité sont au comble... GŒTHE.

SCHILLER A GŒTHE

Iéna, le 23 octobre 1796.

Humboldt m'écrit qu'il est très-content de notre *Almanach*, et que les *Xénies* surtout l'ont beaucoup amusé. Je suis bien aise d'apprendre que l'ensemble produit sur tous les esprits libéraux un effet agréable. A Berlin, écrit-il, on se les arrache ; il n'a pourtant rien appris d'intéressant ni de comique à ce sujet. Les uns débitent des lieux communs, les autres rient de tout, comme si l'ensemble n'était qu'une chasse littéraire. Parmi vos morceaux qu'il ne connaissait pas encore, il a surtout été charmé de la *Course en traîneau* et des *Muses dans la Marche*, et parmi les miennes, il préfère les *Patriciens* et la *Visite*. Pour les *Xénies*, il lui paraît bien difficile de séparer ce qui appartient à chacun de nous dans une pareille production en commun, mais il assure qu'à Berlin on vous les attribue toutes. Il espère être à Iéna dans huit à dix jours, je me fais un vrai plaisir de le revoir.

Vos *Lettres de Suisse* intéressent tout le monde, et je

suis enchanté de vous avoir forcé de les donner dans *les Heures*. Elles sont une image vivante de la réalité qui les a fait naître ; écrites au jour le jour, elles n'en forment pas moins un tout qui semble aussi habilement que naturellement composé.

La conclusion de *Wilhelm Meister* a beaucoup ému ma belle-sœur, nouvelle preuve pour moi que c'est le pathétique d'abord qui s'empare de l'âme, et qu'on n'arrive que plus tard à jouir tranquillement de la beauté pure. A la première, à la seconde lecture même, Mignon tracera des sillons profonds dans l'âme des lecteurs ; mais je crois que vous avez réussi à changer cette émotion pathétique en celle du beau.

Combien je suis heureux d'apprendre que vous reviendrez bientôt nous voir ! Maintenant que me voilà débarrassé de l'*Almanach*, j'ai besoin d'un intérêt vivant et nouveau. Il est vrai que je m'occupe de *Wallenstein*, mais je tourne toujours autour du sujet, et j'attends qu'une main puissante m'y jette tout à coup. Tout le monde se rappelle à votre souvenir.   SCHILLER.

SCHILLER A GŒTHE

Iéna, le 25 octobre 1796.

Un mot seulement pour accompagner les biscuits que ma femme vous envoie. J'espère que le beau temps qui m'a fait tant de bien vous a été également favorable. Il faut maintenant que je m'occupe des *Heures*, afin de terminer la seconde année d'une manière brillante. Je ne vois encore rien, et pendant les deux années qu'a déjà duré ce journal, il m'est tombé du ciel si peu de chose pour lui, que je n'ai plus aucune confiance en ses dons fortuits. Si vous pouviez trouver dans vos papiers encore un paquet de lettres semblables à celles de Suisse, je me chargerais avec plaisir de tout l'embarras de la rédaction.

Je ne sais rien de neuf à vous mander. Schlegel prétend que le duc de Gotha est fort mécontent des *Xénies*, à cause de Schlichtegroll qu'il tient en grande estime. Schütz, chargé de rendre compte de l'*Almanach des Muses*, ne sait comment s'y prendre ; je le crois bien !

Schiller.

GOETHE A SCHILLER

Weimar, le 26 octobre 1796.

Je vous renvoie, avec mes remerciments, la boîte qui contenait les biscuits, et j'ai remplacé ces friandises par un numéro du *Journal philosophique*. Moi aussi j'ai pensé aux *Heures*, mais malheureusement je n'ai rien trouvé pour elles. La plupart des choses que contiennent mes vieux papiers n'ont point de forme, c'est de la marchandise avariée. Le journal de mon voyage de Weimar à Rome, mes lettres de cette ville ne sauraient être rédigés que par moi. Au reste, tout ce qui date de cette époque a le cachet d'un homme qui fuit un joug, d'un mourant qui s'aperçoit peu à peu qu'il est incapable de s'approprier les objets qu'il voit, et qui, arrivé au terme de sa carrière, reconnaît qu'alors seulement il serait en état de la recommencer avec fruit. Retravaillés avec soin et dans l'intention d'en faire un tout, ces morceaux épars pourraient faire un ouvrage de quelque importance, mais dans leur forme actuelle ils sont par trop *naïfs*.

Je suis assez content du public de Weimar, à l'égard de notre *Almanach*, quoique les *Xénies* lui fassent oublier tout ce que le reste contient de bon et de sérieux. Qu'on ne soit pas satisfait de nous en tout pays, c'est bien ce que nous voulions ; qu'on soit fâché à Gotha, c'est tant mieux. On est resté fort calme et fort tranquille en ce pays lorsqu'on m'insultait moi et mes amis, et puisque le *faustrecht* (droit du poing) n'est pas encore aboli en littérature, je m'en sers pour me rendre justice. J'attends seulement qu'on se plaigne à moi, et alors on verra comment je sais expectorer gaiement et poliment.

Je serais bien aise d'apprendre que *Wallenstein* s'est emparé de votre esprit, ce serait un bonheur pour vous et pour le théâtre allemand.

Je me suis mis à observer consciencieusement les entrailles des animaux. Si je continue à travailler avec la même ardeur, j'espère approfondir, dans le courant de l'hiver, cette partie de la nature organique.

Adieu, j'espère vous voir bientôt. GOETHE.

GOETHE A SCHILLER.

Weimar, le 26 novembre 1796.

Les Humboldt, arrivant d'Erfurt, seront ici mardi prochain et dîneront chez moi ; je désirerais bien que vous puissiez vous décider à y venir aussi avec votre chère femme. Vous passeriez la nuit à Weimar, et mercredi vous pourriez repartir avec mes hôtes. Quant à moi, ne prévoyant pas l'époque où je serai libre de m'installer chez vous à loisir, j'irai vous faire au premier jour une visite de quelques heures. Il y a maintes et maintes choses, je le sens, pour lesquels j'ai absolument besoin de votre sympathique appui. GŒTHE.

SCHILLER A GŒTHE

Iéna, le 28 novembre 1796.

Je ne crois pas qu'il me soit possible de profiter de votre aimable invitation, car mes nerfs se ressentent cruellement de cette misérable saison, rendue plus triste encore par le mauvais temps qu'il fait. En échange, j'espère vous voir bientôt ici, et vous entendre parler de vos nouvelles découvertes en histoire naturelle.

Wallenstein n'avance que fort lentement. J'en suis toujours à la matière brute, qui n'est même pas encore au complet; mais je me sens au niveau de ma tâche, et j'ai jeté plus d'un coup d'œil décisif sur la forme de l'œuvre. Je sais très-nettement ce que *je veux* et ce que *je dois*; je sais aussi ce que *je possède*. Il s'agit maintenant de faire, avec ce que je possède en moi et devant moi, ce que je veux et ce que je dois. Quant à l'esprit dans lequel je travaille, j'espère que vous en serez content. Je réussis très-bien à tenir la matière en dehors de moi, pour ne m'occuper que du sujet; j'ajouterai même que ce sujet ne m'intéresse presque pas. Jamais encore je n'ai pu réunir en moi tant d'ardeur pour le travail avec tant de froideur pour le sujet. Jusqu'à présent, je traite les caractères avec un pur amour d'artiste; pour le jeune Piccolomini seul, je ne puis me défendre d'une affection personnelle qui, je l'espère du moins, sera plus favorable que nuisible à l'ensemble.

Pour ce qui est de l'action dramatique, c'est-à-dire de la chose principale, le sujet si ingrat et si *impoétique* par lui-même ne veut pas encore s'y assujettir convenablement. Il y a des lacunes dans la marche, et beaucoup de faits se montrent si rebelles qu'il est impossible de les faire entrer dans les limites d'une œuvre tragique. Je n'ai pas même encore pu vaincre le *Proton-Pseudos*, qui amène la catastrophe et la rend si peu propre au dénoûment d'une tragédie. Le destin ne fait pas encore assez pour la perte du héros, tandis que le héros y travaille trop activement par les fautes qu'il commet. Cependant, l'exemple de Macbeth me console un peu; là aussi, c'est moins le destin que l'homme lui-même qui cause son malheur. Nous parlerons de vive voix de cette difficulté et de beaucoup d'autres.

Les observations de Humboldt sur la lettre de Kœrner ne me paraissent pas sans importance, quoiqu'il soit tombé dans l'extrême contraire, à l'égard du caractère de *Wilhelm Meister*. Séduit par le titre et par la vieille opinion qui veut que chaque roman ait un héros principal, Kœrner a vu ce héros en Wilhelm; or, Wilhelm est le personnage le plus nécessaire, il est vrai, mais non le plus important de l'ouvrage. C'est, en effet, une des particularités de votre roman, de n'avoir pas besoin d'un héros dans l'acception ordinaire du mot. Tout se fait autour de lui, et de façon à le toucher sans cesse; rien ne se fait à cause de lui. Les objets dont il est entouré représentant les énergies du monde et lui la flexibilité de la nature humaine, ses rapports avec les autres caractères de l'ouvrage devaient être tout différents de ceux qu'on trouve dans les romans ordinaires.

De son côté cependant, Humboldt aussi s'est trompé sur le caractère de Wilhelm. S'il était en effet l'être insignifiant et passif qu'il croit voir en lui, comment a-t-il pu regarder comme atteint le noble but que s'est posé l'auteur de ce roman? Si par le personnage de Wilhelm, vous n'avez pas évoqué et mis en jeu l'humanité tout entière, votre roman n'est pas fini, et si ce personnage ne convient pas à un pareil rôle, vous n'auriez pas dû le choisir.

Je conviens que c'est une circonstance assez critique pour votre roman, que de ne finir avec Wilhelm, ni par une individualité déterminée, ni par une idéalité soutenue, mais par une position qui tient le milieu entre ces deux extrêmes. Le caractère est individuel, mais seulement par ses limites, non par son contenu; il est idéal, mais seulement en puissance, il nous refuse par conséquent la satisfaction que nous avions le droit d'exiger, c'est-à-dire la détermination; il est vrai qu'il nous en promet une plus haute, et même la plus haute de toutes, mais on est obligé de lui en faire crédit pour un long avenir.

C'est, au reste, une chose assez comique qu'on puisse batailler ainsi en jugeant une pareille œuvre.

Schiller.

GŒTHE A SCHILLER

Weimar, le 30 novembre 1796.

J'ai passé hier une délicieuse journée avec Humboldt, et nous avons conservé jusqu'à midi l'espoir de vous avoir avec nous. Je me consolerais de ce contre-temps, si de votre côté vous avez utilisé cette journée à avancer votre grand travail...

Il vient de paraître un nouvel ouvrage de madame de Staël, intitulé : *De l'Influence des passions*, etc. C'est un livre fort intéressant ; écrit au milieu de la contemplation permanente du grand monde dans lequel elle a vécu, il contient une foule d'observations aussi hardies que délicates et spirituelles.   Gœthe.

GŒTHE A SCHILLER

Weimar, le 5 décembre 1796.

Une belle course en traîneau par un temps magnifique m'a empêché de vous écrire, mais je ne veux pas laisser finir cette charmante journée sans vous adresser quelques mots.

Vous recevrez incessamment l'ouvrage de madame de Staël dont je vous ai parlé. Rien n'est plus intéressant que de voir cette nature ardente et passionnée passer par le feu purifiant d'une révolution, à laquelle on la voit prendre une part active. On serait tenté de dire qu'après cette épreuve, elle n'a plus conservé en elle que la partie purement spirituelle de l'humanité. Peut-être pourriez-vous faire des extraits de son ouvrage afin de les insérer dans *les Heures*, mais il faudrait se dépêcher, car je suis sûr qu'à la foire de Pâques il en paraîtra une traduction à Leipzig.

Le mauvais vouloir de nos adversaires a sans doute déjà fait parvenir à Iéna des exemplaires du libelle qu'ils viennent de publier contre nous; n'importe, je vous envoie l'exemplaire qu'on m'a adressé. Il est amusant de voir pourquoi cette espèce de gens s'est courroucée, ce qu'elle croit devoir faire à son tour pour courroucer les autres, de quelle manière plate et commune elle envisage tout ce qui est en dehors d'elle, avec quelle maladresse elle ne dirige ses flèches que sur les apparences, et combien elle est incapable de comprendre dans quel fort inaccessible demeure l'homme qui prend au sérieux les choses et lui-même.

Beaucoup d'affaires m'enchaînent encore ici, et je ne voudrais pas aller vous voir sans m'arrêter pendant quelques jours au moins. C'est à peine si notre théâtre, grâce à quelques pièces bien choisies, commence à entrer dans la bonne voie; ma présence est indispensable pour la réorganisation de la scène.

Au reste, tous mes travaux suivent leurs cours et j'ai bon espoir pour certains chapitres de mes études. Mille saluts affectueux aux Humboldt. Dites-moi le plus tôt possible comment vous vous portez, et si vous êtes content de votre travail.

GOETHE.

SCHILLER A GOETHE

Iéna, le 6 décembre 1796.

Plusieurs nuits sans sommeil m'ont forcé de suspendre mon *Wallenstein* qui commençait à marcher assez bien. C'est qu'un pareil travail irrite d'autant plus un tempérament sensible et maladif comme le mien, qu'il s'empare de tout ce qu'il y a de forces vitales dans l'homme.

Avant-hier je comptais presque sur votre arrivée, je suis désolé de ce nouveau retard; tâchez du moins, quand vous pourrez venir, que ce soit pour longtemps.

J'avais déjà lu la sale production qu'on a publiée contre nous, dont l'auteur, à ce qu'on affirme, est M. Dyck, de Leipzig. Quoique les ressentiments de certaines gens ne puissent se manifester d'une manière plus noble, ce n'est que dans notre Allemagne que le mauvais vouloir et la grossièreté peuvent se permettre de pareilles sorties contre des auteurs environnés de respect; partout ailleurs, j'en suis convaincu, un écrivain qui se conduirait de la sorte perdrait à jamais l'estime et la confiance du public. Puisque la honte ne peut rien sur des pêcheurs comme ceux-là, on devrait pouvoir au moins les contenir par la peur; mais chez nous la police est en aussi mauvais état que le goût littéraire.

Ce qu'il y a de désagréable en cette affaire, c'est que les gens modérés, loin de prendre nos *Xénies* sous leur protection, diront d'un air de triomphe, qu'ayant commencé l'attaque, le scandale retombe sur nous.

En tout cas, les distiques de notre adversaire sont une brillante justification des nôtres, et il n'y a pas de remède pour ceux qui ne voient pas encore que nos *Xénies* sont une production vraiment poétique. Il était impossible de séparer plus nettement qu'on ne l'a fait ici la grossièreté et l'insulte d'avec l'esprit et la gaieté. Le parti de ce M. Dyck est maintenant très-embarrassé, car il voit à regret qu'on a été beaucoup plus loin que nous dans le seul tort qu'à la rigueur on aurait pu nous reprocher. Je suis curieux de voir si personne ne prendra la défense de nos *Xénies*; car, pour nous, nous ne pouvons répondre décemment à de pareilles infamies.

J'attends avec impatience l'ouvrage de madame de Staël; si nous en traduisions ce qu'il renferme de plus piquant et de plus spirituel, ce serait une agréable variété pour *les Heures*.

Je crois qu'*Agnès de Lilien*[1] fera fortune dans notre journal, tout le monde m'en parle avec le plus grand éloge; mais, le croiriez-vous? nos grands critiques, les frères Schlegel, sont parfaitement convaincus que cet ouvrage est de vous. Madame Schlegel même soutient que vous n'avez jamais créé un caractère de femme aussi parfait, et que cette nouvelle production augmente considérablement la bonne opinion qu'elle a toujours eue de vous. Beaucoup d'autres lecteurs sont même plus édifiés de ce roman que du quatrième volume de votre *Wilhelm Meister*. Jusqu'à présent, je n'ai pas encore pu me décider à détruire tant d'heureuses illusions.

Ne laissez troubler votre tranquillité ni par ce don inattendu dont on vous gratifie, ni par l'insolence dont on a osé se rendre coupable envers vous. Ce qui est, — est; ce qui doit être, — sera.

SCHILLER.

---

[1] *Agnès de Lilien* est un roman assez gracieux, mais faible, dont l'auteur est la belle-sœur de Schiller, madame de Wolfzogen.

GŒTHE A SCHILLER

Weimar, le 7 décembre 1796.

Je joins ici l'ouvrage de madame de Staël; je suis sûr que vous en serez content. J'ai eu comme vous l'idée d'en faire des extraits pour les *Heures*; on pourrait détacher de l'ensemble les passages les plus remarquables et en former une suite. Lisez donc le livre un crayon à la main et pressez Humboldt d'en faire autant; vos remarques rectifieront mon choix ou le confirmeront. Dès que cet envoi me sera revenu, je me mettrai à l'œuvre.

Vous recevrez, à la première requête, une nouvelle continuation de Cellini.

Je vous envoie également sous ce pli une élégie pour laquelle je souhaite votre approbation. En y annonçant mon nouveau poëme, j'en fais aussi le commencement d'un nouveau livre d'élégies; dans la seconde, j'exprimerai probablement le désir de passer une troisième fois les Alpes et je poursuivrai de la sorte, tantôt chantant mes élégies du fond de mon cabinet, tantôt les répandant sur ma route au milieu de ce voyage imaginaire. Je désirerais que vous pussiez commencer la nouvelle année des *Heures* par l'élégie que je vous adresse. Par là, les gens verront qu'on se tient ferme de toute manière et qu'on est prêt à tout événement.

Je connais trop bien les Allemands pour avoir été surpris de la sortie de Dyck; nous devons nous attendre à bien d'autres encore. L'Allemand ne voit que la matière, et lorsqu'il donne de la matière en échange d'un poëme, il croit s'être mis au niveau du poëte, l'idée de la forme chez lui ne va jamais au delà du rhythme.

A parler franchement, la conduite de cette populace est tout à fait selon mes désirs. D'après une politique malheureusement trop peu connue, et que devrait observer tout auteur qui a quelque prétention à une gloire durable, il est essentiel d'exciter ses contemporains à énoncer hautement tout ce qu'ils tiennent *in petto* contre vous; car, tant que l'auteur vit, il lui est facile de détruire l'effet de ses attaques par des productions nouvelles. J'ai connu plus d'un honnête homme de mérite qui, à force de condescendances, de flatteries, de concessions, d'accommodements et de rajustages, est parvenu à se faire pendant sa vie une réputation passable. Mais à quoi sert tout cela? Immédiatement après sa mort, l'avocat du diable vient s'asseoir près de son cercueil, et l'ange chargé de lui tenir tête fait ordinairement triste mine.

J'espère que nos *Xénies* feront longtemps encore leur office et maintiendront l'esprit malin en activité contre nous. En attendant, continuons nos travaux positifs et abandonnons-lui, à ce mauvais esprit, le supplice de la négation. Lorsque nos ennemis auront fini leur sabbat et se croiront parfaitement en sûreté, si notre poétique humeur a gardé sa verve, nous les bouleverserons de fond en comble.

Laissez-moi aussi longtemps que possible l'honneur de passer pour l'auteur d'*Agnès*. Si nous vivions à une époque de ténèbres, la postérité aurait une belle bibliothèque à placer sous mon nom. Quelqu'un me disait ces jours derniers qu'il avait perdu un pari considérable, pour avoir soutenu obstinément que j'étais l'auteur de *Laurent Starck*[1].

Pour moi aussi les journées s'écoulent sans que je puisse les utiliser complétement. Je vais changer les dispositions de ma chambre à coucher, afin de pouvoir chaque matin dicter de mon lit pendant quelques heures avant le jour. Puissiez-vous aussi trouver le moyen de profiter de tout votre temps, ce bien si précieux pour les organisations d'élite !

Mes compliments à tout ce qui vous entoure.

Goethe.

SCHILLER A GOETHE

Iéna, le 9 décembre 1796.

Merci de votre dernier envoi. L'élégie fait une profonde impression et il est impossible, pourvu qu'on ait un cœur, de ne pas être touché. Le calme imposant qui, dans cette composition, se mêle à la couleur passionnée du moment lui donne un charme de plus. C'est pour moi une expérience bien consolante de voir avec quelle rapidité et quel bonheur l'esprit poétique s'élève au-dessus de toutes les réalités vulgaires par un élan qu'il se donne à lui-même, et que les âmes communes sont forcées de lui voir prendre, sans oser espérer de pouvoir l'imiter.

Une remarque seulement; l'instant actuel vous paraît-il très-propice pour la publication de ce poëme ? Je crains que d'ici à deux ou trois mois, les lecteurs ne

---

[1] Un roman publié dans *les Heures* et dont l'auteur est le prosaïque Engel.

soient hors d'état de nous rendre justice; les plaies sont encore saignantes, on nous donne tort, et ce n'est pas dans cette disposition d'esprit qu'il faut qu'on vous lise. Il est certain, au contraire, que, par leur violence et leur grossièreté, nos adversaires ne manqueront pas de se mettre dans leur tort et de soulever contre eux les honnêtes gens; c'est alors que votre élégie achèvera notre triomphe.

La *Gazette de Hambourg*, que je joins ici, vous prouvera qu'on n'a pas encore vidé son carquois contre nous. L'idée de cette reprise ne serait pas mauvaise si elle n'était pas si maladroitement exécutée. N'y aurait-il pas sous jeu un Reichardt, ou Baggesen peut-être?

Tout ce que vous me dites dans votre dernière lettre sur les avantages que procurent les démêlés des auteurs avec leurs contemporains peut être vrai, il faut y joindre pourtant le repos et les encouragements qui nous viennent du dehors. Au reste, ce n'est là chez vous qu'une tendance et non un calcul. Votre individualité énergique et unique dans son genre aime les querelles littéraires comme un piquant exercice de l'esprit; mais, certes, il n'est personne qui puisse moins que vous être forcé d'avoir recours à de semblables moyens pour assurer sa gloire dans la postérité.

Je viens de lire l'œuvre de madame de Staël, où j'ai trouvé plusieurs idées excellentes; je doute cependant que nous puissions l'utiliser pour nos *Heures*, car je viens d'apprendre qu'une traduction allemande, faite sous les yeux de l'auteur, est sur le point de paraître.

Que les Muses vous entourent toujours de leurs dons les plus aimables, et qu'elles conservent longtemps à leur noble ami sa jeunesse intellectuelle ! Votre élégie me préoccupe sans cesse ; quiconque a la moindre affinité avec vous vous y retrouve tout entier.

Je vous embrasse de tout mon cœur.   SCHILLER.

GŒTHE A SCHILLER.

Weimar, le 10 décembre 1796.

Je suis enchanté d'apprendre que mon élégie a votre approbation. Quant au moment propice de la mettre sous presse, vous en êtes le juge souverain. En attendant, je ferai lire le manuscrit à des amis bienveillants. Je sais fort bien que ce n'est pas au moment où les divisions viennent d'éclater qu'on peut convertir ses adversaires, mais il faut fortifier ses partisans.

On m'a fait savoir qu'il paraîtra incessamment quelque chose en faveur de l'*Almanach des Muses*; sous quelle forme et dans quel esprit, je l'ignore. Je m'aperçois, au reste, que faire imprimer quelque chose pour ou contre cet Almanach devient une spéculation de libraire. Cela fera une jolie collection, et le noble Hambourgeois, dont je vous renvoie le chef-d'œuvre, y jouera un beau rôle.

On devait s'attendre à une prompte traduction de madame de Staël, chacun utilise ces choses-là à sa façon ; je crois pourtant qu'en publiant quelques extraits de cet ouvrage, on rendrait service au public et à l'éditeur.

J'espère que l'ouvrage de Diderot, que je vous ai

envoyé hier, vous fera plaisir.[1] Conservez-moi votre amitié si belle, si sérieuse, et comptez toujours sur la mienne.
GOETHE.

SCHILLER A GOETHE.

Iéna, le 12 décembre 1796.

L'insomnie et le triste état de ma santé viennent encore de me faire perdre plusieurs journées de travail ; pour m'en dédommager, je me suis mis à lire Diderot dont j'ai été enchanté. Chaque mot est un trait de lumière qui éclaire les secrets de l'art ; et ses observations découlent si intimement de tout ce qu'il y a de plus élevé dans cet art, qu'elles touchent à tout ce qui lui est plus ou moins allié. Aussi cet ouvrage contient-il presque autant de conseils utiles pour le poëte que pour le peintre. Si vous ne pouvez me le prêter pour quelque temps, veuillez me le dire afin que je me le procure.

Quand la guerre des *Xénies* sera terminée, j'engagerai Cotta à faire imprimer tout ce qui a été publié contre elles, afin qu'on puisse en prendre acte, quand on fera l'histoire du goût littéraire en Allemagne.

Il y a tant de commandes pour la seconde édition de l'*Almanach des Muses*, que les frais sont déjà plus que couverts.

Portez-vous bien, tous vos amis vous saluent et vous embrassent cordialement.
SCHILLER.

---

[1] Les *Salons* de 1765 et de 1767.

GŒTHE A SCHILLER.

Weimar, le 14 décembre 1796.

Deux mots seulement pour aujourd'hui, car mes travaux sur l'optique absorbent tout mon temps. Mon exposé devient toujours plus clair et le tout se simplifie d'une manière incroyable, chose fort naturelle, d'ailleurs, car il ne s'agit que de phénomènes élémentaires. A bientôt une plus longue lettre. GŒTHE.

SCHILLER A GŒTHE.

Iéna, le 14 décembre 1796.

Depuis trois jours je travaille si ardemment à *Wallenstein*, que j'ai oublié les heures du courrier ; aujourd'hui même, je ne m'en souviens qu'au dernier moment, et il me reste à peine assez de temps pour vous saluer de cœur en notre nom à tous. SCHILLER.

GŒTHE A SCHILLER.

Weimar, le 17 décembre 1796.

Il est bien naturel que *Wallenstein* vous préoccupe à ce point, et je commence à espérer que je pourrai voir le premier acte après le jour de l'an ; malheureusement je ne puis vous aller voir plus tôt, parce que je suis menacé d'un petit voyage dont je vous parlerai quand il sera définitivement arrêté.

Mes travaux sur l'optique avancent. L'intérêt que Knebel y prend m'est très-avantageux, car il est bon de voir qu'on n'écrit pas pour soi seul. Cette occupation est, au reste, un exercice de l'esprit qui calme les passions et dédommage de la perte de ces mêmes passions, ainsi que madame de Staël nous le prouve dans son livre. Renvoyez-le-moi le plus tôt possible, tout le monde demande à le voir. Quant à Diderot, vous pourrez le garder encore, c'est un magnifique ouvrage qui parle plus utilement encore au poëte qu'au peintre, quoique pour ce dernier il soit un puissant flambeau.

Adieu, mes compliments à tous, la partie en traineau a été des plus joyeuses. Jacobi est chez moi; que de progrès il a faits! à bientôt plus de détails.

Goethe.

On vient de voir, par les lettres des trois derniers mois, l'impression qu'avait produite les *Xénies*. Koerner était ravi; Guillaume et Alexandre de Humboldt battaient des mains. Les esprits les plus graves, pourvu qu'ils fussent désintéressés, souriaient à ces jeux de la force et de la grâce. Quant aux Nicolaï, aux Reichardt, aux Manso, quant aux pédants et aux envieux, les épigrammes les plus inoffensives en apparence les frappaient trop sûrement au front pour qu'ils ne jetassent pas des cris de fureur, au risque de se démasquer eux-mêmes. D'un bout de l'Allemagne à l'autre, ce fut, dans la littérature courante, un soulèvement formidable. Dans la dernière des *Xénies*, les deux poëtes s'étaient comparés à ce terrible Ulysse de l'*Odyssée* au moment où, armé de l'arc gigantesque, il perce de ses flèches tous les prétendants, et remplit la salle du festin d'un carnage effroyable; mais cette terrible image à peine évoquée, les poëtes l'avaient effacée en riant : « Prétendants, disaient-ils, tout cela n'était qu'un jeu. Voyez! tous encore, vous êtes en vie. Voici l'arc, et la lice est ouverte. » Le défi était gracieux et fier, personne ne le releva. Cet arc orné de la main des Muses, l'arc d'argent de Diane et d'Apollon, nul n'osa y toucher. Aux épigrammes légères on répliqua par de gros mots. Des poëtes avaient parlé, des goujats répondirent. Faut-il citer les titres de ces libelles si justement oubliés? C'était l'*Ochsiade*, c'était l'*Almanach des Moucherons*, c'était encore *les contre-Xénies adressées aux gargotiers de Weimar et d'Iéna*. Les personnalités les plus outrageantes étaient dirigées contre des poëtes qui n'avaient attaqué que les travers de l'esprit, les erreurs de l'intelligence, les prétentions de la vanité littéraire. Le ménage de Gœthe, les embarras de son foyer, sa vie en commun avec une femme qu'il ne pouvait présenter à ses amis de Weimar, tout cela était exploité, on devine comment, par des imaginations aussi plates que furieuses. Schiller lui-même, dont la vie était si pure, l'intérieur si chaste et si poétique, ne put échapper aux calomnies. Les Dioscures n'avaient pas à se préoccuper de ces cris de rage; on ne leur avait pas répondu, puisque nul n'avait ramassé les flèches et tendu l'arc redoutable.

Plusieurs critiques allemands ont regretté cette campagne des deux poëtes. Je ne saurais être de cet avis. Qu'il y ait eu des choses fâcheuses dans les *Xénies*, que plus d'une injustice ait été commise par ces censeurs trop bien armés, je l'accorde sans peine ; mais pourquoi condamner un épisode où l'alliance de leur esprit, scellée par une si loyale fraternité d'armes, est devenue la plus virile des amitiés? Il ne s'agit pas de savoir si les *Xénies* sont une œuvre durable, si cette œuvre occupe une grande place parmi les autres productions des deux poëtes, si on peut s'y intéresser aujourd'hui comme en 1796, sans le secours des commentaires et des notes; non, ce n'est pas des *Xénies* qu'il s'agit, c'est de Gœthe et de Schiller. Étudiées dans leurs rapports avec le développement des deux poëtes, les *Xénies*, quelque reproche qu'il faille leur adresser, ne sont pas un épisode indifférent. Gœthe et Schiller étaient unis désormais par les joies et les périls d'un combat fraternellement gagné; en outre, l'esprit public était vivement excité, les intelligences étaient préparées à des émotions plus hautes; ceux-là même qui avaient blâmé les *Xénies* comme une licence cruelle devenaient plus sévères envers les écrivains, et toute la littérature allemande devait profiter de ce réveil. C'est ce que Gœthe exprime avec précision lorsqu'il écrit dans ses *Annales :* « Les *Xénies* causèrent l'ébranlement le plus profond au sein des lettres allemandes. Elles furent condamnées par le public comme un abus de la liberté de la presse. Mais l'effet qu'elles ont produit demeure incalculable. » C'était surtout un engagement pour les intrépides Dioscures; après avoir si vivement flagellé la médiocrité routinière, après avoir excité tant d'émotions et éveillé tant d'espérances, Gœthe et Schiller ne pouvaient s'arrêter en route. On ne conquiert pas de la sorte un terrain violemment disputé pour le laisser en friche; les *Xénies* ne pouvaient être justifiées que par une moisson de chefs-d'œuvre. Les deux poëtes comprirent bien leur devoir: au moment où paraissaient les *Xénies*, Gœthe avait écrit déjà les cinq premiers chants d'*Hermann et Dorothée*, et Schiller préparait *Wallenstein*.

III

HERMANN ET DOROTHÉE
— 1797 —

La principale préoccupation des deux poëtes pendant l'année 1797, ce sont tous les problèmes d'esthétique soulevés par la création d'*Hermann et Dorothée*. Gœthe achève ce poëme, qu'il a si vivement commencé à Iéna, l'année précédente, pendant un séjour auprès de son ami. L'épopée familière est terminée; les neuf chants, inscrits sous le nom des neuf Muses, ont déroulé leurs trésors. Schiller est ravi d'enthousiasme; il admire, comme en extase, la suave idylle épique,

> Si belle qu'on l'adore et qu'on en fait le tour,
> Amoureux de l'ensemble et de chaque contour.

Il la compare à *Wilhelm Meister*, et il sent tout à coup avec une vivacité singulière la supériorité de la poésie sur la prose. Quand il s'occupait de *Wilhelm Meister*, il ne se lassait pas d'étudier les personnages, d'analyser leurs sentiments, de discuter leur conduite; ce vivant tableau de la réalité exerçait sur son intelligence une sorte de fascination, il y revenait sans cesse, et sans cesse il recevait des impressions nouvelles qu'il s'empressait de communiquer à Gœthe. A propos d'*Hermann et Dorothée*, ses confidences sont brèves; mais comme on sent bien qu'il a été profondément frappé! Point d'analyses, nulle discussion, pas la moindre critique des détails; détails et ensemble, tout l'a ému comme la perfection même. Sa sympathie est un cri de joie. Quand le poëme paraît au mois d'octobre : « Le voilà donc, s'écrie-t-il, le voilà donc enfin lancé par le monde, et nous verrons l'effet que produira la voix d'un rapsode homérique dans cette société moderne si pleine de politique et de rhétorique. J'ai relu ce poëme sans que la première impression produite sur moi se fût affaiblie, et j'en ai ressenti encore des émotions toutes nouvelles. Il est incontestablement parfait dans son genre, il respire une pathétique vigueur et en même temps on y goûte un charme suprême; bref, il est beau par delà toute expression. »

L'émotion dont parle Schiller est si vive, si profonde, qu'il en résulte une sorte de révolution dans son génie, ou du moins une crise tumultueuse et salutaire sans laquelle ses plus belles œuvres peut-être n'eussent pas vu le jour. La lecture de *Wilhelm Meister* l'avait arraché à ses études trop prolongées d'esthétique abstraite; le goût de l'invention, le joyeux désir de créer (*Lust zu fabuliren*) lui étaient revenus tout à coup, pendant qu'il vivait si naïvement avec Wilhelm au milieu des bohémiens et des comtesses; mais qu'il avait de peine à retrouver son poétique idéal! C'est alors qu'il concevait la première pensée de son *Wallenstein*, sans réussir encore à dégager une œuvre d'art du sein des matériaux innombrables que lui livrait l'histoire. Ce *Wallenstein*, il voulait l'écrire en prose, et, incapable de dominer son sujet, il s'avançait péniblement, comme dans un labyrinthe, à travers une forêt de détails, de faits, de notes, de complications sans nombre. L'historien érudit, le disciple acharné de l'esthétique de Kant faisaient toujours la guerre à l'ami de Gœthe, au lecteur de *Wilhelm Meister*, et l'empêchaient de prendre son essor. Quel douloureux débat! que d'efforts! que de lenteurs! comme il était loin de cette aisance, de cette liberté poétique, dont il parle si éloquemment dans sa correspondance avec Kœrner! Cette liberté, c'est le poëme de Gœthe qui la lui rend. Schiller a lu *Hermann et Dorothée*, et aussitôt son inspiration se déploie sur les ailes de la poésie; il va s'élever au-dessus de son sujet, il verra ce qu'il faut mettre en lumière et ce qu'il faut laisser dans l'ombre, il verra se dessiner les groupes, les caractères, l'action du drame, il apercevra enfin cette œuvre d'art qu'il avait jusque-là cherchée inutilement.

Et comment s'accomplit ce travail intérieur? On le verra dans ces lettres : les secrets d'une âme d'artiste y sont dévoilés avec une candeur admirable. *Hermann et Dorothée* le conduit à Homère, Homère à

Sophocle, et Sophocle à Shakspeare; si bien qu'on peut lui appliquer les belles paroles de madame de Staël : « Comme les dieux de l'Olympe, il a franchi l'espace en trois pas[1]. » Comparant alors le drame et l'épopée, Schiller hésite et s'interroge. Déjà, quelques années auparavant, il s'était demandé si sa véritable vocation était le théâtre ou la poésie épique. Guillaume de Humboldt, qui était comme sa conscience littéraire, avait été expressément consulté sur ce point, et il avait répondu sans hésiter : « Votre vocation, c'est le drame. » Schiller ne renonce pas au drame, il ne revient pas à ses projets de poëmes sur Frédéric le Grand ou Gustave-Adolphe; mais, à force de méditer avec Goethe sur *Hermann et Dorothée*, à force de comparer Homère avec Sophocle et Shakspeare, il se forme du théâtre une idée plus pure et plus poétique. Son *Wallenstein* commencé en prose, il va l'écrire en vers. Et il ne s'agit pas ici d'une simple question de forme : c'est le fond même de son œuvre qui est renouvelé. Schiller s'élève à la grande poésie. Le drame sentimental et romanesque de sa première période va faire place à la haute tragédie, à l'art de Sophocle et de Shakspeare; et de même que chez les Grecs le drame est né de l'épopée d'Homère, c'est aussi l'étude de l'inspiration épique,

---

[1] C'est à propos du triple rôle de Voltaire, de Montesquieu et de J. J. Rousseau, que madame de Staël s'est servie de cette image. Voir : *De la Littérature considérée dans ses rapports avec les institutions sociales*, 1re partie, chap. xx.

provoquée chez Schiller par *Hermann et Dorothée*, qui le ramène à la grande poésie théâtrale. Voilà le sens de cette lettre que Schiller adresse à Kœrner le 7 avril 1797 : « Le poëme épique de Gœthe, qui est né sous nos yeux, et qui, dans nos entretiens, nous a fait remuer tant d'idées sur l'épopée et le drame, le poëme de Gœthe, nos conversations, et aussi la lecture de Shakspeare et de Sophocle qui m'occupe depuis plusieurs semaines, tout cela aura de grands résultats pour mon *Wallenstein*. Ayant, à cette occasion, jeté un regard plus profond sur les conditions de l'art, je suis forcé de réformer maintes choses dans ma première conception de la pièce. » Un peu plus loin il appelle ce travail de son esprit une grande crise (*diese grosse Krisis*).

Ainsi le *Wallenstein* de Schiller, on peut le dire, est né à la fois de *Wilhelm Meister* et d'*Hermann et Dorothée*. Après avoir lu le *Wilhelm Meister*, Schiller, abandonnant les théories abstraites, revient à l'invention et commence son *Wallenstein* en prose ; après *Hermann et Dorothée*, il l'écrit en vers, le remanie de fond en comble, et inaugure par cette grande composition ce que les critiques allemands appellent la période classique de son génie. Mais il faut suivre tout cela dans les lettres des deux poëtes.

GŒTHE A SCHILLER.

Leipzig, le 1er janvier 1797.

Je ne veux pas partir d'ici sans vous donner signe de vie, et vous raconter brièvement l'histoire de mon voyage. Le 28, après avoir passé le mont Etter et triomphé des tourbillons de vent et de neige, nous sommes arrivés à Buttelstadt; au delà de cette petite ville, nous avons trouvé la route passablement frayée jusqu'à Rippach, où nous avons couché. Le 29, dès onze heures du matin, nous étions à Leipzig, et depuis ce moment nous n'avons cessé de voir fondre sur nous une invasion de visiteurs. Chaque jour on nous invitait à dîner et à souper, et c'est à grand'peine que j'ai pu échapper à la moitié de ces bienfaits. J'ai trouvé dans cette cohue quelques personnes très-intéressantes. J'ai aussi revu d'anciens amis, de vieilles connaissances, et quelques merveilleux chefs-d'œuvre qui m'ont rafraîchi la vue.

Aujourd'hui il faut surmonter un rude jour de l'an. Ce matin, visites officielles; à midi, grand dîner; concert le soir, puis le long souper inévitable en pareille occasion. On revient chez soi à une heure du matin, et après un court sommeil il faut se mettre en route pour Dessau, voyage qui n'est pas sans difficultés par ce violent dégel qui vient de se déclarer subitement. Espérons que tout cela se passera bien.

Tout en me faisant une fête de me retrouver bientôt près de vous, dans la solitude de Iéna, je m'applaudis d'avoir été lancé de nouveau au milieu d'une grande masse d'hommes avec lesquels je n'ai aucun rapport.

J'ai eu occasion de faire plus d'une bonne remarque sur l'effet de la polémique qu'on a engagée contre nous, et le manifeste en réponse aux attaques de nos adversaires n'en sera pas plus mauvais.

Adieu. Il paraît que notre voyage ne durera pas très-longtemps, puisque nous partons déjà demain pour Dessau... Au reste, les jours sont si courts et le temps si mauvais, qu'il eût été difficile d'utiliser un plus long séjour; le hasard cependant nous offre parfois ce qu'on aurait vainement cherché.

Adieu encore, je vous souhaite santé, joie et courage.

GŒTHE.

GŒTHE A SCHILLER.

Weimar, le 11 janvier 1797.

Après une absence de quinze jours, me voilà de retour ici, en bonne santé, et fort content de mon voyage, où j'ai fait maintes rencontres agréables sans rien éprouver qui m'ait déplu. J'ai bien des choses à vous raconter, et, dès que j'aurai mis un peu d'ordre en mes affaires, j'irai vous trouver, ne fût-ce que pour un jour. Malheureusement je ne puis le faire en ce moment, quel que soit mon désir de voir M. le conseiller supérieur des mines, Alexandre de Humboldt. Mes meilleures amitiés, mes plus tendres compliments aux deux frères...

J'ai absolument besoin de vous voir, car j'en suis arrivé au point de ne pouvoir écrire sur aucun sujet sans en avoir longuement bavardé avec vous.

Mon voyage ne m'a rien inspiré de poétique, excepté

le plan de mon poëme dont j'ai complétement arrêté les dernières lignes. Écrivez-moi quels ont été pour vous les dons de la muse depuis que je ne vous ai vu. Faites mes compliments à votre chère femme et donnez-moi des nouvelles de vos enfants.   GŒTHE.

SCHILLER A GŒTHE.

Iéna, le 11 janvier 1797.

Je reçois à l'instant même votre dernière lettre qui me réjouit le cœur en m'annonçant votre retour. Le temps de votre absence m'a paru terriblement long. Bien que je ne manque pas de relations à Iéna, j'y chercherais en vain ces excitations fortifiantes qui sont nécessaires à mes travaux. Venez donc et le plus tôt possible. Je n'ai presque rien à vous montrer de mon œuvre, mais je n'en suis que plus impatient de causer avec vous, je n'en suis que plus altéré de vos conseils...   SCHILLER.

SCHILLER A GŒTHE.

Iéna, le 17 janvier 1797.

Je finis mon travail de la journée, voici l'heure du repos, mais je veux encore vous souhaiter le bonsoir avant de déposer la plume. Votre dernière visite, si courte, hélas! a pourtant secoué ma torpeur et ranimé mon courage. Vos descriptions m'ont ramené dans le monde extérieur dont je me sentais complétement séparé.

Ce qui me réjouit surtout, c'est de vous voir si disposé à suivre l'élan de votre activité poétique. Une nouvelle vie, une vie plus belle encore s'ouvre devant vous, et j'y participerai moi-même, non-seulement par vos œuvres, mais par votre inspiration personnelle, dont je ressentirai l'influence si douce...

SCHILLER.

SCHILLER A GOETHE.

Iéna, le 26 janvier 1797.

Puisque vous vous occupez des couleurs, il faut que je vous fasse part d'une expérience que j'ai faite aujourd'hui avec un morceau de verre jaune. Je regardais les objets devant ma fenêtre en tenant ce verre horizontalement, de telle façon qu'il me laissait voir les objets placés au-dessous et qu'il reflétait en même temps à sa surface la lumière azurée ; or, phénomène étrange, tous les objets teints en jaune par la couleur du verre me paraissaient d'un pourpre éclatant, sur toutes les places où se reflétait le bleu du ciel, comme si le mélange du jaune et du bleu eût produit la couleur pourpre. D'après l'expérience ordinaire, ce mélange aurait dû produire la couleur verte ; le ciel avait en effet cette couleur toutes les fois que je le regardais à travers le verre, et il ne produisait le pourpre que lorsqu'il s'y reflétait. J'ai cru pouvoir m'expliquer ce phénomène par la position horizontale du verre lequel, à cause de sa largeur, ne me laissait voir que la partie la plus épaisse du ciel qui tenait déjà du rouge. Il me suffisait, effectivement, de boucher le dessous du verre pour y faire refléter les objets comme dans un miroir, pour voir du rouge pur là où il y avait d'abord du jaune.

Je ne vous apprends sans doute rien de neuf, mais je voudrais savoir si je m'explique bien ce singulier phénomène. S'il ne s'agissait, en effet, que du plus ou moins d'épaisseur du jaune pour produire, avec le mélange du bleu, tantôt du pourpre et tantôt du vert, la réciprocité de ces deux couleurs n'en serait que plus intéressante.

Avez-vous lu ce que Campe a répondu aux *Xénies?*...

Adieu. Tâchez de vous débarrasser bientôt de toutes vos affaires pour retourner librement aux Muses.

Schiller.

GŒTHE A SCHILLER

Weimar, le 29 janvier 1797.

...Votre expérience avec le verre jaune est fort jolie, et je crois pouvoir la classer avec un des phénomènes qui me sont déjà connus. Je suis curieux cependant de renouveler cette expérience, sur le point même où vous l'avez faite...

Je n'ai rien entendu dire des *Xénies;* dans le monde où je vis, il n'y a ni préludes ni échos littéraires. Un son retentit; on le remarque et on n'y songe plus. Rien avant le concert, rien après.

Je saurai, sous peu, s'il me sera possible de séjourner quelque temps près de vous, ou s'il faudra me borner à une simple visite. En attendant, portez-vous bien, rappelez-moi au souvenir des vôtres, et attachez-vous à *Wallenstein* autant que vous le pourrez.   Gœthe.

SCHILLER A GOETHE.

Iéna, le 7 février 1797.

Vous m'avez adressé tant de richesses littéraires, que je n'ai pas encore eu le temps de les examiner toutes. C'est que l'acquisition d'une maison de campagne et une scène d'amour du second acte de *Wallenstein* font alternativement tourner ma tête vers les directions les plus opposées... Nous nous faisons tous une fête de vous voir dimanche.   SCHILLER.

GOETHE A SCHILLER.

Weimar, le 8 février 1797.

... Je désire que vous puissiez conclure le marché de votre jardin ; s'il y avait quelque chose à bâtir, mes conseils sont à votre service... Je compte toujours vous voir dimanche.   GOETHE.

SCHILLER A GOETHE.

Iéna, le 11 avril 1797.

Deux mots seulement pour vous donner signe de vie. Notre petit Ernest, que nous avons fait inoculer, a une forte fièvre accompagnée de convulsions qui nous effrayent beaucoup. La nuit sera agitée, et je ne suis pas sans inquiétude. Peut-être demain aurai-je l'esprit plus tranquille. Ma femme vous envoie ses meilleurs compliments.   SCHILLER.

GŒTHE A SCHILLER.

Weimar, le 12 avril 1797.

Puisse le petit Ernest sortir bientôt de cette crise dangereuse et vous remettre l'esprit en repos !... Ne tardez pas à m'envoyer de bonnes nouvelles de vous et des vôtres.

GŒTHE.

SCHILLER A GŒTHE.

Iéna, le 18 avril 1797.

. . . .

Mon travail n'avance pas, car tout est agité chez moi... Le cher petit cependant continue à se rétablir, et j'espère bien que dans quelques jours je pourrai prendre possession de ma maison et de mon jardin. Alors ma première occupation sera d'écrire en entier la fable poétique de *Wallenstein*, afin de m'assurer qu'elle forme un tout dont chaque détail est arrêté. Tant qu'elle n'existe que dans ma tête, je crains toujours qu'il n'y ait des lacunes; une narration suivie exige qu'on rende compte de tout. C'est cette narration détaillée que je vous soumettrai, puis nous en causerons.

Je vous félicite d'avoir donné congé aux quatre premières Muses[1]; en vérité, c'est merveille de voir avec quelle rapidité la nature a créé cette œuvre, et avec quel soin, avec quelles méditations l'art aujourd'hui la perfectionne.

Portez-vous bien pendant ces jours de joie. Pour

---

[1] Les quatre premiers chants d'*Hermann et Dorothée* qui portent les noms de Calliope, de Terpsichore, de Thalie et d'Euterpe.

moi, je me fais une fête de pouvoir à l'avenir profiter en plein air de chaque rayon de soleil. Il y a quelques jours, j'ai eu le courage d'aller à pied et par un long détour jusqu'à mon jardin. SCHILLER.

GOETHE A SCHILLER

Weimar, le 9 avril 1797.

Je suis heureux de vous voir débarrassé de toute inquiétude à l'égard de votre enfant, et j'espère que le mieux s'affermera de jour en jour; transmettez à votre chère femme mes félicitations bien sincères...

En ce moment, j'étudie avec ardeur la Bible et les poëmes homériques, puis je lis l'*Introduction à l'Ancien Testament*, par Eichhorn et les *Prolégomènes sur Homère*, de Wolf. De cette double étude résultent pour moi les plus étranges effets de lumière. Cela nous fournira plus d'un sujet d'entretien.

Écrivez le plus tôt possible votre plan de *Wallenstein*, et ne manquez pas de me le communiquer. L'examen que j'en ferai, sous l'impression de mes études actuelles, sera plein d'intérêt pour moi, et peut-être aussi ne vous sera-t-il pas inutile.

Il faut que je vous fasse immédiatement part d'une pensée qui m'est venue sur le poëme épique. Comme il veut être lu dans le plus grand repos, dans la plus parfaite tranquillité d'esprit, la raison est plus exigeante envers ce genre de poésie qu'envers tout autre, et j'ai été étonné de voir, en lisant l'*Odyssée*, que ces exigences y étaient complétement satisfaites. D'un autre côté, lorsqu'on médite sur ce que nous savons des travaux, du caractère et du talent des anciens grammairiens et critiques, on voit clairement que c'étaient des hommes de bon sens étroit, qui ne s'arrêtaient dans leurs recherches qu'après avoir mis ces grandes peintures au niveau de leurs propres conceptions. Si cela est, ainsi que Wolf cherche à le prouver, nous devons notre Homère actuel aux Alexandrins, ce qui donnerait assurément un tout autre aspect à ses poëmes.

Encore une remarque spéciale. Plusieurs vers d'Homère, qu'on regarde comme entièrement apocryphes, sont de la nature de ceux que j'ai intercalés dans mon *Hermann*, lorsqu'il était terminé, afin de rendre l'ensemble plus clair, ou de préparer à temps certains événements à venir. Je suis curieux de voir ce que j'aurais envie de retrancher ou d'ajouter à ce poëme quand j'aurai achevé les études dont je m'occupe maintenant. En attendant, laissons-le se produire dans le monde tel qu'il est.

Un des traits caractéristiques du poëme épique est d'aller toujours, tantôt en avant et tantôt en arrière; aussi tous les motifs *retardants* peuvent-ils être considérés comme parfaitement épiques. Il ne faut cependant pas que ces motifs soient des obstacles, car les obstacles n'appartiennent qu'au drame.

Si la nécessité de retarder la marche de la narration, si amplement satisfaite dans les deux poëmes d'Homère, et qui se trouvait aussi dans mon plan d'*Hermann et Dorothée*, est en effet indispensable, tout plan qui va droit au dénoûment est mauvais, ou du moins n'appartient point au genre épique. Le plan de mon second

poëme a ce défaut, si toutefois c'en est un; aussi me
garderai-je bien d'écrire un seul vers de ce poëme
avant d'avoir tiré au clair avec vous mon idée à ce
sujet [1]. Elle me paraît extrêmement fertile; si en effet il
en était ainsi, je lui sacrifierais avec plaisir le projet
de mon nouveau poëme épique.

Le drame me paraît tout à fait dans des conditions
opposées. Au reste, nous en parlerons prochainement.

GŒTHE.

SCHILLER A GŒTHE.

Iéna, le 21 avril 1797.

Votre dernière lettre m'a donné beaucoup à penser,
et j'allais y répondre longuement, mais une affaire
indispensable m'enlève ma soirée, je ne vous écrirai
donc que quelques mots aujourd'hui.

Tout ce que vous me dites me prouve clairement que
le principal caractère du poëme épique est dans l'auto-
nomie de chacune de ses parties. La mission du poëte
épique est de faire apparaître tout entière la plus intime
vérité du sujet; il ne peint que l'existence tranquille
des choses et l'effet qu'elles produisent naturellement;
à chaque mouvement qu'il fait dans cette direction, il
dévoile son but et s'en rapproche; voilà pourquoi, au
lieu de courir impatiemment vers le terme du récit,
nous prenons plaisir à nous arrêter à chaque pas avec
lui. En nous laissant toute notre liberté, le poëte épique
nous procure un grand avantage et rend sa tâche bien

---

[1] Il s'agit du poëme de *la Chasse*, projeté, puis abandonné par
Gœthe, et qu'il regrettait plus tard de ne pas avoir écrit.

plus difficile, car les exigences qu'il provoque de notre part sont proportionnées à l'intégralité, à l'activité multiple de toutes nos facultés intellectuelles mises en jeu à la fois. Le poëte tragique, au contraire, nous enlève cette liberté en concentrant nos forces sur un seul point, ce qui lui donne vis-à-vis de nous un avantage immense.

Votre observation sur la marche *retardante* du poëme épique est un trait de lumière pour moi. Cependant, d'après ce que je connais de votre nouveau poëme épique, je ne vois pas encore pourquoi cette particularité lui manquerait entièrement.

J'attends avec beaucoup d'impatience le résultat de vos nouvelles études, surtout en ce qui concerne le drame. En attendant, je réfléchirai sur ce que vous m'en avez déjà appris.

Adieu, portez-vous bien. Le mieux de mon petit malade se soutient en dépit du mauvais temps. Ma femme vous salue cordialement. SCHILLER.

GŒTHE A SCHILLER

Weimar, le 22 avril 1797.

Encore quelques mots sur vos dernières lettres.

L'histoire universelle de Woltmann est un ouvrage bien singulier. La préface est tout à fait en dehors de la portée de ma vue. Je ne puis juger de son tableau de l'Égypte, mais il m'est impossible de concevoir comment il a pu, dans son *Histoire des Israélites*, adopter l'Ancien Testament tel qu'il est sans aucun examen et comme un document au-dessus de toute critique. Tout ce travail est bâti sur le sable et en vérité on ne peut revenir de son étonnement, quand on songe que l'*Introduction* d'Eichhorn a déjà dix ans de date, et que les travaux de Herder agissent sur l'esprit public depuis plus longtemps encore. Quant aux contradicteurs passionnés de ces ouvrages, je ne veux pas même en parler...

Je voudrais déjà vous savoir établi dans votre jardin et débarrassé de tout souci. Mes meilleurs compliments à votre chère femme et à Guillaume de Humboldt...

GŒTHE.

SCHILLER A GŒTHE.

Iéna, le 24 avril 1797.

Ce que vous appelez le meilleur sujet dramatique, c'est-à-dire celui où l'exposition fait déjà marcher l'action, ne se trouve que dans les *Jumeaux* de Shakspeare[1]. Je n'en connais aucun autre exemple, bien qu'*Œdipe roi* se rapproche étonnamment de cet idéal. Je puis pourtant me représenter certains sujets dramatiques dans lesquels l'exposition est une continuation immédiate de l'action déjà commencée. *Macbeth* appartient à cette classe ; je citerai aussi mes *Brigands*.

Quant au poëte épique, je voudrais ne lui accorder aucune exposition, du moins aucune exposition telle qu'on l'entend dans le sens dramatique. Le poëte épique ne nous pousse pas vers la fin, ainsi que le fait le

---

[1] Il y a bien dans le texte allemand : *In den Zwillingen des Shakspeare*. De quel drame Schiller veut-il parler ? tous les commentateurs ont gardé le silence sur ce point.

poëte dramatique; aussi le commencement et la fin se rapprochent-ils davantage dans leur importance et leur dignité; et l'exposition d'une épopée doit nous intéresser, non parce qu'elle conduit à quelque chose, mais parce qu'elle est quelque chose par elle-même. Je crois que, sous ce rapport, il faut être beaucoup plus indulgent pour le poëte dramatique; puisqu'il place son but à la fin de son œuvre, il lui est permis de ne voir dans le commencement qu'un moyen. La nature de son travail le place dans la catégorie de la causalité; le poëte épique est dans celle de la substantialité. Dans la tragédie il peut et doit y avoir des incidents qui ne sont que la cause d'autres incidents; dans le poëme épique tous doivent avoir leur valeur et leur importance propre...

Demain j'espère pouvoir m'installer dans mon jardin. L'enfant est parfaitement rétabli, et la maladie, à ce qu'il semble, a consolidé plus fortement sa santé.

Humboldt est parti ce matin. Je ne le reverrai pas pendant bien des années[1]. En tout cas, nous ne pouvons espérer de nous retrouver un jour tels que nous nous sommes quittés aujourd'hui. Voilà donc encore une relation rompue et qui ne se renouera point. Deux ans, hélas! passés d'une manière si différente changeront bien des choses en nous et *entre nous*.   Schiller.

---

[1] Guillaume de Humboldt se rendait en Italie avec sa famille. Les événements de la Péninsule dérangèrent ses projets. Après un séjour de quelques mois à Weimar, à Dresde et à Vienne, il se dirigea vers la France; arrivé à Paris au mois de novembre 1797, il y resta un an et demi et partit ensuite pour l'Espagne.

SCHILLER A GŒTHE.

Iéna, le 25 avril 1797.

Il me paraît hors de doute que la nécessité de retarder la marche des événements découle d'une loi épique souveraine à laquelle cependant on pourrait satisfaire par un autre moyen. Selon moi, il y a deux manières de retarder : l'une tient à la nature de la route, et l'autre à celle de la marche ; or cette dernière peut être mise en œuvre sur la route la plus directe, et convenir, par conséquent, à un plan tel que le vôtre.

Je ne voudrais cependant pas formuler cette loi épique comme vous l'avez fait, car, ainsi résumée, elle me paraît trop générale et applicable à tous les genres de poésie. Voici, au reste, ma pensée en peu de mots à ce sujet : le poëte épique, ainsi que le poëte dramatique, représente une action ; mais, pour ce dernier, elle est le véritable but, tandis que pour le premier elle n'est qu'un moyen pour arriver à un but absolu et esthétique. Par ce principe je m'explique parfaitement pourquoi le poëte dramatique doit avancer rapidement et directement, tandis qu'une marche lente et vacillante convient au poëte épique. C'est par la même raison que le poëte épique doit s'abstenir des sujets qui excitent vivement les passions, car alors l'action devient un but trop intéressant pour se borner à n'être qu'un moyen. J'avoue que ce cas me semble celui du nouveau poëme que vous projetez, ce qui ne m'empêche pas de croire que votre toute-puissance poétique saura vaincre les difficultés du sujet.

Quant à la manière dont vous voulez développer l'action, elle me paraît plus propre à la comédie qu'à l'épopée. En tout cas, il vous sera bien difficile de ne pas exciter la surprise, l'étonnement, deux sentiments très-peu épiques.

J'attends le plan de votre nouveau poëme avec beaucoup d'impatience. Il me paraît toutefois digne de remarque que Humboldt soit tout à fait de mon avis à ce sujet, sans que nous nous soyons communiqué notre opinion. Selon lui, votre plan n'a point d'action individuelle et épique. Lorsque vous m'avez parlé pour la première fois de ce plan, j'attendais toujours que vous en vinssiez à la véritable action, car tout ce que vous me disiez ne me semblait que l'introduction de cette action; et lorsque je croyais qu'elle allait commencer enfin, vous aviez fini. Il est vrai qu'un sujet du genre du vôtre laisse là l'individu pour s'occuper des masses, puisqu'il a pour héros l'intelligence, dont le propre est de dominer les objets et non de les contenir.

En tout cas, que votre nouveau poëme soit plus ou moins épique, il sera toujours d'un autre genre que votre *Hermann*; et si ce *Hermann* était la véritable expression du poëme épique, il résulterait de là que le nouveau poëme ne serait pas épique du tout. Mais vous vouliez savoir avant tout si *Hermann* était une véritable épopée, ou s'il n'était que du genre épique, et nous sommes encore à résoudre cette question.

J'appellerais votre nouvelle œuvre une épopée comique, si ce mot ne rappelait les idées étroites et fausses qu'on se fait ordinairement de la comédie et du poëme héroï-comique. J'ajouterai que votre nouveau poëme me paraît tenir à la comédie, comme *Hermann* tient à la tragédie, avec la différence cependant que l'effet de *Hermann* tient au sujet, et celui du poëme projeté à la manière de le traiter. J'attendrai votre plan pour m'expliquer plus clairement.

Que dites-vous du bruit qui court sur un traité de paix conclu à Ratisbonne? Si vous en savez quelque chose de certain, veuillez nous le communiquer.

SCHILLER.

GOETHE A SCHILLER

Weimar, le 26 avril 1797.

Ce bruit est fondé. La paix vient d'être conclue. Au moment où les Français étaient encore aux prises avec les Autrichiens dans les rues de Francfort, un courrier est venu, apportant la nouvelle. Les hostilités ont cessé aussitôt, et les généraux des deux armées ont dîné avec le burgermeister, à la Maison-Rouge. Les habitants de cette ville, en échange de leur argent et de leurs souffrances, ont eu au moins le plaisir d'assister à un coup de théâtre tel qu'on n'en voit que fort rarement dans l'histoire. Nous verrons ce que produira ce changement dans les détails et sur l'ensemble de la situation.

Je suis parfaitement d'accord avec vous sur tout ce que vous me dites dans votre dernière lettre à l'égard du drame et du poëme épique; au reste, vous m'avez depuis longtemps fait contracter l'habitude de m'expliquer mes rêves. De mon côté, je ne vous dirai plus rien, il faut qu'avant tout vous voyiez le plan de mon poëme.

Alors nous agiterons des questions trop délicates pour en parler lorsqu'on n'en est encore qu'aux généralités. Si mon sujet ne se trouvait pas purement épique, quoique sous plus d'un rapport il soit très-intéressant et très-important, nous finirions par trouver la forme sous laquelle il faudrait le traiter. Adieu, portez-vous bien, jouissez de votre jardin et du rétablissement de votre cher petit malade.

Le séjour de Humboldt ici a été très-favorable à mes travaux d'histoire naturelle, il les a réveillés de leur sommeil d'hiver; pourvu qu'ils ne retombent pas dans un sommeil de printemps. GŒTHE.

Je ne puis m'empêcher de vous adresser encore une question sur nos dissertations dramatiques et épiques. Que dites-vous des principes suivants :

Dans la tragédie le destin, ou, ce qui est la même chose en d'autres termes, la nature décidée de l'homme, qui le pousse aveuglément vers un point ou vers un autre, peut et doit régner de la manière la plus absolue[1]. Elle ne doit jamais le conduire à son but, il faut au contraire qu'elle l'en détourne ; le héros ne peut y posséder complètement sa raison ; en un mot, la raison ne saurait trouver de place dans la tragédie que chez les

---

[1] Sur cette nature décidée de l'homme *die entschiedene Natur des Menschen* qui est, selon Gœthe, la même chose que le destin, on peut lire un commentaire de M. Ulrici, dans l'excellent ouvrage qu'il a consacré à Shakspeare. **Shakspeare's dramatische Kunst.** Leipzig, 1847, page 822.

personnages secondaires et au désavantage du héros principal.

Dans le poëme épique, c'est précisément le contraire; là, il n'y a d'autres agents épiques que la raison, comme dans l'*Odyssée*, ou une passion parfaitement conforme au but, comme dans l'*Iliade*. Le voyage des Argonautes, n'étant qu'une aventure, ne contient donc aucun élément épique.

GŒTHE A SCHILLER.

Weimar, le 28 avril 1797.

Hier, en méditant la fable de mon nouveau poëme, afin de vous l'envoyer, je me suis senti saisi d'un amour tout particulier pour cet ouvrage, et, après toutes les dissertations que nous venons de faire à ce sujet, cet amour est d'un très-bon augure. Or l'expérience m'ayant prouvé que, dès que je communique à qui que ce soit le plan d'un travail projeté, je ne le termine jamais, je veux ajourner encore cette communication. En attendant, nous traiterons cette matière en général, et les résultats de nos entretiens me serviront à juger mon sujet à part moi. Si, après cette épreuve, je conserve le courage et l'envie de le traiter, je me mettrai à l'œuvre, et le poëme une fois achevé sera pour nous une matière à méditation plus féconde que n'aurait pu être un simple projet; si je venais à en désespérer, il serait toujours temps de vous montrer cette esquisse.

Connaissez-vous un traité de Schlegel sur le poëme épique, publié l'année dernière dans le onzième numéro du journal *l'Allemagne*? Lisez-moi cela. Il est singulier de voir comment, en sa qualité de bonne tête, il est souvent sur la bonne route et la quitte presque aussitôt. Parce que le poëme épique ne peut avoir d'unité dramatique, et parce qu'on la chercherait en vain dans l'*Iliade* et dans l'*Odyssée*, il en conclut que le poëme épique ne doit avoir aucune espèce d'unité, ce qui veut dire, selon moi, qu'il doit cesser d'être un poëme. Et voilà ce qu'on appelle des idées justes, quand l'expérience seule, si elle est faite sérieusement, suffit pour les démentir. Lors même que l'*Iliade* et l'*Odyssée* auraient passé par les mains de mille poëtes et de mille rédacteurs, on n'y verrait pas moins la tendance puissante de la nature poétique et critique vers l'unité. Ce traité de Schlegel n'a été fait que pour appuyer l'opinion de Wolf, qui peut très-bien se passer d'un pareil secours. En admettant que ces deux grands poëmes ne se sont formés que d'une manière successive et qu'on n'a pu les amener à une entière et parfaite unité (quoique leur organisation, à mon avis, soit beaucoup plus parfaite qu'on ne le croit), on n'est pas tenu de conclure qu'un pareil poëme ne peut ni ne doit jamais atteindre à l'unité entière et parfaite.

Je viens de faire un petit extrait de ce que vous me dites à cet égard dans vos dernières lettres. Continuez, je vous prie, à développer cette matière; elle est de la plus haute importance pour nous deux, au point de vue théorique et pratique.

Je viens de relire avec beaucoup de plaisir la *Poétique* d'Aristote: c'est une belle chose que la raison dans sa plus haute manifestation. Il est remarquable qu'Aristote s'en tient à l'expérience, ce qui le rend un peu matériel si l'on veut, mais lui donne en revanche une grande solidité. J'ai été charmé, surtout, de la générosité avec laquelle il protège les poëtes contre les frondeurs et les critiques trop vétilleux. Il n'insiste jamais que sur les points essentiels; pour tout le reste, il est d'une facilité qui m'a souvent étonné. Ses vues sur la poésie, et surtout sur les parties de cet art qu'il affectionne, ont quelque chose de si vivifiant, que je me propose de le relire sous peu. J'y ai trouvé quelques passages qui ne m'ont pas paru très-clairs et dont j'espère approfondir le véritable sens. Il est vrai qu'on n'y trouve aucune donnée sur le poëme épique, du moins dans le genre de celles que nous désirons.

Je commence à me remettre des distractions du mois passé, et à me débarrasser de différentes affaires. J'espère pouvoir disposer du mois de mai tout entier. J'irai vous voir le plus tôt possible. GOETHE.

SCHILLER A GOETHE.

Iéna, le 5 mai 1797.

Je suis très-content, non-seulement d'Aristote, mais encore de moi-même; avec un esprit aussi sobre, un législateur aussi froid, il est rare qu'on ne perde point la paix intérieure. Aristote est un véritable juge infernal pour tous ceux qui tiennent servilement à la forme extérieure, ainsi que pour ceux qui se mettent au-dessus de toute espèce de forme. Par la libéralité de ses principes et l'esprit qui les anime, il doit précipiter les uns dans des contradictions continuelles, car il est évident qu'il attache bien autrement d'importance au fond qu'à la forme; tandis que la rigueur avec laquelle il déduit de la nature même de l'épopée ou de la tragédie la forme nécessaire à chacun de ces poëmes ne peut manquer de désespérer les autres. Aujourd'hui seulement je comprends le triste état auquel il a réduit les commentateurs, les poëtes et les critiques français, et pourquoi ils ont toujours eu peur de lui comme les gamins ont peur du bâton. Shakspeare, qui viole si souvent les lois, eût été bien plus à l'aise avec lui que tous les poëtes tragiques de la France. Il lui eût encore été plus facile de s'en accommoder qu'à tous les poëtes tragiques français.

Je suis bien aise, au reste, de ne pas avoir lu plus tôt cet ouvrage, je me serais privé du plaisir et des avantages qu'il me procure en ce moment. Pour lire Aristote avec profit, il faut déjà avoir des principes littéraires arrêtés; et, lorsqu'on ne connaît pas encore parfaitement les matières qu'il traite, il doit être dangereux de lui demander conseil.

Il est certain cependant qu'il ne pourra jamais être parfaitement compris ni apprécié. Toutes ses vues sur la tragédie reposent sur des bases empiriques. Ayant toujours devant les yeux une masse de tragédies qu'il avait vu représenter et dont la plupart nous sont inconnues, c'est là-dessus qu'il raisonne; aussi la base de ses raisonnements nous manque-t-elle presque tout entière. Jamais, ou du moins très-rarement, il ne part de l'idée de l'art, mais toujours du fait de la composition d'un poëte et de la représentation de cette œuvre. Si, en général, ses jugements sont de véritables lois poétiques, nous en sommes redevables au hasard, qui a voulu que de son temps il existât des poèmes qui réalisaient une idée ou qui représentaient tout un genre.

Si on lui demande des idées philosophiques sur la poésie telles qu'on a droit d'en attendre de nos esthéticiens modernes, on éprouvera une déception complète; on rira même de sa manière rapsodique de procéder, on rira de ce pêle-mêle des règles les plus générales et les plus particulières, de cette confusion de tous les sujets, logique, rhétorique, poésie, prosodie; ne le voit-on pas descendre jusqu'aux voyelles et aux consonnes? Mais lorsqu'on songe qu'il avait toujours devant lui une tragédie à propos de laquelle il cherchait à se rendre compte de chaque situation, de chaque effet, on s'explique tout ce qu'il dit, et l'on s'applaudit d'avoir l'occasion de récapituler tous les éléments dont peut se composer une œuvre poétique.

Je ne m'étonne pas de la préférence qu'il donne à la tragédie sur le poëme épique, car, bien qu'il ne s'explique pas sans ambiguïté, cette préférence, telle qu'il l'entend, ne porte aucun préjudice à la valeur objective et poétique de l'épopée. En sa qualité de juge et d'esthéticien, il devait nécessairement trouver plus de satisfaction dans un genre de poésie qui s'appuie sur une forme stable et sur laquelle, par conséquent, on peut formuler un jugement. Or il est évident que la tragédie, telle qu'il en avait devant lui les modèles, se trouve dans ce cas, car la tâche simple et déterminée du poëte tragique est plus facile à concevoir et à caractériser que celle du poëte épique; aussi offre-t-elle à la raison une technique plus parfaite, et l'espace étroit dans lequel la tragédie se trouve renfermée en rend l'étude moins longue. Il est, au reste, facile de voir qu'il préfère la tragédie, parce qu'il a sur elle des vues plus claires que sur l'épopée, dont il ne connaissait que les lois génériques qui lui sont communes avec l'épopée, tandis qu'il ignorait les lois spéciales qui rendent la poésie épique tout à fait opposée à la poésie dramatique. Lorsqu'on l'envisage sous ce point de vue, on comprend comment il a pu dire que l'épopée était contenue dans la tragédie, et que, dès qu'on savait juger une tragédie, on pouvait se prononcer sur un poëme épique; c'est qu'en effet, au point de vue général, la poésie pragmatique d'une épopée se trouve renfermée dans la tragédie.

Le grand nombre de contradictions apparentes qui se trouvent dans la *Poétique* d'Aristote lui donnent, à mes yeux, un prix nouveau, car elles me prouvent que le tout se compose d'aperçus isolés sans aucune idée théorique préconçue: il est vrai qu'il faut aussi mettre beaucoup de choses sur le compte du traducteur. Je me fais un vrai plaisir de traiter cette question en détail avec vous quand vous serez ici.

Lorsque Aristote regarde l'enchaînement des événements comme le point principal de la tragédie, on peut dire qu'il frappe juste sur la tête du clou.

Il est agréable de voir un homme chez qui la raison domine tout comparer la poésie à l'histoire, et convenir qu'il y a plus de vérités dans la première que dans la seconde. Un point qui me charme aussi, c'est quand il remarque, au sujet des opinions, que les anciens font parler leurs personnages avec plus de politique et les modernes avec plus de rhétorique.

Ses observations sur l'avantage qu'il y a à mettre en scène des personnages vraiment historiques sont fort sensées.

Je ne trouve pas le moins du monde qu'il soit si partial pour Euripide, comme on le lui a reproché. Maintenant que j'ai lu moi-même sa *Poétique*, je trouve, en général, qu'on a monstrueusement défiguré sa pensée...

Cet exemplaire d'Aristote est-il à vous ? s'il ne vous appartient pas, j'en ferai venir un, car je ne veux pas m'en séparer de sitôt.

J'espère que *Don Juan*, que je vous renvoie, fera une jolie ballade.

Malgré le vent et la pluie, je me promène des heures entières dans mon jardin, et je m'en trouve à merveille.
SCHILLER.

GŒTHE A SCHILLER.

Weimar, le 6 mai 1797.

Je suis enchanté que nous nous soyons mis à lire Aristote si à propos ; ce n'est que lorsqu'on comprend un livre qu'on en fait la découverte. Je me souviens que j'ai lu cette traduction il y a trente ans, mais alors je n'y ai absolument rien compris. J'espère pouvoir bientôt vous en parler de vive voix. L'exemplaire ne m'appartient pas.

Je me suis beaucoup servi ces jours-ci de la traduction d'Homère, de Voss, et j'ai reconnu de nouveau combien elle est admirable. Il m'est venu à l'idée un moyen de lui rendre délicatement une justice publique, ce qui ne pourra manquer de chagriner ses stupides adversaires. Nous en parlerons...

Après le 15 de ce mois, j'espère venir passer quelque temps avec vous. Aujourd'hui le souvenir de toute une semaine de dissipation me rend de très-mauvaise humeur. Réjouissez-vous de pouvoir respirer le grand air et de vivre dans une solitude complète.   Gœthe.

Entre les lettres qu'on vient de lire et celles qui vont suivre se place un assez long séjour de Gœthe auprès de son ami. Le 20 mai 1797, Gœthe arrive à Iéna, il demeure au vieux château, selon son habitude, dans une chambre qui lui est réservée depuis longtemps et où il a rencontré déjà quelques-unes de ses inspirations. « Il est bien juste, lui écrit Schiller, que vous acheviez *Hermann et Dorothée* dans le lieu où vous en avez composé les premiers chants. » Les deux poëtes, en effet, continuent de correspondre; mais les lettres qu'ils s'adressent l'un à l'autre ne sont que de simples billets annonçant l'envoi du travail de la veille ou de la matinée. Enfermés chacun dans sa cellule, ils méditent, ils chantent, et les vers de Gœthe, à peine terminés, vont trouver Schiller dans son jardin, tandis que du jardin de Schiller au vieux château de la ville s'envole aussi plus d'un poétique message. A de certaines heures, vers le soir, on se réunit au jardin, et les graves entretiens recommencent leur cours. Que d'éclairs! que de vues profondes sur Aristote et les lois de la poésie! Trente ans après, pendant l'automne de 1827, Goethe, visitant l'ancien jardin de son ami, se rappelait avec émotion les jours où sur le banc, autour de la table de pierre, sous le feuillage de mai, « il avait échangé avec Schiller maintes bonnes et grandes paroles. *Manches gute und grosse Wort gewechselt.* » La fécondité des deux poëtes pendant ces heures printanières est vraiment merveilleuse. Dès les premiers jours, Goethe achève la jolie pièce du *Nouveau Pausias*, il compose la ballade intitulée *le Chercheur de trésors*, il continue sa *Vie de Cellini*, il écrit son article sur *Moïse et les Hébreux dans le désert*. Le 28 mai, Schiller reçoit les *Strophes à Mignon*, et le 3 juin le dernier chant d'*Hermann et Dorothée*, sauf la conclusion qui ne sera prête que huit jours plus tard. *La Fiancée de Corinthe*, commencée le 4, est terminée le 6 et envoyée aussitôt à Schiller. Du 7 au 9 juin, il écrit *le Dieu et la Bayadère*. Pendant ce temps, Schiller, occupé à débrouiller son sujet de *Wallenstein*, conçoit l'idée du *Prologue* où apparaîtront les bandes sauvages du duc de Friedland. « Excellente idée! écrit Goethe à Meyer... Nous avons résolu aussi, ces jours derniers, bien des questions de style et de prosodie que soulève l'exécution de son drame. C'est vraiment un phénomène étrange et qui tient de la magie! Telle chose qui semble bonne et caractéristique lorsqu'elle est unie à tel nombre, à telle mesure de syllabes, paraît vide et intolérable si on change la mesure. » Ces premières discussions, sur l'ébauche de *Wallenstein*, n'empêchent pas Schiller de se livrer aussi, comme Gœthe, à l'inspiration lyrique. La célèbre ballade, *le Plongeur*, est achevée le 14 juin; bientôt suivront *le Gant*, *l'Anneau de Polycrate*, le *Chant funèbre d'un Nadoessis*, mais Gœthe a été rappelé subitement à Weimar dans la journée du 16, et les longs dialogues écrits vont recommencer leur cours.

SCHILLER A GŒTHE.

Iéna, 18 juin 1797.

Depuis votre départ j'ai comme un avant-goût de solitude profonde où me plongera votre grand voyage. Heureusement, le temps m'est propice et je veux vivre en plein air... Je me prépare à ma tâche poétique avec une véritable joie, et d'ici à deux mois j'espère terminer quelque chose... Ces quatre dernières semaines ont jeté dans mon esprit de solides fondements pour l'avenir. Elles m'ont corrigé de la disposition funeste qui me faisait aller du général au particulier, et m'ont appris comment d'un cas individuel on s'élève aux grandes lois. Le point d'où vous aimez à partir est toujours petit, étroit, mais bientôt il me conduit au large, et tout mon être s'y épanouit à l'aise, tandis que, sur la route où je m'engage si volontiers quand je suis livré à moi-même, je vois toujours l'espace se rétrécir autour de moi, et j'éprouve cette impression désagréable de me trouver à la fin plus pauvre qu'au commencement.

Adieu, j'attends impatiemment de vos nouvelles.

SCHILLER.

GOETHE A SCHILLER.

Weimar, le 23 juin 1797.

Comme il faut absolument, dans l'état d'incertitude où je vis, que je me donne un travail sérieux, j'ai pris la résolution de revoir mon *Faust*. Je sais bien que je ne le terminerai pas encore; mais en décomposant ce qui a été déjà imprimé pour le grouper en grandes masses avec ce que j'ai achevé ou combiné nouvellement, j'avancerai l'exécution du plan, qui n'est en réalité qu'une idée. En retravaillant cette idée et son exécution, je suis assez satisfait de moi. Maintenant je voudrais que vous eussiez la bonté de penser à cet ouvrage pendant une de vos nuits d'insomnie, et de me dire ce que vous exigez de l'ensemble. Par là, vous continueriez, en vrai prophète, à me raconter et à m'expliquer mes propres rêves. Sous le rapport de la disposition d'esprit, les diverses parties de ce poëme peuvent être travaillées séparément, car tout ce travail est subjectif, il suffit que les détails soient subordonnés à l'ensemble par l'esprit et par le ton. Je puis donc m'en occuper par intervalles, c'est ce qui m'a décidé à y revenir en ce moment. Au reste, ce sont nos entretiens sur les ballades qui m'ont ramené dans cette route nébuleuse, et les circonstances me conseillent, sous plus d'un rapport, d'y persister pendant quelque temps.

La partie la plus intéressante de mon nouveau poëme épique se perdra peut-être dans une semblable vapeur de rimes et de strophes. Laissons-le encore fermenter un peu.

Malgré le mauvais temps, votre Charles s'est beaucoup amusé dans mon jardin. Si votre chère femme avait voulu rester un jour de plus, j'aurais eu beaucoup de plaisir à la recevoir ce soir avec tous les siens.

GŒTHE.

SCHILLER A GOETHE

Iéna, le 23 juin 1797.

Votre résolution de revenir à *Faust* m'a d'autant plus étonné que vous êtes sur le point d'entreprendre un voyage en Italie. Mais j'ai renoncé, une fois pour toutes, à vous juger d'après les règles de la logique ordinaire, et je suis convaincu que votre bon génie vous tirera parfaitement de cette affaire.

Il ne sera pas facile de vous dire ce que j'attends et désire trouver dans *Faust*. Je chercherai toutefois à saisir dans cette œuvre le fil de vos idées; et si je ne puis y réussir, je m'imaginerai que j'ai trouvé par hasard les fragments de *Faust*, et que j'ai été chargé de compléter les lacunes. Pour l'instant, je me borne à vous dire que le drame de *Faust*, malgré sa poétique individualité, ne peut se soustraire aux exigences que lui impose sa haute signification symbolique, ainsi que vous le pensez sans doute vous-même. On ne saurait perdre de vue le caractère double de la nature humaine, et l'essai vainement tenté de réunir dans l'homme le divin et le terrestre. D'un autre côté, comme la fable tend et doit tendre vers un foyer de lumière où toute forme disparait, on ne veut pas s'arrêter au sujet même, on veut être conduit par lui à l'idée. En un mot, ce que l'on demandera à *Faust*, c'est d'être à la fois philosophique et poétique. Vous aurez beau faire, la nature du sujet vous forcera à le traiter philosophiquement, et l'imagination sera obligée de se mettre au service de la raison. Mais sans doute je ne vous dis rien de neuf, car dans les parties déjà terminées de votre poëme vous avez parfaitement rempli cette condition...

Ma femme, qui arrive de son petit voyage avec *monsieur Charles*, m'empêche de continuer. J'espère vous envoyer lundi prochain une nouvelle ballade; le temps est propice aux compositions poétiques. Adieu.

Schiller.

GŒTHE A SCHILLER.

Weimar, le 24 juin 1797.

Merci de vos premières paroles sur la résurrection de *Faust*. Je suis sûr que nos vues sur l'ensemble de l'ouvrage seront toujours les mêmes; mais rien n'est plus encourageant que de retrouver ses pensées et ses projets en dehors de soi, et c'est surtout votre sympathie qui est pour moi féconde en plus d'un sens.

C'est par pure sagesse que j'ai repris cette œuvre en

ce moment. L'état de la santé de Meyer me fait toujours craindre d'être réduit à passer encore tout l'hiver prochain dans le Nord; et comme je ne veux pas importuner mes amis par la mauvaise humeur que donne toujours un espoir déçu, je me suis préparé avec amour un refuge dans ce monde d'idées, de symboles et de brouillards. Avant tout, je terminerai et grouperai les grandes masses, et ne passerai aux détails que lorsque ce cercle sera épuisé. Adieu; continuez à me dire votre pensée à ce sujet, et envoyez-moi votre ballade le plus tôt possible.

GOETHE.

SCHILLER A GOETHE.

Iéna, le 26 juin 1797.

Si je vous ai bien compris dernièrement, vous avez le projet d'écrire votre nouveau poëme, *la Chasse*, en strophes rimées. J'ai oublié de vous en parler, mais ce projet me sourit beaucoup; ce n'est qu'à cette condition et en traitant ainsi votre sujet, que vous lui assurerez une place à côté de *Hermann et Dorothée*. Outre que l'idée de ce poëme le rattache à l'art moderne et se prête par conséquent à la forme gracieuse des strophes, l'emploi de ces strophes exclura toute idée de concurrence et de comparaison avec *Hermann*. Il éveille chez le lecteur et chez le poëte des impressions bien différentes, c'est un concert sur un autre instrument. Sans être précisément un poëme romantique, il aura sa part des priviléges de ce genre de poésie; l'étrange, si ce n'est le merveilleux, le surprenant même pourront facilement y trouver leur place, et l'histoire du lion et du tigre, qui m'a toujours paru extraordinaire, n'aura plus rien d'étonnant. Puis vous n'aurez qu'un pas à faire pour passer de vos chasseurs princiers d'aujourd'hui aux personnages des temps chevaleresques, car le sujet se rattache de lui-même à la féodalité septentrionale. Le monde grec, que les vers hexamètres rappellent infailliblement, n'admettrait guère cette forme des strophes, tandis que le moyen âge et les temps modernes, et par conséquent la poésie moderne, la réclament naturellement.

Je viens de relire les fragments de *Faust*; quand je pense au dénoûment d'un pareil sujet, j'en ai le vertige. Rien de plus naturel, car tout repose sur une intuition, et tant qu'on n'y est pas arrivé, des matières moins riches même ne pourraient manquer d'embarrasser l'esprit. Ce qui m'inquiète surtout, c'est que, d'après le plan, le poëme de *Faust* exige une grande quantité de matières, afin qu'au dénoûment l'idée puisse paraitre complétement exécutée, et je ne connais pas de lien poétique assez fort pour contenir une masse qui tend ainsi à déborder sans cesse. Mais patience, vous saurez vous tirer d'affaire.

Il faudra, par exemple, que vous conduisiez *Faust* au sein de la vie active; et quelle que soit la scène sur laquelle vous vouliez l'introduire, la nature du héros la rendra nécessairement trop grande et trop compliquée.

Il sera également très-difficile de tenir un juste milieu entre les parties qui ne peuvent être que de la raillerie, et celles qu'il faudra traiter sérieusement. Ce sujet me paraît prédestiné à devenir une arène où l'esprit et la raison se livreront un combat à mort. Autant que je puis en juger par l'état actuel de *Faust*, le diable, grâce à son réalisme, a raison devant le bon sens, comme Faust a raison devant le cœur. Parfois cependant ils semblent changer de rôle et c'est le diable qui défend contre Faust les hautes aspirations de l'âme. Je crains aussi que le diable ne contredise et n'annule son existence, qui est tout idéaliste, par son caractère, qui est tout réaliste. La seule raison peut croire en lui, le bon sens seul peut l'admettre et le comprendre tel qu'il est [1]. Je suis impatient de voir comment la légende populaire pourra se marier avec la partie philosophique du poëme.

Je vous envoie ma ballade, c'est le pendant de vos *Grues!*

Dites-moi donc où en est le baromètre. Je voudrais savoir si on peut compter enfin sur un beau temps durable.

SCHILLER.

GŒTHE A SCHILLER.

Weimar, le 27 juin 1797.

Votre *anneau de Polycrate* est un tableau accompli. L'ami royal devant lequel l'action se passe, la conclusion qui laisse l'esprit en suspens, tout cela est excellent. Je souhaite que mon *pendant* puisse réussir aussi

---

[1] Il y a ici une opposition entre la raison (*Vernunft*) et le bon sens (*Verstand*), la raison étant considérée comme la faculté de l'infini, de l'idéal, — et le bon sens comme la faculté inférieure qui ne connaît que la réalité.

bien. Vos remarques sur *Faust* m'ont fait beaucoup de plaisir, et s'accordent parfaitement, comme je devais m'y attendre, avec mes projets et mes plans ; je vous dirai toutefois qu'avec cette composition barbare, je compte me mettre à mon aise, en me bornant à toucher aux questions les plus élevées, sans prétendre les résoudre. J'espère donc que la raison et le bon sens, semblables à deux bretteurs, ferrailleront vaillamment le long du jour pour souper amicalement ensemble. Je tâcherai que les parties soient agréables, amusantes, et puissent donner à penser. Quant à l'ensemble, qui restera toujours un composé de fragments, j'aurai en ma faveur les nouvelles théories du poëme épique.

Le baromètre est toujours en mouvement et nous ne pouvons compter sur un temps stable. Cet inconvénient se fait toujours sentir lorsqu'on veut vivre en plein air ; l'automne est toujours notre meilleur temps.

Puisque mon *Faust* me ramène à la rime, je ne tarderai pas à vous fournir quelque chose pour l'*Almanach des Muses*. Il me paraît certain maintenant que mes tigres et mes lions appartiennent à la poésie ; je crains seulement que ce qu'il y a de plus intéressant dans ce sujet ne vienne à se dissoudre dans une ballade. Nous verrons sur quelle rive le génie conduira la barque...

GŒTHE.

SCHILLER A GŒTHE.

Iéna, le 7 juillet 1797.

Il serait bien temps, ce me semble, que les œuvres de l'art grec fussent étudiées dans leur vie intime à la lumière d'un nouveau principe, je veux dire au point de vue de l'expression; car la conception de cet art, telle que l'ont formulée Winckelmann et Lessing, règne encore universellement, et nos plus récents esthéticiens (qu'il s'agisse de la poésie ou des arts plastiques) font des efforts étranges pour affranchir la beauté grecque de tout ce qui est expression, physionomie propre, et pour faire de ce caractère le signe particulier de l'art moderne. Il me semble que les nouveaux critiques, à force de vouloir dégager l'idée du beau et lui attribuer une certaine pureté sans mélange, lui ont presque enlevé toute substance, et l'ont transformée en un vain son; il me semble qu'en opposant l'idée du beau à l'idée du vrai, du réel, on est allé beaucoup trop loin, et que cette distinction, bonne pour le philosophe et admissible seulement à un certain point de vue, a été très-grossièrement interprétée.

Beaucoup d'autres, en revanche, commettent une faute toute différente, en attachant l'idée du beau bien plus au fond qu'à la forme ; ils doivent être fort embarrassés quand ils ont à réunir sous la même catégorie du beau les productions les plus dissemblables, ici, par exemple, l'Apollon du Vatican et autres chefs-d'œuvre pareils dont la pensée est déjà belle indépendamment de l'exécution, là, au contraire, le Laocoon, un Faune, ou bien quelque autre figure dont l'aspect est pénible ou dépourvu de noblesse.

Il en est de même, vous le savez, pour la poésie. Que de peines on s'est données, que de peines on se donne encore pour rattacher à l'idée du beau hellénique, telle qu'on se la représente, les traits de nature inculte, quelquefois même de nature basse et laide, qui se rencontrent chez Homère et les tragiques! Vienne donc enfin le critique hardi qui en finira une bonne fois avec ce mot de beauté auquel sont indissolublement liées toutes ces conceptions fausses, et qui à sa place mettra la vérité, je dis la vérité, bien entendu, dans sa plus parfaite signification!

J'insérerais bien volontiers dans *les Heures* l'article de Hirt. Vous et Meyer, une fois la route ouverte, vous saisiriez le fil plus commodément, et vous trouveriez le public préparé à vous suivre. Moi aussi, je trouverais mon compte à voir discuter ce sujet de l'expression de la passion dans l'art grec, car je prévois que les recherches que je projette sur la tragédie hellénique me conduiront au même point. J'attends votre article avec impatience[1].

J'ai décidé que la partie musicale de l'*Almanach* devait être terminée avant toutes les autres, sans cela le compositeur n'aurait jamais fini. Pendant ce temps-là, je me suis mis à composer mon poëme du *Fondeur de cloches*[2], et à ce propos j'étudie depuis hier l'Encyclo-

---

[1] Introduction au *Laocoon*.
[2] C'est le titre que Schiller semble avoir d'abord adopté, c'est du

pédie de Krünitz, où je trouve beaucoup à puiser. J'ai ce poëme à cœur, mais il me coûtera plus d'une semaine, car j'ai besoin d'inspirations très-diverses pour le mener à bien et j'ai de nombreux matériaux à y mettre en œuvre...

Adieu, bonne santé. Ma femme vous fait mille compliments.
SCHILLER.

GŒTHE A SCHILLER.

Weimar, 10 juillet 1797.

L'article de Hirt a le grand avantage de recommander vivement l'expression, et quand il paraîtra, la question ne peut manquer de saisir fortement les esprits. Je tâcherai de l'obtenir pour *les Heures*. Voici le mien, que je recommande à votre indulgence, soit pour l'ensemble, soit pour les détails, comme une œuvre composée à la hâte. Je désire votre avis sur la méthode et la pensée de ce travail, de même que je suis curieux de connaître le jugement de Meyer sur ma description du groupe antique. On pourrait appliquer les principes de cette dissertation aux meilleures statues de l'antiquité, et je suis persuadé avec vous qu'on rendrait par là un précieux service même au poëte occupé dans le champ de la tragédie.

Adieu, portez-vous bien, et menez à bon terme votre poëme de *la Cloche*. Venez donc la semaine prochaine,

---

moins celui qu'il donne à son poëme dans cette lettre du 7 juillet 1797 : *Mein Glockengiesserlied*.

s'il est possible; quelle bonne fortune ce serait, si vous entriez en relations intimes avec Hirt et que vous pussiez entendre de sa bouche même ses déductions architectoniques !

GŒTHE.

SCHILLER A GŒTHE.

Iéna, le 10 juillet 1797.

Quel excellent article ! en peu de mots vous y avez exprimé de magnifiques choses et répandu une admirable clarté sur une très-belle matière. Cet essai est vraiment un modèle qui montre comment on doit regarder et juger les œuvres d'art, comment il faut leur appliquer les principes artistiques. C'est sous ce double rapport qu'il a été fort instructif pour moi. Nous en parlerons de vive voix demain, car, à moins d'obstacles imprévus, je serai chez vous vers trois heures après midi.

Dans le cas où je ne pourrais loger chez vous sans vous gêner, faites-moi-le savoir par un petit billet que me remettra le gardien de la porte de la ville; dans ce cas, je descendrais chez mon beau-frère. Ma femme viendra avec moi et nous comptons rester jusqu'à jeudi.

L'heureuse arrivée de Meyer dans sa ville natale et le prompt rétablissement de sa santé m'ont fait beaucoup de plaisir. La certitude que vous ne serez pas trop loin de nous pendant cet hiver est une grande consolation pour moi.

Adieu, portez-vous bien. Humboldt vous prie de lui

renvoyer le plus tôt possible à Dresde son exemplaire d'*Eschyle* dont il a absolument besoin.

Schiller.

GOETHE A SCHILLER.

Weimar, le 19 juillet 1797.

Vous ne pouviez me faire un cadeau d'adieu plus agréable et plus salutaire que de venir passer huit jours avec moi. Je ne crois pas me tromper en regardant cette dernière réunion comme plus fertile encore que toutes celles qui l'ont précédée. Nous avons développé ensemble tant de choses pour le présent, et fait de si beaux préparatifs pour l'avenir, que je vais partir l'esprit très-satisfait. N'ai-je pas l'espérance de travailler beaucoup chemin faisant, et de retrouver votre sympathie au retour. Si nous continuons ainsi à terminer à l'envi différents petits travaux pour nous amuser et nous exciter sans cesser à continuer les grands, nous finirons par accomplir de belles choses.

Voici *Polycrate* que je vous renvoie; puissent *les Grues* venir bientôt me rejoindre dans mon voyage! Samedi prochain, je vous donnerai des nouvelles au sujet de mon départ. Mes compliments à votre chère femme. Je viens d'écrire à Schlegel.

Goethe.

SCHILLER A GOETHE.

Iéna, le 21 juillet 1797.

Je ne vous quitte jamais sans emporter en moi quelque semence nouvelle, et je m'estimerais heureux si, en échange de tout ce que vous me donnez, je pouvais en effet, comme vous le dites, mettre en mouvement toutes vos richesses cachées. Des rapports fondés sur un perfectionnement mutuel doivent toujours rester jeunes et vivants; contrairement aux rapports ordinaires, que l'opposition seule peut garantir de la monotonie, les nôtres gagneront en variété à mesure que l'harmonie sera plus complète, et que l'opposition deviendra tout à fait impossible. Oui, j'espère que, peu à peu, nous nous entendrons complétement sur tout ce dont on peut se rendre compte; quant aux choses que leur nature rend inexplicables, nous les atteindrons par le sentiment, et là encore nous ne nous séparerons pas.

Pour utiliser dans toute leur étendue nos communications mutuelles et me les approprier tout à fait, je les applique immédiatement à mon travail du moment. Vous dites, dans votre introduction au *Laocoon*, qu'une œuvre d'art particulière contient l'art tout entier; cette idée ne serait pas réellement juste, si toutes les vérités générales de l'art ne pouvaient pas se transformer en une œuvre particulière. J'espère donc que mon *Wallenstein* et tout ce que je pourrai faire d'important désormais contiendra et reproduira dans son ensemble toute cette part de votre système, que nos relations auront pu faire passer dans ma nature.

Le désir de reprendre *Wallenstein* devient toujours plus puissant en moi, car c'est déjà maintenant un objet déterminé qui désigne à l'activité le point sur lequel elle doit concentrer ses forces, tandis que lorsqu'on entreprend un sujet qui n'a subi encore aucun travail préliminaire, on est bien souvent sujet à se tromper. Je terminerai avant tout mes chansons pour l'*Almanach des Muses*, car le compositeur me presse; puis je tâcherai de terminer heureusement *les Grues*, afin de pouvoir revenir à ma tragédie dès le mois de septembre.

Vos lettres apporteront une utile diversion dans la vie simple et uniforme à laquelle je suis réduit désormais, et, en m'apportant maintes choses nouvelles, elles raviveront ce que nous avons déjà traité ensemble.

Adieu donc, et pensez à moi chez notre ami, de même que vous serez toujours présent ici à notre pensée. Ma femme vous envoie un adieu cordial.   Schiller.

C'est ici que se place le voyage de Gœthe en Suisse. N'ayant pu, l'année précédente, aller revoir cette Italie dont le souvenir l'obsédait sans cesse, il avait eu l'espoir de réaliser son rêve pendant l'été de 1797; arrêté encore par les événements, il se contenta de visiter la Suisse et une partie de l'Allemagne du sud. Le 30 juillet, il partit de Weimar et se dirigea vers Francfort. Pendant ce voyage, la correspondance des deux poètes ne s'arrête pas. Gœthe communique à Schiller ses impressions, ses confidences, ses vers même, car la variété des tableaux qui passent sous ses yeux excite sa verve et lui inspire tantôt des ballades, des *Lieds*, tantôt des projets de poëmes dont la pensée le ravit. Ce n'est pas à Francfort cependant que son inspiration s'éveille. La solitude de Weimar lui vaut mieux que les excitations factices d'une grande ville. Quel bruit! Quelle activité vulgaire! Quelle poursuite acharnée du gain! Des hommes ainsi affairés ne demandent pas au théâtre les pures jouissances de la poésie, mais des distractions matérielles. La poésie leur répugne, écrit-il à Schiller (9 août), et il ajoute avec son impartialité indulgente : « Cette répugnance m'a paru fort naturelle, car la poésie exige le recueillement; elle isole l'homme malgré lui; or, l'homme a beau vouloir l'éloigner, toujours elle revient, toujours elle s'impose bon gré mal gré à son intelligence, et l'on conçoit que dans ce monde dont je vous parle, elle soit aussi incommode qu'une amante fidèle. » Schiller ne se résigne pas si facilement à justifier la répugnance du public pour la poésie; sa réponse est curieuse : « Il est plus facile, je le sais, de tourmenter le public par la poésie que de lui faire plaisir. Quand on ne peut atteindre l'un de ces buts, c'est l'autre qu'il faut viser. Tourmentons les gens, gâtons-leur la quiétude où ils s'endorment, plongeons-les dans l'inquiétude et la surprise. Que la poésie se présente à eux en génie ou en spectre, c'est le seul moyen de leur révéler son existence et de leur inspirer le respect du poète. »

De Stuttgart, de Tubingue, de Stæfa, Gœthe continue d'écrire à Schiller toutes ses impressions de voyage; un jour, dans cette dernière ville, après une excursion au Saint-Gothard, au milieu d'une foule de recherches minutieuses et précises, comme il les aimait tant, sur l'histoire naturelle, la géographie, la situation économique et politique de cette Suisse, dit-il, encore si peu connue, il annonce à son ami qu'il vient de trouver un poëme.

GŒTHE A SCHILLER.

Stœfa, 14 octobre 1797.

. . . .
Que direz-vous si je vous annonce en confidence qu'au milieu de tant de matières prosaïques, j'ai trouvé un sujet poétique, qui m'inspire la plus grande confiance? Je suis fermement convaincu que la légende de Guillaume Tell convient à l'épopée. Elle aurait même ce rare avantage de devenir, par la poésie, une vérité parfaite, tandis qu'avec tout autre sujet du même genre on est obligé de convertir l'histoire en fable. Nous en parlerons plus tard. En attendant, je me suis familiarisé avec la contrée peu étendue, mais si importante, qui a été le théâtre des événements, et j'ai étudié le caractère, les mœurs, les usages du peuple, aussi bien que j'ai pu le faire pendant un si rapide séjour. Maintenant, c'est à mon bon génie à décider ce que deviendra mon entreprise.

Je cherche en ce moment le moyen de travailler en voyageant, ce qui est moins difficile qu'on ne paraît le croire. Si le voyage distrait souvent, il nous ramène promptement en nous-même, par l'absence de toute relation extérieure. On peut dire qu'il ressemble au jeu où il y a toujours à gagner et à perdre, et fort rarement du côté où on s'y attendait. Pour des natures comme la mienne, qui aiment à se posséder elles-mêmes et à s'approprier les choses, un voyage est inappréciable : il les anime, il les instruit, il les rectifie, il les forme.

Je suis convaincu que, même en ce moment, on pourrait fort bien se rendre en Italie, car, après un tremblement de terre, un incendie une inondation, tout en ce monde tend à se remettre, le plus tôt possible dans son ancien état. Aussi entreprendrais-je ce voyage sans hésiter, si je n'en étais pas empêché par d'autres considérations. Je crois donc que nous nous reverrons bientôt; et l'espoir de partager mes conquêtes avec vous est un puissant motif pour me ramener chez moi...
GOETHE.

Ce retour n'a lieu que dans la seconde moitié de novembre; le voyage de Goethe avait duré près de quatre mois. La fin de l'année 1797 va être employée par les deux poëtes à coordonner toutes les idées que leur ont suggérées leurs études sur la poésie épique et la poésie dramatique. Toutes ces idées, je l'ai indiqué déjà, c'est le poëme d'*Hermann et Dorothée* qui en a été la cause première, et qui continue d'en être l'inspiration constante. On s'étonnera peut-être que ce poëme, dont l'influence fut décisive sur Schiller, ne tienne pas une place plus considérable dans sa correspondance. Que de lettres il avait adressées à Goethe au sujet de *Wilhelm Meister!* Avec quel bonheur il analysait ses impressions! Quelle surprise et quelle joie quand il voyait se dérouler les aventures du roman! A chaque livre nouveau, c'étaient de nouvelles dissertations où son esprit émerveillé racontait naïvement tout ce qu'il avait senti. Schiller a vu aussi se dérouler, un chant après l'autre, toutes les poétiques peintures de la familière épopée; il bat des mains, il pousse des cris d'enthousiasme; mais où sont ces dissertations qu'il aimait? Où sont les commentaires de l'artiste? Les commentaires de Schiller sur *Hermann et Dorothée*, ce sont ces curieuses lettres où, sans parler du chef-d'œuvre de son ami, il nous montre l'impression profonde qu'il en a reçue, la crise qu'a traversée son génie et la transformation complète qu'il a fait subir à son *Wallenstein*.

Ces lettres, on va les lire; elles terminent la correspondance des deux poëtes pendant l'année 1797. Voulez-vous, cependant, avant de lire ces commentaires indirects, connaître aussi l'opinion expresse de Schiller sur *Hermann et Dorothée*? Il suffit de citer sa belle lettre au peintre Meyer. Meyer était l'un des plus intimes amis de Gœthe; après un long voyage en Italie, il venait d'arriver en Suisse, à Stæfa, où il allait rejoindre Gœthe et visiter avec lui les grands paysages des Alpes. Dès que Schiller apprend son retour d'Italie, il lui écrit ces mots (21 juillet 1792) : « Notre ami s'est vraiment surpassé lui-même dans ces dernières années. Vous avez lu son poëme épique;

vous avouerez qu'il y atteint le sommet de son art et de tout notre art moderne. J'ai vu naître cette œuvre, et j'ai été presque aussi étonné de la manière dont l'idée en a surgi en lui que de son exécution. Tandis que nous sommes obligés, nous autres, de rassembler péniblement nos idées et de les soumettre à maintes épreuves, afin de produire lentement quelque chose de passable, il n'a besoin, lui, que de secouer légèrement l'arbre pour en faire tomber à profusion les fruits les plus beaux et les plus savoureux. C'est une merveille incroyable de voir avec quelle facilité il récolte en lui-même les fruits d'une vie bien ordonnée et d'une culture constante, comme chacun de ses pas est décisif et sûr, comme la vue claire, précise, qu'il jette sur lui-même et sur tous les objets le préserve de toute vaine entreprise, de toute espèce de tâtonnement. Au reste, vous l'avez maintenant auprès de vous, et vous pouvez vous assurer personnellement de la vérité de toutes mes paroles. Vous conviendrez avec moi, je l'espère, qu'à la hauteur où il est placé aujourd'hui, il doit utiliser la belle forme qu'il s'est donnée, et produire de belles œuvres au lieu de courir après de nouveaux sujets; en un mot, qu'il doit vivre désormais tout entier pour la pratique de la poésie. Quand un homme, un seul, entre mille autres qui y prétendent, est parvenu à faire de son esprit une belle et parfaite harmonie, il n'a plus rien de mieux à faire, à mon sens, qu'à chercher pour cette harmonie toutes les formes d'expressions possibles; car si loin qu'il puisse aller, jamais il ne s'élèvera plus haut. » Ainsi, au jugement de Schiller, Gœthe peut faire des conquêtes nouvelles; jamais il ne s'élèvera plus haut que dans *Hermann et Dorothée*. Détournez-le donc, écrit-il encore à Meyer, du voyage qu'il projette en Italie. Qu'irait-il demander à l'Italie? L'auteur d'*Hermann et Dorothée* a son Italie en lui-même; il est au sommet de son art et de toute la poésie moderne. Cette beauté suprême qu'il a conquise, il doit au monde de la produire sous maintes formes. Voilà, désormais, la tâche de sa vie.

Est-il possible d'écrire un plus magnifique éloge? Mais aussi quelle révélation que ce poëme d'*Hermann et Dorothée!* « On croit lire Homère, » écrivait la femme de Schiller. Ce n'est pas Homère, à coup sûr, mais c'est la dignité de l'antique poésie introduite dans la peinture familière des choses réelles. On pouvait douter, avant le chef-d'œuvre de Gœthe, que la poésie fût si rapprochée de nous. Le premier entre les maîtres de l'art moderne, il a montré que la poésie est partout pour qui sait la découvrir, que la vie la plus humble en contient le germe, que les circonstances les plus vulgaires en apparence peuvent fournir au génie de merveilleuses inspirations. Ces idées sont admises aujourd'hui par la critique, elles étaient neuves en 1797. Et ce n'était pas une théorie, c'était une œuvre vivante qu'il apportait au monde. Déjà, sans doute, l'auteur de *Louise* avait donné le même exemple; mais l'excellent Voss est bien timide encore; il choisit dans la vie moderne ce qu'il y a de plus grave, l'intérieur d'une maison bénie, le foyer de famille du pasteur. Gœthe s'attaque aux choses qui semblent le plus rebelles à la poésie. Quels sont ses personnages? Un aubergiste, un pharmacien, un pasteur aussi, mais qui ne domine pas le tableau, la femme et le fils de l'aubergiste, une troupe de fugitifs que l'invasion ennemie a chassés de leur village, parmi eux une fille modeste, active, dévouée, qui s'engage comme servante à l'auberge, et qui épousera le fils de son maître. Rien de plus humble que de tels personnages, rien de plus simple qu'une telle histoire. Gœthe y trouve tout un poëme, un poëme en neuf chants, décoré du nom des neuf Muses, et dans un toast inspiré qui sert de prologue à son œuvre, il s'écrie avec confiance : « Être un homéride, fût-ce le dernier de tous, cela est beau. Écoutez donc ce nouveau poëme! »

Ce toast dont je viens de parler révèle bien la double inspiration de Gœthe quand il composa *Hermann et Dorothée*. Il invite ses amis à boire, il boit avec eux à l'art, à la poésie, à sa seconde jeunesse; il boit aussi à leur santé, à la santé de Voss, l'auteur de *Louise*, et à la santé de Wolf, le grand philologue, l'auteur des *Prolégomènes sur Homère*. En buvant à

Voss, il rend hommage à celui qui a chanté la vie moderne; en buvant à Wolf, il montre quelle est sa préoccupation de la poésie homérique. N'est-ce pas Wolf, en effet, qui lui a révélé ce mélange de naïveté et de grandeur si admirable dans les chants de la Grèce primitive? N'est-ce pas Wolf qui a détruit l'idée du vieil Homère classique, et qui, tout en niant la personne du poëte (ce fut là son erreur), a si bien expliqué la naissance de cette poésie divine? Voilà le sens du vers de Gœthe quand il s'écrie : « Buvons d'abord à la santé de l'homme hardi, qui, nous délivrant enfin du nom d'Homère, nous a ouvert une route plus large. » Ainsi, la familiarité de la *Louise de Voss*, reproduite plus librement encore, la naturelle grandeur de la poésie homérique, imitée par un disciple qui serait fier d'être le dernier des rapsodes, voilà l'idéal de Gœthe dans son poëme d'*Hermann et Dorothée*.

Cet idéal, Gœthe l'a réalisé, et c'est pourquoi Schiller ne craint pas d'affirmer qu'il a atteint le sommet de son art et de toute la poésie moderne. Qu'ils sont simples et dignes, qu'ils sont vrais et poétiques, ces bourgeois célébrés par un fils d'Homère ! L'aubergiste, le pharmacien, le pasteur, la bonne et sage ménagère appartiennent à la réalité même, et en même temps que ce sont des figures toutes modernes, ils nous reportent vers la simplicité des premiers âges. Hermann est beau comme les moisson-

neurs, antiques et modernes à la fois, de Léopold
Robert; Dorothée est belle comme la Nausicaa de
l'*Odyssée*. Qu'on me permette de citer ici les premières pages du septième chant, de celui qui est inscrit sous le nom de la muse Érato, et qui est spécialement consacré à Dorothée. J'ai essayé de les traduire en vers.

> Ainsi, quand le soleil à l'horizon décline,
> Le voyageur, qui sent les ombres s'approcher,
> Emplit encor ses yeux de la clarté divine,
> Puis, dans le bois obscur, aux flancs noirs du rocher,
> Partout où vont ses pas, partout, plaine ou colline,
> Voit toujours devant lui resplendir un rayon,
> Un beau reflet doré qui court et qui scintille ;
> Ainsi devant Hermann, aimable illusion !
> Apparaît en tous lieux la douce jeune fille.
> Il croit la voir là-bas dans le sentier des blés ;
> Mais bientôt il s'arrache au rêve qui l'enchante
> Et du côté du bourg tourne ses yeux troublés,
> Lentement, à regret... O surprise charmante !
> Il la revoit encor qui vient par le chemin ;
> Non, ce n'est plus un rêve, elle est là qui s'avance,
> Elle va vers la source, elle a dans chaque main
> Une cruche inégale et qu'elle tient par l'anse.
>
> Hermann reprend courage à la revoir ainsi.
> Il s'approche et lui dit, tandis qu'elle s'étonne :
> « O généreuse enfant, je te retrouve ici,
> Et toujours de nouveau compatissante et bonne,
> Et prompte à secourir tes compagnons souffrants.
> Pourquoi venir ainsi, seule, vers la fontaine ?
> Les autres boivent l'eau du bourg. Oh ! je comprends.
> Oui, l'eau de cette source est meilleure et plus saine,
> Et tu portes encor ce doux soulagement
> A celle que sauva ton amour empressée. »

La jeune fille alors le saluant gaîment :
« De ma peine déjà je suis récompensée,
Puisque j'ai rencontré l'étranger bienfaisant
Qui nous a secourus dans la misère extrême,
Car l'aspect de celui qui nous fit un présent
Nous réjouit autant que le présent lui-même.
Venez; oh ! vous verrez le fruit de vos bienfaits
Et vous serez béni des pauvres créatures...
Mais vous voulez savoir pourquoi je viens exprès
Puiser ici ces eaux abondantes et pures?
Deux mots vous diront tout : légers, imprévoyants,
Nos amis ont conduit leurs bœufs, leur attelage,
Dans la source commune à tous les habitants;
Ils ont de tous côtés sali l'eau du village.
Dans les auges aussi tout leur linge a passé.
Les ruisseaux sont troublés... la foule est ainsi faite :
On songe à soi d'abord, on court au plus pressé,
Et, pour ce qui suivra, nul ne s'en inquiète. »

Ils descendent alors par les larges degrés ;
Les voilà côte à côte assis sur la margelle.
L'aimable enfant se penche et puise aux flots dorés ;
Hermann prend l'autre cruche et se penche avec elle,
Et tous les deux, au fond du limpide miroir,
Regardent, dans le bleu du ciel qui s'y reflète,
Leurs visages heureux s'approcher, se mouvoir,
Se saluer gaîment d'un doux signe de tête.

Que de tableaux nous pourrions citer encore, si le cadre de ce travail nous le permettait ! Ce n'est pas ici qu'il convient de placer une étude sur *Hermann et Dorothée*[1]. Nous avons voulu seulement expliquer

---

[1] Cette étude est faite, et de main d'ouvrier. Je ne parle pas du commentaire de Guillaume de Humboldt, œuvre très-estimable à coup sûr, mais trop abstraite, trop scolastique, même pour l'Alle-

l'enthousiasme de Schiller, indiquer les préoccupations nouvelles que ce chef-d'œuvre éveille dans sa conscience d'artiste, et préparer ainsi le lecteur à comprendre les poétiques problèmes qui remplissent la correspondance des deux amis pendant les derniers mois de l'année 1797.

SCHILLER A GOETHE.

Iéna, le 20 octobre 1797.

... Je viens de relire *Wilhelm Meister*, et jamais je n'ai été si vivement frappé de l'importance de la forme extérieure... Rien de tout ce qui rend *Hermann et Dorothée* si enchanteur ne manque à *Wilhelm Meister*. Ce roman saisit le cœur avec toute la puissance de l'imagination; il procure des jouissances qui se renouvellent sans cesse; *Hermann* cependant, et cela uniquement par sa pure forme poétique, nous conduit dans le monde divin de la poésie, tandis que *Wilhelm* ne nous laisse jamais sortir du monde réel...

SCHILLER A GOETHE.

Iéna, le 30 octobre 1797.

Je remercie Dieu d'avoir enfin reçu de vos nouvelles. Les trois semaines pendant lesquelles vous avez erré à travers les montagnes m'ont paru bien longues; aussi votre chère lettre m'a-t-elle fait un plaisir infini.

L'idée de Guillaume Tell est très-heureuse; après

magne; je renvoie le lecteur français aux pages exquises que M. J. J. Weiss a présentées, il y a quelques années, à la Faculté des lettres de Paris, pour les épreuves du doctorat.

Wilhelm Meister, après *Hermann et Dorothée*, il vous fallait un sujet aussi localement caractéristique, pour que votre esprit pût y déployer sa force originale et sa fraîcheur d'inspiration; l'intérêt qui s'attache à une contrée nettement circonscrite, profondément caractérisée, et à l'histoire toute particulière dont cette contrée est le théâtre, cet intérêt est le seul que vous n'ayez pas épuisé en composant *Hermann* et *Wilhelm*. Par rapport au sujet, tous deux sont esthétiquement libres, et quelque restreint que puisse paraître le théâtre où ce sujet se développe, ce n'en est pas moins un poétique terrain qui représente tout un monde. Il n'en sera pas de même de Guillaume Tell ; plus ce grand sujet est resserré en lui-même, plus forte en jaillira la vie intellectuelle; et dans ces limites étroites, resserrées encore par la puissance du poëte, on se sentira intensivement ému et occupé. D'un autre côté, ce beau sujet ouvrira aux yeux de l'intelligence une vue nouvelle sur l'espèce humaine, comme entre deux montagnes le regard entrevoit des horizons lointains.

Cette nouvelle composition augmente encore mon désir de nous voir bientôt réunis. Vous vous déciderez sans doute plus facilement à m'en parler, puisque l'unité et la pureté de votre *Hermann* n'ont pas été le moins du monde altérées par les communications que vous m'avez faites de votre œuvre au moment même où vous la composiez. Pour ma part, j'avoue que rien au monde ne saurait être plus instructif pour moi que ces sortes de communications, qui me font pénétrer jusqu'au cœur même de l'art... SCHILLER.

SCHILLER A GOETHE.

Iéna, le 28 novembre 1797.

... Pendant ces tristes journées qui, je le sais, vous sont aussi désagréables qu'à moi, j'ai besoin de toute mon élasticité pour me sentir vivre sous ce ciel écrasant.

Je viens de lire les pièces de Shakspeare qui traitent de la guerre des deux Roses; *Richard III*, surtout, m'a causé un véritable étonnement. C'est une des plus sublimes tragédies que je connaisse, et, en ce moment, du moins, il me semble qu'elle est au-dessus de tout ce que Shakspeare a fait. Les hautes destinées mises en action dans les pièces précédentes se dénouent dans cette dernière de la manière la plus noble et la plus élevée. Il est vrai que le sujet, par lui-même, exclut toute situation efféminée, larmoyante ou sentimentale; mais aussi, comme tout y est énergique et grand! rien de vulgairement humain n'y détruit l'émotion esthétique, et l'on jouit de la forme la plus pure, du tragique le plus terrible. Une Némésis suprême règne dans cette pièce, depuis le commencement jusqu'à la fin et sous toutes les formes; on ne saurait assez admirer avec quel bonheur le poète a toujours su saisir le côté poétique d'un sujet peu favorable, et avec quel art il a recours aux symboles, partout où la nature et l'art ne pouvaient être mis en scène. Rien ne m'a plus vivement rappelé la tragédie grecque.

Je crois qu'il faudrait refaire pour notre théâtre cette suite de huit pièces, avec toute la réflexion dont on est capable aujourd'hui. Cela en vaudrait la peine, car un pareil travail commencerait une époque nouvelle pour la littérature dramatique. Il faut que nous en causions.

Mon *Wallenstein* prend chaque jour une forme plus déterminée, et je suis très-content de moi.

SCHILLER.

GŒTHE A SCHILLER.

Weimar, le 20 novembre 1797.

... Je désire de tout mon cœur que cette idée d'approprier les drames de Shakspeare au théâtre allemand puisse décidément vous sourire. Tout ce qu'on a déjà fait à cet égard faciliterait singulièrement votre tâche; il ne s'agirait que d'épurer l'œuvre de vos devanciers afin de la rendre possible sur la scène. Lorsque vous vous serez mis en verve par votre *Wallenstein*, ce remaniement ne vous coûtera aucun effort.

Adieu. Je paye de nouveau mon tribut à la saison, et je ne me sens guère disposé au travail. GŒTHE.

GŒTHE A SCHILLER.

Weimar, 20 décembre 1797.

... Depuis la publication de l'article de Schlegel sur *Hermann et Dorothée*, j'ai médité de nouveau les lois de l'épopée et du drame, et je crois être en bon chemin. La grande difficulté dans ces recherches théoriques est toujours de débarrasser chaque genre de ce qui ne lui appartient pas nécessairement. Vous recevrez bientôt un petit article sur ce sujet; je ne vous en dirai donc rien de plus aujourd'hui.

Il n'est rien au monde que j'attende, que j'appelle aussi impatiemment que votre *Wallenstein*.

Remettez-vous au plus vite de votre indisposition. Combien je désirerais passer auprès de vous ces jours qui s'annoncent sous de meilleurs auspices!   Gœthe.

GŒTHE A SCHILLER.

Weimar, le 25 décembre 1797.

Vous trouverez ci-joint mon article; je vous prie de le prendre à cœur, d'en mettre les principes à l'épreuve, de le corriger, de le développer. Ces principes, je les ai appliqués ces jours-ci en relisant l'*Iliade* et Sophocle, et en combinant dans ma pensée quelques sujets épiques et tragiques; j'en ai trouvé l'emploi utile, j'ose même dire que leur autorité me semble décisive.

J'ai été frappé de voir, à cette occasion, combien nous sommes portés, nous autres modernes, à confondre les genres, bien plus, combien nous sommes peu en état de les distinguer. Cela vient sans doute de ce que les artistes, au lieu de produire une œuvre d'art d'après les conditions du genre auquel elle appartient, cèdent complaisamment à ce besoin d'exactitude littérale qui possède spectateurs et auditeurs. Meyer a fait cette observation qu'on a essayé de modeler tous les arts plastiques sur la peinture, laquelle, par les attitudes et par la couleur, peut pousser l'imitation si loin qu'elle se confonde avec la réalité. Il en est de même de la poésie où tout penche vers le drame, c'est-à-dire vers la représentation d'une réalité présente. C'est ainsi que les romans en lettres sont tout à fait dramatiques et qu'on peut y insérer des dialogues comme l'a fait Richardson; dans le roman en récit, ce mélange serait un défaut.

Vous avez entendu cent fois des lecteurs, charmés d'un bon roman, exprimer le désir de voir ce roman transporté au théâtre; et combien de mauvais drames sont sortis de là! C'est ainsi que les hommes veulent voir toute situation intéressante immédiatement rendue par la gravure. Pour qu'il ne reste plus rien à faire à leur imagination, ils veulent que tout soit matériellement vrai, parfaitement présent, en un mot dramatique. Cela même ne suffit pas encore; il faut que le *dramatique* se confonde avec le *réel*. C'est aux artistes de résister de toutes leurs forces à ces tendances enfantines, barbares, absurdes; eux seuls peuvent séparer les genres en traçant de leur baguette magique un cercle infranchissable autour de chacun d'eux, et leur conserver, par ce moyen leur caractère propre, leur vie individuelle. Ainsi faisaient les anciens, et c'est pour cela qu'ils étaient ou devinrent de si grands artistes. Mais qui peut séparer sa nacelle des flots qui la portent? A marcher contre les vents et les courants, on ne fait guère de chemin.

Un bas-relief, par exemple, n'était chez les anciens qu'une œuvre légèrement en saillie, la simple et heureuse indication d'un objet quelconque sur une surface plane. Les hommes n'ont pu s'en contenter longtemps; la saillie est devenue plus haute, plus haute encore, au point de se séparer du fond; on a dégagé les membres, on a détaché les figures, on a introduit la perspective, on a représenté des rues, des nuages, des montagnes, des paysages, et comme tout cela était exécuté par des hommes de talent, ces nouveautés inadmissibles ont été accueillies avec d'autant plus de faveur qu'elles répondaient aux goûts d'un public sans culture. Meyer, dans sa dissertation sur les arts, cite un curieux détail qui se rapporte parfaitement à ce que je viens de dire : à Florence, on a commencé par vernir les statuettes de terre glaise, ensuite on les a enduites d'une seule couleur, puis on a fini par les couvrir de toutes les couleurs de la palette et de toutes les nuances de l'émail.

Pour revenir à mon article, j'ai appliqué à *Hermann et Dorothée* les principes que j'y ai formulés. Je vous prie d'en faire autant : cela vous fournira d'intéressantes remarques, celles-ci par exemple :

1° Que ce poëme ne contient aucun motif exclusivement épique, c'est-à-dire rétrograde, et qu'on ne s'y est servi que des quatre autres, lesquels sont communs au drame et à l'épopée.

2° Que les personnages, au lieu d'être occupés d'actions extérieures, sont toujours ramenés sur eux-mêmes, ce qui éloigne cette œuvre du genre épique et la rapproche du drame.

3° Qu'il ne s'y trouve aucune comparaison, et cela fort à propos, car dans un sujet tout moral des images empruntées au monde physique n'eussent produit qu'une impression fatigante.

4° Que le *troisième monde*[1] y exerce une suffisante

---

[1] On verra l'explication de ces mots dans le *Traité* de Gœthe qui accompagna sa lettre.

influence, car les grandes destinées du genre humain sont mêlées au récit, tantôt par des symboles, tantôt par des personnages, et l'on y voit les traces de pressentiments, de liens mystérieux qui unissent le monde visible au monde invisible, ce qui, à mon avis, remplace les dieux antiques, sans valoir toutefois leur puissante et poétique réalité.

Il faut que je mentionne encore une singulière question que je me suis posée sur cette matière; la voici : Y a-t-il le sujet d'un poëme épique dans les événements qui se sont passés pendant le siége de Troie, depuis la mort d'Hector jusqu'au départ des Grecs?

Je présume qu'il n'y en a pas, parce que dans ces événements il n'y a rien de rétrograde, et qu'au contraire tout marche en avant, et puis parce que le petit nombre de cas qui, sous certains rapports du moins, pourraient retarder la marche, divisent l'intérêt sur plusieurs individus, et, tout en s'appliquant aux masses, ces cas ressemblent aux événements de la vie privée.

La mort d'Achille me paraît un magnifique sujet de tragédie que les anciens nous ont laissé à traiter. Il en est de même de la mort d'Ajax et du retour de Philoctète. La prise de Troie elle-même, considérée comme l'instant où s'accomplit une grave et haute destinée, n'est ni épique ni tragique, et, dans une œuvre réellement épique, on ne pourrait l'entrevoir que de loin et toujours par anticipation ou par souvenir. La manière théorique et sentimentale dont Virgile a traité ce sujet ne saurait être prise en considération ici.

Voilà ce que j'ai cru voir jusqu'à présent, et si je ne

me trompe, cette matière, ainsi que beaucoup d'autres, est, sous le rapport théorique, aussi inexplicable qu'indéfinissable. Nous voyons fort bien ce que le génie a fait, mais qui oserait dire ce qu'il aurait pu ou dû faire ?

GOETHE.

TRAITÉ SUR LA POÉSIE ÉPIQUE ET LA POÉSIE DRAMATIQUE, PAR GOETHE ET SCHILLER[1].

Le poëte épique et le poëte dramatique sont l'un et l'autre soumis aux mêmes lois générales, et surtout à la loi d'unité et à celle du développement. D'un autre côté, tous deux traitent des sujets semblables et peuvent se servir de toutes sortes de motifs. Leur grande et principale différence consiste donc en ce que le poëte épique représente les faits comme *parfaitement passés*, et le poëte dramatique comme *parfaitement présents*.

Si l'on voulait déduire de la nature même de l'homme les lois qui doivent les guider tous deux, il faudrait se les représenter sans cesse l'un en rapsode et l'autre en mime. Tous deux étant supposés aussi poëtes l'un que l'autre, il faudrait voir le rapsode entouré d'auditeurs paisiblement attentifs, et le mime, de spectateurs passionnément impatients. Alors il ne serait pas difficile de déterminer ce qui convient le mieux à chaque genre de poésie, quel sujet elle doit choisir, quel motif d'action

---

[1] Ce traité est l'ouvrage de Goethe, mais Schiller l'a provoqué par ses réflexions et le complétera encore ; voilà pourquoi Goethe y inscrit le nom de son ami.

elle doit employer de préférence ; je dis de préférence, car ni l'une ni l'autre ne doit rien s'approprier exclusivement.

Le sujet de l'épopée, comme celui de la tragédie, doit être purement humain, significatif et pathétique. Les personnages qui lui conviennent le mieux sont ceux qui n'ont pas dépassé ce degré de culture où la spontanéité d'action ne doit rien qu'à elle-même, où l'homme n'agit pas encore moralement, politiquement, mécaniquement, mais personnellement. Sous ce rapport, les traditions des temps héroïques des Grecs étaient singulièrement favorables aux poëtes.

L'épopée représente particulièrement l'activité individuelle et limitée, l'homme agissant au dehors de lui, les batailles, les voyages, toute entreprise qui demande une certaine étendue dans l'espace. La tragédie nous montre la souffrance individuelle et limitée, c'est-à-dire l'homme refoulé sur lui-même ; aussi l'action de la véritable tragédie ne demande-t-elle que fort peu d'espace matériel.

Pour les motifs, j'en trouve de cinq espèces différentes :

1° Ceux qui font avancer l'action ; ils appartiennent spécialement à la poésie dramatique.

2° Ceux qui éloignent l'action de son but ; ils appartiennent particulièrement à la poésie épique.

3° Ceux qui retardent l'action, soit en ralentissant sa marche, soit en allongeant le chemin ; ils peuvent et doivent être employés par les deux genres de poésie.

4° Ceux qui ramènent au passé, et font connaître les

événements antérieurs à l'époque où commence l'action du poëme.

5° Ceux qui anticipent sur l'avenir et font deviner ce qui sera après l'accomplissement de l'action du poëme. Ces deux motifs doivent être employés par le poëte épique et par le poëte dramatique, afin de compléter son œuvre.

Les mondes que l'un et l'autre doivent exposer aux regards sont, selon moi, de trois espèces :

1° Le monde physique, qui contient et entoure les personnages agissant dans ce monde. Le poëte dramatique est forcé d'y fixer son action sur un seul point, tandis que le poëte épique peut s'y mouvoir à son aise, et comme il s'adresse surtout à l'imagination, il représente la nature entière à l'aide des comparaisons dont le poëte dramatique doit être très-sobre.

2° Le monde moral ; il appartient aux deux genres de poésie et n'est jamais plus heureusement représenté que dans sa naïveté physiologique et pathologique.

3° Le monde de la fantaisie, des pressentiments, des hasards et des destinées. Ce monde aussi appartient aux deux poésies, et il va sans dire qu'il faut le rattacher au monde physique, ce qui est une très-grande difficulté pour les poëtes modernes, car nous cherchons vainement à remplacer les êtres merveilleux que les anciens avaient toujours à leur disposition, divinités, prophètes, oracles.

Pour ce qui est de l'exécution, représentons-nous à cet effet le rapsode comme un homme sage et calme qui embrasse le passé avec une connaissance parfaite et tranquille. Alors son début tendra à calmer les auditeurs, afin de les disposer à l'écouter longtemps et avec plaisir. Il divisera l'intérêt en parties égales, parce qu'il sait qu'il ne serait pas en son pouvoir de balancer immédiatement une impression trop vive. Il ira tantôt en avant et tantôt en arrière, et on le suivra volontiers partout, car il ne s'adresse qu'à l'imagination, et l'imagination se crée elle-même ses images et s'inquiète peu, jusqu'à un certain point du moins, de la nature et du caractère des images qu'elle évoque.

Je voudrais aussi que le rapsode, comme un être surnaturel, restât invisible à son auditoire ; le mieux serait qu'il chantât derrière un rideau, afin qu'oubliant complétement sa personne, on pût se faire illusion et n'entendre que la voix des Muses.

Le mime se trouve dans un cas tout à fait contraire ; placé devant les spectateurs en individualité déterminée, il veut qu'on s'intéresse exclusivement à lui et à son entourage, qu'on souffre des douleurs de son corps ou de son âme, qu'on partage ses embarras, que pour lui enfin on s'oublie soi-même. Il est vrai qu'il est également forcé d'agir graduellement, mais il peut hasarder les effets les plus violents, car la présence réelle peut effacer les impressions les plus fortes par d'autres beaucoup plus faibles. Le spectateur doit être en proie à une agitation incessante ; privé de la liberté de réfléchir, il doit suivre le mime avec passion ; son imagination n'a plus rien à faire, on ne peut plus rien en attendre ; il faut donc que les récits eux-mêmes soient mis en action et placés sous ses yeux. GŒTHE.

SCHILLER A GŒTHE.

Le parallèle du rapsode et du mime avec leur auditoire respectif me paraît un excellent moyen de marquer la différence qui sépare les deux genres de poésie. Cette méthode seule suffirait, au besoin, pour rendre impossible toute méprise grossière dans le choix d'un sujet et du genre de poésie qui lui convient : l'expérience me le prouve en ce moment; et je ne connais rien de plus propre à maintenir le poëte dramatique dans ses limites, et à l'y ramener promptement s'il venait à s'en écarter, que de le transporter en imagination sur des planches, devant une salle remplie de spectateurs de toute espèce. Par cela seul, il sentirait vivement la nécessité de la loi qui l'oblige à donner à son action une marche incessante et rapide vers le dénoûment.

J'aurais encore un autre moyen à vous proposer pour rendre toujours plus palpable la différence entre les deux poésies. Le mouvement de l'action dramatique se fait devant moi, celui de l'action épique se fait en moi et sa marche est presque imperceptible : à mon avis cette distinction est essentielle. Si les événements se meuvent devant moi, je suis rigoureusement attaché au présent, mon imagination cesse d'être libre, une inquiétude continuelle s'empare de mon être, je me sens enchaîné à l'objet de l'instant actuel, et je ne puis ni réfléchir ni regarder en avant ou en arrière, car j'obéis à une puissance étrangère. Si, au contraire, je me meus autour des événements, qui ne sauraient m'échapper, je puis marcher d'un pied inégal et m'arrêter plus ou moins longtemps suivant les besoins de mon esprit. Cette manière d'être s'accorde parfaitement avec l'idée du passé, qu'on peut se représenter stationnaire, et, par conséquent, avec la narration, car dès son début le narrateur connaît la fin; tous les moments de l'action lui sont donc indifférents, et il lui est facile de conserver une indépendance entière et calme.

Il me paraît également bien évident que le poëte épique doit traiter son action comme étant entièrement dans le passé, tandis que le poëte tragique doit traiter la sienne comme s'écoulant dans le présent le plus rigoureux.

J'ajouterai encore une réflexion : il résulte de ce principe une contradiction charmante entre la poésie comme genre et la poésie comme espèce, contradiction qui dans la nature comme dans l'art est toujours très-ingénieuse. La poésie, considérée en elle-même, rend tout présent; aussi force-t-elle même le poëte épique à transporter le passé dans le présent, en l'obligeant toutefois à conserver soigneusement au passé le cachet qui le caractérise et le fait reconnaître. D'un autre côté, la poésie, considérée en elle-même, rend le présent passé, et éloigne tout ce qui est près, par l'idéalité, bien entendu. Voilà pourquoi le poëte dramatique est forcé, pour nous conserver une liberté poétique envers son sujet, de tenir toujours fort éloignée de nous toute réalité individuelle, et par conséquent trop saisissante. Il est donc certain que la tragédie, dans sa plus noble acception, tendra toujours à s'élever vers l'épopée, car ce n'est que par cette tendance qu'elle est réellement de la poésie. Quant à l'épopée, elle tend à son tour à descendre vers le drame, et remplira par là toutes les conditions de son genre, car les qualités qui font de l'une et de l'autre une œuvre poétique les rapprochent à leur insu.

Lorsqu'on applique sévèrement à votre *Hermann et Dorothée* les règles de l'épopée, on est forcé de reconnaître qu'il penche vers la tragédie, car le cœur y est vivement et sérieusement occupé, et l'on y trouve plus d'intérêt pathologique que d'indifférence poétique. L'espace étroit qu'occupe l'action, le petit nombre de personnages qu'on y voit figurer, le peu de temps dans lequel cette action s'accomplit, tout cela tient également à la tragédie. Votre *Iphigénie* se trouve dans le cas contraire, car lorsqu'on lui applique les principes sévères de la tragédie, on la renvoie dans le champ de l'épopée. Pour votre *Torquato Tasso*, inutile de démontrer ce fait; je m'en tiens à *Iphigénie* et je dis que la marche est trop calme, le repos de l'action trop prolongé, sans parler de la catastrophe entièrement opposée aux lois de la tragédie. L'effet que ce poëme a produit sur moi et sur les autres a toujours été essentiellement poétique, mais nullement tragique, et il en sera ainsi toutes les fois qu'une tragédie aura été manquée d'une manière épique. Selon moi, cette tendance vers l'épopée est un défaut dans votre *Iphigénie*, tandis que les tendances de *Hermann* vers la tragédie seraient plutôt une qualité, du moins par rapport à l'effet que produit ce poëme. En serait-il ainsi parce que la tragédie est destinée à un usage limité et déterminé, tandis que celui de l'épopée est général et entièrement indépendant ?

Je ne vous dirai rien de plus aujourd'hui, car je suis toujours incapable d'un travail sérieux. Votre lettre et votre traité ont pu seuls m'occuper au milieu de mon apathie. Adieu, et bonne santé.

SCHILLER.

GŒTHE A SCHILLER.

Weimar, le 27 décembre 1797.

Tout en regrettant que vous n'ayez pas encore retrouvé votre activité, je suis heureux que ma lettre et mon traité aient pu vous occuper. Je vous remercie de votre réponse, qui fait avancer une question si importante pour nous deux. Malheureusement, nous autres modernes, il nous arrive parfois de naître poëtes, et de nous agiter à travers tous les genres de poésies sans trop savoir où nous en sommes ; car, si je ne me trompe, les déterminations spéciales devraient nous être données extérieurement, et c'est à l'occasion qu'il appartiendrait de déterminer le talent. Pourquoi faisons-nous si rarement des épigrammes dans le genre grec ? parce que nous voyons bien peu de choses qui en soient dignes. Pourquoi réussissons-nous si rarement dans l'épopée ? parce que nous n'avons pas d'auditoire. Pourquoi les tendances pour le théâtre sont-elles si générales ? parce que chez nous le drame est le seul genre de poésie matériellement attrayant, et dont on puisse recueillir une jouissance immédiate.

J'ai continué à étudier l'*Iliade*, afin d'examiner

s'il ne pourrait pas y avoir une autre épopée entre elle
et l'*Odyssée*. Je n'ai trouvé que des sujets de tragédie;
je ne sais s'il en est réellement ainsi, ou si je manque
de sagacité pour découvrir le sujet épique. La mort
d'Achille, avec tout ce qui l'accompagne, pourrait cependant convenir à la poésie épique; sous certains rapports même, on pourrait croire qu'elle la demande,
quand ce ne serait qu'à cause de l'ampleur des matières.
Maintenant, il faudrait se demander si l'on ferait bien
de traiter épiquement un sujet tragique. Il y aurait
beaucoup à dire pour et contre. En ce qui concerne
l'effet, un poëte moderne, travaillant pour des lecteurs
modernes, serait d'autant plus sûr d'en produire un
très-puissant, qu'à notre époque il est impossible d'obtenir l'approbation du public sans exciter en lui des
intérêts pathologiques.

Assez pour aujourd'hui. Meyer travaille assidûment
à son traité sur le choix des sujets dans les arts plastiques. En le voyant agiter, à cette occasion, toutes les
questions qui nous intéressent, on ne peut s'empêcher
de reconnaître la parenté intime qui existe entre l'artiste et le poëte dramatique. Puissiez-vous bientôt retrouver la santé, et moi la liberté d'aller vous voir!

Gœthe.

SCHILLER A GŒTHE

Iéna, le 29 décembre 1797.

Je joins ici une longue lettre de notre ami Humboldt,
elle vous prouvera qu'au milieu de ce Paris renouvelé
de fond en comble, il est resté fidèle à la vieille nature

allemande; en un mot, il ne paraît avoir changé que de demeure et d'entourage. Il en est de certaines manières de sentir et de philosopher, comme de certaines religions qui isolent extérieurement et augmentent ainsi la ferveur intérieure.

Le travail que vous avez entrepris pour séparer les deux genres de poésie est certainement de la plus haute importance; mais vous serez sans doute convaincu avec moi que, pour exclure d'une œuvre d'art tout ce qui est étranger à son genre, il faudrait nécessairement y faire entrer tout ce qui appartient à ce genre; et c'est précisément là ce qui nous manque complétement. Comme nous ne pouvons réunir les conditions auxquelles chacun des deux genres est soumis, il en résulte que nous sommes forcés de les confondre. S'il y avait encore des rapsodes et un monde pour eux, le poëte épique ne serait pas obligé d'emprunter des moyens au genre tragique; et si nous avions les ressources et les forces intenses de la tragédie grecque pour nous assurer la faveur des spectateurs pendant une longue suite de représentations, nous n'aurions pas besoin de tant élargir nos tragédies. La force sensitive des spectateurs et des lecteurs veut et doit être satisfaite sur tous les points de sa périphérie, et le diamètre de cette force est la véritable échelle de proportion qui doit guider le poëte. Or, comme à notre époque les dispositions morales sont les plus développées, elles sont aussi les plus exigeantes; et c'est toujours à ses dépens que le poëte se hasarde à les négliger.

Si, comme que je n'en doute pas, le drame est en

effet protégé chez nous par cette fâcheuse tendance de l'époque, il faudrait commencer la réforme par le drame, et donner de l'air et de la lumière à l'art, en bannissant du théâtre toute imitation de la nature vulgaire. Je crois qu'on atteindrait ce but par l'introduction de moyens symboliques, lesquels remplaceraient le sujet en tout ce qui n'appartient pas au vrai domaine du poëte, et qui, par conséquent, ne doit pas être représenté mais seulement indiqué. Je n'ai pas encore bien pu m'expliquer l'idée du symbolisme dans la poésie, mais je la crois très-féconde. Si l'on pouvait en déterminer l'usage, il arriverait nécessairement que la poésie se purifierait, qu'en restreignant son domaine, elle le rendrait plus important, et agirait dans ces limites avec plus d'énergie.

J'avais toujours espéré que la tragédie sortirait de l'opéra sous une forme plus noble et plus belle, comme jadis elle est sortie des chœurs des fêtes de Bacchus. Dans l'opéra, en effet, on s'abstient de toute imitation servile de la nature, et bien que cela ait lieu seulement par une sorte de tolérance, l'idéal dramatique ne pourrait-il pas se glisser sur la scène par la même voie? Par la puissance de la musique, par l'excitation de la sensibilité que ce transport affranchit de ses grossières attaches, l'opéra prédispose la pensée aux plus nobles sentiments; la passion elle-même s'y montre comme un libre jeu parce que la musique l'accompagne, et le merveilleux, qui y est toléré, doit rendre l'esprit plus indifférent au sujet lui-même.

Je suis très-curieux de voir l'article de Meyer, il doit

naturellement contenir beaucoup de choses applicables à la poésie.

Je me remets peu à peu à mon travail, mais par un temps aussi affreux il est bien difficile de conserver l'élasticité de son âme.

Tâchez d'être bientôt libre, de venir travailler ici, et de m'apporter du courage et de la vie. Adieu.

SCHILLER.

GOETHE A SCHILLER.

Weimar, le 30 décembre 1797.

J'attends ce matin une société qui doit venir voir les travaux de Meyer, je ne puis donc que vous remercier de votre lettre et de celle de Humboldt que vous m'avez envoyée.

Moi aussi, je crois que s'il faut d'abord distinguer les genres avec une précision rigoureuse, c'est surtout afin de pouvoir se permettre plus tard quelques libertés dans l'application de ces lois. Travailler par principes est tout autre chose que de travailler par instinct; et une déviation de principes dont on a reconnu la nécessité ne peut jamais être regardée comme une faute.

Au reste, je ne m'amuserai pas longtemps aux considérations théoriques; j'éprouve le besoin de me remettre au travail, et pour cela il faut que j'aille m'asseoir sur le vieux canapé d'Iéna, car c'est là mon véritable trépied[1]. J'espère que, pendant toute l'année prochaine, je me renfermerai dans notre cercle.

[1] Gœthe parle ici de l'appartement qu'il occupait chez son ami Knebel dans le vieux château d'Iéna. C'est là qu'il descendait le

Adieu. Je suis bien fâché que votre chère femme n'ait pu s'arrêter assez longtemps à Weimar pour faire un pèlerinage à notre sanctuaire artistique. Si vous aviez pu assister dernièrement à la représentation de *Don Juan*, vous y auriez vu réalisées toutes vos espérances au sujet de l'opéra. Mais aussi cette pièce est-elle tout à fait seule de son genre, et la mort de Mozart a détruit tout espoir de voir jamais quelque chose de semblable.
GŒTHE.

On voit que l'année 1797, si brillante pour l'auteur d'*Hermann et Dorothée*, a été une année décisive pour Schiller. Sa seconde période poétique, celle que les historiens littéraires de l'Allemagne ne craignent pas d'appeler la période classique de son génie, s'annonce manifestement dans les lettres qu'on vient de lire. Le grand ouvrage qui va inaugurer cette période d'une manière éclatante, *Wallenstein*, a déjà subi dans la pensée du poëte une transformation complète. Le rapide essor d'*Hermann et Dorothée* a dégagé Schiller des liens qui l'attachaient encore au monde de la prose. Délivré de la théorie abstraite et de l'histoire prosaïque, il plane désormais dans ces pures régions du grand art, où l'idéal et la réalité se combinent avec une merveilleuse harmonie.

Au milieu des émotions de ce travail intérieur, les deux poëtes, on l'a vu par leurs confidences, ont encore

plus souvent, quand il voulait se réfugier dans une complète solitude.

trouvé des inspirations toutes neuves dans le champ de la poésie lyrique. Cette année 1797 Schiller, l'appelait *l'année des ballades*. Si les *Xénies*, l'année précédente, s'envolaient gaiement à Iéna et gaiement revenaient à Weimar, combien de ballades, pendant le printemps et l'été de 1797, qui se croisaient sur cette même route si chère aux muses allemandes ! C'est alors que Gœthe écrivait *la Fiancée de Corinthe*, *le Dieu et la Bayadère*, *l'Apprenti sorcier*, et Schiller, *les Grues d'Ibycus*, *le Plongeur*, *le Gant*, *l'Anneau de Polycrate*, *le Chevalier Toggenbourg*, *le Chant funèbre d'un Nadoessis*, *le Message à la forge*. Il faut aussi rapporter à cette année d'autres poésies de Gœthe, le tendre dialogue intitulé *le Nouveau Pausias et sa Bouquetière*, l'élégie d'*Euphrosine*, où il jette tant de larmes et tant de fleurs sur la tombe d'une jeune actrice de Weimar, Christiane Neumann; enfin la *Métamorphose des plantes*, où le grand naturaliste s'amuse à présenter sous forme poétique l'importante découverte qu'il avait publiée sept ans plus tôt avec toutes les démonstrations de la science. Quant à son poëme sur la chasse dont il est question dans ces lettres, Gœthe regretta plus tard de ne pas avoir obéi librement à son inspiration. « J'avais projeté un nouveau poëme, une romantique épopée, dit-il dans ses *Annales*; le plan était déjà tracé dans toutes ses parties, et malheureusement je n'en fis pas un secret à mes amis. Ils me détournèrent de mon projet, et aujourd'hui encore (Gœthe écrivait ceci en 1822), aujourd'hui encore c'est une douleur pour moi d'avoir écouté leurs conseils ; car le poëte seul peut savoir ce que contient un sujet, et quels trésors de charme et de grâce il peut déployer dans l'exécution de son œuvre. » Au même chapitre de ses *Annales* Gœthe mentionne aussi, mais sans exprimer aucun regret, son projet de poëme épique sur Guillaume Tell. Qu'avait-il à regretter? il avait abandonné son sujet à Schiller, et ce qui eût été une épopée entre ses mains était devenu un drame entre les mains de son ami. La poésie n'y perdait rien ; c'est du moins ce que pensait Gœthe, tout heureux du nouvel essor de Schiller et qui prenait plaisir à regarder croître son inspiration comme une plante généreuse et superbe. Il y a une délicatesse bien touchante et une véritable grandeur dans l'amitié de Gœthe. Si j'avais pu citer ici toutes les lettres de l'année 1797, on aurait vu avec quelle sollicitude il s'intéressait aux ballades de son ami. Ce beau poëme des *Grues d'Ibycus*, il l'avait commencé à Weimar; mais Schiller s'en occupe de son côté. Aussitôt Gœthe oublie son œuvre et ne songe plus qu'à celle de Schiller ; ou plutôt la ballade de Schiller c'est la sienne propre, il y travaille, il donne ses idées, il perfectionne le petit drame que Schiller lui soumet et l'embellit de toutes ses richesses. Et quels encouragements aussi pour son *Wallenstein!* comme il soutient le poëte en ses défaillances ! comme il double ses forces en lui montrant quel espoir il éveille ! La composition du *Wallenstein* de Schiller, on le verra par les lettres de l'année qui va suivre, a été un des principaux événements de la vie de Goethe. Ce grand homme, tant accusé d'égoïsme, parlait avec une modestie singulière, lorsqu'il disait fièrement vingt ans plus tard : « J'ai marché par bien des chemins, nul ne m'a vu dans le chemin de l'envie. »

IV

WALLENSTEIN
— 1798 —

Au moment où s'ouvre l'année 1798, Schiller a déjà écrit les deux premiers actes de *Wallenstein*. La pièce n'est pas encore divisée comme elle le sera plus tard. Ce *grand cycle wallensteinien*, ainsi que l'appelle Goethe en ses *Annales*, ces trois pièces (comédie, drame, tragédie) qui sont enchaînées l'une à l'autre, et dont l'ensemble ne formera pas moins de onze actes, Schiller espère encore les ajuster dans le cadre d'un seul drame. Peu à peu, on le verra dans les lettres qui suivent, son premier plan se modifie. Les conseils de Goethe et ses réflexions propres le décident à diviser son œuvre en trois parties à la fois unies et distinctes. Le 8 janvier, il écrivait à Kœrner : « J'attends Gœthe ici dans huit jours; ce sera une époque importante dans mon travail, car je lui lirai tout ce que j'ai déjà fait de mon *Wallenstein*. Je suis impatient de connaître son avis, bien qu'en somme je me crois assuré de l'impression que mon œuvre doit produire sur tout esprit cultivé. Je suis obligé d'avouer, en effet, que je suis fort content de mon travail et qu'il m'arrive parfois d'en être étonné moi-même. Tu n'auras pas à y regretter l'ardeur, l'inspiration intime de mes meilleures années, et cependant tu n'y retrouveras rien de ma brutalité d'alors. Le calme puissant, la force contenue de l'imagination obtiendront ton suffrage. Sans doute, ce n'est pas une tragédie grecque et ce ne peut en être une... Le sujet est trop riche, c'est tout un monde en petit, et l'exposition seule m'a entraîné à des développements extraordinaires. » Cette exposition dont parle ici Schiller, c'est-à-dire la peinture des soldats et des officiers du duc de Friedland, formera deux pièces séparées, une comédie-prologue, *le Camp de Wallenstein*, et un drame, *les Piccolomini*, mais c'est seulement au mois de septembre que le poëte, sur les conseils de Gœthe, fera subir à son œuvre cette transformation définitive.

Il y était préparé, du reste, par ses méditations personnelles et les difficultés sans nombre qu'il rencontrait sur sa route. Les lettres de Schiller à Kœrner sont ici, comme en maintes circonstances, le commentaire et le complément de sa correspondance avec Gœthe. Le 15 juin 1798, il épanchait ses plaintes dans le cœur de son ami de Dresde : « Il faut bien se garder d'attaquer un sujet compliqué, immense, ingrat, comme l'est mon *Wallenstein*, un sujet où le poëte est obligé d'épuiser toutes ses ressources pour animer une matière rebelle. Ce travail me dérobe le doux calme de ma vie, il m'enchaîne à un point fixe, il ne me permet pas d'avoir l'esprit paisiblement ouvert à d'autres impressions. Je suis harcelé maintenant par la nécessité de finir, et en même temps l'horizon de mon œuvre s'élargit toujours devant moi, car plus on avance dans l'exécution d'une œuvre d'art, plus on aperçoit clairement les exigences du sujet et les lacunes qu'on n'avait pas d'abord soupçonnées. » Lorsque Schiller adressait à Kœrner ces confidences et ces plaintes d'artiste, il sentait déjà que son cadre trop étroit éclatait entre ses mains. Gœthe n'eut pas de peine à le persuader, quand il lui conseilla de substituer à son premier projet le *cycle wallensteinien*. Le 30 septembre, après des conversations décisives avec Gœthe, Schiller donnait à Kœrner cette importante nouvelle : « Pour faire de mon prologue une œuvre indépendante de la pièce et qui puisse être représentée seule, je l'ai beaucoup augmenté, je l'ai augmenté de la moitié certainement, je l'ai rempli d'un grand nombre de figures nouvelles ; et c'est maintenant, je puis le dire, un tableau très-vif d'un camp de guerre sous Wallenstein... Quant à la pièce elle-même, après de mûres méditations et de nombreuses conférences avec Gœthe, je l'ai partagée en deux pièces distinctes ; l'ordre que j'avais établi dans mon œuvre m'a rendu ce changement très-facile. Sans cette opération, *Wallenstein* eût été un monstre en largeur et en étendue, et pour que la pièce fût possible au théâtre il aurait fallu en sacrifier plusieurs parties essentielles. Maintenant cela forme, y compris le prologue, trois pièces importantes, dont chacune, dans une certaine mesure, compose un tout complet, et dont la dernière seulement est la tragédie proprement dite. Les deux dernières pièces ont chacune cinq actes ; la seconde pièce porte le nom des *Piccolomini*, et les montre tous deux en face de Wallenstein, l'un dévoué, l'autre hostile. Wallenstein ne paraît qu'une fois dans cette pièce, au second acte ; les autres actes sont remplis tous les quatre par les Piccolomini. Cette pièce renferme l'exposition dans toute son ampleur, et s'arrête au moment où le nœud de l'action est lié. La troisième pièce s'appelle *Wallenstein*, et forme, à proprement parler, une tragédie complète ; *les Piccolomini* ne méritent que le nom de pièce de théâtre, et le prologue est une comédie[1]... Ces changements sans doute m'imposent un nouveau travail, car, pour donner plus de consistance aux

---

[1] On sait que Schiller ne s'est pas conformé à ces désignations. Son *Wallenstein*, dans sa forme définitive, porte le titre de *Poëme dramatique* (ein Dramatisches Gedicht) ; il est divisé en deux parties, la première comprenant le prologue, c'est-à-dire les beaux vers prononcés à la réouverture du théâtre de Weimar, le 12 octobre 1798, le *Camp de Wallenstein* et *les Piccolomini* ; la seconde renfermant *la Mort de Wallenstein*. Ces trois titres différents, comédie, pièce de théâtre, tragédie, dont il est question dans la lettre à Korner, ont été mis de côté. Schiller dit simplement : *les Piccolomini*, en cinq actes ; *la Mort de Wallenstein*, en cinq actes.

deux premières pièces, j'ai besoin de quelques scènes de plus et de plusieurs nouveaux motifs; mais ce travail renouvelle aussi mon inspiration, et il est infiniment plus agréable pour moi de développer mon œuvre que d'avoir à en retrancher telle ou telle partie pour la faire tenir dans un étroit espace... »

Pendant que ce seul travail réclame toutes les forces de Schiller, que fait Gœthe? il mène, comme toujours, mille choses de front. Il fonde, avec son ami Meyer, un recueil périodique, *les Propylées*, consacré à des études d'archéologie et d'art. Il revient à son *Faust*, coordonne le plan de la seconde partie et en écrit plusieurs épisodes; il poursuit ardemment ses études sur la théorie des couleurs, il écrit l'histoire de ce grand problème, il rassemble toutes les idées émises sur le phénomène de la lumière et de la coloration depuis Aristote jusqu'au moyen âge, et depuis le moyen âge jusqu'à la fin du dix-huitième siècle. Tous les physiciens qui ont traité ce sujet, célèbres ou obscurs, sont interrogés par lui avec une exactitude scrupuleuse. Il n'oublie pas même Marat, si maltraité de Voltaire, et le défend contre la commission de l'Académie des sciences qui a condamné ses travaux. Si nous pouvions citer ici toutes les lettres de Gœthe pendant l'année 1798, on verrait quelle passion et quel soin il apportait à cette étude; on verrait aussi Schiller, initié à la physique par son ami, s'associer, en quelque sorte, à ses projets, lui suggérer des idées, partager sa passion, et célébrer déjà, comme si la victoire était certaine, la destruction du *mensonge newtonien*. C'est l'époque où Gœthe conçoit la pensée d'un grand poëme didactique sur le *Cosmos*. Au milieu de ses études de physique et d'histoire naturelle, la publication des *Propylées* le ramenant à l'art antique, il étudie encore Homère, et s'aperçoit qu'entre l'*Iliade* et l'*Odyssée* il y a place pour un poëme dont le sujet serait la mort d'Achille. Aussitôt il se met à l'œuvre et compose les premiers chants de l'*Achilléide*. Voilà, certes, des travaux bien différents; eh bien, parmi tant de faits et d'idées, parmi tant de recherches scientifiques et de poétiques images, dans ce cortége de pensées sublimes ou ingénieuses sans cesse évoquées autour de lui, sa préoccupation principale c'est le *Wallenstein* de Schiller. Poëte, archéologue, physicien, naturaliste, Gœthe est aussi directeur de théâtre; depuis les derniers mois de l'année 1797, il semble attacher à ses fonctions une nouvelle importance, il surveille les acteurs de plus près, il fait agrandir la salle et disposer la scène avec plus d'art. Une poésie nouvelle va naître avec *Wallenstein*; il faut un nouveau théâtre à Schiller.

Tel est le programme que va développer l'histoire intime des deux poëtes. Nous en savons assez maintenant pour nous intéresser à leur dialogue,

SCHILLER A GŒTHE.

Iéna, le 2 janvier 1798.

Je regarde comme un excellent augure pour moi que vous soyez le premier à qui j'écris sous ce nouveau millésime. Puisse le sort vous être toujours aussi favorable qu'il l'a été pendant les deux années qui viennent de s'écouler ! je n'ai rien à vous souhaiter de mieux. Si moi aussi je pouvais enfin avoir le bonheur de produire par de belles œuvres tout ce que la nature a mis de mieux en moi, tous mes vœux seraient comblés.

La faculté toute particulière que vous possédez de vous partager entre la réflexion et la production est vraiment digne d'admiration et d'envie. Ces deux travaux de l'intelligence se séparent complétement en vous, et c'est sans doute à cause de cette séparation que vous vous acquittez toujours de l'un et de l'autre avec la plus parfaite pureté. Tant que vous produisez vous êtes dans les ténèbres, et la lumière est en vous, mais dès que vous réfléchissez, cette lumière intérieure se produit au dehors et éclaire les objets pour vous et pour les autres. Chez moi, ces deux exercices intellectuels se confondent, et, certes, ce n'est pas à mon avantage.

Un nouveau compte rendu de *Hermann et Dorothée*, que je viens de lire dans la *Gazette de Nuremberg*, me confirme dans la conviction que les Allemands ne sont accessibles qu'à ce qui appartient au domaine des généralités, de la raison et de la morale. Ce compte rendu est plein de bonne volonté, mais pas un mot ne révèle le sentiment poétique, pas un mot ne fait voir que l'auteur ait soupçonné la poétique économie de l'ensemble ; l'excellent homme ne s'attache qu'à certains passages, et toujours de préférence aux généralités, aux développements, à ce qui intéresse le cœur.

Avez-vous lu par hasard le singulier ouvrage de Rétif : *le Cœur humain dévoilé ?* en avez-vous du moins entendu parler ? Je viens de lire tout ce qui en a paru, et malgré les platitudes et les choses révoltantes que contient ce livre, il m'a beaucoup amusé. Je n'ai jamais rencontré une nature aussi violemment sensuelle ; il est impossible de ne pas s'intéresser à la quantité de personnages, de femmes surtout, qu'on voit passer sous ses yeux, et à ces nombreux tableaux caractéristiques qui peignent d'une manière si vivante les mœurs et les allures des Français. J'ai si rarement l'occasion de puiser quelque chose en dehors de moi, et d'étudier les hommes dans la vie réelle, qu'un pareil livre me paraît inappréciable...

J'attends demain l'annonce positive du jour de votre arrivée. Ma femme se rappelle à votre souvenir.

Schiller.

GŒTHE A SCHILLER.

Weimar, le 3 janvier 1798.

C'est une bien grande satisfaction pour moi de me savoir si près de vous au commencement de cette année ; je voudrais seulement vous voir bientôt et pouvoir vivre quelque temps avec vous. J'ai bien des choses à vous communiquer, à vous confier même, afin qu'une nouvelle époque de ma vie pensante et poétique puisse arriver le plus tôt possible à sa maturité complète.

Je me réjouis d'avance de voir quelque chose de votre *Wallenstein*, car c'est pour moi une nouvelle occasion de m'associer à votre génie ; je fais des vœux bien sincères pour que vous puissiez le terminer cette année.

J'avais l'intention d'aller vous voir dimanche prochain, mais un nouvel obstacle paraît devoir retarder mon départ ; samedi vous saurez au juste ce qu'il en est. Vous recevrez le même jour la copie d'un vieux dialogue entre un savant chinois et un jésuite. L'un s'y montre en idéaliste créateur, l'autre en véritable Reinholdien. Cette découverte m'a incroyablement amusé et m'a donné en même temps une haute idée de la pénétration des Chinois.

Je n'ai pas encore lu le livre de Rétif, je vais tâcher de me le procurer.

Si, à l'exemple des escamoteurs, il nous importait, à nous autres poëtes, de ne laisser deviner à personne comment se font nos tours d'adresse, nous aurions beau jeu. C'est ainsi que quiconque se moque du public et nage avec le courant peut compter sur le succès. Dans *Hermann et Dorothée*, pour ce qui concerne le fond du sujet, je me suis conformé une bonne fois à la volonté des Allemands, et les voilà enfin on ne peut pas plus contents. Maintenant je me demande si, par ce même moyen, je ne pourrais pas faire une œuvre dramatique qu'on serait forcé de jouer sur tous les théâtres, et que tout le monde trouverait magnifique, l'auteur seul excepté.

Je remets à notre prochaine réunion la solution de ce problème et de bien d'autres encore. Je voudrais de tout mon cœur que vous pussiez être près de nous ces jours-ci, afin de voir à la même heure et l'un à côté de l'autre la plus grande monstruosité de la nature organique : un éléphant, — et la plus gracieuse figure artistique : la madone de Raphaël.

J'apporterai avec moi l'ouvrage de Schelling : *Idées pour une philosophie de la nature*; cela nous fournira des matériaux pour plus d'un sujet de conversation. Portez-vous bien ; mes compliments à votre chère femme...   GOETHE.

SCHILLER A GOETHE.

Iéna, le 5 janvier 1798.

... Je suis désolé que votre arrivée ici subisse tant de retards ; une de vos dernières lettres m'y faisait compter pour les fêtes de Noël. Pendant ce temps-là, j'ai fait quelques pas en avant dans mon travail, et je pourrai vous en lire quatre fois autant que le prologue, quoique je n'aie pas encore touché au troisième acte.

Aujourd'hui que je vois mon ouvrage devant mes yeux proprement copié par une main étrangère, il me semble que moi aussi j'y suis devenu étranger, et pourtant j'y prends un véritable plaisir. Je m'y suis élevé au-dessus de moi-même, et cela grâce aux relations qui nous unissent, car je n'ai pu étendre ainsi au loin les limites de ma nature subjective que par mes rapports continuels avec une nature toute différente, par mon ardent désir de me rapprocher d'elle, par mes laborieux efforts pour la contempler et la comprendre. Je trouve que la clarté et la réflexion, fruits d'une époque plus avancée dans la vie, ne m'ont rien fait perdre de la chaleur de la jeunesse. Mais il vaudrait mieux que j'entendisse cela de votre bouche que de vous le dire moi-même.

Désormais, je me le tiens pour dit, je ne veux plus choisir que des sujets historiques ; des sujets librement inventés seraient mon écueil. Idéaliser la réalité est tout autre chose que réaliser un idéal, et c'est ce que l'on est toujours obligé de faire lorsqu'on se crée soi-même un sujet. J'ai assez de puissance pour animer et réchauffer des matières précises, limitées, pour en faire jaillir la source de poésie ; et en même temps la précision objective d'une pareille matière, mettant un frein à mon imagination, ôte à ma volonté ce qu'elle a d'arbitraire.

Lorsque avec plusieurs pièces de théâtre je me serai assuré la bienveillance de notre public, j'ai bien envie de faire un mauvais coup, et (c'est une vieille idée qui me poursuit) de porter Julien l'Apostat sur la scène. Il y a là un monde historique tout à fait particulier, où je suis presque sûr de trouver un riche butin ; l'intérêt terrible du sujet donnera une force singulière à l'exécution poétique. Si le *Misopogon* ou les lettres de Julien se trouvent dans la bibliothèque de Weimar, vous me feriez bien plaisir de me les apporter...

Je joins ici un écrit de Kœrner sur votre *Pausias*...

SCHILLER.

GŒTHE A SCHILLER.

Weimar, le 6 janvier 1798.

Je vous félicite de tout mon cœur du contentement que vous cause la partie achevée de votre travail. Vous comprenez si clairement tout ce que vous pouvez exiger de vous, que je ne doute nullement de la justesse de votre appréciation. L'heureuse rencontre de nos deux natures nous a déjà procuré plus d'un avantage, et j'espère que cette salutaire influence continuera. Si je suis pour vous le représentant de bien des objets divers, vous m'avez de votre côté ramené à moi-même, en me détournant de l'observation trop exacte des choses extérieures. Par vous j'ai appris à contempler les diverses phases de l'homme intérieur, vous m'avez donné une seconde jeunesse, vous m'avez fait redevenir poète au moment où j'avais presque entièrement cessé de l'être.

Je me ressens toujours, chose singulière, de l'effet de mon voyage. Les matériaux qu'il m'a fait recueillir ne peuvent me servir à rien, et je ne me sens nullement disposé à faire quelque autre chose. Cet état n'a rien qui me surprenne; et je me souviens d'une foule de circonstances qui me prouvent que les impressions chez moi doivent agir longtemps en silence avant de se prêter à un usage poétique; je fais donc une longue pause et j'attends ce que me vaudra mon premier séjour à Iéna.

La manière dont Kœrner envisage *Pausias* est très-curieuse. Il paraît qu'il faut varier ses travaux autant que possible, afin que chacun puisse y trouver quelque chose à son goût. L'observation de Kœrner, cependant, a quelque chose de juste : le groupe du poëme, animé seulement par le sentiment et par le souvenir, est aussi précis que s'il était peint, ce qui rend la lutte entre le poëte et le peintre presque palpable.

Au reste, les poésies du dernier *Almanach des Muses* m'ont prouvé de nouveau que les approbations les plus précieuses ne nous apprennent rien, et que les critiques, quelles qu'elles soient, nous sont absolument inutiles. Tant qu'une œuvre d'art n'est pas encore, personne ne se fait une idée de sa possibilité, mais dès qu'elle existe, le blâme et la louange sont toujours subjectifs; et plus d'une personne, dont on ne saurait contester le bon goût, voudrait y ajouter ou y retrancher quelque chose, qui détruirait l'œuvre tout entière. C'est ainsi que la valeur négative de la critique, la seule qui ait de l'importance, ne peut nous servir à rien.

Je désire, sous plus d'un rapport, que votre *Wallenstein* soit bientôt terminé ; ne négligeons cependant pas d'examiner à fond, pendant et même après ce travail, toutes les exigences du genre dramatique. Une fois votre plan et vos moyens d'exécution parfaitement arrêtés à l'avance, nous aurions bien du malheur si, avec votre richesse intérieure et votre talent exercé, vous ne parveniez pas à faire au moins deux pièces par an. Il faut que le poëte dramatique soit joué souvent, il faut qu'il renouvelle souvent l'effet qu'il a produit et en fasse la base de son avenir. GOETHE.

SCHILLER A GOETHE.

Iéna, le 9 janvier 1798.

... Je ne puis vous dire aujourd'hui qu'un petit bonsoir. J'ai passé toute la nuit sans dormir, et je me dispose à me coucher. Comment vous trouvez-vous par cet exécrable temps? moi j'en souffre dans tous mes nerfs. Je suis bien aise pour vous que vous ne soyez pas encore ici. Adieu.   SCHILLER.

SCHILLER A GOETHE.

Iéna, le 12 janvier 1798.

... Le retard de votre voyage ici me fera trouver le mois de janvier plus triste et plus long. Je tâcherai de tirer de ma solitude le seul avantage qu'elle peut m'offrir, celui de travailler sans relâche à *Wallenstein*.

Au reste, il est bon que ma tragédie, avant d'être mise sous vos yeux, ait atteint dans l'action un certain degré de chaleur où elle puisse se mouvoir d'elle-même et n'ait plus qu'à se précipiter vers le dénoûment, car dans le premier acte elle ne fait que commencer à monter. Ma femme se rappelle à votre souvenir. SCHILLER.

SCHILLER A GOETHE.

Iéna, le 15 janvier 1798.

Un mot seulement pour aujourd'hui, demain je vous écrirai par la poste. Je me suis tellement abîmé dans ma scène principale, que j'y travaillerais encore si le crieur de nuit ne m'avait averti qu'il était temps de finir. Mon travail va toujours bien, et, quoique le poëte ne puisse pas plus compter sur son œuvre que le négociant sur les marchandises qu'il a embarquées sur mer, je ne crois pas avoir perdu mon temps.

SCHILLER.

GOETHE A SCHILLER.

Weimar, le 17 janvier 1798.

La bonne nouvelle du progrès de votre travail me console de ne pas recevoir une plus longue lettre ; vous savez quelle privation c'est pour moi.   GOETHE.

SCHILLER A GOETHE.

Iéna, le 26 janvier 1798.

Je viens de signer l'arrêt de mort en forme des trois déesses, Eunomie, Diké et Irène[1]. Consacrez à ces nobles défuntes de pieuses larmes chrétiennes, mais point de compliments de condoléance.

Dès l'année dernière, Cotta a fait à peine ses frais avec *les Heures*; cependant il voulait encore les laisser végéter, mais je ne voyais aucune possibilité de les continuer. Les collaborateurs sur lesquels je croyais pouvoir compter m'ont abandonné, et comme la rédaction de ce journal me donnait beaucoup de souci et de travail, sans aucune compensation suffisante, je me suis débarrassé de cette affaire par une résolution subite et irrévocable. Il va sans dire que *les Heures* disparaîtront sans éclat ; et comme la publication du douzième

---

[1] *Les Heures*, Schiller renonçait décidément à la publication de ce Recueil.

numéro a été remise au mois de mars prochain, elles s'endormiront d'elles-mêmes, en véritables bienheureuses, du sommeil éternel. J'aurais pu aussi insérer dans le douzième numéro quelque fol article politico-religieux qui aurait amené l'interdiction des *Heures*; si vous pouviez me trouver un écrit de ce genre, nous avons encore de la place.

Depuis hier je me porte un peu mieux, mais je n'ai pas encore retrouvé les dispositions nécessaires pour reprendre mon travail. En attendant qu'elles m'arrivent, je cherche à faire passer le temps en lisant les voyages de Niebuhr et de Volney en Syrie et en Égypte. Je conseille cette lecture à quiconque se désespère de la marche des événements politiques ; on y voit, malgré tout ce qu'on peut dire, combien c'est un immense bonheur d'être né en Europe. C'est vraiment une chose inconcevable que l'action des forces intellectuelles de l'homme se trouve renfermée dans une si petite partie du monde, et qu'une si effroyable masse de peuples ne compte absolument pour rien dans la marche de la perfectibilité humaine ! J'ai été surtout frappé de voir que ce ne sont pas absolument les dispositions morales, mais les dispositions esthétiques, qui manquent à toutes les nations non européennes. On y trouve le réalisme et même l'idéalisme, mais on ne les voit jamais s'unir et se confondre dans une seule et même forme purement humaine. Il me semble absolument impossible de trouver chez ces peuples la matière d'un poëme épique ou tragique, ou même d'en transférer l'action dans leur pays.   SCHILLER.

GOETHE A SCHILLER.

Weimar, 31 janvier 1789.

Nous avons entendu hier un nouvel opéra. Cimarosa, dans cette composition, déploie l'art d'un maître accompli[1]. Quant au texte; il est à la manière italienne, et je me suis expliqué à ce sujet comment il est possible que des niaiseries, des absurdités même s'unissent si heureusement aux plus hautes magnificences de l'inspiration musicale. C'est l'*humour* seul qui produit ce résultat, car l'humour, même sans être poétique, est une sorte de poésie, et nous élève par sa nature au-dessus du sujet. Si les Allemands comprennent si rarement cette poésie de l'humour, c'est que les niaiseries qu'ils aiment, avec leurs goûts de philistins, ce sont celles qui ont une apparence de sensibilité ou de bon sens... GOETHE.

SCHILLER A GOETHE.

Iéna, le 2 février 1798.

Vos observations sur l'opéra m'ont rappelé les idées que j'ai largement développées dans mes *Lettres esthétiques*. Quoique l'esthétique soit incompatible avec la nullité, le frivole est encore moins contraire à sa nature que le sérieux ; et comme il est plus facile à l'Allemand de s'occuper et de se déterminer que de se rendre indépendant, on le pousse vers les dispositions esthétiques

---

[1] *Il Marito disparcto*, de Cimarosa, le texte italien a été traduit par Einsiedel sous ce titre: *la jalousie punie. Die bestrafte Eifersucht.*

dés qu'on lui rend le sujet plus facile. Voilà pourquoi je préfère les gens d'affaires ou autres barbares aux gens du monde oisifs chez lesquels tout est sans force et sans consistance. Si je pouvais servir chacun à son goût, j'enverrais les premiers à l'opéra et les seconds à la tragédie.
SCHILLER.

SCHILLER A GŒTHE.

Iéna, le 15 février 1798.

J'ai cherché à me consoler de votre absence prolongée par l'espoir d'achever une plus grande partie de mon travail pour votre arrivée, mais le mauvais temps m'est si contraire, qu'en dépit de mon inspiration et de mon ardeur je ne fais aucun progrès. Depuis huit jours, une forte toux me tourmente et m'alourdit la tête; pour surcroît de malheur, mes maux de nerfs ne me laissent point de repos. Afin de conserver ma fraîcheur d'inspiration, je ne songe même pas à *Wallenstein*; je m'occupe d'un travail futur et d'idées générales.

Ayant lu cet hiver de nombreuses relations de voyage, je n'ai pu m'empêcher d'examiner si la poésie ne pourrait pas tirer parti de ces sortes de matières, et cet examen m'a fait de nouveau sentir toute la différence qui sépare la poésie épique de la poésie dramatique.

Il est certain qu'un *découvreur de mondes* ou un audacieux navigateur comme Cook pourrait devenir le sujet d'un poëme épique, ou du moins en fournir la matière. Pour ma part, j'y trouve toutes les conditions du poëme épique dont nous sommes déjà convenus entre nous; ce qu'il y aurait de favorable surtout, c'est que le moyen aurait toute la dignité et toute l'importance du but, on pourrait même dire que le but n'existerait que par rapport au moyen. Avec un pareil sujet, il serait facile d'épuiser un certain cycle de l'humanité, ce qui, dans l'épopée, me paraît essentiel, et le monde physique s'unirait au monde moral, de manière à former un bel ensemble.

Mais lorsque je m'imagine de pareilles matières destinées à faire un drame, leur ampleur me gêne autant qu'elle m'était favorable dans l'épopée[1]. Ce qu'il y a de physique n'est plus qu'un moyen pour amener la partie morale, et m'incommode par son importance et par ses prétentions ; en un mot, toute la richesse de cette matière n'est plus qu'une occasion d'amener certaines situations qui mettent en jeu l'homme intérieur.

Je suis vraiment étonné qu'un pareil sujet ne vous ait pas encore tenté, car vous y trouveriez toutes prêtes les choses les plus indispensables et qu'on a tant de mal à rassembler, c'est-à-dire l'action personnelle et physique de l'homme, unie à la haute importance que l'art parvient si difficilement à lui donner. Levaillant, dans son voyage en Afrique, est vraiment un caractère poétique et un homme puissant, parce que, avec toute la vigueur des forces animales et toutes les ressources puisées immédiatement dans la nature, il sait se pro-

---

[1] Schiller avait eu en effet la pensée de composer un drame dont l'action se serait passée dans les îles de l'autre hémisphère. On a trouvé dans ses papiers quelques notes curieuses à ce sujet. Voyez les œuvres posthumes de Schiller publiées par M. Hoffmeister.

curer tous les avantages qu'ordinairement la civilisation seule peut accorder[1].

Adieu pour ce soir, il est déjà huit heures et on ne fait encore que m'appeler à dîner. SCHILLER.

GŒTHE A SCHILLER.

Weimar, le 14 février 1798.

... Je suis désolé de vous savoir encore une fois malade; c'est la seule chose affligeante qui m'arrive en ce moment, et c'est pour cela, sans doute, que j'y suis plus sensible.

Plus je retarderai mon séjour à Weimar, plus je serai libre, une fois parti; aussi me fais-je une véritable fête de cette excursion à Iéna.

Je suis parfaitement convaincu comme vous qu'un voyage, surtout du genre de ceux que vous me désignez, contient de très-beaux motifs épiques. Je ne me hasarderai cependant jamais à traiter un pareil sujet, car je n'ai pas vu moi-même les contrées et les peuples qu'il s'agirait de peindre, et je crois indispensable que le poëte, dans un ouvrage de cette nature, s'identifie personnellement avec son sujet; la lecture d'une relation de voyages ne saurait ici remplacer l'expérience.

En tout cas, on aurait à lutter contre l'*Odyssée*, qui s'est déjà emparée des motifs les plus intéressants, et il serait téméraire de hasarder le plus intéressant de

---

[1] La première relation de Levaillant, *Voyage dans l'intérieur de l'Afrique par le cap de Bonne-Espérance*, etc., avait paru en 1790; le *second voyage* fut publié en 1795. La traduction allemande est de cette même année.

tous, le trouble jeté dans une âme de femme par l'arrivée d'un étranger; que pourrait-on faire après Nausicaa? Dans l'antiquité même, quelle distance entre Médée, Hélène, Didon, et la fille d'Alcinoüs! la *Narine* de Levaillant, ou toute autre chose semblable, ne serait jamais qu'une parodie de ces magnifiques créations.

Je reviens toutefois à mon premier point : une expérience personnelle pourrait encore fournir des situations qui ne manqueraient pas de charme; mais cette expérience est indispensable et voici pourquoi :

Si l'*Odyssée* nous enchante, nous autres habitants du centre de l'Europe, ce n'est que sous le rapport moral, car notre imagination peut à peine en concevoir la partie descriptive : mais lorsque j'ai lu à Naples et en Sicile les chants qui se passent dans ces pays, avec quel radieux éclat le poëme tout entier m'est apparu! Figurez-vous un tableau embu sur lequel on vient de passer un vernis qui lui rend tout à coup la clarté et l'harmonie. J'avoue qu'alors l'*Odyssée* cessa d'être pour moi un poëme, j'y voyais la nature elle-même. C'est ainsi, au reste, que les anciens étaient forcés de composer, puisque leurs œuvres devaient être lues en face de la nature. Y a-t-il beaucoup de nos poëmes modernes qui supporteraient une lecture sur une place publique ou en plein champ?

Tâchez de rétablir votre santé et utilisez chaque moment favorable.

GŒTHE.

SCHILLER A GŒTHE

Iéna, le 27 février 1798.

Ainsi le mois de février a passé sans vous avoir amené ici, et j'aurai bientôt traversé l'hiver partagé entre l'attente et l'espérance. Maintenant j'entrevois le printemps avec bonheur ; et les préparatifs pour l'embellissement de mon jardin m'occupent de la manière la plus agréable. Une de ces améliorations sera surtout très-bienfaisante pour moi : c'est une petite salle de bains que je fais maçonner et disposer le plus proprement et le plus gracieusement possible. Il y aura un étage au-dessus de cette salle, d'où nous jouirons d'une charmante vue sur la vallée de la Leutra. Sur le côté opposé de la maison, la cabane qui y était appuyée a déjà été, l'automne dernier, convertie en une cuisine solidement construite. Vous trouverez donc bien des changements utiles faits à notre demeure d'été lorsque vous viendrez nous y voir. Puissions-nous déjà y être réunis !

Mon travail avance insensiblement, je marche d'étape en étape, et déjà me voilà en plein dans le tourbillon de l'action. Je suis content surtout d'être sorti d'une situation où il s'agissait de juger le crime de Wallenstein d'après la morale vulgaire, et de traiter poétiquement, spirituellement, une matière anti-poétique et triviale, sans porter atteinte à la vérité morale. L'exécution me satisfait, et j'espère bien qu'elle satisfera aussi notre cher public si moral, quoique je n'aie pas fait un sermon de la chose. A cette occasion, j'ai senti de nouveau tout ce qu'il y a de vide dans ce qu'on appelle la moralité, et combien le sujet est obligé de faire d'efforts pour maintenir l'objet à la hauteur poétique... SCHILLER.

GŒTHE A SCHILLER.

Weimar, le 28 février 1798.

La lettre de Humboldt est une nouvelle preuve de ce qui nous arrive quand on est trop longtemps privé de certains entretiens. Il faut que ce digne ami élude tout entretien théorique avec les Français, s'il ne veut pas être réduit à se mettre sans cesse en colère ; car, en France, on ne comprend pas qu'il puisse y avoir quelque chose dans l'homme qui ne lui ait pas été inculqué par des objets extérieurs. C'est ainsi que Mounier[1] m'a assuré dernièrement que l'idéal était une certaine chose composée de plusieurs belles parties jointes ensemble. Et lorsque je lui ai demandé d'où venaient l'idée de ces belles parties, comment l'homme était arrivé à exiger dans toute œuvre une harmonieuse unité, et si l'expression *joindre ensemble* n'était pas trop vulgaire pour désigner l'opération du génie quand il se sert des éléments de l'expérience, sa langue philosophique lui fournissait une seule réponse à toutes ces questions : il y a longtemps, disait-il, qu'on attribue au génie *une sorte de création.*

---

[1] Il s'agit ici de Mounier, le célèbre membre de l'Assemblée constituante, l'un des chefs du parti constitutionnel, chassé de France par les événements, et qui avait trouvé à Weimar l'accueil le plus empressé.

Et c'est ainsi qu'ils parlent tous. Ils partent toujours d'une conception déterminée de la raison, et lorsqu'on veut transporter la question dans des régions plus élevées, ils vous montrent que là encore ils ont un mot à vous jeter au visage, sans s'inquiéter de savoir si ce mot contredit ou non leurs assertions premières.

Vous avez sans doute appris, par madame votre belle-sœur, que Mounier a déjà miné la gloire de Kant, et qu'il espère la faire sauter au premier jour. Ce Français si moral trouve très-mauvais que Kant déclare le mensonge immoral, dans quelque circonstance que ce soit. Bœttiger vient d'envoyer à Paris un traité contre cette proposition. Nous le verrons incessamment dans la *Décade philosophique*, où, à la grande consolation de plus d'une noble nature, on nous prouvera clairement qu'il faut mentir de temps à autre.

Je suis entré en relation avec le comte et la comtesse Fouquet, à l'occasion de mes travaux d'histoire naturelle. Ce sont des personnes très-aimables, très-polies, fort obligeantes et qui semblent pleines de sympathie pour moi ; mais l'on s'aperçoit qu'elles ont la conviction intime de savoir certaines choses, de penser sur certaines choses beaucoup mieux que tous les autres.

Mon poëme, à ce que j'apprends, ne paraît pas avoir été aussi bienfaisant pour Voss que le sien l'a été pour moi. Je me rappelle encore parfaitement bien avec quel enthousiasme j'accueillis *le Pasteur de Grunau* dès qu'il eut paru dans *le Mercure*[1], et que de fois je le lisais à

---

[1] *Le Mercure*, recueil littéraire dirigé par Wieland où furent publiées en 1784 les plus belles parties de la *Louise* de Voss.

voix haute au point de le savoir presque tout entier par cœur ; je m'en suis bien trouvé, car cette joie poétique a fini par devenir productive chez moi, elle m'a conduit dans le même domaine, elle a enfanté *Hermann et Dorothée*, et Dieu sait ce qui peut encore en sortir. Quand je vois que Voss aujourd'hui ne goûte mon poëme qu'à son corps défendant, cela me fait de la peine ; à quoi sert en effet toute notre poésie passée, si elle n'échauffe pas notre âme et ne nous rend pas sensibles à toutes les créations nouvelles? Plût à Dieu que je pusse recommencer de nouveau, et, laissant derrière moi toutes mes œuvres comme des souliers d'enfant désormais inutiles à mes pieds agrandis, marcher d'un pas ferme et plus sûr !

Je me réjouis de penser que, dans mon prochain séjour à Iéna, je vais réaliser plusieurs petits travaux pour lesquels j'ai besoin de l'influence bienfaisante du printemps. Combien je m'estime heureux de pouvoir être certain que nous serons toujours fermement unis et par le cœur et par notre communauté d'études.

L'arrivée inattendue de la jeunesse princière de Gotha nous a valu cette nuit un bal masqué improvisé, et un souper qui a commencé à deux heures après minuit ; aussi ai-je dormi la plus grande partie de cette matinée, que j'aurais voulu pouvoir consacrer au travail. Continuez à vous préparer pour l'été prochain une agréable demeure dans votre jardin.   GŒTHE.

SCHILLER A GŒTHE.

Iéna, le 2 mars 1798.

Le temps est si beau que j'ai été prendre l'air, et je m'en suis parfaitement trouvé. Quel dommage que vous ne soyez pas ici en ce moment ! je suis sûr que votre muse inspiratrice ne se ferait pas longtemps attendre.

Ce que vous me dites des Français et de Mounier, qui est toujours, quoique émigré, leur digne représentant, est la vérité même, et bien que cette vérité soit triste, on se réjouit pourtant de la connaître, parce qu'elle peint complétement et nécessairement toute une classe d'individus. On devrait toujours saisir ainsi la nature dans toute sa nudité, alors la démonstration des systèmes deviendrait claire et facile. Il est digne de remarque que le relâchement sur les choses esthétiques est toujours accompagné d'un relâchement moral, et qu'une tendance ardente et pure vers le beau, vers le sublime, sans enlever à l'esprit ses libérales sympathies pour tout ce qui relève de la nature, est cependant inséparable du rigorisme moral ; tant il est vrai que les domaines du bon sens et de la raison se divisent d'une manière précise, et que cette division se reconnait sur toutes les routes et dans toutes les directions que l'homme peut suivre.

Hier enfin, et très-sérieusement cette fois, j'ai reçu le diplôme de citoyen français dont il a déjà été question dans les journaux il y a cinq ans[1]. Dès cette époque il avait été délivré et signé par Roland; mais comme il ne se trouvait sur l'adresse aucun nom de ville, ni même de province, il lui a fallu bien du temps pour arriver jusqu'à moi. Je ne sais même pas comment il a pu me parvenir après avoir erré pendant tant d'années; ce qu'il y a de certain, c'est que je l'ai reçu, et, ce qu'il y a de plus singulier, par l'intervention de Campe, qui demeure maintenant à Brunswick. Il m'écrit à cette occasion les plus belles choses du monde, que vous devinerez sans peine.

Je crois que je ne ferais pas mal d'instruire le duc de cet événement, et je vous prie de me rendre ce service, si cela ne vous contrarie point. A tout hasard, je joins ici le diplôme en question; vous trouverez fort divertissant de m'y voir figurer comme *publiciste allemand*, κατ' ἐξοχήν. Je termine, car j'ai encore bien des choses à expédier avant le départ du courrier.

Schiller.

GOETHE A SCHILLER

Weimar, le 5 mars 1798.

La seule félicitation que je puisse vous adresser à l'occasion du diplôme de citoyen qui vous arrive de l'empire des morts, c'est qu'il vous a trouvé parmi les vivants; retardez, je vous prie, le plus longtemps possible l'instant où vous irez rejoindre vos défunts grands concitoyens. M. Campe paraît être encore atteint de la

---

[1] Nous avons raconté, dans l'*Introduction*, tout ce qui concerne l'histoire de ce diplôme.

plus dangereuse des folies, comme beaucoup de nos bons Allemands. Malheureusement, contre cette maladie là, pas plus que contre les autres pestes, il n'y a rien à faire ni rien à dire.

Le beau temps m'appelle chaque jour auprès de vous. Pour utiliser autant que possible mon séjour ici, j'ai repris mes travaux sur les insectes et classé ma collection de minéraux. Lorsqu'on entasse pêle-mêle une grande masse de matériaux de tout genre, et qu'on reste longtemps sans les ranger, on finit par ne plus savoir où l'on en est.

Meyer travaille avec tant d'ardeur à ses essais sur l'art, qu'il aura bientôt composé un petit volume...

GŒTHE.

GŒTHE A SCHILLER.

Weimar, le 7 mars 1798.

Votre chère femme ne nous a fait qu'une visite par trop courte ; elle a emporté du moins une bonne impression des travaux de Meyer, et elle en jouira longtemps. Quel dommage que vous n'ayez pu l'accompagner ! Je vous dirai, à cette occasion, que vous devriez vous occuper d'un logement à Weimar pour l'hiver prochain. En ne prenant notre théâtre que pour ce qu'il est en effet, on est forcé de convenir que c'est une grande jouissance que d'entendre presque tous les huit jours au moins une bonne musique, car notre opéra est charmant et les représentations offrent souvent un harmonieux ensemble. Je pourrais vous procurer une place meilleure et plus commode que celles de l'avant-scène. Quant à votre solitude intérieure, elle ne sera pas souvent troublée, grâce au système d'isolement qu'ont adopté les habitants de notre ville. Je crois, au reste, qu'il vous serait favorable de ne pas toujours repousser les influences qui nous arrivent de l'extérieur. Pour moi, vous le savez, je suis forcé de parcourir périodiquement mon zodiaque, et chaque signe dans lequel j'entre m'apporte de nouvelles occupations et des inspirations nouvelles.

Samedi prochain j'espère pouvoir vous dire définitivement quand je pourrai m'absenter.

J'ai repris *Cellini*, je corrige mon texte et je me fais un plan pour les notes. Je me mets ainsi en mesure de terminer peu à peu les essais historiques indispensables pour le compléter ; je placerai ces notes à la suite de l'ouvrage, et je les classerai de manière à ce qu'elles forment un tout qu'on puisse lire avec intérêt. Ce n'est qu'à Iéna que je pourrai trouver le temps et le recueillement nécessaires pour envisager dans leur ensemble la multitude de travaux que nous avons entrepris. Il faut donc qu'à tout prix je me rende le plus tôt possible auprès de vous.

Je suis bien aise que vous ayez enfin reçu le rescrit de Gotha[1]. Vous le devez à l'intervention de notre duc. Voyant que toutes les démarches auprès des conseillers intimes, qui s'étaient laissés arriérer dans l'expédition d'une foule d'actes de ce genre, ne servaient à rien, il a

---

[1] Il s'agit d'un rescrit qui accordait à Schiller le titre de *Professeur ordinaire* à l'université d'Iéna. Bien que Schiller ne professât plus depuis plusieurs années, ce titre l'attachait à l'université et pourrait lui procurer certains avantages.

pris le parti d'écrire directement au duc et à la duchesse de Gotha, pour les prier amicalement de ne pas vous faire languir plus longtemps. L'envoi de l'acte que vous avez reçu a été le résultat immédiat de cette démarche. Puisse-t-il en résulter pour vous un avantage réel !

Je vous renvoie la lettre de Humboldt. La manière dont il juge le théâtre français me plaît beaucoup ; moi aussi, je voudrais voir de mes yeux ces singulières productions de la poésie dramatique.

GOETHE.

SCHILLER A GOETHE.

Iéna, le 9 mars 1798.

Ma femme a été enchantée de sa visite chez vous, et elle ne tarit pas d'éloges sur la beauté des travaux de Meyer ; son récit a tellement excité ma curiosité que, si vous ne venez pas d'ici à huit jours, je me déciderai à faire une excursion à Weimar.

J'ai aussi l'intention très-sérieuse de suivre votre conseil et de mieux profiter à l'avenir du théâtre de Weimar ; ce n'est que la difficulté de trouver un logement convenable qui m'a empêché d'aller passer l'hiver dans votre ville ; mais je m'arrangerai pour l'avenir, j'y suis bien décidé. Ne fût-ce que pour la musique, cela est indispensable ; il est trop dur de priver ses sens de toute émotion esthétique. Le théâtre lui-même exerce sur moi une salutaire influence. Le désir d'avancer mon travail m'a fait jusqu'ici négliger tout le reste. Aujourd'hui ma pièce marche au gré de mes désirs ; le plus difficile est fait et les trois quarts sont copiés.

N'avez-vous pas eu la curiosité de faire connaissance avec la nouvelle tragédie anglaise de Valpolo, *the Mysterious mother?* on la vante comme une tragédie parfaite dans le goût ou le sentiment de l'*Œdipus rex*. Il y a en effet quelque ressemblance pour le fond du sujet, à en juger par les extraits que j'ai lus. Peut-être que le jugement porté sur cette œuvre tient seulement à cette ressemblance matérielle. S'il en était ainsi, il ne faudrait pas laisser passer sans protestation cette légèreté des critiques anglais. En tout cas, il me semble convenable de saisir au passage le fugitif intérêt du public, et, puisque le *fait* se présente, de dire un mot de la *loi* et de ses exigences. Je tâcherai de me procurer la pièce, et je verrai si elle peut donner lieu à une dissertation sur le genre.

Le duc, à ce que m'apprend mon beau-frère, désire que je fasse déposer mon diplôme de citoyen français à la bibliothèque de Weimar. Je suis prêt à le satisfaire, mais je demanderai une copie légalisée de cet acte, car s'il prenait un jour fantaisie à un de mes enfants de se fixer en France, il lui serait utile de pouvoir réclamer ses droits de citoyen. Ma femme se rappelle à votre souvenir.

SCHILLER.

GŒTHE A SCHILLER.

Weimar, le 10 mars 1798.

Pour rendre mon existence encore plus bigarrée qu'elle ne l'est, il ne me manquait plus que d'intercaler dans la dixième case de mon horoscope quelques trentaines d'arpents de terre. C'est précisément ce qui arrive; je viens d'acheter le domaine de franc-alleu d'Oberroslar, acquisition pour laquelle je suis depuis plus de deux ans en discussion avec le fermier actuel et le propriétaire. Je n'en suis pas moins très-satisfait de ma nouvelle propriété et de son prix. Les biens-fonds sont en ce moment dans le même cas que les livres sibyllins : comme on voit que le prix augmente toujours, personne n'ose acheter, et, pendant qu'on hésite, l'augmentation va son train.

Au reste, j'ai fait un achat assez singulier, car je n'ai jamais vu ni les terres ni les bâtiments; je les visiterai demain pour la première fois, et il ne me faudra guère que huit jours pour apprécier les améliorations et les réparations à faire. Si vous pouviez venir me voir ici, j'en serai ravi; mais je dois vous prévenir que la semaine prochaine l'opéra sera représenté le jeudi. Samedi on jouera une nouvelle pièce de Kotzebue, pour laquelle je n'ai nulle envie de vous inviter[1]; vous ferez ce que vous voudrez, et vous serez le bienvenu si vous croyez pouvoir vous contenter de la petite chambre verte à côté de celle de Meyer; pour l'instant, il me serait impossible de vous offrir un logement plus vaste.

Je n'ai pas encore entendu parler de la pièce anglaise; il serait bon, en tout cas, de nous la procurer. Nous vous donnerons de votre diplôme de citoyen la copie que vous désirez, avec l'attestation que l'original est déposé à la bibliothèque ducale. C'est fort aimable à vous de satisfaire le désir du prince. La bibliothèque possède

---

[1] *Les Corses*, drame en quatre actes.

déjà un document du même genre : c'est la proclamation adressée dans toutes les langues à tous les peuples de la terre pour leur notifier la magnifique révolution française.

Venez, si cela vous est possible, car je tiens beaucoup à vous faire voir les travaux de Meyer avant notre réunion à Iéna.
Gœthe.

SCHILLER A GŒTHE.

Iéna, le 15 mars 1798.

Après quinze jours d'assez bonne santé qui m'avaient permis un travail assidu, voilà encore une fois ma tête prise au point que je me sens incapable de tout. Il est vrai que le temps est redevenu bien mauvais ; je ne renonce pas toutefois à l'espoir de vous rendre visite cette semaine, mais pour un jour seulement, et je reviendrai satisfait à Iéna si j'ai pu vous voir, admirer les travaux de Meyer, et obtenir l'annonce précise de votre arrivée ici.

Je vous félicite de tout mon cœur de votre acquisition ; ma petite propriété me fait comprendre le plaisir qu'on éprouve en s'assurant un morceau de terre pour soi et pour les siens.

J'ai trouvé un digne et honnête homme pour l'institution de Mounier : cela les obligera tous deux, car Mounier a besoin d'un aide, et mon homme d'un emploi qui lui procure des moyens d'existence…

Adieu, j'ai la tête bien malade.
Schiller.

GŒTHE A SCHILLER.

Weimar, le 14 mars 1798.

Je serais charmé si vous pouviez venir cette semaine : dites-moi seulement quel jour, afin que je puisse prendre mes mesures.

J'ai à peu près terminé toutes mes affaires, même celle de ma petite acquisition, et j'éprouve plus que jamais le besoin de vivre intellectuellement, ce que j'espère pouvoir faire bientôt auprès de vous. Pour vous prouver que notre cher Weimar est en communication directe avec Paris, je vous envoie quelques journaux français. Ce charlatanisme de place publique m'est tout à fait odieux ; mais la langue française semble avoir été faite exprès pour exprimer l'apparition des apparitions. En tout cas, les littérateurs de la nouvelle France me paraissent aussi apprivoisés que sa politique est sauvage...

Mes compliments à votre chère femme.   GŒTHE.

SCHILLER A GŒTHE.

Iéna, le 14 mars 1798.

Je vous renvoie vos journaux français. Le discours sur *Hermann et Dorothée* me plaît beaucoup ; et si j'étais sûr qu'il a été fait par un Français pur sang, cette faculté d'apprécier ce qu'il y a d'allemand dans le sujet, et d'homérique dans l'exécution, me toucherait au cœur et me causerait un grand plaisir.

Mounier se montre dans sa lettre tel que je m'y attendais, c'est-à-dire un représentant calme, mais restreint, de la raison vulgaire; et comme il est sans malice, et qu'il ignore complétement le point principal de la chose dont il est question, on ne peut lui en vouloir. Pour en finir définitivement avec lui, je me bornerais, si j'étais Kant, à lui renvoyer, en la prenant en sens inverse, cette phrase par laquelle il termine sa lettre : Ce serait un grand malheur si un juge de village adoptait la morale de Kant et se conduisait en conséquence...

Je ne puis vous fixer le jour de mon arrivée, car ma conduite de la journée dépend toujours de la manière dont j'ai passé la nuit.   SCHILLER.

SCHILLER A GŒTHE.

Weimar, le 16 mars 1798.

Deux mots seulement, car c'est mon jour de courrier, et je me sens la tête très-lourde.

Il m'a été impossible d'entreprendre le voyage de Weimar, je ne me sens pas assez bien pour braver le temps qui est redevenu bien rude. Dans tous les cas, je m'absenterai un jour pendant votre séjour ici pour aller voir les travaux de Meyer, car je sens, comme vous, que cela est nécessaire à l'accomplissement de nos projets. J'espère que vous apporterez beaucoup de choses faites et à faire sur les sciences et sur les arts. Je ne saurais vous dire avec quelle impatience j'attends vos communications sur des sujets qui n'ont rien de commun avec mon travail actuel.   SCHILLER.

GŒTHE A SCHILLER.

Weimar, le 17 mars 1798.

J'espère que la semaine prochaine ne s'écoulera pas sans que nous soyons réunis. J'ai si bien disposé toutes les affaires qui me regardent, que maintenant elles pourront marcher seules.

J'ai relu le discours sur *Hermann et Dorothée*, et je l'ai relu avec vos yeux, aussi l'ai-je trouvé assez satisfaisant. Ce serait en effet un miracle s'il était l'ouvrage d'un Français, mais je sais de bonne part qu'il a été fait par un Allemand. Au reste, nous ne tarderons pas à arriver à un singulier amalgame, car beaucoup de Français et d'Anglais apprennent l'allemand; presque tout se traduit, et dans beaucoup de parties notre littérature est plus active que celle des Français et des Anglais.

Les pauvres Bernois viennent de subir une défaite totale, et Meyer craint fort que tous les cantons, l'un après l'autre, ne se laissent ainsi tuer moralement. D'après leur manière de voir, les Suisses sont encore les héros des temps passés; mais, dans ce pays-là, le patriotisme s'est survécu comme se sont survécu l'aristocratie et le règne des prêtres. Qui pourrait résister à a masse mouvante des Français, heureusement organisée et dirigée avec autant de génie que d'ardeur? C'est un grand bonheur pour nous d'être enfouis dans la masse immobile du Nord, à laquelle on ne s'en prendra pas facilement[1].

---

[1] La sécurité du poëte n'a pas été justifiée par les événements

Si vous demandez, en effet, la distraction de voir une foule de plans, d'essais et d'idées, j'en ai à votre service, car ce que j'apporterai en ce genre ne formera pas moins d'une rame de papier.

Je ne vous demande plus quand vous viendrez à Weimar ; puisque vous voulez revenir dans la même journée, peu importe que vous fassiez ce petit voyage quand je serai déjà à Iéna.

Travaillez aussi assidûment que vous le pourrez ; mes compliments à votre chère femme.   Gœthe.

Le 20 mars, Gœthe arrive à Iéna pour entendre de la bouche de Schiller la lecture des trois premiers actes de *Wallenstein*. « L'œuvre est excellente, écrit-il à Meyer, et l'étonnement même qu'elle inspire, dans quelques parties, va jusqu'à la stupeur. » Seulement, il paraît effrayé des développements du drame et il se demande comment le poëte pourra les réduire aux proportions de la scène. Encouragé par le suffrage de Gœthe, Schiller sent redoubler sa verve : « Puisque je ne vous verrai que ce soir, écrit-il le 5 avril, j'employerai ma journée à faire avancer le quatrième acte. » Il ajoute : « J'ai lu ce matin la *Phèdre* d'Euripide [1] ; la traduction, il est vrai, est sans âme et sans intelligence ; elle suffit cependant

---

La *masse mourante* a singulièrement secoué et réveillé la *masse immobile*.

[1] Ou plutôt l'*Hippolyte couronné*. Ἱππόλυτος στεφανηφόρος.

pour prouver que ce beau sujet a été traité superficiellement et avec une légèreté inconcevable. » Ainsi, soutenu par ses méditations sur la *Poétique* d'Aristote, par ses conversations avec Gœthe, par l'élan de son propre génie, il ne craint pas de signaler ce qui lui paraît au-dessous de son idéal même dans les chefs-d'œuvre des maîtres. Lui, c'est le grand art, l'art profond et religieux des Sophocle, des Eschyle, qu'il aurait l'ambition de reproduire. Dans ce sublime effort, il a besoin de la présence de Gœthe. Malheureusement, Gœthe n'est resté qu'une quinzaine de jours à Iéna. Le 6 avril, il retourne à Weimar, et ce jour-là même Schiller reprend sa correspondance avec lui :

SCHILLER A GŒTHE.

Iéna, le 6 avril 1798.

Votre séjour ici me paraît plus court maintenant qu'il ne l'a été en effet: les journées se sont écoulées bien vite, et après une si longue absence c'était vraiment trop peu.

Je vais faire tous mes efforts pour me remettre sérieusement à l'ouvrage, car lorsque ce qui n'existe encore que dans ma pensée sera sur le papier, je serai plus tranquille, et il sera plus facile de le juger. Je suis heureux que vous soyez content de l'ensemble de mon *Wallenstein*: je me réjouis surtout de ce que vous n'avez trouvé aucune contradiction entre le sujet et le genre de poésie auquel il appartient. Quant aux exigences de la scène, j'espère en triompher facilement. Le grand point, c'est de satisfaire toutes les exigences tragiques et poétiques.

Ma femme et moi nous nous apercevons péniblement de votre absence.   SCHILLER.

GOETHE A SCHILLER.

Weimar, le 7 avril 1798.

Si certaines petites affaires de ménage qu'il était indispensable de mettre en ordre immédiatement n'avaient pas exigé ma présence à Weimar, je ne vous aurais certainement pas quitté de sitôt. Ce départ précipité m'a d'autant plus contrarié que le retour du printemps, qui déjà se fait sentir si agréablement, m'avait mis dans une disposition d'esprit tout à fait favorable à mon travail. Me voilà résigné, et j'espère que la prochaine fois je pourrai faire un plus long séjour à Iéna.

Nous avons tout lieu de nous féliciter de nos relations, car malgré notre longue séparation nos pensées se sont mieux rapprochées que jamais, et l'opposition de nos natures nous rend une influence réciproque d'autant plus désirable qu'elle nous promet les plus heureux résultats pour l'avenir.

Je me souviens de votre *Wallenstein* avec beaucoup de plaisir, et je fonde les plus belles espérances sur cet ouvrage. Vous l'avez disposé de telle manière que lorsque le tout sera terminé, l'exécution idéale et poétique se trouvera dans un accord parfait avec un sujet tout à fait prosaïque et terrestre.

Mes compliments à votre chère femme, et recevez tous deux mes remerciements des bons soins que vous m'avez donnés.
GŒTHE.

GOETHE A SCHILLER.

Iéna, le 16 mai 1798.

Je ne puis m'arracher à l'*Iliade*, l'étude de ce poëme me fait toujours parcourir un cercle de ravissement, d'espérance, de lumière et de désespoir. Je suis plus que jamais convaincu de l'unité et de l'indivisibilité de ce poëme. Au reste, il n'existe plus personne et il ne naîtra plus jamais un individu capable de le juger. Pour ma part, je me trouve à chaque instant ramené à un jugement subjectif; cela est arrivé à nos prédécesseurs, et cela arrivera à nos successeurs. En tout cas, mon premier aperçu d'une *Achilléide* était juste, et il faut que je m'y tienne, si jamais je veux faire quelque chose de semblable.

L'*Iliade* me paraît si arrondie et si finie, que, malgré tout ce qu'on en dit, je tiens pour impossible d'en retrancher ou d'en supprimer quelque chose. Il faudrait donc que tout nouveau poëme de ce genre que l'on pourrait tenter fût également isolé, lors même que par rapport à l'époque il se rattacherait à l'*Iliade*.

L'*Achilléide* est un *sujet tragique*, mais que son ampleur rend susceptible d'être traité épiquement.

L'*Achilléide* est un *sujet sentimental* qui, par cette double qualité, pourrait se prêter à un travail moderne, et une exécution toute réaliste rétablirait l'équilibre entre le tragique et le sentimental.

L'*Achilléide* ne contient qu'un intérêt personnel et puiné, tandis que l'*Iliade* embrasse l'intérêt des nations d'une partie du monde, de la terre et du ciel.

Prenez, je vous prie, toutes ces propositions à cœur.

Croyez-vous qu'un sujet tel que je viens de l'exposer puisse fournir un poëme d'une vaste étendue, et que ce travail mérite d'être entrepris? Si vous le croyez, je puis commencer immédiatement, car je suis parfaitement d'accord avec moi-même sur le *comment* de l'exécution; mais selon mon habitude cela restera mon secret jusqu'à ce que je puisse vous lire quelques passages terminés.
GŒTHE.

SCHILLER A GŒTHE.

Iéna, le 18 mai 1798.

Puisqu'il est certain qu'il ne saurait y avoir une seconde *Iliade*, lors même qu'il naîtrait un second Homère et un autre peuple grec, je crois ne pouvoir rien vous conseiller de mieux que de terminer votre *Achilléide* telle qu'elle existe dans votre imagination, et de ne la comparer qu'avec vous-même. Bornez-vous donc à chercher toutes les inspirations auprès d'Homère, mais sans établir des points de comparaison impossible. Je suis persuadé que vous saurez faire accorder le sujet avec la forme que vous voulez lui donner, et que vous ne vous tromperez point dans le choix de cette forme; votre nature, vos lumières et votre expérience m'en sont un sûr garant. La subjectivité de votre caractère de poëte balancera, sans aucun doute, ce qu'il y a de tragique et de sentimental dans le sujet.

D'un autre côté, c'est plutôt une qualité qu'un défaut de ce sujet que de venir au-devant des exigences de notre époque, car il est aussi impossible au poëte qu'il lui serait peu favorable de quitter entièrement le sol de son pays, et de se mettre en opposition avec l'esprit de son temps. Ce qu'il y a de plus beau dans votre vocation, c'est d'être à la fois le contemporain et le concitoyen des deux mondes poétiques, et c'est précisément à cause de ce noble avantage que vous ne pourrez jamais appartenir exclusivement ni à l'un ni à l'autre de ces deux mondes.

La nouvelle dont je vous ai parlé et sur laquelle je ne veux pas vous laisser davantage l'esprit en suspens n'est autre chose qu'un ouvrage de Humboldt sur votre *Hermann et Dorothée*. Je dis un ouvrage, car le manuscrit que l'auteur vient de m'envoyer sera un gros volume. Nous le lirons ensemble, ce sera une occasion de raisonner à fond sur tout ce qui concerne les divers genres de poésie. Le beau témoignage qu'un esprit pensant et un cœur sensible vous rend par cet écrit doit vous faire plaisir; je suis fermement convaincu qu'il mettra un terme à l'indécision de nos lecteurs allemands et assurera à votre muse un triomphe aussi éclatant qu'incontestable, car ce triomphe ne sera pas le résultat d'un aveugle engouement, mais d'une conviction longtemps débattue et raisonnée.

Je vous communiquerai de vive voix ce que m'a dit Cotta, mais je m'empresse de vous apprendre que la rapidité avec laquelle *Hermann et Dorothée* s'est répandue par toute l'Allemagne dépasse toutes les prévi-

sions. Vous avez bien raison de croire que ce sujet
plairait au public allemand; c'est qu'en effet vous le
charmez, vous le ravissez sur son propre terrain et
dans le cercle de ses capacités et de ses intérêts, choses
fort difficiles, et votre succès prouve que ce n'est pas
par le sujet, mais par la force vivifiante de la poésie
que vous avez produit un effet aussi magique...

Je compte sur votre arrivée pour après-demain.
SCHILLER.

GOETHE A SCHILLER.

Weimar, le 19 mai 1798.

Je ne puis que dire *amen* au premier feuillet de
votre chère lettre, car il contient la quintessence de
tout ce que je me suis dit à moi-même pour m'encourager et me consoler. Tous mes scrupules, au reste,
naissent de la crainte de me tromper sur un sujet qui
peut-être ne devrait pas être traité du tout, ou du moins
pas par moi et de la manière que je me le propose.
N'importe, cette fois-ci, du moins, je veux m'affranchir
de toute inquiétude et me mettre, le plus tôt possible,
courageusement à l'ouvrage.

Je m'attendais en effet fort peu au travail de Humboldt que vous m'annoncez, et je serai d'autant plus
heureux de le lire, que je craignais beaucoup que son
séjour à l'étranger ne nous privât pour longtemps de son
secours théorique. C'est un bien grand avantage pour
moi que d'avoir pu, du moins dans la dernière partie
de ma carrière poétique, me mettre d'accord avec la
critique raisonnée et impartiale.

Je ne vous en dirai pas davantage, car j'ai encore une foule d'affaires à régler aujourd'hui. Demain au soir je serai près de vous, et je me réjouis d'avance de tous les avantages qu'un séjour de quelques semaines à vos côtés aura pour moi. GŒTHE.

Fidèle à la promesse que contiennent ces dernières lignes, Gœthe vient s'installer à Iéna pour quelques semaines. Du 20 mai au 21 juin, il reprend ses travaux solitaires aux Vieux-Château et les longs entretiens dans le jardin de son ami. « Gœthe est ici depuis huit jours et restera bien encore tout un mois, écrit Schiller à Kœrner. Un manuscrit de Humboldt, qui contient une étude approfondie, non-seulement d'*Hermann et Dorothée*, mais du genre auquel cette œuvre appartient, sans oublier tous ses annexes, nous a fort occupés dans cet intervalle, car il y est traité des plus importantes questions de la poésie. La dissertation (je devrais dire l'ouvrage, cela formera, en effet, un gros volume quand ce sera imprimé); la dissertation de Humboldt est un travail solide; l'inspiration du poëme y est analysée avec beaucoup de finesse et de pénétration, les principes au nom desquels il prononce ses jugements sont le résultat d'une esthétique profonde; et, cependant, je le crains, il se passera bien du temps avant qu'elle obtienne le succès qu'elle mérite; outre qu'elle est criblée de fautes de langage, de ces fautes qui fourmillent dans le style de Humboldt, elle a une forme trop scholaire, trop pédantesque pour être accessible à la majorité des lecteurs. Quand il s'agit d'une œuvre de poésie, la critique et le raisonnement doivent aussi d'une certaine manière parler à l'imagination... Pour nous qui sommes habitués à la langue de Humboldt, l'ouvrage, je le répète, est profond et substantiel ; il est incontestable que pour la solidité du fond, pour la largeur et la profondeur des idées, pour la finesse des analyses, pour l'abondance des rapprochements, on ne peut rien lui comparer parmi les productions de la critique contemporaine. » Cette œuvre si difficile à lire fournirait une ample matière aux initiés, et l'on devine tout ce que nos deux poëtes y ajoutaient dans leurs entretiens du soir. « Schiller va bien, écrit Gœthe à Meyer, et nos conversations sont des plus fécondes. Malheureusement son système d'architecture, dans l'arrangement de son jardin, me met au désespoir. La nouvelle cuisine est placée de telle façon que le vent du nord, le vent des belles soirées, répand de la fumée et surtout une odeur de graisse d'un bout du jardin à l'autre, si bien qu'il est impossible d'y échapper. » Ces petites misères n'empêchent pas les grandes œuvres de suivre leur cours. Schiller continuait *Wallenstein*, Gœthe méditait un nouveau poëme épique, *Guillaume Tell* ou *Achille*. C'est sans doute à ces soirées du mois de juin 1798 que se reporte le souvenir consigné par

Gœthe en ses *Annales* : « J'avais le plan de l'*Achilléide* dans la tête, et un soir je l'exposai à Schiller. Mon ami me plaisanta sur cette faculté que je possède, disait-il, de voir clairement, face à face, les êtres auxquels je n'ai pas encore donné la vie par la parole et par le rhythme... » Le 15 juin, Schiller écrivait à Kœrner : « Rien que deux lignes pour aujourd'hui. J'ai la tête comme embrasée ce mois-ci par le travail qui me reste à finir, et il m'est impossible de mettre ordre à mes affaires. Gœthe est ici depuis longtemps déjà, nous nous voyons tous les soirs... » Quelques-unes des poésies de Gœthe, *le Parnasse allemand*, *Euphrosine*, *la Métamorphose des plantes*, datent des derniers jours de ce voyage à Iéna. Gœthe n'allait jamais à Iéna sans exciter la verve de Schiller, et lui-même, presque sans y songer, rapportait toujours sa gerbe de fleurs et d'épis. Le 21 juin, Gœthe retourne à Weimar où l'appelaient les affaires du théâtre.

GŒTHE A SCHILLER.

Iéna, 11 juin 1798.

Je vous prie de m'envoyer l'ouvrage de Humboldt. Je passerai la soirée chez Loder, mais j'irai vous voir avant. Ce matin, pendant ma promenade, j'ai arrêté un singulier plan pour ma *théorie des couleurs*, et je me sens plein d'ardeur et de courage pour l'exécuter. L'ouvrage de Schelling me rend l'immense service de me tenir toujours, dans ce travail, au milieu de la sphère qui lui est propre. Mes compliments à votre chère femme, si toutefois elle est de retour de son petit voyage.   GŒTHE.

SCHILLER A GŒTHE.

Iéna, le 25 juin 1798.

Je ne puis m'accoutumer à votre absence, et je désire qu'elle ne se prolonge pas au delà du terme que vous m'indiquez.

Je vous renvoie le drame d'*Elpenor*; je l'ai lu immédiatement, et je suis disposé à le juger plus favorablement que vous ne le faites. Il rappelle une bonne école, bien que ce soit une production du dilettantisme et qu'on ne puisse le juger comme une œuvre d'art. Il atteste une belle culture morale, un esprit noble et droit, la pratique des bons modèles. Si ce drame n'est pas l'œuvre d'une femme, il fait songer pourtant à une certaine délicatesse féminine, mais telle qu'on pourrait la trouver chez un homme. Quand on aura retranché beaucoup de longueurs et certaines phrases maniérées, dont la plupart, au reste, sont déjà effacées, surtout quand on aura corrigé le dernier monologue dans lequel on saute d'un sujet à un autre d'une manière fort peu naturelle, la pièce se lira avec beaucoup de plaisir.

Il vous est possible de me nommer l'auteur, je désirerais le connaître.

Je viens de quitter *Wallenstein* pour un jour, et je vais voir si la poésie lyrique daignera me sourire.
                                          SCHILLER.

GŒTHE A SCHILLER.

Weimar, le 26 juin 1798.

Si je ne vous ai pas dit dans ma dernière lettre qu'*Elpenor* était de moi, c'est simplement par hasard ou plutôt parce que je croyais que vous le saviez ; maintenant j'en suis enchanté, puisque cet ouvrage a subi l'épreuve de votre jugement sans l'avoir préalablement influencé. Il y a environ seize ans que j'ai écrit ces deux actes ; mais je les ai bientôt pris en aversion, et voilà bien dix années que je n'y ai jeté les yeux. A cette occasion, j'admire de nouveau votre pénétration et votre justice ; vous décrivez parfaitement l'état dans lequel je me trouvais alors, et vous devez comprendre maintenant la cause de mon antipathie pour cette production...
GŒTHE.

SCHILLER A GŒTHE.

Iéna, le 28 juin 1798.

J'ai été extrêmement surpris d'apprendre qu'*Elpenor* était de vous. Je ne sais comment cela s'est fait, mais en le lisant votre nom ne m'est pas même venu à la pensée, et si j'ai été fort désireux de savoir le nom de l'auteur, c'est que je croyais n'en connaître aucun à qui je pusse l'attribuer ; cet ouvrage est de ceux qui vous font oublier l'œuvre et vous poussent malgré vous vers l'âme de celui qui l'a faite. En tout cas, ce drame est pour l'histoire de votre génie et de ses diverses périodes un document précieux qu'il faut tenir en honneur.
SCHILLER.

GŒTHE A SCHILLER.

Weimar, le 30 juin 1798.

... J'ai le plus grand désir d'être bientôt auprès de vous et de m'occuper de choses qui, sans moi, n'existeraient point, tandis que tout ce que j'ai fait jusqu'à présent aurait pu se faire sans moi.

Je me félicite d'avoir arrêté les motifs des premiers chants de *Guillaume Tell*, et d'avoir enfin une idée nette et claire sur les moyens par lesquels je pourrais complètement séparer ce poëme d'*Hermann et Dorothée* par l'intention, l'exécution et le ton. C'est un avantage que je dois à l'ami Humboldt, car par son exposition détaillée des qualités d'*Hermann et Dorothée*, il m'a fait entrevoir le vaste champ dans lequel il faut que je fasse mouvoir *Guillaume Tell*. J'espère que vous approuverez mes résolutions.

Mes compliments à votre chère femme. Je serai probablement mercredi soir près de vous.   GŒTHE.

SCHILLER A GŒTHE.

Iéna, le 9 juillet 1798.

Je ne sais quel mauvais esprit préside maintenant à nos réunions et à votre muse poétique. Je fais des vœux sincères pour que vous puissiez revenir bientôt tranquille et libre. En attendant nous aurons bien soin de votre Auguste qui est pour nous un otage de votre prompt retour. Ma femme se rappelle à votre souvenir.

SCHILLER.

SCHILLER A GOETHE.

Iéna, le 20 juillet 1798.

Grâce au beau temps, je me sens mieux et plus actif; il me semble même que l'inspiration lyrique ne tardera pas à m'arriver. J'ai remarqué que cette inspiration-là obéit moins à la volonté que toutes les autres, car elle n'a point de corps, et, dégagée de tout élément matériel, elle appartient exclusivement à l'âme. Après avoir vainement attendu pendant plusieurs semaines, j'ai repris *Wallenstein* de colère, mais je viens de le laisser de nouveau...

J'espère que vous ne vous laisserez pas troubler dans la construction de votre théâtre par les marchands de difficultés.

Ma construction n'avance pas aussi vite que la vôtre. Maintenant que la moisson va commencer, il est très-difficile de trouver les ouvriers dont j'ai besoin pour faire à mon toit une couverture en chaume et recrépir les murs. Aujourd'hui j'ai enfin la consolation de voir s'étendre un toit au-dessus de ma petite construction. Ce travail m'arrache à ma besogne plus souvent que de raison.

L'*Almanach des Muses* est à l'imprimerie, et j'espère qu'à votre arrivée ici votre *Euphrosine* vous souhaitera la bienvenue; c'est elle qui ouvre dignement le cortège...

Je viens de lire les romans de madame de Staël qui caractérisent parfaitement cette nature tendre, raisonneuse, mais complètement anti-poétique, ou plutôt cette absence de nature chez un esprit si riche. Cette lecture m'a fait éprouver ce qu'en pareil cas vous m'assurez éprouver toujours, c'est-à-dire que malgré soi on se trouve entraîné à partager les dispositions morales de l'auteur, ce dont on se trouve très-mal. Toutes les belles qualités de la femme manquent complétement à madame de Staël, et cependant tous les défauts de ses romans sont des défauts parfaitement féminins. Elle sort de son sexe sans s'élever au-dessus. J'ai cependant remarqué çà et là plusieurs bonnes réflexions qui, au reste, ne lui manquent jamais, et qui annoncent une connaissance parfaite de la vie.

Je viens d'être interrompu par deux officiers prussiens, ce sont les frères de mon beau-frère qui vont passer leur congé à Weimar. Ma femme et ma belle-mère se rappellent à votre souvenir.   SCHILLER.

GŒTHE A SCHILLER.

Weimar, 21 juillet 1798.

Je désire de tout mon cœur que l'inspiration poétique vous revienne le plus tôt possible. Le séjour de votre jardin vous sera favorable sous un rapport, et nuisible sous un autre, surtout parce que vous vous êtes lancé dans les constructions. Je ne connais que trop bien cette bizarre distraction, car elle m'a jadis fait perdre un temps inouï. Les travaux des ouvriers, la naissance mécanique d'un objet nouveau, nous amusent très-agréablement, mais notre propre activité se trouve réduite à zéro. Cela ressemble à la passion de fumer du tabac. On devrait vraiment faire envers nous autres

poëtes ce que les ducs de Saxe ont fait envers Luther, c'est-à-dire nous enlever au milieu de la route et nous enfermer dans un château fort. Je voudrais qu'on commençât cette opération par moi et immédiatement, alors mon *Guillaume Tell* serait prêt pour la Saint-Michel...
GŒTHE.

GOETHE A SCHILLER.

Weimar, le 25 juillet 1798.

... Dans l'*olla podrida* du journalisme allemand, les ingrédients des Schlegel ne sont pas trop à dédaigner. La nullité universelle, la partialité pour le médiocre, la servilité et les grimaces révérencieuses au milieu desquelles est perdu le petit nombre de bonnes productions qui paraissent, trouveront un adversaire formidable dans un nid de guêpe tel que les *Fragments*. Aussi l'ami *Ubique*[1], qui a reçu le premier exemplaire, est-il déjà tout occupé à le colporter partout et à en lire certains passages afin de discréditer l'ensemble. Malgré tout ce qui vous déplait à juste titre dans cet ouvrage, on ne saurait refuser aux auteurs une certaine gravité, une certaine profondeur jointe à une grande libéralité.
GŒTHE.

SCHILLER A GOETHE.

Iéna, le 24 août 1798.

Notre duc étant de retour, il est probable que votre voyage ici va se trouver encore ajourné. Je tâcherai,

---

[1] Sobriquet donné par Gœthe au critique Bœttiger, dont il raillait l'activité superficielle et brouillonne.

pendant ce temps-là, de me débarrasser de l'*Almanach des Muses*, afin de pouvoir mieux profiter de vos entretiens qui m'aideront à franchir le dernier pas et le plus difficile de *Wallenstein*. Puisque vous avez envie de connaître l'économie de cette tragédie, j'en réunirai le schéma, qui se trouve épars dans mes manuscrits.

Je suis très-curieux de connaître vos nouvelles idées sur la tragédie et sur l'épopée. Ce n'est que depuis que je travaille à *Wallenstein* que je sens combien les deux genres sont loin l'un de l'autre. Je m'en suis aperçu surtout dans le cinquième acte, il m'a isolé de toutes les paisibles sensations humaines, car il s'agissait de fixer un moment qui devait nécessairement être passager. La situation de mon âme m'a fait craindre de m'être égaré sur une route trop pathologique, parce que j'attribuais à ma nature ce qui n'était que le résultat de mon travail. J'ai conclu de là que la tragédie ne s'occupe que de quelques instants extraordinaires de l'humanité, tandis que l'épopée peint l'ensemble dans sa marche constante et calme; voilà pourquoi, sans doute, elle parle toujours à l'homme, quelles que soient les dispositions de son esprit.

Je fais beaucoup parler mes personnages et les laisse s'exprimer fort largement. Vous ne m'avez pas fait d'observations à ce sujet et vous ne paraissez pas m'en blâmer. Au reste, vous en usez de même dans vos drames et dans vos épopées. Il est certain qu'on pourrait être beaucoup plus sobre de paroles en nouant et en développant une action tragique, cela serait même plus conforme au caractère des personnages agissants.

Mais l'exemple des anciens qui ont procédé de la même façon et qui certes ne sont guères laconiques dans ce qu'Aristote appelle les sentiments et les opinions, semble révéler une loi poétique plus haute, qui exige qu'en pareil cas on s'écarte de la réalité. Il n'y a plus rien à dire, en effet, dès qu'on se souvient que les personnages poétiques ne sont que des symboles; qu'à titre de figures poétiques elles ne représentent et n'expriment que les aspects généraux de l'humanité, et que le poëte ainsi que l'artiste doit ouvertement et loyalement s'éloigner de la réalité et laisser sentir qu'il le fait à dessein.

D'un autre côté, une exécution plus courte et plus laconique, eût été pauvre, sèche, trop durement réaliste et presque insupportable à cause du rapprochement des situations violentes, tandis qu'une exécution large et complète produit toujours une certaine tranquillité agréable, même dans les situations les plus passionnées que le poëte dépeint.... SCHILLER.

SCHILLER A GŒTHE.

Iéna, le 28 août 1798.

J'avais l'intention d'aller moi-même vous complimenter sur l'anniversaire de votre naissance; mais je ne me sens pas bien, je me suis levé très-tard, et il a fallu renoncer à mon projet. Pour me dédommager, j'ai pensé à vous de tout mon cœur et j'ai pris plaisir à me rappeler longuement tout le bien que vous m'avez fait.

J'ai reçu ces jours derniers une visite à laquelle j'étais loin de m'attendre : Fichte est venu me voir et il a été très-aimable. Puisqu'il a fait le premier pas, j'ai cru devoir l'accueillir amicalement ; et comme nos relations ne pourront jamais devenir utiles (nos deux natures se conviennent trop peu), je tâcherai du moins de les rendre bienveillantes et agréables.

Le plaisir que vous procurent ordinairement les proverbes grecs, je le trouve aujourd'hui dans le recueil des fables d'Hygin. C'est un grand amusement que de voir défiler devant soi toutes ces figures fantastiques animées par la poésie ; on se sent, pour ainsi dire, sur son propre terrain et entouré d'une immensité de figures. Je ne voudrais même rien changer au désordre nonchalant de ce tableau ; il faut avoir lu ce livre d'un bout à l'autre, pour bien sentir tout ce qu'il y a de grâces et de plénitude dans l'imagination grecque.

J'y ai aussi trouvé beaucoup de sujets pour le poëte tragique. Le plus beau de tous c'est Médée, mais il faudrait prendre sa vie entière et en faire tout un cycle. La fable de Thyeste et de Pélopia est également un très-beau sujet. Quant au voyage des Argonautes, j'y ai remarqué des motifs qu'on ne trouve ni dans l'*Odyssée* ni dans l'*Iliade*, ce qui me fait croire qu'il y a dans ce voyage le germe d'un poëme épique.

Une chose curieuse, c'est que tout ce grand cycle de mythes que je parcours à présent n'est qu'un tissu de galanteries, ou, comme dit pudiquement Hygin, de *Compressus*, d'où sortent et sur lesquels reposent tous ces grands et effroyables conflits. Il me semble que ce serait une œuvre utile de reprendre l'idée grossièrement exécutée par Hygin pour un siècle tout différent du nôtre, de la reprendre avec esprit et en l'appropriant à l'imagination moderne. Un pareil recueil des fables grecques réveillerait l'esprit poétique et serait aussi agréable au lecteur qu'utile au poëte.

Ma femme se rappelle à votre souvenir et vous fait mille compliments.   SCHILLER.

GŒTHE A SCHILLER.

Weimar, le 29 août 1798.

Je vous remercie de tout mon cœur de votre bon souvenir à l'occasion de l'anniversaire de ma naissance, et surtout de l'intention que vous aviez de venir me voir. La journée s'est écoulée, pour moi, au milieu de distractions sans aucune utilité. Que ne puis-je être bientôt près de vous!

Moi aussi je me suis plusieurs fois amusé de la lecture d'Hygin, et j'aimerais beaucoup à le relire en entier avec vous. J'ai toujours eu confiance dans le voyage des Argonautes, et puisque, d'après le système nouveau, l'épopée n'est point soumise aux règles de l'unité, ce sujet contient des motifs qu'il devrait être facile de développer.

Puissiez-vous être en bonne santé et surtout en pleine activité! J'espère toujours pouvoir passer une partie du mois de septembre près de vous.

Tâchez d'utiliser autant que possible les rapports qui viennent de se rétablir entre Fichte et vous, lui aussi pourra y gagner quelque chose. Quant à des relations intimes il ne faut pas y penser, mais il est toujours intéressant d'être bien avec un tel homme. GŒTHE.

SCHILLER A GŒTHE.

Iéna, le 31 août 1798.

Si mon travail et surtout ma santé me le permettent, je viendrai certainement la semaine prochaine pour quelques jours; d'ici là, j'espère être en règle pour mon *Almanach*, car je veux avoir l'esprit tranquille quand je serai près de vous, et revenir bientôt et entièrement à *Wallenstein*.

J'ai lu dernièrement dans je ne sais quel journal que le public de Hambourg se plaint de voir éternellement reparaître les pièces d'Iffland dont il est rassasié. Si on pouvait conclure de là qu'il en est de même dans toutes les autres villes d'Allemagne, mon *Wallenstein* arriverait dans un moment heureux. En tout cas, il me parait assez probable que le public ne veuille plus se revoir toujours lui-même, car il sent qu'il est en mauvaise compagnie. Je crois même que l'enthousiasme avec lequel on a accueilli ces pièces n'était qu'un résultat de la satiété des drames de chevalerie qu'on avait subis si longtemps; on voulait se reposer des contorsions de ces caricatures du moyen âge; cela devait être ainsi, mais il est tout aussi naturel qu'on se lasse enfin de regarder des figures vulgaires.

Pourrai-je demeurer chez vous sans gêner Meyer? Ma femme se rappelle à votre souvenir.

SCHILLER.

GŒTHE A SCHILLER.

Weimar, le 3 septembre 1798.

Dans l'espoir de vous voir demain, je ne vous écris que ce billet.

Je vous renvoie vos ballades, qui sont toutes deux fort belles. Je n'ai aucune observation à faire sur le *Dragon chrétien*, c'est une œuvre excellente et très-bien réussie. Quant à l'*Otage*, il me paraît, physiologiquement parlant, peu admissible qu'un homme qui, par une journée de pluie, vient de se retirer d'un torrent où il a manqué périr, prenne la résolution de mourir de soif pendant que ses habits sont encore tout mouillés. Mais sans compter la résorption de la peau et, par conséquent, le peu de probabilité de la soif, cette soif vient très-mal à propos et blesse l'imagination. Je ne saurais vous indiquer un autre motif plus convenable et qui tiendrait au voyageur lui-même; les deux autres qui lui viennent de l'extérieur et sont occasionnés par des événements de la nature et par la force des hommes sont parfaitement bien trouvés.

Ne vous laissez pas détourner de votre voyage; je suis sûr que loin de nuire à votre santé il lui sera favorable.

GŒTHE.

SCHILLER A GŒTHE.

Iéna, le 9 septembre 1798.

Je regrette beaucoup de vous avoir promis d'aller samedi dernier à Weimar, sans avoir pu cette fois encore tenir cette promesse, mais soyez persuadé que je suis complétement innocent de ce manque de parole. J'avais passé deux nuits sans dormir, ce qui m'avait fatigué au point que j'étais incapable de me mettre en route.

C'est vraiment un malheur tout particulier que cette insomnie, dont je n'ai pas souffert pendant tout l'été, me soit revenue justement ces jours-ci. Maintenant je n'ai plus le courage de fixer le jour de mon arrivée, mais si je puis dormir cette nuit je partirai demain.

SCHILLER.

Il partit en effet. Gœthe, ne pouvant quitter Weimar en ce moment, voulait absolument avoir une conférence décisive avec son ami au sujet de cet interminable *Wallenstein*. C'est dans ces entretiens de Weimar que la division du drame fut définitivement arrêtée. Gœthe fit comprendre à Schiller qu'il fallait détacher le *Prologue* et en faire une pièce indépendante; quant au drame lui-même, à l'immense drame qui s'allongeait toujours, Gœthe conseillait d'en former deux pièces distinctes, chacune distribuée en cinq actes. Schiller adopta ce conseil; l'esprit lumineux du grand poëte avait enfin introduit l'ordre et la clarté dans cette conclusion grandiose.

SCHILLER A GŒTHE.

Iéna, le 18 septembre 1798.

Immédiatement après mon retour ici, je me suis mis à l'ouvrage afin d'arranger mon prologue de manière à ce qu'il puisse former une pièce indépendante. Pour atteindre ce résultat, deux choses sont nécessaires :

1° Les tableaux de caractères et de mœurs doivent être plus riches et plus complets afin de former un tout satisfaisant.

2° A travers le grand nombre de personnages dont les uns paraissent en scène et les autres dans les récits, il sera impossible au spectateur de suivre le fil de l'action et de s'en faire une juste idée ; il faudra donc que j'ajoute quelques nouvelles figures et que je donne plus d'extension à celles qui existent déjà, ce qui ne m'empêchera pas de rester dans les limites du personnel de votre théâtre.

J'insérerai votre poëme à la duchesse sous le simple titre de *Stances*, si toutefois cela vous convient.

Encore une fois mes sincères remerciments pour la gracieuse et amicale hospitalité que vous m'avez donnée à Weimar. Je compte vous envoyer mon prologue samedi prochain ; alors je ne penserai plus qu'à arranger la pièce pour le théâtre, travail pour lequel j'utiliserai vos observations et vos conseils autant que possible.

J'ai laissé chez vous trois clefs dans le tiroir d'une

commode ; je vous prie de me les envoyer par la messagère.
Schiller.

GOETHE A SCHILLER.

Weimar, le 21 septembre 1798.

Mercredi dernier j'ai été à Rosla, aussi n'ai-je reçu votre lettre qu'hier à mon retour. J'aime à croire que vous vous ressentirez dans votre travail de l'heureux effet que la lecture de *Wallenstein* a produit sur nous. Un pareil monument des plus hautes facultés de l'homme doit exciter des dispositions favorables au travail chez quiconque en est tant soi peu susceptible. Réunissez toute l'énergie de votre vouloir afin de pousser le plus tôt possible votre pièce sur notre théâtre. En la revoyant après la représentation, vous trouverez le sujet plus souple qu'il ne vous le paraît à présent que vous n'avez toujours que le manuscrit sous les yeux. Vous êtes déjà si avancé que, selon moi, l'épreuve de la scène vous sera d'une grande utilité.

Ce que vous vous proposez de faire encore à votre prologue me paraît aussi juste qu'opportun, j'en attends le manuscrit avec impatience. Dès que je l'aurai reçu, nous confèrerons sur la tactique à suivre.

Je vous envoie vos clefs. Le poëme en question passera fort bien sous le titre général de *Stances*. Mes compliments à votre chère femme.
Goethe.

SCHILLER A GOETHE.

Iéna, le 21 septembre 1798.

J'ai attendu une lettre de vous avant-hier, mais je n'en ai point reçu ; j'espère que ce silence n'annonce rien de fâcheux. Après avoir passé toute une semaine avec vous, il m'est bien pénible d'être si longtemps privé de vos nouvelles.

Une nuit d'insomnie m'a gâté la journée au point qu'il m'a été impossible de vous envoyer aujourd'hui le *Camp de Wallenstein*, et, pour comble de malheur, mon copiste m'a manqué de parole. Sous la forme que je vais donner maintenant à ce prologue, il pourra signifier quelque chose par lui-même, car ce sera le tableau animé d'une importante époque historique et de la vie des camps de cette époque ; mais je ne sais pas encore si tout ce que j'y ai fait entrer par rapport à l'ensemble pourra être représenté sur le théâtre. J'ai introduit entre autres choses un capucin qui vient faire un sermon aux Croates ; c'est un trait caractéristique de l'époque et du lieu, qui manquait à mon tableau du *Camp de Wallenstein* ; mais s'il ne peut y être mis en scène, je m'y résignerai facilement.

Humboldt vient de m'écrire : il a reçu votre lettre ainsi que votre poëme et vous répondra un de ces jours ; il est très-satisfait des modifications que nous avons fait subir à son ouvrage sur votre *Hermann et Dorothée*. Quelques lignes de sa lettre sont consacrées à Rétif, qu'il connait personnellement, mais sans avoir rien lu de ses écrits. Il compare ses allures et sa manière d'être à notre Wieland, abstraction faite, bien entendu, du cachet national. Quant à moi, je trouve qu'il y a une différence énorme entre ces deux écrivains.

Pour revenir à mon prologue, je voudrais que l'on pût donner avec lui autre chose qu'un opéra, car j'ai déjà placé assez de musique dans cette pièce. Elle commence et finit par une chanson, et il y en a une troisième dans le milieu. Je crois qu'un drame paisible et moral le fera mieux ressortir, car son principal mérite consiste dans la vivacité et le mouvement.

Puissiez-vous être en bonne santé; j'attends de vos nouvelles avec impatience.   Schiller.

Les lettres qu'on vient de lire nous ont montré un spectacle assez inattendu : l'impatience de Gœthe et les lenteurs sans cesse renouvelées de Schiller. On se figure volontiers l'auteur de *Faust* composant ses ouvrages avec une tranquillité majestueuse, et l'auteur des *Brigands* enlevant ses drames, pour ainsi dire, avec une verve que rien n'arrête. On s'imagine que Gœthe écrivait lentement, qu'il ne savait ou ne voulait point se hâter, que jamais l'inspiration poétique ne se déployait chez lui avant qu'une méditation obstinée eût rassemblé d'avance tous les éléments de son œuvre; on croit que Schiller, moins scrupuleux que son ami, se livrait tout entier à sa fougue impatiente, et que sa rapidité d'exécution avait quelque chose de foudroyant. J'oserais presque soutenir que c'est le contraire qui est vrai. Goethe méditait beaucoup, et longuement; mais une fois maître de son idée, il lui donnait une forme, il la réalisait dans un poétique symbole avec une promptitude qui tenait du prodige. Schiller écrivait ses vers dans la fièvre sublime de l'inspiration; seulement, au milieu même de cette ardeur créatrice, la méditation reprenait ses droits, le théoricien posait de nouveaux problèmes à l'artiste, et l'œuvre sans cesse interrompue se modifiait sans cesse entre ses mains. Pendant combien d'années avait-il porté au fond le plus intime de son esprit cet interminable *Wallenstein!* Enfin, le dénoûment approche; Goethe harcèle et dirige le génie de Schiller. Agissant d'autorité, il lui divise son immense matière en trois pièces distinctes, il lui trace son cadre et lui défend d'en sortir. On dirait qu'il fait avec son ami ce que faisait l'électeur de Saxe avec Luther. Voilà Schiller enfermé dans le plan de *Wallenstein* comme le réformateur dans le château de la Wartbourg.

Ce n'est pas tout : il ne suffit pas d'avoir assigné à Schiller les limites que sa trilogie ne devra point franchir; pour l'obliger à finir ces trois pièces, il faut que le théâtre s'empare au plus tôt de la première. Schiller, au mois d'août, pendant un voyage de quelques jours à Weimar, a promis à Goethe que son *Camp de Wallenstein* serait prêt pour la réouverture

du théâtre au mois d'octobre. Gœthe cependant se
défie toujours des indécisions du poëte et ne cesse de
le harceler. Revenu à Iéna, Schiller s'est mis ardemment à l'œuvre; il ne lui reste plus qu'à terminer
plusieurs scènes et à coordonner l'ensemble. En quelques semaines, en quelques jours, Gœthe, de sa
plume prompte et sûre, aurait tout terminé; Schiller
s'arrête à chaque pas, tant il a la tête remplie de
formules esthétiques et l'imagination obsédée de
scrupules. Il faut dire aussi que l'*Almanach des Muses*,
dont il a encore la direction, vient le distraire au
meilleur moment. « Je jure, écrit-il à Kœrner
(15 août), qu'après cette livraison de l'*Almanach*, je
pourrai bien encore en publier une, mais qu'ensuite
je le laisserai mourir. Je puis employer à des œuvres
plus hautes le temps qu'exigent de moi la direction
de ce recueil et la part personnelle que je suis obligé
d'y prendre. La froideur du public allemand pour la
poésie lyrique, l'accueil indifférent qu'on a fait à mon
Almanach et que certainement il ne mérite point, ne
m'inspirent guère le désir d'en poursuivre la publication. Quand mon *Wallenstein* sera fini, je continuerai à faire des drames, et si j'ai des heures de loisir,
je les consacrerai à des travaux d'esthétique et de critique. » Toujours l'esthétique ! cette esthétique assurément n'était pas moins coupable que l'*Almanach
des Muses* des retards perpétuels du poëte. Je sais
bien que d'autres causes encore, sans parler des dis-

tractions de son esprit, entravaient l'essor de Schiller et refroidissaient sa verve : il était malade, il passait des nuits sans sommeil, et aux excitations du travail succédait souvent une prostration profonde. Gœthe pourtant, qui le voyait de près, attribuait ses retards à l'irrésolution de son génie, irrésolution d'une espèce particulière à coup sûr, puisqu'elle tenait surtout à l'abondance de ses vues, à la fertilité de ses développements, à l'embarras d'un esprit qui ne savait pas se borner. « Les lenteurs, les hésitations de Schiller, écrit Gœthe à Meyer, dépassent tout ce qu'on peut imaginer. »

Enfin, Schiller a fait une promesse formelle à son ami : le 21 septembre, au plus tard, Gœthe recevra le *Camp de Wallenstein*. Le 21 arrive, et Schiller est obligé d'adresser à Gœthe la lettre qu'on vient de lire, la dernière que nous avons citée : « Une nuit d'insomnie m'a gâté la journée au point qu'il m'a été impossible de terminer le *Camp de Wallenstein* ; pour comble de malheur, mon copiste m'a manqué de parole. » Gœthe voit bien que sa présence est nécessaire à Iéna. S'il ne va pas s'installer auprès de son ami, s'il ne le soutient pas de scène en scène, s'il n'écarte pas les scrupules qui le tourmentent, s'il ne les fait pas fuir comme des spectres à la radieuse clarté de son esprit, qui sait combien de temps encore Schiller retournera dans sa pensée toutes les combinaisons possibles de son œuvre ? Ah ! qu'il a de peine, l'*esthéticien* acharné, qu'il a de peine à revenir simplement à la poésie! comme il expie en ce moment l'inspiration désordonnée de sa jeunesse! Cette réflexion que le tribun de la scène allemande dédaignait si amèrement en 1781 se venge aujourd'hui sur le poëte trop consciencieux. Il doute, il hésite, il n'ose plus terminer *Wallenstein*... il n'ose plus, lui, Schiller! Voilà, certes, un étrange épisode. C'est en de telles crises qu'un véritable ami se révèle tout entier. Le jour même où il a reçu cette lettre qui fait pressentir une nouvelle défaillance du poëte, le 21 septembre 1798, Gœthe quitte Weimar et va s'établir à Iéna.

FIN DU PREMIER VOLUME

TABLE

DU TOME PREMIER

INTRODUCTION. — I... 1

II. Gœthe, sa jeunesse, ses premières œuvres; phases diverses de son génie jusqu'à l'époque de son amitié avec Schiller... 11

III. Schiller, sa vie et ses œuvres, jusqu'à l'époque de son amitié avec Gœthe.................................... 74

CORRESPONDANCE ENTRE GŒTHE ET SCHILLER.

I. Les Heures (1794-1795)..................................... 155
II. Les Dioscures (1796).. 242
III. Hermann et Dorothée (1797).............................. 327
IV. Wallenstein (1798).. 407

PARIS. — IMP. SIMON RAÇON ET COMP., RUE D'ERFURTH, 1.

www.ingramcontent.com/pod-product-compliance
Lightning Source LLC
Chambersburg PA
CBHW050250230426
43664CB00012B/1902